Trade Openness and China's Economic Development
贸易开放与中国经济发展

余淼杰 著

  余淼杰,北京大学国家发展研究院副院长、经济学教授、博士生导师,教育部青年长江学者,美国戴维斯加利福尼亚大学博士。曾担任香港中文大学、日本一桥大学访问教授,国务院参事室特聘项目专家,联合国工业发展组织(UNIDO)项目特聘专家,*China Economic Journal* 副主编,中国国际贸易研究会(CTRG)副主席。

  主要研究领域为国际贸易学。曾三次获全国国际贸易学术研究最高奖安子介国际贸易研究奖(第15届、16届和18届),获第二届刘诗白经济学奖、第七届胡绳青年学术奖、第七届全国商务发展研究奖,2015年在 *Economic Journal* 上发表的论文被评为年度最佳论文,并获得英国皇家经济学会奖(Royal Economic Society Prize),成为独立获得该殊荣的首位华人经济学家。

  主持的研究课题曾获联合国工业发展组织、国家自然科学基金、教育部等资助。在国内外一流学术期刊上发表论文70余篇。出版专著《加工贸易与中国企业生产率》《国际贸易的政治经济学分析》,教材《国际贸易学:理论、政策与实证》,经济学随笔《重拯自由贸易》。

2016年3月,英国皇家经济学会在英国萨塞克斯大学为作者颁发英国皇家经济学会奖(Royal Economic Society Prize)

前　言

随着经济全球化的不断深入，国际贸易对发展中国家的经济发展无疑起着至关重要的作用。第二次世界大战以后，发展中国家的经济发展战略大致可以归为三类：进口替代战略、贸易自由化战略和出口导向战略。已有研究发现，与进口替代战略对经济发展促进乏力相比，贸易自由化战略和出口导向战略对各国经济发展有着巨大的促进作用。中国作为最大的发展中国家，在1978年以后的近35年经济发展举世瞩目。那么，以国际贸易为主要内容的对外开放政策对我国的经济发展到底有无显著的促进作用？如果有，又是具体通过什么渠道、通过何种机制对我国的经济发展发生作用？它们的力度、量级有多大？

同样重要的是，中国在2001年加入世界贸易组织（WTO）以来，通过对外开放促对内改革，经过十年左右的努力，中国成为全球最大的商品贸易国和全世界第二大经济体。在21世纪中，不断的贸易自由化和以出口导向的政策对中国经济发展有何影响？在目前劳动力成本不断上升、全球竞争不断加剧的背景下，中国又如何通过提高全要素生产率、进行技术和产品创新从而实现产品附加值的提升和在价值链上的产业升级，从而实现国民经济的成功转型、经济的持续发展，并最终实现国民福利的提高？这些问题，可以说是中国经济改革与发展的核心问题，也是本书力求解答的内容。

事实上，中国近35年的对外开放政策，可以概括为两点：一是关税和非关税壁垒的贸易深化政策；二是鼓励"两头在外"加工贸易的出口导向政策。全书的论证正是沿着这两条主线展开的。更准确地，本书是在考虑加工贸易的背景下，研究贸易自由化政策如何从不同的渠道微观影响企业的绩效从而宏观促进中国经济的发展。在这个角度上，本书是笔者的另外一本专著《加工贸易与中国企业生产率》的姊妹篇——该书更多是从加工贸易的角度研究中国经济的发展。

全书有十三章，可以分成三部分。本书先从全球视角梳理中国的国际贸易概况以及对全球经济的贡献,并着重探讨我国的国际发展如何帮助我国实现产业升级和结构转型。在第一部分中,本书还从产业显性比较优势的角度对我国与东盟十国的国际贸易与产业发展情况进行横向比较,接着从全球视角的一般均衡角度深入探讨贸易开放对一国产业结构的影响。

本书第二部分则是从不同的角度进行微观实证研究。笔者首先系统深入地探讨在考虑到占中国出口"半壁江山"的加工贸易背景下,我国21世纪以来不断深化的贸易自由化如何影响到制造业企业生产率提升。事实上,适当增加进口不仅可以缓解目前我国外汇储备过多带来的部分负面影响,更重要的是,进口中间品与本国中间品的有机合成可产生1+1>2的熊彼特创造效应,因此,我们接着考虑在行业产品存在差异化的情况下,进口增加如何促进企业生产率的提升。如果考虑了企业和行业的产品异质性以后,又有何不同?进一步地,进口中间品贸易自由化如何影响到企业的出口和内销选择?更核心地,进口中间品贸易自由化又是如何影响企业研发行为、如何实现进口品的质量升级和产品的升级换代的?

近年来,中国的劳动力成本明显提升,劳动力成本的上升明显地削弱了中国劳动力密集型产品的比较优势。那么,在这种大背景下,中国如何实现产业升级和经济发展呢?本书第三部分力求从改革开放以来人口要素禀赋变化的角度理解开放贸易对中国经济发展的影响。我们首先从微观层面考察了贸易自由化对中国劳动需求弹性的影响。考虑到我国的劳动收入份额在不断下降这一重要现象,我们接着研究贸易自由化如何影响中国劳动收入份额。进一步地,我们通过中印两国的国际比较考察中国的人口结构如何影响中国经济的发展模式选择。基于这一发现,我们更全面地从全球视角研究人口结构与国际贸易的内在有机联系。最后,提出中国经济下一步的顺利发展,重在理清经济战略思路,不妨从过去的"对内改革、对外开放"改为"对外改革、对内开放"来促进产业升级、国民福利上升,实现全民族小康生活的实现。

同笔者的《加工贸易与中国企业生产率》一书类似,本书有如下几方面的特色:

特色之一是用大型微观海量数据对各个研究主题进行严格的实证计量分析,以确保结果准确可信。除了第十一与第十二章因研究视角不同的关系用了全球贸易宏观数据,其他各章都是用了中国规模以上工业企业数据(2000—2008年)和海关产品层面的最细化微观数据(2000—2006年)进行研究。这样保证各章所用数据一致,不但可以避免采用宏观行业数据研究可能产生的加总误差;而且便于不同章节的横向比较,有力地保证了结论的稳健性和可靠度。据作者所知,由于中国规模以上工业企业和海关产品层面的最细化微观数据是近年来才可得,目前国内学术界同类著作还比较少,因此,本书的出版在一定程度上也填补了我国的贸易开放如何影响中国经济发展的研究空白。

特色之二是理论模型与实证研究相互结合。先前许多相关研究要么是没有理论模型引导的简化式实证研究;要么是没有实证证据的单纯的理论建模。本书的实证研究是建立在具有微观基础的一般均衡模型的企业异质性理论之上的。大部分章节的实证研究都是建立在严格的经济学一般均衡理论模型的基础上,从而有利于我们更深入地探讨各个影响机制和渠道。

特色之三是在全球经济一体化的框架下以中国经济为主要考察对象,并做到微观研究和宏观研究相结合。书中各章都是以中国经济为考察对象和研究背景的,并考虑全球经济一体化如何影响中国外贸发展和经济发展。中国作为最大的发展中国家和最大的商品贸易国,它的贸易开放和经济发展又是如何给全球其他国家的经济发展提供机会的。全书的布局按照宏观—微观—宏观的格局展开,从而避免"见树不见林"的情况,有利于读者了解中国外贸和经济全局。

在具体内容的安排方面,第一章首先从宏观角度梳理了我国改革开放以来近40年的国际贸易概况,并探讨对外开放如何影响中国的产业结构升级。我们首先提供证据证实了自1978年中国实施经济改革以来,已在经济结构转型和产业升级上取得成功。在经济结构改革之前中国经济缺乏竞争力的原因在于,政府错误地实施了以重工业为导向的发展战略,而这基本上是一个违背自身比较优势的发展战略。由于与中国的比较优势背道而驰,经济改革前的中国产业结构更为先进,但不太具有竞争力。与其形成鲜明对比的是,中国政府在经济改革后转向采纳遵循比较优势的发展战略。两套主要的政策可诠释为什么中国的经济改革大获成功。采用"双轨制"改革为陈旧的资本密集型工业提供了暂时的保护。此类渐进式改革实现了帕累托最优且容易付诸实施。中国政府在提供产业甄别和方便经济结构升级等方面发挥了积极的作用。中国成功开展经济结构转型和制造业升级也为城乡地区的工人们创造了很多新的就业机会。因此,中国的贫困人口数量大幅减少。在过去的30年间,中国还从一个不发达国家成长为一个中高收入国家,从而创造了人类历史上经济增长的奇迹。中国经济结构转型和制造业升级的成功案例也为发展中国家发展本国经济带来了内涵丰富的启示和大有裨益的路径。

第二章同样是从宏观的角度研究中国与东盟的双边国际贸易及产业比较优势变化。该章采用 UN Comtrade 数据库提供的标准国际贸易分类（SITC）1 分位行业数据，研究了中国贸易对东盟贸易的影响，并针对东盟各国如何提高贸易竞争力给出建议。实证研究表明中国出口对东盟出口的影响既存在互补效应，又存在替代效应。随着中国和东南亚区域合作的不断扩大和深化，中国对东盟出口的增加会促进东盟国家同行业的出口。然而，中国对其他国家出口的增加则会挤出东盟各国同行业的出口。近年来中国出口和经济增长速度放缓，这既给东盟各国带来了新的发展机遇，又使得中国和东盟的区域合作面临挑战。东盟国家可通过进一步的贸易自由化、增加 R&D 投资和培训更多的熟练工人等，来提高其出口和贸易的国际竞争力。

第三章继续利用国际贸易宏观数据并从理论和实证两方面讨论贸易保护对产业结构的影响。麦敕勒（1949）指出，对大国的进口行业征收关税可能会降低其国内相对价格，因而减少了它在经济中的产量份额。针对这一观点，本章发展了关于国民生产总值（GDP）转换对数函数系统的一个理论模型，并据此估计美国贸易政策对其行业产量份额的影响。通过采用美国以及经济合作与发展组织（OECD）贸易成员方的行业面板数据，并在控制要素禀赋和技术创新对行业产量份额的影响后，得出了在服装和玻璃行业呈现高关税导致低产量份额的经验证据。在控制了由贸易的政治经济因素导致的内生性，以及运用各类非关税壁垒代替关税作为测量行业保护的工具后，这些发现也同样稳健。因此，本章的贡献在一定程度上弥补了国际贸易中该领域实证研究方面的空白：证明了麦敕勒悖论理论不再只是一种可能性，而的确在服装业中存在。

第四章研究了进口中间品和最终品关税减免如何影响参与贸易的大型中国企业的生产率，分析考虑了企业从事加工贸易在进口中间品方面的关税优惠。利用 2000—2006 年高度细化的贸易数据和企业生产数据，本章构建了各企业所面临的进口中间品和最终品关税税率。通过控制企业参与加工贸易的自选择和两类企业层面关税税率可能引发的内生性，文章发现，进口中间品和最终品关税减免均对企业生产率的提升有正向影响，且影响力度会随着企业加工贸易进口份额的增大而减小。总体上，相对于最终品关税减免，进口中间品关税减免对生产率提升的影响更大；但对于不从事加工贸易的企业，相反的结论成立。通过将企业生产率加总至经济体总体生产率，文章发现，两类关税减免共使样本中约 423 家企业获得生产率提升，同时至少贡献了同期经济体总体生产率提升的 13.53%。

值得强调的是,第四章是本书的核心章节。该章的英文版本笔者已独立发表在具有 125 年历史的国际一流学术期刊 The Economic Journal 上。该文被英国皇家经济学会(Royal Economic Society)评为 2015 年度最佳论文(Best Paper Award)。事实上,自 1990 年起,英国皇家经济学会决定从发表在《经济学期刊》中的论文每两年超过百篇论文中选出最佳论文,并给作者颁发英国皇家经济学会奖。自 1996 年起,改为每年度评选一次。评选委员包括英国皇家经济学会主席、《经济学期刊》主编和一位英国皇家经济学会理事。在过去 25 年中,一批杰出的美国经济学家、克拉克奖得主、诺贝尔奖得主(如 Acemoglu(1994)、Ethier(2002)、Friedman(1996)、Heckman(1999)等教授)曾先后获得该奖。因此,本人也非常荣幸地成为第一位独立获得英国皇家经济学会奖(Royal Economic Society Prize)的华人经济学者。

该章在三个重要方面丰富了我们对中国外贸和中国经济的理解。第一,文章丰富了对中国这个世界第二大经济体和第一大出口国经济增长的理解。第二,对于很多发展中国家(如印度尼西亚、墨西哥和越南),加工贸易是重要的贸易形式。但贸易改革和加工贸易的相互作用却很少被探讨。因此,在加工贸易享受特殊关税优惠的背景下理解贸易改革带来的生产率提升显得十分必要。第三,除了采用被广泛接受的在行业层面度量关税的方法,本章首次在企业层面衡量最终品关税和进口中间品关税。

第五章则是从进口的角度专门讨论进口品对生产率的影响。该章基于 2002—2006 年中国制造业企业面板数据,讨论进口对于差异化行业的企业生产率的促进作用。在解决了回归方程的内生性问题后,本章发现了中间投入品进口与最终产品进口对企业生产率的促进作用。进一步地考虑行业差异化问题,我们发现进口仅对同质性行业的企业生产率提升有显著的促进作用。通过引入市场集中度,实证回归结果表明进口竞争效应对于同质性行业更为重要,而进口技术外溢效应对于差异化程度较大的行业更为重要。

第六章研究进口中间品的贸易自由化会怎样影响企业内销与出口的决定。本章也使用中国制造企业的生产和贸易数据,发现企业面临的中间品关税的下降显著提高了企业的出口强度,即出口占销售的比例。这主要是因为更低的关税使得企业可以使用更多品种的进口中间品,这一方面提高了企业的利润,降低了企业进入出口市场的门槛;另一方面由于生产出口品的部门能够更有效地使用进口投入品,其进口成本的下降就促进了生产出口品部门的扩张。我们不仅建立了理论模型解释此现象,同时还运用我国规模以上工业制造业和海关全样本自2000—2006年的海量微观面板数据进行了大量丰富的实证分析。大量的研究结果支持了我们的结论。本文的研究在一定程度上填补了我国国际贸易实证研究在进口中间品的贸易自由化方面的空白。

第七章旨在研究中间品关税下降对进口企业研发的影响,发现中间品关税的下降提高了企业的研发水平。由于加工贸易零进口关税,从而不受进口中间品关税下降的影响。基于这一事实,该章利用中国加入 WTO 作为政策冲击,使用中国制造业企业的进出口数据,和自然实验方法进行研究。中间品关税的下降一方面减少了企业的进口成本,增加了企业利润,提高了研发空间;另一方面因为企业可以进口更多核心技术产品,从而获得更多技术转移,这促进了企业对已有技术的模拟和吸收,提高了相应的研发。进一步,我们将研究投入分解为对已有产品生产过程的研发和对新产品的研发,分析发现,中间品贸易自由化对中国企业研发的影响主要体现在前一方面。这是因为作为一个发展中国家,相对于自助研发新产品,中国企业在吸收已有技术改善生产流程上更具有比较优势。本章的结论说明提高中间品贸易便利度,进一步促进贸易自由化,对企业转型升级、改善企业生产模式和促进经济可持续发展有显著推动作用,文章有鲜明的现实意义。

第八章则进一步考察贸易自由化与进口中间品质量升级之间的关系。本章通过使用2000—2005年我国高度细化的海关全样本进口数据,探讨了贸易自由化对于进口中间产品的质量的提升作用。为了准确地将质量从进口品价格信息中分离出来,我们运用了 Khandelwal(2010)的模型估计了来自203个国家的3714种进口中间品的质量。由于中间品质量的提升可能受到最终产品关税减免的影响,我们运用倍差法,选择受到关税免除保护的加工贸易为对照组。结果发现,相对于加工贸易,贸易自由化显著提升了一般贸易中进口中间品质量。该章的研究价值主要体现在三个方面:第一,较为准确地在产品细分层面上估算出其他国家出口到我国的中间品质量;第二,在实证层面,证明了关税减免有利于提高进口中间品质量;第三,帮助我们更加深入地理解中国经济发展中制造业产品质量升级的问题。

第九章和第十章则重在讨论贸易自由化对中国劳动市场的影响。第九章主要探讨贸易自由化对中国需求弹性的影响。贸易自由化通过影响企业的生产决策,会对劳动力市场产生深刻的影响。我国的贸易自由化进程和劳动收入份额降低发生在同一时期,劳动者的谈判地位是否在贸易改革的过程中被弱化？在中国个人收入差距悬殊的背景下讨论这一问题很有意义。本章使用我国制造业企业层面1998—2007年的面板数据，研究贸易自由化对企业劳动需求弹性的影响。我们将中国加入WTO视为一次自然实验，以加工进口企业为"控制组"，以一般进口企业为"处理组"，使用倍差法和固定效应模型进行回归分析。结果显示，贸易自由化通过提高资本品和中间产品的可获得性，显著提高了企业的劳动需求弹性。与加工进口企业相比，一般进口企业的劳动需求弹性在中国加入WTO后显著提高了0.065。进口关税下降幅度越大，企业劳动需求弹性提高得越多。

贸易自由化之所以提高了企业的劳动需求弹性，与我国的劳动力成本上升是分不开的。近些年来，随着农村剩余劳动力的减少，制造业企业的用工成本迅速提高。贸易自由化降低了企业引进机器设备和中间产品的成本，提高了企业在要素选择上的灵活性，在劳动力成本上升的背景下，企业会采用更省劳力的机器设备和中间产品，导致劳动需求弹性提高。我国制造业的劳动力以非技术工人为主，其可替代性高，如果企业的劳动需求弹性过大，很可能损害非技术工人的利益，拉大个人收入差距。在当前产业和技术升级势在必行的背景下，国家应该对非技术工人提供更多的技能培训机会，一方面补充我国技术工人的稀缺，另一方面也有助于实现社会的公平。

从第十章起我们又把研究的视角转到宏观层面上来。我们首先考察贸易自由化对我国劳动收入份额的影响。我国的劳动收入占国民总收入的份额自1995年不断下降，深入而广泛的贸易自由化也发生在这一时期。本章采用中国制造业贸易企业1998—2007年的微观面板数据，研究贸易自由化对企业层面劳动收入份额的影响。我们将2002年因中国加入WTO后关税的迅速下调视为一次自然实验，用倍差法进行实证回归。实证结果显示，在劳动力成本不断上升的背景下，中国的贸易自由化过程通过降低资本成本、中间投入品价格和劳动替代型技术成本，显著降低了企业层面的劳动收入份额。企业面临的关税水平下降幅度越大，其劳动收入份额减少越多。在考虑了序列相关性、同趋势假设和非关税贸易壁垒的稳健性检验后，实证结果依然显著。

该章对已有文献主要有两方面贡献。第一，已有文献关于贸易自由化对劳动收入份额的研究主要使用国家级、省级、行业级别的宏观数据。这种做法虽然有利于探究产业结构变化、经济发展水平等宏观因素对劳动收入份额的影响，但无法探究微观层面上贸易自由化如何影响企业的最优生产决策。宏观层面劳动收入份额是企业层面的劳动收入份额的加权平均，劳动收入份额最终决定于企业层面的微观因素。因此,有必要从企业层面探究贸易自由化如何影响劳动收入份额。本章首次使用中国制造业贸易企业的数据分析这一问题。第二,影响宏观层面劳动收入份额的因素很多,即便包含再多的控制变量,之前的研究也总是受到内生性问题的困扰。本章使用倍差法进行研究,有"控制组"作对照,可以减少需要考虑的变量个数,因而能很好地控制回归的内生性问题。

第十一章则试图从中国的人口要素禀赋角度去理解中国改革开放前30年出口导向的增长模式。我们指出,中国当前出口导向的增长模式是由中国当前人口特征和低城市化水平所决定的必然选择。低人口抚养比和低城市化率共同造成大量的劳动力供给和工资收入缓慢增长,这些又进一步导致了资本的快速积累和制造业的飞速发展。然而这两种因素也决定了较小的国内市场,因此市场出清的唯一途径就是出口。

既然人口结构对理解当代中国经济发展至关重要,那作为人口结构的核心变量——人口抚养比的变动又是如何影响国际贸易呢?这是第十二章的研究主题。我们通过一个修改版的引力方程论证了人口抚养比是双边贸易增长的重要推动力。一个有较低的抚养比或者较高的劳动人口比的出口国相较它的贸易伙伴而言,会有更丰裕的劳动力,从而可以生产和出口更多的产品。对于进口国而言,一个有着更多劳动禀赋的国家会获得更多的劳动收入,因而有能力进口更多。

我们发现:一方面,高劳动人口比例会使出口国产出增加,从而增加出口;另一方面,高劳动人口比例也会给进口国带来更多的劳动收入,从而增加进口。利用176个国家1970—2006年的大样本面板数据,并控制多边阻力等因素,在引入劳动人口比之后,对贸易引力方程的回归分析支持了这一理论预测:贸易国的劳动人口比例上升会增加双边贸易流。出口国(进口国)平均劳动人口比上升1%,出口(进口)会上升至少3%(2%)。这一发现对于理解人口大国(如中印)或贸易大国(如中美)的贸易具有重要的理论和现实意义。

我们的这篇文章有着丰富的政策含义。许多正在经历高速经济增长的新兴国家,例如中国和其他东亚国家,很大程度上都采用了"出口拉动"的经济战略,按照它们的比较优势去重点发展劳动密集型行业。这篇文章中,我们强调人口转型是解释这些国家选择外向型发展战略的一个重要原因:它们有着大量剩余劳动力的共同人口特征,这使得在劳动密集部门出现了国内过度供给。从这一点来看,如林毅夫(2007)所一直强调的,"出口导向"的发展战略被这些经济表现强劲的国家所采用,是符合这些国家的比较优势的。也如姚洋和余淼杰(2009)指出的,中国采用"出口导向"的发展战略是一个内生的、自我选择的过程。当然,当一国的劳动力市场到达"刘易斯拐点"后,则应该进行必要的产业升级和经济结构转型。而这正是本书最后一章要讨论的内容。

在第十三章中,我们首先提供了大量的经验实证论据说明:21世纪以来,中国的工业实现了行业内和行业间的产业升级。大部分企业的生产率明显提高,出口的产品专业化、差异化更加明显。而对这些现象的解释,可以从不同的角度来展开。但比较优势和规模经济递增无疑是最主要的两股动力。更重要的,要保证中国在21世纪的第二个十年内继续实现产业升级,提升企业生产率,需要转换改革开放的思路,由"对内改革、对外开放"转为"对外改革、对内开放"。对外改革主要出口目的国家,加强主要的自贸区建设;对内则开放国内各要素市场和产品市场,深化经济改革,实现产业提升。从这个角度来看,对技术进行不断的创新,并鼓励各行各业特别是服务业行业的创业是中国跳出"中等收入陷阱"的重要保障。当然,这部分的内容限于篇幅,不在本书中展开,但会是笔者以后研究的一个主要课题。

总之,本书用西方经济学模式的规范研究,研究我国贸易开放政策如何影响产业升级和经济发展。书中大部分实证结论都是基于大型微观数据而得,结论比较可靠准确。研究结果不仅有鲜明的学术价值,同时也在一定程度上有助于企业的出口决策,并对政府的贸易决策有一定的参考价值。由于中国是世界上最大的发展中国家、全球第二大经济体,所以对中国外贸的研究对认知整个全球贸易也有一定的参考作用。

该书各章都已经过国际、国内学术界严格的同行专家匿名评审,并发表在国际一流、国内顶级或一流的学术期刊上。大部分章节也是笔者与同事和学生合作的成果。具体地,在第一部分中,第一章是与世界银行前首席经济学家、北京大学国家发展研究院名誉院长林毅夫教授合作的成果,该章主要内容已发表在《世界经济文汇》上。第二章是与我目前的博士生崔晓敏合作的成果,已发表在《国际商务研究》上,其英文版已作为东盟东亚经济研究所(ERIA)的工作论文发表。第三章是笔者独立发于《经济学(季刊)》上,标题为《国际贸易的麦敖勒悖论及其验证:来自美国及OECD成员的经验证据》的论文。该文曾获得第15届安子介国际贸易研究奖论文奖。

在第二部分中,第四章是本书的一个主要章节。其英文稿已由笔者独立发表于 *The Economic Journal* 上。或许因为主题相对重要,该论文国际影响比较大,目前谷歌学术引用次数不同版本加总已过百次。英国皇家经济学学会专门在其主页网站撰稿给大众介绍本文的主要发现。第五章是与我的博士毕业生李晋合作的成果,初稿发表在《经济研究》上。第六章是与对外经济贸易大学的田巍老师合作的成果,初稿发表在《管理世界》上。第七章也是与田巍老师合作的成果,初稿发表在《世界经济》上。第八章则是与我的硕士毕业生、美国马里兰大学博士生李乐融合作的成果,主要成果已发表在《经济学(季刊)》上。

在第三部分中,第九章和第十章是与我的学生梁中华博士合作的成果,主要成果分别发表在《南方经济》和《管理世界》上。第十一章则是与北京大学国家发展研究院院长姚洋教授合作的成果,初稿发表在《金融研究》上。第十二章是与北京大学国家发展研究院姚洋教授、对外经济贸易大学田巍老师及美国伯克利加州大学周羿博士合作的成果,该文最初发表于《经济研究》上,并获得第 18 届安子介国际贸易研究奖。最后一章是与我的学生王宾骆硕士合作的成果,初稿发表于《国际经济评论》上,并应邀被收集到《创造公平开放与可持续发展的社会——中青年改革开放论坛莫干山会议 2012 文集》中。

本书是我在北京大学出版社出版的第三本专著。第一本是《国际贸易的政治经济学分析》,该书曾获得第十六届安子介国际贸易研究奖(2010)。第二本是《加工贸易与中国企业生产率》,该书也有幸获得第二届刘诗白经济学奖(2014)和第七届胡绳青年学术研究奖(2015)。如同我的其他著作一样,本书的撰写和出版离不开许多人的帮助。我要感谢我的领导和同事林毅夫教授、姚洋教授的支持和鼓励,感谢香港大学经济金融学院的丘东晓教授的支持和帮助,同时也要感谢北京大学国家发展研究院许多同事们平时的帮助和关爱。此外,我还要感谢北京大学出版社的周月梅老师、林君秀老师、刘京老师、郝小楠老师对本书的出版给予的大力帮助。在此表示深深的感谢!我的博士研究生张睿、硕士研究生黄杨荔同学帮我校对了本书,一并表示感谢。最后,我还要感谢我的家人!没有他们对我的一贯支持和鼓励,本书的完成是不可想象的。

最后,由于时间匆促,本书肯定还存在着不少谬误和不足。请读者们多提宝贵的建议,以便再版时修改(我的联系方式是 mjyu@nsd.pku.edu.cn)。

余淼杰

2016 年 4 月于北京大学朗润园

目　　录

第一部分

第一章　中国的产业结构升级与减贫 ……………………………（3）
　　第一节　引言 ……………………………………………………（3）
　　第二节　中国改革开放前的经济状况 …………………………（6）
　　第三节　中国的工业增长与结构升级 …………………………（9）
　　第四节　中国如何实现经济结构转型和产业升级 ……………（20）
　　第五节　经济结构转型对就业和减贫的影响 …………………（28）
　　第六节　可供学习借鉴的中国经验 ……………………………（34）
　　第七节　结论和政策建议 ………………………………………（37）

第二章　中国和东盟贸易及产业比较优势研究 …………………（39）
　　第一节　引言 ……………………………………………………（39）
　　第二节　文献回顾 ………………………………………………（42）
　　第三节　数据和主要变量衡量 …………………………………（43）
　　第四节　实证结果 ………………………………………………（45）
　　第五节　小结 ……………………………………………………（50）

第三章　贸易保护对产业结构的影响 ……………………………（51）
　　第一节　导言 ……………………………………………………（51）
　　第二节　麦教勒悖论 ……………………………………………（54）
　　第三节　实证模型 ………………………………………………（58）
　　第四节　数据与估计结果 ………………………………………（61）
　　第五节　小结 ……………………………………………………（75）

第二部分

第四章 加工贸易、贸易自由化和企业生产率 …… （79）
 第一节 引言 …… （79）
 第二节 加工贸易的特殊关税政策 …… （83）
 第三节 数据 …… （85）
 第四节 变量度量与实证方法 …… （90）
 第五节 估计结果 …… （99）
 第六节 总结 …… （117）

第五章 进口、企业生产率与产品差异化程度 …… （118）
 第一节 引言 …… （118）
 第二节 数据 …… （121）
 第三节 实证研究与结果 …… （124）
 第四节 总结与政策性分析 …… （133）

第六章 企业出口强度与进口中间品贸易自由化 …… （135）
 第一节 引言 …… （135）
 第二节 理论框架 …… （139）
 第三节 数据 …… （143）
 第四节 度量和实证 …… （145）
 第五节 实证结果 …… （146）
 第六节 结论 …… （169）

第七章 进口中间品贸易自由化和企业研发 …… （170）
 第一节 引言 …… （170）
 第二节 文献综述 …… （173）
 第三节 数据和度量 …… （174）
 第四节 实证方法和结果 …… （179）
 第五节 小结 …… （193）

第八章 贸易自由化与进口中间品质量升级 …… （195）
 第一节 引言 …… （195）
 第二节 数据 …… （198）
 第三节 质量估计 …… （199）

第四节　实证策略及主要结果 …………………………（203）
　　第五节　稳健性检验 ……………………………………（209）
　　第六节　结论 ……………………………………………（210）

第三部分

第九章　贸易自由化与中国劳动需求弹性 ……………………（215）
　　第一节　引言 ……………………………………………（215）
　　第二节　文献回顾 ………………………………………（216）
　　第三节　模型和数据 ……………………………………（218）
　　第四节　实证结果 ………………………………………（222）
　　第五节　结论 ……………………………………………（225）

第十章　贸易自由化与中国劳动收入份额 ……………………（226）
　　第一节　引言 ……………………………………………（226）
　　第二节　我国的贸易自由化进程 ………………………（228）
　　第三节　文献回顾 ………………………………………（229）
　　第四节　模型 ……………………………………………（231）
　　第五节　数据 ……………………………………………（234）
　　第六节　实证结果 ………………………………………（238）
　　第七节　稳健性检验 ……………………………………（243）
　　第八节　结论 ……………………………………………（246）

第十一章　中国的劳动力、人口和出口导向的增长模式 ……（247）
　　第一节　剩余劳动力、城市化和人口转型 ……………（248）
　　第二节　人口和中国的经济模式 ………………………（255）
　　第三节　结论 ……………………………………………（259）

第十二章　人口结构与国际贸易 ………………………………（261）
　　第一节　引言 ……………………………………………（261）
　　第二节　理论模型 ………………………………………（263）
　　第三节　计量检验 ………………………………………（265）
　　第四节　两个"巨人"的人口转型与出口增长 ………（274）
　　第五节　结论 ……………………………………………（276）

第十三章 对外改革,对内开放,促进产业升级 …………… (278)
    第一节 中国的产业升级的重要性 …………………… (279)
    第二节 中国产业价值链升级的经验事实 …………… (281)
    第三节 中国进一步产业升级面临的挑战 …………… (285)
    第四节 进一步产业升级的对策:对外改革,对内开放 ……… (287)
    第五节 小结 …………………………………………… (289)

附录 ……………………………………………………………… (290)

参考文献 ………………………………………………………… (295)

第一部分

第一章 中国的产业结构升级与减贫①

第一节 引 言

自1979年实施经济改革以来的30年间,中国已成功保持每年9.9%的国内生产总值(GDP)增长率,以及每年16.3%的国际进出口贸易额增幅(林毅夫,2010)。中国已超越日本,成为世界第二大经济体;按照购买力平价(PPP)计算,中国已在2014年跃升为世界最大的经济体②。尽管中国受到2008年全球金融危机的不利影响,但仍在2009年超越德国成为世界最大的出口国,且目前中国是举世公认最大的"世界工厂"。中国在减少贫困方面也大获成功,1979年中国是世界上最贫穷的农业国之一,按照1979年汇率水平计算,当时中国的人均GDP相当于243美元③,约为撒哈拉以南非洲国家平均水平的三分之一。在短短三十余年后,2011年中国的人均GDP金额猛增至5 000美元左右;按照世界银行的分类标准,中国已跻身中高收入国家行列。

中国实现经济快速增长得益于大刀阔斧的经济结构转型升级改革,从国内生产总值(GDP)中各产业构成的变化状况可见一斑。在1978年,初级产品占中国GDP的28.2%,农业出口占中国出口总额的比重达35%左右。与此形成鲜明对比的是,目前第一产业在中国GDP中的占比已缩减至11%,农产品出口占中国出口总额的比重降至不足3.5%。伴随着农产品在中国GDP中所占份额持续下滑,最近30年中国第二、第三产业出口额已显著增加,占比从1980年的65%攀升至2009年的96.5%左右(Yu, 2011a)。就业结构也发生了类似的变化,从事第一产业的劳动力占比从1978年的70.5%锐减至2009年的38.1%,同期从事第二产业的劳动力占比从17.3%上升至27.8%。

---

① 本章是与林毅夫教授合作的成果,最早发表在《世界经济文汇》2015年第1辑,第3—35页。
② 包括Feenstra et al.(2011)在内的一些研究报告甚至预测,采用实际价格调整的购买力平价口径,中国将在2013年超越美国成为世界最大经济体。
③ 根据《中国统计年鉴(2011)》计算而得。

自中国推行经济改革以来,产业升级也是一个显著的特征。正如随后将要探讨的,中国迄今为止的产业升级呈现出四个明显的阶段。第一阶段(1978—1985年),中国仍依赖生产和出口资源性商品,如石油和汽油。第二阶段(1986—1995年),中国劳动密集型行业商品出口快速增长。第三阶段(1996—2000年),中国主要出口机电产品和运输设备;与此同时,中国也进口了数量庞大的机器设备。产业内部贸易扮演了越来越重要的角色,这主要归因于中国产业升级的成功实现和加工贸易遍地开花,这让中国的比较优势与生产环节相衔接。在第四阶段(2001年以后),中国高科技产品(如生命科学设备)出口迅猛增长。

中国成功实现经济结构转型和产业升级激发了对一个问题的讨论,即中国如何从一个落后、封闭的农业国发展成为一个开放、富有竞争力的世界工厂。本章将探讨中国经济结构转型和产业升级的历程。中国如何在过去30年间成功实现制造业的转型升级?此番转型升级背后的基本驱动力是什么?此外,中国快速的经济结构转型和产业升级在多大程度上助推了增加就业岗位和减少贫困?最后,我们可以从中国经济结构转型和产业升级大获成功当中总结哪些经验?

我们的基本观点是,中国迅速实现产业结构升级和随之发生的减贫成效主要得益于中国采纳了一个适宜的发展战略,即中国自身诸多要素禀赋所推动的,遵循比较优势(CAF)的发展战略(林毅夫,2003,2009,2012;林毅夫等,2004)。鉴于中国是一个劳动力充裕的国家,只要市场没有发生扭曲,众多劳动密集型产业是具有竞争力且可自力更生的。中国经济的潜在比较优势在改革开放以前遭到了遏制,因为当时中国政府采纳了以重工业为导向的发展战略,而这一发展战略是与中国的比较优势相悖的,当时中国政府为了扶持重工业优先发展的战略,建立一个组织完备但高度扭曲的体制。按照该体制,生产要素和产品的价格由一个计划性的行政管理主体来设定,因此价格关系变得畸形。众多企业被剥夺了生产自主权且缺乏激励措施,生产效率低下。相应地,国内产业结构无法得到升级。由于重工业是资金密集型的产业,无法吸纳更多的劳动力;尽管该工业部门的投资金额巨大,但就业机会有限。最后,由于国家要求国有企业从生产环节获取尽可能多的利润,工人们的工资薪酬被压制在一个较低水平,并且农产品价格按照对农民不利的贸易条件来设定。这两方面因素导致中国民众在当时一直处于较低的生活水平,民众普遍贫困的严峻局势无法得到缓解。

在经济起飞后,中国采纳了遵循比较优势(CAF)的发展战略。该战略的两个主要方面是,不仅采用双轨制改革对传统的诸多行业提供暂时性的保护和补贴,而且根据中国的要素禀赋所决定的比较优势,鼓励发展与自身比较优势相匹配的,能自力更生的新兴行业。战略实现了包括产品和生产要素市场价格的改革,对外贸易和汇率改革在内的双轨制改革基本上实现了帕累托最优。在所有改革的初始阶段,都允许存在双轨制,即一个价格体系由中国政府主导,另一个价格体系面向市场。两条轨道随后逐步融合交汇,并统一为单一的市场轨道。与之类似,为了避免休克式改革带来的冲击导致国有企业崩溃,国企改革发端于授予国企管理自主权,然后转向国企制度变迁。更重要的是,与中国的比较优势相匹配的新企业和新行业得到了政府的大力扶持和鼓励。中国乡镇企业的蓬勃发展就是一个绝佳的范例。在中国经济结构转型和制造业结构升级的过程中,政府成功甄别经济增长机遇和因势利导起到了关键作用,因为他们克服了信息不对称、协调失灵甚至是与市场机制相关联的外部性和适宜性等问题(林毅夫,2012)。

中国经济结构转型和产业升级也对创造就业和减少贫困发挥了重要作用。随着经济结构转型的推进,第一产业占中国国内生产总值(GDP)的比例已显著下降,第二产业和第三产业的份额得到提高,尤其是第三产业的比重则明显上升。随着生产要素价格扭曲逐步得到修正,损害农民利益的不利贸易条件获得矫正。乡镇企业的蓬勃发展给农民带来了更多赚取较高收入的就业机会。中国政府大力促进农村地区发展的措施也改善了基础设施硬件和软件。上述三个因素共同改善了中国农村地区的生活水平,并显著降低了贫困人口数量。产业升级也提高了城镇地区工人的生活水平。在遵循比较优势(CAF)的发展战略推动下,劳动密集型产业得到快速发展,这反过来创造了新的就业机会。经过三十年的改革,中国国有企业的数量和产量已大为减少,但绩效表现明显改善,这得益于效率提升和激发了工人们的积极主动性。因此,伴随着经济结构转型和产业升级,城市地区工人的生活水平也得到提升。

其他发展中国家可以从中国的经济奇迹中学习借鉴两点。首先,为了实现产业结构升级,一个发展中国家必须采纳基于自身要素禀赋的遵循比较优势(CAF)的发展战略;其次,尽管存在一个自由、公正和竞争性的市场机制,建议发展中国家的政府在促进经济结构转型和产业升级上发挥积极的作用。本章提供并探讨了用于增长甄别和因势利导的有用框架,并附带几条重要建议,因政策制定者通常发现其难以识别发展机遇。

本章其余部分的组织架构如下:第二节介绍1978年中国经济改革前,国内制造业面临的诸多问题;第三节探讨中国经济腾飞以来,中国工业化和制造业结构升级的趋势及特点;第四节审视并诠释工业快速增长和经济结构升级的主要因素,如政策制定;第五节调查研究工业发展和制造业结构调整对创造就业岗位的影响,并仔细审视制造业就业变迁与减贫之间的关系;基于中国的经验,第六节探讨了其他发展中国家可以学习借鉴中国经验的要点;最后,第七节小结为中国未来的改革提供一些建议。

第二节 中国改革开放前的经济状况

在1978年中国实施经济改革之前,中国是一个贫穷的农业国。在1952年,农业占中国国内生产总值(GDP)的比重高达57.7%,所吸纳的劳动者数量占中国受雇劳动力总数的83.5%。人均国内生产总值很低。尤其是,人均农业和工业产出为143元(按1952年价格计算,相当于65美元)[1]。在经济改革之前,一个扭曲的产业结构遏制了中国经济的发展,这反过来造就了一个闭关自守的经济、犹如深渊的贫困境况和扭曲的收入分配。

与第二次世界大战后成立的许多发展中国家的领导人类似,中国在1949年获得政治独立后,领导人采纳了重工业导向的发展战略。然而,重工业是一个资本密集型的行业,而中国本来就是一个资本匮乏的农业国,要素禀赋和发展战略之间的巨大反差导致中国无法通过市场机制来配置资源。与之相反,中国实施重工业优先的发展战略是一个违背比较优势(comparative-advantage-defying, CAD)的战略,这扭曲了产品和生产要素价格,且中国不得不依赖高度集权的、计划性的资源配置机制。中国政府被迫相应建立起类似傀儡的微观经济管理体制。中国经济改革前经济体系中的这三大要素被称为"传统经济体制的三位一体"(林毅夫等,2004)。

首先,为实施重工业导向的发展战略,中国政府不得不扭曲宏观经济政策,压低利率、汇率、工资薪酬、原材料和中间投入品的价格,甚至是农产品价格(林毅夫,2003)。建设重工业的众多项目需要大量资金,而当时中国资金匮乏。为了满足对资金的强烈需求,中国政府不得不控制利率以降低资金成本。此外,重工业还需要资金密集的中间产品和设备,而当时作为农业国的中国无法生产这些产品,从而需要从国外进口。因此,充足的外汇储备是重工业项目的先决条件。但是,中国的外汇也非常短缺,因为在经济改革之前,中国的出口商品仅限于自然资源和低附加值农产品。中国政府被迫高估本币兑美元的汇价以降低进口中间产品的成本。中国人民币汇价从1950年的每1美元兑换4.2元人民币升值为每1美元兑换1.7元人民币,在此期间汇

---

[1] 根据《中国统计年鉴(2011)》计算而得。

率升值幅度达到250%。

为重工业积累资金的唯一途径是降低各类投入要素的成本。与压低利率相对应，中国政府也为城市职工设定了较低的名义工资。该工资薪酬与工人们的努力程度无关，但工资水平根据等级和资历而有所差别。在1978年前，中国企业员工的平均年工资是550元（按照1971年的汇率，相当于223美元）。人为压低的工资遏制了城市工人们的购买力。倘若农产品和生活必需品的价格随行就市，城市工人们将没有能力消费大多数的上述产品。因此，中国政府不得不将农产品设定为很低的价格，以创造农产品和工业品之间"价格剪刀差"的方式牺牲农民利益来贴补城市工人（林毅夫和余淼杰，2009）。与此同时，中国政府也实施了非常严格的住所控制制度（所谓的"户口"），以防止农村居民迁移至城镇地区来寻找工作岗位。户籍制度自1958年起付诸实施。

其次，中国建立起高度集权的计划性资源配置机制。由于中国政府人为地扭曲很多产品和各类投入要素的价格，每个要素市场都出现了超额需求。然而，鉴于产品和各类投入要素的价格是固定的，一个基于市场供求的资源配置机制无法付诸实施。为了应对过多的需求，中国政府不得不借助一系列有计划的行政管理措施来定量供应各类资源。一个例子就是中国的外贸体系。鉴于人民币汇率被人为调高，出口商品在国际市场缺乏竞争力，外贸企业发现出口是一件难以完成的任务。但是，假若没有企业出口商品，有限的外汇储备将很快枯竭，从而中国将无法进口必要的设备和中间产品。为了避免这一局面，中国政府被迫通过设立对外贸易部的方式在外贸领域实施垄断，外贸部授权12家全国性的专营外贸公司。这些外贸公司充当"气囊"（air-lock），将中国与世界经济隔离开来，并垄断了全国的对外贸易业务。此外，中国政府还设立中国人民银行以定量供应资金，并设立国家计划委员会，负责管理各类原材料和自然资源。

最后，根据上述扭曲的制度安排，中国政府还采用了相应的微观经济管理体系。特别是，在城市地区建立起众多的国有企业，在农村地区也建立了人民公社。投入要素和产出要素的价格扭曲旨在积累资金，这对于成功实施以重工业为导向的发展战略而言是必不可少的。倘若企业性质是私人所有，他们可以在企业所有者内部分配利润，这样将无法积累所需资金，从而可能阻碍以重工业为导向的发展战略的实施。因此，企业的所有制必须是国有的。此外，即便某一家国有企业被赋予经营自主权，由于企业的目标是实现利润最大化，其工人们也会偏离以重工业为导向的国家发展战略。因此，国家必须剥夺国有企业的任何经营自主权，并采纳类似傀儡的企业经营体制。

农村地区的农业生产是通过人民公社来强制进行的,以确保国家能垄断农产品的采购和销售。这些措施被付诸实施,以进一步确保国家可积累足够资金用于发展重工业(林毅夫,1990)。

因此,中国建立起一个旨在支持以重工业为导向的发展战略的经济体制。要素价格的扭曲使得企业能够降低投入品成本和赚取尽量多的利润,该利润反过来被用于积累资金。高度集权的、有计划的资源配置机制能确保有限的自然资源会源源不断地流向重工业,与之相对应,中国采用了一个类似傀儡的微观经济管理体制以促使此类安排变得顺畅合理和成功推行。

然而,如上所述,以重工业为导向的发展战略是违背自身比较优势的,因为中国在经济改革之前是一个资金极度匮乏的国家(林毅夫,2003)。一个违背比较优势的国家战略可能导致扭曲的产业结构,并恐将导致中国经济难以实现制造业结构升级。显然,违背比较优势原则的国家战略无法创造足够多的就业岗位,并导致工人们过着低水平的生活。

有趣的是,这个违背自身比较优势的发展战略在多大程度上为后来中国经济的成功转型奠定了基础?由于1978年之前的相关数据有限,对这个问题的研究较少,倘若有研究报告,也少有研究报告为这一问题提供直接的答案。然而,正如研究报告Hsieh-Klenow(2009)所发现的,即便在当今,中国要素市场仍有大量的、违背自身比较优势的发展战略所遗留的价格扭曲(林毅夫,2003)。倘若此类扭曲得到修正,中国制造企业的全要素生产率(TFP)有望提升25%以上。针对这个实证问题的答案远非确凿无疑。但是,我们仍能间接地捕捉到经济改革之前的价格扭曲。譬如,图1-1暗示在1952—1978年期间,中国的产业结构出现了严重的畸形。中国制造业占国内生产总值(GDP)的比重显著上升,从1952年的19.5%激增至1978年的49.4%;与此同时,农业占比呈现下滑趋势,从1952年的57.7%滑落至1978年的32.8%。然而,同期第三产业和第二产业中的非制造业在国民经济中的比重双双下滑,这表明制造业占比上升是以第一产业、第二产业中的非制造业,以及第三产业的萎缩为代价的。当然,就其本身而言,工业在国民生产总值中的比重上升和农业占比下降并非显示产业结构扭曲的指标。然而,鉴于中国的人均GDP仍处于极低水平(按1979年汇率计算,为243美元),制造业占GDP的比重偏高表明中国经济结构扭曲,这可以从两方面得到证实。首先,在制造业内部,重工业的比重从1952年的35.5%攀升至1978年的56.9%;其次,制造业内部的投资分布也偏向基础设施投资。尤其是,基础设施投资比例(即重工业投资额除以轻工业投资额)从第一个五年计划期间(1953—1957年)的5.7倍上升至第四个五年计划期间(1971—1975年)的8.5倍。

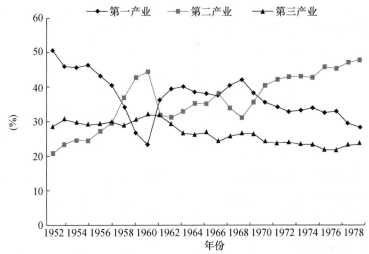

图1-1 按当年价格计算的国内生产总值的各产业构成（1952—1978年）
资料来源：《中国统计年鉴》。

鉴于重工业本身是资本密集型的产业，该产业无法吸纳新增的劳动力。尽管重工业占1978年中国国内生产总值（GDP）的四分之一，该行业吸纳的就业人口仅占全国的7.9%。与之相反，由于轻工业是劳动密集型产业，通常可以吸纳更多的就业人口。轻工业占1978年中国GDP的比重为3%，但吸纳的受雇劳动力占全国的4.6%。与此同时，在中国经济改革之前，超过73%的劳动力仍从事农业活动。此外，由于"农产品和工业品价格的剪刀差"导致农产品价格被人为压低，广大农民不能借助重工业的发展而增加收入。与之相对应，即便在中国实施以重工业为导向的发展战略20年后，中国仍处于世界上最不发达国家行列，1978年人均GDP为381元（按1978年汇率计算，相当于221美元）。

总之，中国在1978年之前采纳了以重工业为导向的发展战略，这与基于中国要素禀赋的潜在比较优势不一致。因此，实施违背比较优势的发展战略不仅导致中国产业结构扭曲，也未能改善人民的生活水平。

第三节 中国的工业增长与结构升级

自1978年中国实施经济改革以来，已摒弃了以重工业为导向的发展战略，而采用了基于自身要素禀赋的、遵循比较优势的发展战略。鉴于中国是一个劳动力丰富但资金匮乏的国家，根据赫克歇尔-俄林（Heckscher-Ohlin）贸易理论，倘若中国发挥比较优势，出口劳动密集型产品和进口资本密集型产品,则有望从对外贸易中受益。然而,中国政府需要加紧努力以纠正现有的价格扭曲,因为中国的产业结构高度畸形,这主要源于政府采纳违背自身比较优势的发展战略。这个问题将在下一节讨论。在本节,我们重点关注中国经济腾飞以来,经济结构转型和产业升级的趋势和特点。

首先,我们将审视中国产业构成的模式和演变,其中特别关注各个时间段的经济结构转型。我们还将探讨每个制造行业所显示的比较优势。然后,我们将讨论各制造业之间和制造业内部的产业链升级。鉴于中国经济腾飞以来,国际贸易在中国经济中扮演了主导作用,对产业内部贸易的仔细审视表明,中国的产业内部贸易是加工贸易蓬勃发展的结果(加工贸易是指进口原材料以便在中国进行加工组装),这也表明产业内部贸易规模增长基本上符合中国的比较优势。

一、结构转型

中国国内生产总值(GDP)中各产业的构成见证了最近30年间中国经济改革前后产业结构的调整变化。若中国坚持实施违背比较优势的发展战略,制造业等第二产业将维持如图1-1所示的1978年之前的快速增长态势。但是,如图1-2所示,这一局面在1978年后发生了变化。第二产业在中国GDP的比重维持不变,但最近30年制造业的占比略微下滑。与之形成鲜明对比的是,第三产业占GDP的比重从1978年的23.9%猛增至2010年的42%。此外,第一产业占GDP的比重下滑,从1978年的28.3%下降至2009年的仅11%。

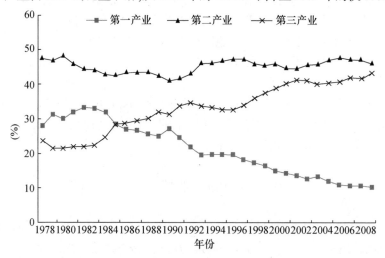

图1-2 国内生产总值各部门的构成(1978—2010年)(按当年价格计算)
资料来源:《中国统计年鉴》。

在制造业的各个组成部分中,劳动密集型轻工业的占比从 1978 年的 43.1% 上升至 1991 年的 48.9%。与之相对应,基础设施投资比例(即重工业投资额除以轻工业投资额)从第五个五年计划期间(1978—1982 年)的 8.5 倍下降至 1991 年的 6.5 倍。这些成果表明,中国正从实施重工业导向的发展战略转向执行遵循比较优势的发展战略。自 1978 年以来,中国已优先发展基于自身要素禀赋、具有比较优势的劳动密集型产业。该战略类似于"亚洲四小龙"(韩国、新加坡、中国台湾和中国香港)的发展战略。通过采用该战略,中国能够利用潜在的比较优势,并增加其劳动密集型产品的出口额。

显然,观察中国的经济结构转型可借助于制造业各部门占制造业 GDP 比重的变化状况。如图 1-3A 所示,1999 年石油和天然气开采是制造业 GDP 中所占份额最高的行业(12.3%)。在十年后,中国制造业各部门占制造业 GDP 的比重已发生显著变化。如图 1-3B 所示,2009 年石油和天然气开采在制造业 GDP 中的占比已锐减至仅有 1.47%,而通信设备成为制造业 GDP 中所占份额最高的行业,占比达 8.7%。

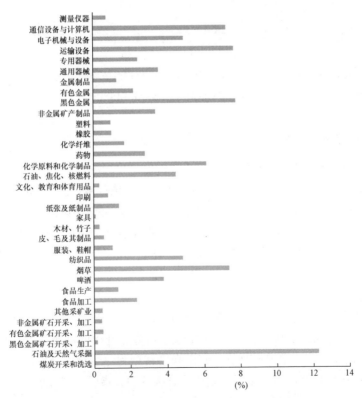

图 1-3A　生产部门在中国制造业国内生产总值中所占比重(1999 年)

资料来源:根据《中国统计年鉴(2000)》整理计算而得。

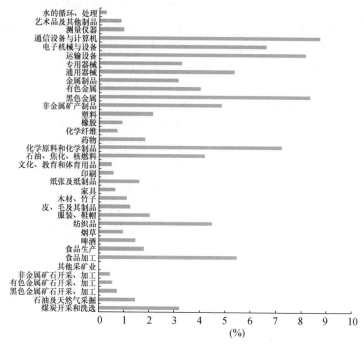

图1-3B　制造业各部门在中国制造业国内生产总值中的占比(2009年)
资料来源:根据《中国统计年鉴(2000)》整理计算而得。

二、价值链升级

中国对外贸易额持续增长是审视其价值链升级的理想窗口。在经济改革之前,中国是一个封闭且落后的经济体。外贸依存度(定义为进出口总额占当年GDP的比重)仅有10%。然而,在过去30年间,中国的外贸依存度已增长超过6倍。2008年中国的对外贸易依存度达到67%,远高于美国的25%,这表明中国经济的开放程度较高。尽管2008年全球金融危机危及对中国出口产品的需求,中国仍在2009年超越德国成为世界最大的出口国,并在2011年跃升为世界第二大进口国。

中国对外贸易规模快速增长是该国采纳遵循比较优势战略所带来的经济成果(林毅夫等,2004)。该论点可通过制造业升级的动态演变而得到进一步的阐明。鉴于中国自改革开放以来已转型为一个全面开放的外向型经济体,中国出口商品组成是反映制造业升级的适宜指标。在最近的30年间,中国的出口呈现了四个不同的发展阶段。

表1-1显示,1980年农产品仍是最重要的出口商品。引人注目的是,在

第一阶段(1978—1985年),中国最重要的工业出口商品是低附加值的矿物燃料(如石油、油)和其他自然资源。造成这一局面背后的重要原因是,1978—1980年,中国主要油田之一的黑龙江大庆油田提炼加工的石油产品数量增长。中国政府深知促进劳动密集型产业(如纺织服装业)发展的重要性,但当时轻工业出口商品的规模仍较小。截至1980年,矿物燃料、润滑油和相关矿物占中国出口市场的比重为23.6%。该占比在1985年攀升至26%,高于第二大出口类别轻纺和橡胶制品16%的占比。

表1-1 中国出口额和进口额中各行业的组成(按当年价格计算) 单位:%

年份	农业	工业	矿物燃料及润滑油	轻工制造业	机械及运输设备
出口额中各行业的构成					
1980	50.30	49.70	23.62	22.07	4.65
1985	50.56	49.44	26.08	16.43	2.82
1992	20.02	79.98	5.53	19.00	15.56
1995	14.44	85.56	3.58	21.67	21.11
1996	14.52	85.48	3.93	18.87	23.38
2001	9.90	90.10	3.16	16.46	35.66
2009	5.25	94.75	1.70	15.38	49.12
进口额中各行业的构成					
1980	34.77	65.23	1.01	20.75	25.57
1985	12.52	87.48	0.41	28.16	38.43
1992	16.45	83.55	4.43	23.92	38.86
1995	18.49	81.51	3.88	21.78	39.85
1996	18.32	81.68	4.95	22.61	39.45
2001	18.78	81.22	7.17	17.22	43.94
2009	28.81	71.19	12.33	10.71	40.54

注:最后三列的数字通过将该行业贸易额(即出口额或进口额)除以工业贸易总额的比例获得。
资料来源:《中国统计年鉴(2010)》。

1985—1995年,随着中国实施遵循比较优势的发展战略,中国生产并出口了大量的劳动密集型产品(如纺织、服装)和其他轻工业制成品。在第二阶段,纺织和橡胶制品占据了中国出口总额的重要份额。表1-1显示,在此期间纺织和橡胶制品出口的占比达20%,1995年升至21.6%的峰值。

有趣的是,1996 年中国运输设备机械的出口额为 353 亿美元,高于同年轻工业制成品出口额的 285 亿美元。这一研究发现表明,中国进入出口的第三阶段。在第三阶段,最重要的出口商品是资本密集的产品,如机械和运输设备等。表1-2 为 21 世纪中国经济结构升级的成效提供了更多佐证。第二阶段和第三阶段的差异在于,中国主要的出口商品已逐步远离标准的劳动密集型产品(如纺织和服装)。到 21 世纪初,低附加值的劳动密集型产品不再跻身中国十大出口商品类别之列。目前,中国出口额最大的商品是电气机械和器材,紧随其后的是机械和机械器具。尽管矿物燃料和矿物油重新回到十大出口商品类别的行列,但与 30 年前的情形相比已显著不同。目前矿物油行业拥有很高的附加值产出率,2007 年该比率高达 77.7%,远高于 2007 年纺织业附加值产出率的 26.2%。前三大行业占中国出口总额的比重超过了 50%。

表1-2 按国际海关 HS 两位数分类法统计的中国前十大类出口商品(2000—2008 年)

排名	HS 2 位数类别	代码	占总出口比重(%)
1	电气机械及器材	85	25.45
2	机械及机械器具	84	14.37
3	矿物燃料和矿物油	27	10.66
4	光学及照相器材	90	6.67
5	塑料及其制品	39	4.95
6	矿砂、矿渣及矿灰	26	4.44
7	有机化工产品	29	3.86
8	钢铁	72	3.29
9	除铁路外的交通工具	87	2.24
10	铜和铜制品	74	2.20

资料来源:联合国商品贸易统计数据库(UN Comtrade),由本章作者编纂。

最有趣的现象或许来自第四阶段。2001 年中国加入世界贸易组织(WTO)。在最近一个阶段,中国出口了大量的高科技产品(如航空器、计算机、药品、科学仪器)和电力机械。截至 2007 年,高科技产品出口占中国制造业出口总额的 30%,占世界高科技出口总额的 18.1%(Yu,2011)。此类高科技行业涉及的附加值产出率(定义为最终产出和中间产出的差额除以最终产出)较高。图1-4 显示,三大高科技行业的增值率均呈现快速增长,特别是,计算机和办公设备的增值率从 2001 年的 4.3% 升至 2007 年的 24.7%,增幅超过五倍。

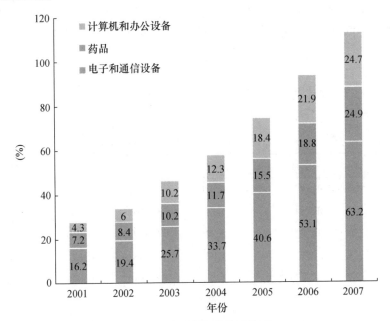

图1-4 高科技行业的增值率

资料来源:《中国统计年鉴》。

因此,中国经济改革的四个阶段彰显了遵循比较优势战略如何促使出口的价值链升级,即从初级产品到机械和运输设备,甚至到高科技产品。

三、比较优势的动态发展

鉴于中国出口了大量的机械和运输设备,有关中国在此类产品上是否具有比较优势的质疑已经涌现。关于比较优势的一个肯定性答案支持了中国已采取遵循比较优势之发展战略的观点。另一方面,有人或许认为,此类遵循比较优势的发展战略在中国并不明显。

表1-3 显示了按照国际海关 HS 代码个位数划分行业,中国在 21 世纪的显性比较优势(RCA)指标①。倘若某个行业的显性比较优势指数大于1,表明该行业在全球市场具有比较优势。1996 年中国的诸多行业(如食品和饮料、化学和塑料、皮革、木材和造纸以及金属)具有比较优势。在这些行业当中,纺织服装业的比较优势最强,RCA 指标高达 3.692。进入 21 世纪,纺织服装行业的比较优势已经萎缩。然而,2008 年中国纺织服装业仍保持明显

---

① 具体而言,定义行业 j 占某国 c 出口额的比重和代表 c 国占世界总出口额的比重。

的比较优势,RCA 指标为 1.512。具有同等重要性的是机械和运输设备,该行业在 1996 年开始展示出轻微的比较优势;与中国纺织服装业比较优势逐渐下滑不同,机械设备的比较优势与日俱增。目前,中国宣称在以下行业具有显著的比较优势(按降序排列):纺织服装、食品和饮料、烟草和矿物以及机械和运输设备。尽管如此,表 1-3 的主要观点是,中国经历了比较优势的动态演变。通过生产和出口更多与动态比较优势相一致的商品,中国已成功地实现产业结构升级。

表 1-3 各行业的显性比较优势(1996—2008 年)

代码	行业	1996 年	2001 年	2006 年	2008 年
0	动物和植物	0.210	0.364	0.284	0.290
1	食品和饮料	1.310	0.977	0.894	1.254
2	烟草与矿物	0.710	0.872	0.999	1.160
3	化工与塑料	1.439	1.218	0.877	0.802
4	皮革、木业与造纸	1.080	1.201	0.945	0.950
5	纺织品与服装	3.692	2.637	1.905	1.512
6	鞋类和玻璃	0.365	0.265	0.170	0.165
7	五金	1.080	1.259	0.867	0.780
8	机械及运输设备	1.014	1.085	1.231	1.149
9	杂货制品	0.667	0.604	0.829	0.886

资料来源:UN Comtrade,由本章作者编纂。

此外,值得强调的是,成功实现经济转型和制造业升级也需要一国采纳基于当前比较优势的、遵循比较优势的发展战略(林毅夫等,2004)。请留意,在甄别某个产业是否符合本国比较优势方面,该国政府扮演了非常重要的角色。倘若所在国政府不发挥适当的作用,遵循静态的比较优势可能导致一个国家在某个发展阶段停滞不前,正如 Amsden(1989)总结韩国的经验所指出的。与之相反,倘若一国政府能够因势利导和甄别那些符合本国比较优势的产业,则遵循比较优势的发展战略也能自动跟随该国的动态比较优势(林毅夫,2012)。①

四、产业内部贸易和加工贸易

得益于成功地实施了经济改革,中国国内生产总值(GDP)在最近 30 年

---

① 在这一点上,我们得益于与 Adam Eddy Szirmai 教授的讨论。

间保持了每年9.9%的高增长率。随着中国经济规模日益扩大,其要素禀赋条件已经发生变化。目前中国是世界第二大经济体,2011年人均GDP达到5 000美元,略高于中高收入国家的门槛。因此,我们难以理解中国如何能够生产和出口数量比人均收入水平相当的其他国家更多的资本密集型产品(如机械和运输设备)(Rodrik,2008)。

阐释该现象的一个假设是中国产业内部贸易盛行。与纺织服装行业相比,机械和运输设备行业产生了更多的产业内部贸易。产业内部贸易指数是通常用来衡量产业内部贸易水平的指标,其定义为 $1-|X-M|/(X+M)$,其中,X 是该产业的出口额,M 是该产业的进口额。倘若该指数等于1,则表示该行业有大量的业内贸易,因出口额与进口额相当。与之相反,该指数为0则表示该行业没有发生业内贸易。表1-4显示,一些行业(如机械、运输设备,以及光学和照相器材)具有较高水平的产业内部贸易。尤其是,2001年机械和运输设备行业的业内贸易指数分别上升至0.94和0.97。与之形成鲜明对比的是,劳动密集型行业(如纺织和鞋类)的业内贸易没有如此普遍。

表1-4 各行业的业内贸易比例(1992—2009年)

行业	1992年	1995年	2001年	2009年
纺织品和服装	0.58	0.61	0.49	0.24
鞋类	0.18	0.10	0.07	0.06
机械	0.64	0.74	0.94	0.81
运输设备	0.53	0.87	0.97	0.83
光学和照相器材	0.88	0.98	0.89	0.77

资料来源:历年《中国统计年鉴》。

但是,对于资本密集型行业(如机械和运输设备)的产业内部贸易盛行是经济发展的结果抑或是其原因,各方对此仍抱有疑虑。在实施经济改革之后,中国采纳了遵循比较优势的发展战略。中国政府意识到,鉴于本国是一个劳动力充裕的国家,加工贸易是实施遵循比较优势战略的一个理想途径。的确,加工贸易是促使上述资本密集型行业的业内贸易水平处于高位的主要原因。

在加工贸易当中,一家国内企业先从一家外国企业进口原材料或中间产品。在原材料经过本地加工后,该国内企业出口获得增值的最终产品。图1-5显示,1995年以来加工贸易已占据中国出口总额的半壁江山。在中国的20类加工贸易当中,两个最重要的方式是装配加工贸易和采购投入品的加工贸易。在装配加工贸易当中,一家国内企业不支付任何款项从外国贸易合作伙伴获得原材料和零部件。在国内加工后,该企业通过收取组装费的方式将产品"售予"同一家外国公司(Yu,2011b,2014)。此类加工贸易曾经在20世纪80年代非常流行,因中国企业缺乏资金来支付所进口中间产品的款项,但国内企业利用了中国充裕而廉价的劳动力资源。因此,从事加工贸易的行业大多数是劳动密集型行业。显然,此类加工贸易是典型的遵循自身比较优势的活动。

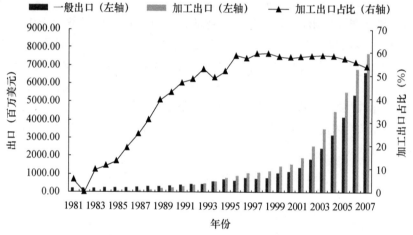

图1-5 中国的加工贸易(1981—2008年)

资料来源:《中国统计年鉴(2009)》。

在90年代,采购投入品的加工出口贸易变得更加盛行。一家国内企业进口原材料和中间投入品并支付相关款项。在本地加工完成后,该国内企业将最终产品出售给其他国家或外国贸易伙伴。开展此类加工贸易的通常是资本密集型行业,如机械和运输设备等。中国加工企业从日本和韩国进口复杂的中间投入品和核心零部件。他们利用中国劳动力的比较优势组装最终的出口产品。因此,中国出口的很大一部分由机械和运输设备构成。如表1-4所示,目前中国进口了数量众多的机械和运输设备,这致使产业内部贸易水平较高。因此,采购投入品的加工贸易仍符合中国要素禀赋带来的比较优势。

五、工业企业生产率提升

我们已见识了关于中国经济结构转型和产业升级的很多例证,尤其是来自中国的贸易行业。然而,是否中国的经济结构转型和产业升级源自资本或劳动力投入增加所引发的"粗放式"增长,抑或是源自生产率提升推动的"集约式"增长尚不明朗。① 在理论上,企业有动机通过遵循比较优势的发展战略下的加工创新来提高生产率,以实现利润的最大化。该理论与中国现实情况之间的兼容性仍值得验证。

表 1-5 显示 2000 年至 2006 年期间年销售额超过 500 万元人民币(约合 77 万美元)的中国企业的全要素生产率(TFP)水平和增长率状况。为获得准确的全要素生产率估计值,我们采纳了扩增的 Olley-Pakes(1996)方式,以克服通常最小二乘法估计值可能存在的同时性问题和选择性偏差,如索洛剩余(solow residual)。② 一如预期,所有的制造业展现生产率为正值。所有制造业的平均全要素生产率为 1.454,这支撑了一个论点,即中国企业在 21 世纪取得了技术进步。此外,平均全要素生产率增幅高达 2.43%,该结果表明,生产率快速提升是 21 世纪中国经济结构转型和产业升级的推动力之一。更重要的是,与烟草和纺织等行业相比,运输设备和通信设备等行业呈现了较高的全要素生产率增幅。该研究发现可作为额外的例证来阐释中国根据其比较优势的变化,随着时间推移逐步更新其制造业结构。

表 1-5 中国企业的全要素生产率(2000—2006 年)

行业	人工	中间品	资本	TFP	TFP 增长率
食品加工业(13)	0.043	0.890	0.058	1.317	0.57
食品生产业(14)	0.058	0.840	0.023	1.393	2.56
饮料生产业(15)	0.068	0.855	0.044	1.375	2.44
烟草制品业(16)	0.048	0.854	0.182	2.017	-0.57
纺织业(17)	0.056	0.879	0.036	1.393	-1.27
服装与鞋帽生产业(18)	0.096	0.796	0.019	1.323	1.68
皮草、皮革和毛皮生产业(19)	0.082	0.842	0.078	1.310	3.62
木材加工业(20)	0.051	0.881	0.045	1.608	-0.80
家具制造业(21)	0.154	0.732	0.077	1.474	6.83
造纸及纸制品业(22)	0.061	0.849	0.048	1.537	1.59
印刷业和记录媒介(23)	0.063	0.847	0.052	1.433	3.83

① 的确,一个关于"产业升级"更狭义但更准确的定义是指每名工人的增加值提高。但过去 30 年间,中国每名工人的增加值(即劳动生产率)上升与技术复杂度增大一道推动了产业升级。

② 对此类制造业层面数据,以及 Olley-Pakes 全要素生产率估计的详细讨论和过程感兴趣的读者可参阅 Yu and Tian(2012)。

(续表)

行业	人工	中间品	资本	TFP	TFP 增长率
文教体育用品制造业(24)	0.068	0.827	0.045	1.374	5.03
石油加工、炼焦及核燃料加工业(25)	0.041	0.906	0.061	1.459	0.01
化学原料制造业(26)	0.031	0.857	0.074	1.465	-1.33
医药制造业(27)	0.064	0.803	0.002	1.601	0.65
化学纤维制造业(28)	0.029	0.923	0.032	1.402	2.22
橡胶制品业(29)	0.089	0.729	0.142	1.519	1.96
塑料制品业(30)	0.074	0.816	0.051	1.482	4.13
非金属矿物制品业(31)	0.038	0.870	0.870	1.527	4.83
黑色金属冶炼及压延加工业(32)	0.043	0.921	0.036	1.492	1.82
有色金属冶炼及压延加工业(33)	0.038	0.889	0.052	1.337	-0.07
金属制品业(34)	0.102	0.710	0.063	1.350	-0.15
通用设备制造业(35)	0.049	0.835	0.058	1.500	0.07
专用设备制造业(36)	0.029	0.868	0.070	1.508	1.64
交通运输设备制造业(37)	0.077	0.804	0.058	1.405	3.09
电气机械及器材(39)	0.068	0.833	0.119	1.350	-0.94
通信设备制造业(40)	0.094	0.785	0.148	1.678	3.99
仪器仪表制造业(41)	0.049	0.815	0.050	1.581	1.22
艺术品制造业(42)	0.073	0.849	0.045	1.356	0.61
所有行业	0.061	0.828	0.075	1.454	2.43

资料来源:中国制造业年度调查(2000—2006 年)。欲查阅详细的讨论,请查阅 Yu(2011b)。

第四节 中国如何实现经济结构转型和产业升级

中国经济改革获得成功可直接归因于其实施的"双轨制"战略。一方面,中国政府向较为传统的部门提供过渡期保护和补贴,以此作为维护稳定的途径之一;另一方面,中国政府采纳增长甄别和因势利导的方式扶持企业进入符合比较优势战略的诸多行业,以创造富有活力的经济成长。双轨制改革包括两个重要的远景,一是改革微观经济管理体制,旨在为工人们提供更多激励,并提升生产效率;另一个是安排开展"双轨制"价格改革,这在保护陈旧的重工业和国有企业的同时,鼓励企业进入能发挥中国比较优势的诸多行业。因此,这场改革本身就是一个帕累托改进的过程。因此,中国已根据其比较优势的动态演变成功地升级了产业结构。

一、微观经济管理体制的改革

如前所述,中国经济改革之前的经济体制是一个有组织的三位一体。中国政府不得不扭曲产成品和投入要素的价格以确保国有企业获得较高的利润,并帮助无法自力更生的重工业发展。人为压低和扭曲的价格创造了过多的产成品和投入要素需求。因此,中国政府被迫采用有计划的行政管理体制,引导有限的资源流向重工业。此外,鉴于企业的目标是实现利润最大化,民营企业将偏离中国政府制定的发展战略。为避免这一局面,中国政府需要设立国有非私营企业,并限制企业的自主权。其结果是造就了士气低落的、缺乏激励和生产率低下的职工队伍。

为改善工人们的激励措施和提高生产效率,中国从微观经济管理体系着手开展改革。在农村地区,人民公社被家庭联产承包责任制所取代,农户们获准在完成国家定额后拥有自己的生产剩余。中国采用这一方式给农民们带来了激励,从而成功地开发了农业领域的比较优势。其结果是,1978—1984年期间中国农业的年均增长率达到6.05%(林毅夫等,2004)。林毅夫(1992)等实证研究报告显示,中国农产品总量增长的46.89%可归功于家庭联产承包责任制。

在城镇地区,过去30年的国有企业改革至少经历了四个阶段。在第一阶段(1978—1984年),国有企业被授予经营自主权,通过与国家分享利润和管理责任来提升其生产效率。初期的国企改革颇为成功,工人们的积极性得到改善,企业创造的利润逐年增长。但是,由于国有企业经营自主权的边界不太明晰,这一波改革带来了"寻租"问题。在第二阶段(1985—1992年),中国通过将企业上缴利润的政策调整为征收企业所得税(简称"利改税"),将政府的直接财政拨款改为间接的银行贷款(简称"拨改贷"),重新构建起适当的企业管理机制,增强了国有企业的生机和活力。两项政策旨在划清企业可支配收益和国家财政收入之间的边界。1988年,中国政府出台新政策将税收从利润中分离出来。一项资产抵押承包责任制于1987年被采纳,以便在国有企业和国家之间分享企业经营管理权。但是,1991年国有企业的绩效依然无法令人满意,且缺乏竞争力。

在中国国企改革的第三阶段(1992—2002年),为努力改善国有企业疲弱的绩效表现,大型国有企业建立了股份制,而小型国企被私有化。自1992年以来,股份制被视作避免任何财产权模糊不清的最佳药方,而产权不明晰被认为是导致国有企业竞争力低下的根源。在促使小型国企更具生机和活力方面,第三阶段的国企改革取得了成功。股份制澄清了国有企业的剩余权利,然而,众多的国有企业仍遭受诸多政府分支机构多头管理的困扰。在国企改革的第四阶段(2003年以后),中国政府设立了正部级的国务院国有资产监督管理委员会,成为代表国家行使出资人职责的唯一机构。此后,国有企业能够集中精力经营重要领域和行业,如通信、能源、矿业和重型装备等。中国政府进一步推动价格改革,以消除产成品和投入要素市场的价格扭曲。因此,国有企业的绩效明显改善。

2003—2006年,制造业国有企业的数量从3 610家缩减至2 610家,但平均年利润增长率达到21.7%。在此之前,这些企业的平均年销售额增长率为20.2%。如图1-6所示,1998年多个关键性的国企财务指标,如净资产毛利率、总资产利润率、总资产净利润率以及净资产净利润率,都显著上升。近年来中国国有企业的绩效表现为阐释21世纪机械和交通设备产量及出口额激增提供了更多证据,因为开展这类业务活动的主要是国有企业。

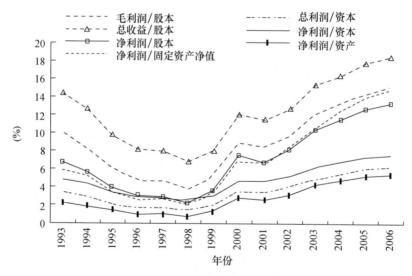

图1-6　中国国有企业的利润率

资料来源:北京大学中国经济研究中心研究团队(2007),载 Yao and Yu (2009)。

　　一个有趣的问题是:为什么中国国有企业在21世纪变得充满生机活力和拥有较好的绩效表现?这其中至少有三种解释。首先,随着时间推移国有企业快速完成了资本积累,尤其是在最近30年间,这改变了中国的比较优势;更多大型国有企业是资本密集型的,且它们能够从国家获得更多资金和自然资源,这反过来让它们在市场经济中占据有利地位。其次,国有企业仍通过优惠条件和低成本的方式获得融资和其他投入品,从而继续享受了政府补贴。最后但也很重要的原因是,很多国有企业集中在电信等高度垄断的行业。与之相对应,此类国有企业能够享受到这些行业的垄断租金(monopoly rents)。

二、产出品和投入要素的"双轨制"价格改革

本质上,很多大型国有企业无法自力更生是因为它们处在一个与中国的比较优势背道而驰的行业。中国采用上述价格扭曲体系旨在向国有企业提供补贴。双轨制价格改革被中国政府用作维持对难以为继的国有企业发放补贴的途径之一。倘若所有的产出品和投入要素价格突然转为由市场供求决定,所有的国有企业恐怕会破产和关闭。数量众多的国企工人们将会被裁减和解雇,一场剧烈的社会动荡恐将接踵而至。

为避免这一局面,中国政府针对产出品和投入要素实施了双轨制价格改革。中国政府设定国家计划内商品的价格,而国家计划以外的商品则由市场定价。在双轨制价格改革初期(1978—1984年),中国仍不允许存在市场机制;政府仅仅调整各类价格以缩小各类大宗商品的计划价和市场均衡价格之间的差距。然而在1985年,中国逐步引入了市场机制。其结果是,国家计划之外的市场蓬勃发展,市场价很快大行其道。在1997年东亚金融危机之前,中国所有的大宗商品和零售商品当中,分别有81%和91.5%的商品价格完全由市场供求决定(林毅夫等,2004)。一旦产出品的价格主要由市场决定,投入要素的价格改革压力也显露无遗。

为应对要素市场的强烈改革需求,中国政府也着手开展必要的汇率、工资和利率改革,以及进一步实施其遵循比较优势的战略。本节讨论中国的汇率和利率改革,下节将阐释工资改革。在以重工业为导向的发展战略当中,外币汇率被人为地压至很低的水平。然而,根据遵循比较优势的发展战略,理想的情形是汇率应由市场供求来决定,以便各产业的比较优势能得到充分地发挥。反过来,市场供求决定的汇率可作为一个信号来指引中国政府甄别和促进具有比较优势的制造业。

如图1-7所示,中国汇率的双轨制经历了四个阶段。在第一阶段(1978—1984年),中国实施了三重汇率体系。该体系包括官方汇率、内部结算汇率和掉期汇率,在此期间,前两类汇率是最重要的。官方汇率被用于大宗商品和服务的外部交易。相比之下,内部结算汇率被固定在一个恒定水平(即1美元=2.8元人民币),用于将中国企业的创收外汇兑换为人民币。中国政府逐步调降官方汇率,以便让其向内部结算汇价靠拢。因此,在第二阶

段(1995—1994年),中国仅有双重汇率体系,其中官方汇率代表着计划体系,而掉期汇率代表着市场体系。在汇率改革之初,中国政府建立了外汇留存机制,鼓励企业出口和赚取外汇储备。因此,有些企业拥有过剩的外汇,而其他企业则出现外汇短缺。于是中国推出了外汇掉期市场,为贸易公司开展外汇兑换提供便利。通过这个方式,均衡掉期汇率的确反映了人民币的真实成本,因为它是由市场供需所决定的。以市场供求为基础的掉期汇率逐步且稳固地发展。到1993年,中国大约80%的国际贸易通过掉期汇率结算(林毅夫等,2004)。在第三阶段(1994—2005年),双重汇率合并为单一的市场汇率,为1美元兑换8.61元人民币,这在整个第三阶段都是固定的。最后一个阶段始于2005年,当时中国开始采纳有管理的浮动汇率机制。在随后的六年(2005—2011年)里,中国将人民币兑美元汇率从8.27调整至6.5,人民币升值约20%。目前大家普遍相信,倘若存在该汇率水平的话,中国正接近其"均衡"汇率水平(Ma等,2012)。1994年以来基于市场供求的汇率再度作为汇率改革的里程碑,让诸多的制造类企业展现出其真实的比较优势。

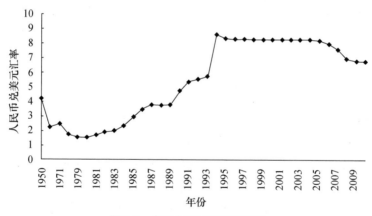

图1-7　中国人民币汇率的演变

资料来源:《中国统计年鉴》。

　　为促使中国企业具有国际市场竞争力,中国需要消除诸多要素市场(如资金成本)的价格扭曲。只有当利率由市场供求决定,中国政府才能推广资本节约型技术并全面实现制造业结构升级。中国第一波升息浪潮始于1979年,当时存款利率和贷款利率被双双上调。20世纪80年代见证了中国调高利率的10个时期。但是,1990—1992年中国调降利率以刺激经济增长。在1992年之后,中国启动新一轮升息潮,主要因为上海证券交易所和深圳证券交易所等金融机构的建立和金融市场蓬勃兴起。然而,与汇率改革相比,中国利率改革一直以缓慢而渐进的步伐推进。尽管大多数时间中国的实质利率维持正值,但直到今天利率水平仍并非由市场供求来决定。相反,利率仍被用作向大型企业提供补贴的方式;而大型企业大多数是国有企业。因此,中国利率的市场化进程仍在持续。

三、新生行业的增量改革

如上所述,两股基础力量促使中国成功实现经济结构改革和制造业升级。一股力量是采用"双轨制"改革,另一股力量是对非国有的自力更生行业开展增量改革。当20世纪80年代初期中国的国有企业改革停滞不前时,中国政府转变思维集中力量推进非国有经济的改革。该政策一般被称为"增量改革",这符合中国基于自身要素禀赋的比较优势。乡镇企业(TVEs)的蓬勃发展可作为阐释这一增量改革的最佳范例,这有助于理解中国的产业升级和经济结构转型。

正如林毅夫等(2004)所阐明的,以下的几个原因解释了为什么20世纪80年代中国乡镇企业呈现快速扩张态势。首先,乡镇企业能够充分利用中国农村地区的比较优势(即丰富的劳动力资源)来促进农村完成原始生产要素的积累。与国有企业主要涉足资本密集型行业不同,大多数中国乡镇企业从事劳动密集型产业。由于20世纪80年代人口迁移受到严格限制,大量劳动力集中在农村地区。因此,乡镇企业可获得充裕的廉价劳动力,并在不依赖大量资本投入的情况下赚取可观的利润。其次,乡镇企业能创造稳定的财政收入,因它们的产品在市场颇受欢迎。由于中国实施了重工业导向的发展战略,市场上的轻工业产业严重短缺。乡镇企业的主要产品是劳动密集型的,从而可以轻易地满足市场的需求。最后,与国有企业享受政府保护的优越处境截然不同的是,乡镇企业面临较为严峻的国内市场竞争,这促使它们竭尽所能地改善其生产率。在上述三个因素的共同作用下,乡镇企业能够自力更生、维持自身活力和创造可观的利润,并为将来的发展积累足够的资本。

值得注意的是,中国地方政府在促进乡镇企业发展方面发挥了重要作用,尤其是在筹划乡镇企业和地方政府之间的利润风险机制上。与国有企业的管理者不同,乡镇企业的管理者通常来自基层,其获得提拔晋升的空间有限。因此,它们的主要目标是实现留存在本乡镇企业的利润最大化。鉴于乡镇企业的管理者们具备掌握更多企业运营相关信息的优势,地方政府难以对其实施有效地监督和管理。为避免信息不对称导致的此类劣势,地方政府在20世纪80年代通常偏爱实施股份合作制(地方政府和乡镇企业下属企业共同拥有的混合所有制公司),以厘清地方政府和乡镇企业之间的利润分成。

剩余索取权关系的明晰促进了乡镇企业的快速发展。自20世纪90年代以来,大多数乡镇企业成为私营企业,转而向地方政府缴纳企业所得税。

中国的劳动密集型产业在20世纪80年代后期快速发展壮大,得益于农村地区乡镇企业的蓬勃兴起。随着乡镇企业的资本积累和国有企业改革逐步取得成功,中国有能力将制造业从劳动密集型轻工业升级为资本密集型产业,如机械和运输设备等。

四、对外开放与对内改革

除了国内渐进式的"双轨制"改革之外,中国快速推进产业升级和经济结构转型也得益于其实施的对外开放政策。在经济改革之前,中国是一个内向封闭的经济体,20世纪70年代的开放度很低,仅有10%。如图1-8所示,目前中国的进出口总额已猛增至国内生产总值(GDP)的三分之二左右。如前所述,2009年以来中国一直是世界最大的出口国。中国出口额的快速增长的确显示了实施遵循比较优势战略带来的经济成果。一方面,中国已生产很多劳动密集型和资本节约型商品,这符合中国劳动力丰富的比较优势,由于此类产品价廉物美,在国际市场上极具吸引力;另一方面,由于国内消费市场相对狭小,导致中国大量出口其劳动密集型产品以消化市场存货(林毅夫,2004;姚洋和余淼杰,2009)。大量的货物出口为企业带来了可观的利润和促进了资本积累,这反过来提升了中国整体的要素禀赋。中国可根据正在发展变化的要素禀赋来相应推动制造业产品升级。

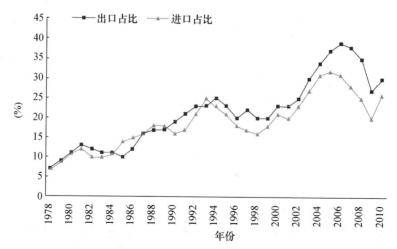

图1-8 中国出口额和进口额占国内生产总值的百分比(1978—2010年)
资料来源:历年《中国统计年鉴》。

中国的门户开放改革发端于设立各类自由贸易区。这一过程可总结归纳为三个阶段,从点(一些城市)到线(东部沿海地区),然后扩展至整个地区(即东部和中部省份)。1980 年中国遴选四座城市(广东省的深圳、珠海、汕头和福建省的厦门)作为经济特区(SEZ)。这些经济特区基本上用于出口加工产品,只要特区企业的进口商品是组装起来用于出口,该企业的进口商品可享受豁免关税的优惠。1984 年中国实施"沿海开发战略",开放了 14 座沿海城市,随后不久,中国设立了多个国家级经济开发区和三个经济三角洲地区。1991 年中国政府还开放了四座北方口岸,以开展与俄罗斯和朝鲜的贸易活动。此时,中国大部分开放城市位于东部地区。然而,中国在 1992 年决定以国家级高科技开发区的形式开放更多的中部城市。

1992 年中国开始推动进口关税和各类非关税壁垒的自由化。据中国海关总署报告,中国进口关税的简单平均税率从 1992 年的 42% 左右降低至 1994 年的约 35%。此外,为了给中国恢复在关税与贸易总协定(GATT)/世界贸易组织(WTO)的成员地位创造更有利的条件,中国将进口关税水平从 1994 年的 35% 进一步调降至 1997 年的 17%,短短三年内的关税税率降幅达到 50%。在 2001 年中国加入世界贸易组织后,其兑现承诺在 2005 年将关税降低至 10% 左右。尽管贸易自由化对经济发展的影响仍引发争议(Krugman-Obsfeld, 2008),这无疑给包括乡镇企业和国有企业在内的中国国内企业带来了进口商品引发的激烈竞争。与效率低下的国有企业仍能够在各类政府保护体系之下维持运营形成鲜明对比的是,低效率的乡镇企业将会被市场一扫而空。因此,仅有高效率和充满生机活力的乡镇企业能够存活下来,这反过来促使制造业的进一步转型升级成为可能。

中国门户开放历程中的另一个重要里程碑是 2001 年中国加入世界贸易组织。为获取世贸组织成员地位,中国政府不得不消除产成品和投入要素的很多价格扭曲,以遵循世贸组织的各项要求,这促进了中国经济转型和制造业升级(林毅夫,2009)。此外,中国加入世贸组织也使得国内的改革变得不可逆转,因中国需要遵守世界贸易组织制定的国际贸易规则(林毅夫等,2004)。在加入世界贸易组织后,中国的国际贸易规模迅速扩大。凭借更为广阔的国际市场,中国企业能够按照中国的动态比较优势来扩大其生产,从而使中国成为一座"世界工厂"。

加工贸易是中国最新的同时或许是最重要的门户开放政策,这促使中国在对外贸易上的表现远胜过印度。如前所述,通过组装加工,中国的加工贸易在 80 年代起步;随后借助采购投入品加工的方式,促使加工贸易在 90 年代变得繁盛流行。大多数加工企业是中国香港、澳门和台湾地区公司的外资子公司,并集中于能够发挥中国比较优势的劳动密集型行业。在中国加入世界贸易组织的前一年 2000 年,政策制定者决定设立出口加工区,到 2010 年中国出口加工区的数量增加至 55 个。出口加工区享受与经济特区同等的自由贸易优惠政策,但它们还具备额外的优势,如出口加工区内的加工企业能免受全面而复杂的行政管理和监管架构的束缚。凭借上述有利条件,出口加工区的遍地开花,中国的加工贸易一直占据贸易总额的半壁江山,并为加工企业采用外国先进技术提供了更多的机会,这刺激了中国的制造业升级。

第五节　经济结构转型对就业和减贫的影响

中国是一个劳动力丰富的国家。作为世界上人口最多的国家,1978 年中国的总人口达到 9.62 亿人,而总人口规模在 2009 年增长至超过 13.3 亿人。在经济改革年代,中国保持了较低且持续下降的抚养比率,因此享受了大量的人口红利(蔡昉,2010)。如图 1-9 所示,中国的抚养比率(非劳动力人口与劳动力人口之比)在 1982 年和 2009 年分别是 62.6% 和 36.9%,成为世界上最低的抚养比率之一。中国拥有数量庞大的劳动力;截至 2009 年年底,受雇员工总数为 7.98 亿人。① 该信息有助于我们理解中国的经济结构转型

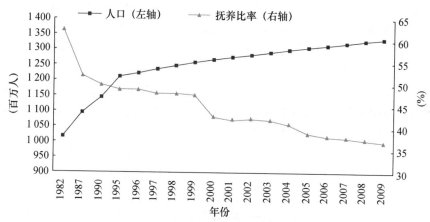

图 1-9　中国总人口和抚养比率(1982—2009 年)

资料来源:历年《中国统计年鉴》。

---

① 应当承认,由于 1979 年以来中国实施"独生子女"政策引发了人口结构变迁,目前中国还面临越来越严重的老龄化问题。的确,围绕目前中国是否已经跨过所谓的"刘易斯拐点"(劳动力过剩向短期的转折点),中国学术界开展了激烈的辩论。

和产业升级如何能创造更多就业岗位和减少贫困。在本节的其余部分,我们将详细介绍中国经济结构转型引发各行业的就业人数变化的原因,随后将仔细审视中国产业升级导致的制造业各行业内部的就业变动情况。最后,我们将讨论经济结构变迁和产业升级如何促进减贫事业。

一、各行业的结构变迁和就业人口变化

如前所述,在实施经济改革之前,中国仍是一个农业国家。当时中国采纳了以重工业为导向的发展战略,由于重工业是资本密集型产业,其仅能吸纳数量很少的工人。这两个因素导致中国有很高比例的劳动力从事第一产业。如图1-10所示,1978年中国大约有70.5%的劳动力从事第一产业(农业、林业、渔业和畜牧业)。相比之下,仅有17.3%的劳动力从事第二产业,其余12.2%的劳动者从事第三产业。

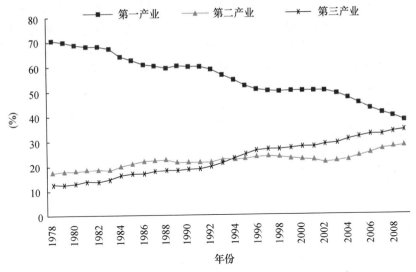

图1-10 三大产业的总雇员人数及人员结构(1978—2009年)
资料来源:历年《中国统计年鉴》。

自经济腾飞以来,中国已采纳遵循比较优势的发展战略。在最近30年,中国经历了渐进式的经济结构转型。如前所述,农业占中国国内生产总值(GDP)的份额从1978年的28.3%下滑至2009年的仅11%,第三产业的占比从1978年的23.9%上升至2010年的42%。第二产业的占比仍保持稳定。各行业的就业人数变动与中国经济结构的变化形成具有正相关关系。在2009年,从事第一产业的劳动者占比下滑至38.1%,该占比在30年内的降幅达到50%;而第三产业的从业者人数占比则增至34.1%,该占比在经济改

革后激增了近两倍;第二产业的员工总数比例也增加至 27.8%,占比在 30 年间接近翻了一番。

中国就业人口结构变化的演变过程可分为四个阶段。在第一阶段(1978—1991 年),农业从业者的占比从 70% 快速下滑至 60% 左右;与此同时,第二产业和第三产业的就业人数占比迅速上升。第一产业从业者占比快速下降可归因于中国在农村地区实施了家庭联产承包责任制。当人民公社体制在经济改革前夕被废止,很多劳动力从土地束缚中解脱出来,转而投身于城市地区的第二产业和第三产业。随着中国启动双轨制改革,国有企业获得了更多的经营自主权,并拥有更大的激励动机来通过雇用更多固定工和临时工扩大其生产规模。尽管新雇用固定工需要国家批准,国有企业的管理者们仍可雇用那些原本是农村地区的农民作为临时工。因而,国有企业的劳动者数量增长。与之类似,根据中国比较优势而开展的增量改革也导致 80 年代乡镇企业蓬勃发展。数以百万计的农民离开他们的土地去从事非农行业。

1988—1991 年期间中国就业人数的结构性变化出现短暂的停滞,此后的 1992—1996 年,中国经历了就业结构剧烈变动的第二阶段。在 90 年代初期,中国进一步放松了从农村迁往城市的人口迁移限制。如图 1-11 所示,在 1993—1996 年期间,超过 6 000 万劳动者从农村迁移至城市地区以从事第二产业和第三产业。农民工迁徙的路线主要是从中国西部和中部地区奔赴沿海地区。在第二阶段末期,尽管中国有一半的劳动力仍从事第一产业,第三产业的工人数量开始超过第二产业。

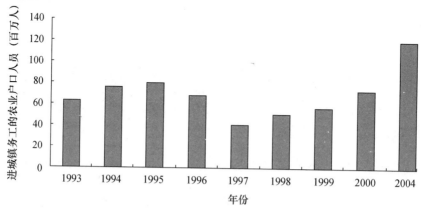

图 1-11 中国的农民工人数(1993—2004 年)

资料来源:《中国统计年鉴》。

然而,第三阶段(1996—2001 年)的特点是就业人口的结构性变化步伐变缓。两个因素可解释这一变化。首先,1997 年和 1998 中国面临外部需求萎缩的严重冲击,这源于1997年和1998东亚金融危机的冲击,当时很多亚洲国家纷纷调降本国货币汇率以刺激出口和克服金融危机的不利影响。然而,中国宣布人民币固定汇率维持不变,使得中国的商品处于不利的国际竞争环境中。受外部需求萎缩的冲击,中国企业不能扩大生产,因此无法吸纳更多来自农村的务工者。其次,更多的国有企业职工被裁减和安排下岗,为城市地区提供了较多的劳动力供应。自1997年以来,为了摆脱国有企业绩效欠佳的被动局面,中国政府缩减了国有企业的规模,甚至对部分国有企业进行私有化改造。这一缩减规模的举动导致大量国有企业职工下岗分流,迫使他们在城市地区寻找新的就业机会。城市劳动力市场需求疲软而供应充足,使得外来农民工失去了就业空间。图1-11显示,农民工人数从1996年的6 000万人锐减至1997年的约4 000万人,规模缩减了三分之一。

中国就业人数结构性变化的最后一个阶段发生在2001年中国加入世界贸易组织之后。中国获得世贸组织成员地位使得国内企业能够进入更广阔的国际市场,这为中国实施遵循比较优势的战略提供了良好机遇。因此,中国第二产业的就业人数比重从2001年的21%增加至2009年的27.8%。尽管55%的中国人依旧生活在农村地区,但仅有38.1%的劳动力从事第一产业,对国内生产总值(GDP)的贡献度仅为11%。经济结构转型促使中国从30年前的农业国升级为今天的"世界工厂"。同样重要的一个事实是,近年来中国沿海地区数次调高工资薪酬,然而这并不表明中国已经越过"刘易斯拐点"和不再是一个劳动力充裕的国家(Yao and Yu,2009)。随着农业生产率的提升,仍会有越来越多的劳动力脱离第一产业而进入第二产业和第三产业。

二、制造业的产业升级和就业人数变化

通过实施遵循比较优势的战略,中国在80年代将制造业结构从石油粗加工和采矿升级为生产劳动密集型产品(如纺织服装)。借助加工贸易,中国在90年代以来将制造业结构从传统的劳动力密集行业升级为资本密集型行业,其突出标志是采用机械和运输设备。此类制造业升级也体现在最近30年制造业的就业人数变动上。

我们必须核实随着时间推移制造业就业人数占第二产业员工总数的比例变化情况,以审视制造业就业变化的演变过程。1982年,当时中国经济改革刚刚启动,制造业工人占第二产业就业人数的比重高达71%左右。但该比例到2009年已经下降至50%左右,表明更多的工人转向从事建筑等行业,这部分源于技术进步促使生产所需的劳动力减少。

更重要的是,2009年就业人数最多的制造业部门不再是纺织或服装业(见图1-12),尽管这一过渡期内的劳动密集型产业仍雇用了大量员工。就业人数最多的制造业部门是通信设备(占所有制造业就业人数的9%),紧随其后的是运输设备(占所有制造业就业人数的8%)。该研究结论再度表明,制造业内部的就业结构与产业升级的步伐亦步亦趋。

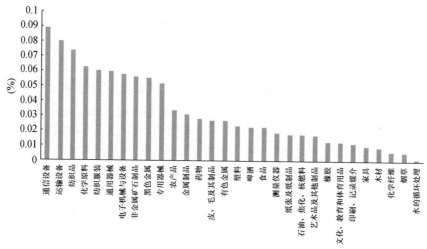

图1-12　2009年制造业各部门的就业人数占比
资料来源:《中国统计年鉴(2010)》。

三、经济结构转型与减贫

在中国实施经济改革之前,政府实施违背本国比较优势的发展战略导致民众的生活水平几乎没有改善。当时国家将发展重工业作为头等大事,有限的物资几乎全部投向重工业。因此,中国经济困难并缺乏必要的物资来发展轻工业和改善民众的生活水准。重工业创造的利润没有用于消费,而是继续进行资本积累。中国政府还在城镇地区设定了较低的固定工资。在农村地区,农民承受了农产品价格不及工业日用品价格的不利交易条件。此外,农村地区禁止从事农副业生产(如渔业和畜牧业)。因此,农村地区民众改善生活水平的愿望几乎是不可能实现的。鉴于中国在1949年政治独立之前是一个极度贫困的农业经济体,国家实施以重工业为导向的发展战略使得农民几乎不可能改善其生活水平。因此,大约30%的民众生活在贫困线以下,而贫困线是人均年收入627元人民币(按照目前汇率计算,相当于大约100美元)。

自中国经济腾飞以来,中国已采纳基于自身要素禀赋的遵循比较优势的发展战略。最近30年的经济结构转型已促使中国的减贫事业大获成功。根据 Chen-Ravaillon（2008）的估计，1980 年中国的贫困率高达 41.6%，但2004年贫困率已下降至15.9%。农村家庭的人均年度纯收入也从1978年的133.6元猛增至2006年的3587元，在30年内增长了26倍（见图1-13）。

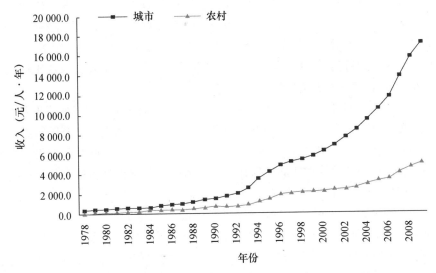

图1-13 中国减少了贫困发生率

资料来源：历年《中国统计年鉴》。

自中国经济改革以来减贫事业取得了巨大成功，这可以归功于以下几个原因。第一，作为经济改革的第一步，中国政府将人民公社的农村管理制度调整为家庭联产承包责任制，从而调动起广大农民的积极性。以旨在扶持重工业为导向的发展战略的价格扭曲政策也逐步得到纠正。损害农民利益的农产品与工业品之间的价格剪刀差被废除。与之相适应，农产品的交易条件也迅速得到改善，这些举措非常有助于农民增加收入。第二，农民们获得了重新分配的土地，他们被赋予了完全的生产自主权。因此，他们的生产积极性显著改善。第三，2006 年起中国政府还取消了农业税，终结了这项沿袭两千多年的传统税收。因此，农民们的可支配收入也增加了。

中国农村地区生活水平改善最重要的原因或许在于乡镇企业的蓬勃发展，而这符合中国经济结构转型的方向。正如此前分析的，乡镇企业为生活在农村地区的居民提供了众多的就业机会。与从事第一产业相比，在乡镇企业获得一个工作岗位通常可确保一份较高的收入。乡镇企业位于农村地区,而极端贫困通常也出现在该地区(Naughton,2005),乡镇企业的发展壮大明显促进了贫困人群的减少。

此外,服务业占比上升也为减少贫困发挥了重要作用。如图 1-2 所示,中国服务业占国内生产总值(GDP)的比重从 70 年代末期的 25% 上升至目前的 42% 左右。由于餐馆等服务行业是高度劳动密集型的,该行业能够吸纳来自中国农村的大量农民工。服务业就业人数的增长比第二产业员工总数增长更为显著。特别是,服务业在全国就业人数的占比从 1978 年的 12.2% 提升至目前的 33% 左右。相比之下,第二产业从业人员的占比仅从 1978 年的 17.3% 增加至目前的 27% 左右。

同时,中国政府的大力扶持和因势利导举措也为减少贫困发挥了重要作用。1992 年中国开始甄别全国的贫困县,随后拨付大量扶贫资金以帮助贫困地区加快发展。2002 年中国还制订了"西部大开发"计划,并强调发展在中国西部和中部地区发挥的特殊作用。凭借扩大基础设施投资和快速增加财政扶持资金,农村地区的贫困状况已得到极大地缓解。

在经济改革期间,中国城市地区居民的收入也大幅增长。如图 1-13 所示,城镇家庭的年人均可支配收入从 1978 年的 143.4 元人民币猛增至 2006 年的 11 759.5 元人民币(按名义价格计算),增幅超过 30 倍。城市地区生活水平的改善主要得益于国有企业改革取得成功,以及私营部门的蓬勃兴起。在 90 年代后期,当国企改革处于停滞不前局面时,中国政府决定缩减大型国有企业的规模,允许裁减和下岗一部分工人并鼓励工人们提前退休。1998 年中国新组建了劳动和社会保障部,以帮助下岗职工寻找新的工作岗位。中国政府还创立了被称作再就业服务中心的新机构,允许下岗职工在该机构最长挂靠三年。此外,小型国有企业获准转制为私营企业。通过上述努力,四分之三的国企下岗职工在 21 世纪找到了新工作。而其余的下岗职工在城市或私营部门工作,或提前退休。中国政府还拨付大量财政扶持资金为提早退休的工人们补缴养老金。因此,中国在 21 世纪赢得了城镇地区的低失业率。

第六节 可供学习借鉴的中国经验

中国经济已经从中央计划管理的农业经济转型为最大的世界工厂,其中市场在资源配置中发挥了主导作用。凭借最近 30 年中国平均年经济增长率 9.9% 的推动,中国已经成为世界经济中最重要的发动机。得益于成功实现经济结构转型和制造业升级,中国已经从一个落后封闭的经济体华丽转身为一个先进而开放的经济体。中国经济改革所取得的巨大成功也卓有成效地改变了农村和城市地区的贫困面貌,并提升了城乡居民的生活水准。

我们可以从中国经济改革的成功经验中汲取两条主要的经验。首先,一个发展中国家应该通过采纳基于自身要素禀赋的遵循比较优势的发展战略来促进经济增长。在经济改革之前,中国采用了与劳动力丰富这一潜在比较优势相背离的发展战略,当时中国错误地将重工业作为发展的优先事项,并选择了一整套相应的微观经济制度安排和宏观经济政策,投入要素和产出品的价格被扭曲,以适应这一违背比较优势的发展战略。其结果是,企业无法在竞争性的市场环境下自力更生。相比之下,一旦中国选择了基于自身要素禀赋的,遵循比较优势的发展战略,大力鼓励劳动密集型产业发展,让扭曲的要素价格得到矫正。企业被赋予足够的经营自主权,企业利润在企业内部和政府之间进行分享,以激励中国人的首创精神。那么,具备比较优势的产业能够在市场上展开竞争,并创造更高的利润率。因而,中国有能力积累资本和提高在产业链中的阶梯位置,逐步发展更多资本密集型产业。

其次,但同样重要的是,一个发展中国家的政府应该甄别并因势利导发展与各自潜在竞争优势相符的新兴产业。在任何行业,企业的唯一目标是实现利润最大化。企业通常不太清楚或并不太关注本国经济的要素禀赋。当且仅当要素价格真实反映本国经济中各要素的充裕或稀缺状况,众多企业才会遵循本国经济的潜在比较优势(林毅夫,2009)。各要素之间的相对比价关系只有通过市场机制才能建立起来。因此,政府的主要任务是消除要素市场的所有价格扭曲,并创造一个公平竞争的市场。

然而,各国政府不能简单地创造一个自由放任的市场。它们还需要在甄别和因势利导推动经济结构形成和产业升级方面发挥积极作用,这是基于以下的原因(林毅夫,2012):首先,有关产业升级的信息获取需要政府拿出专门的投资。随着一国经济中比较优势的动态演变,单纯一家企业并不具备足够的财力来收集足够的信息,以确定在全球制造业前沿有哪些产业与本国潜在的比较优势相匹配。此类信息具有公共品的属性,因收集这些信息是代价不菲的;但企业分享这些信息的边际成本则接近零。政府应该收集并分析此类信息,以避免在此类信息上进行不必要的重复投资。

再次,经济结构转型和制造业升级需要不同行业的众多企业之间开展协调配合。某个行业的一家企业或许不能将各类要素投入的供应问题内在化,比如,依靠内部力量解决熟练劳工和本行业专门技术的问题。此外,一家制造企业升级取得成功也需要一个成熟的、运行良好的基础设施软件系统,如金融机构和市场分销机构。这些要素几乎无法由某个特定企业来提供。相反，政府可以为不同行业多家企业之间的协调配合发挥不可替代的积极作用。

最后，技术创新对于经济结构转型和制造业升级而言是必不可少的，但这是一个风险很高且代价不菲的投入。率先推动创新的企业不得不为新产品和较好的加工技术支付巨额的研究开发费用，但它们同时承受了高概率的失败风险。由于新产品具有正外部性，其他企业将追随并分享额外的经济效益。倘若研发企业的利益不能在一个合理的期限内得到保护，很少会有企业具有投资开展创新的动机。相应地，经济结构转型和制造业升级将会趋于停顿。与发达国家成熟的专利体系不同，发展中国家中率先推动创新的企业往往缺乏成熟市场和全球产业前沿原本提供的、适当的专利保护。作为补偿，政府必须为此类率先推动创新的企业提供必要的支持。在这方面，政府的调节和指引是经济结构转型和制造业升级必不可少的组成部分。不过，中国并未提供一个优秀范例来阐明这一理念。

下一个自然而然的问题是，发展中国家的政府如何能甄别适当的经济增长机遇，以及如何能因势利导促进经济结构转型和制造业升级。林毅夫(2012)建议采用一个具有六个步骤的框架。

第一，某个发展中国家应该选择一个参照对象，即一个要素禀赋相似但人均收入比本国高出一倍的成功国家。譬如，中国可以作为越南和印度的学习借鉴范例，因两国都是劳动力丰富的国度，而中国的人均国内生产总值(GDP)是越南和印度的两倍多。

第二，通过甄别中国的前十大贸易品，某国(如印度)政府可将本国企业已经进入的行业作为优先发展的产业。特别是，政府应实施一整套政策来消除壁垒或缓解价格扭曲，而这些价格扭曲或妨碍国内企业提升产品的价值链，或妨碍其实现自力更生的目标。一个良好的范例是，中国在80年代采用各种政策鼓励乡镇企业的蓬勃发展。当然，有任何产业并未纳入对照组但被证明具有竞争力和生机活力，则政府也应该因势利导为此类企业提供必要的产业政策扶持。

第三，倘若没有国内企业涉足一些参考对照行业，政府应鼓励吸引外商直接投资(FDI)。由于外商直接投资技术溢出效应，企业可以从这类外商直接投资中学习先进的知识和技术。90年代初期，外商直接投资规模相当于中国国内生产总值(GDP)的6%左右，随后外商直接投资占中国GDP的比重维持在3%的较高水平。80年代海外企业的对华直接投资激增，为国内企业带来了新技术，并明显促进了中国制造业的升级，令其从一个标准的劳动密集型产业转型为更具资本密集型特点,甚至技术密集型特征的产业。

第四,倘若某个国家由于采用违背比较优势的发展战略而陷入一个不利的营商环境和基础设施环境,该国政府或许可以像中国一样采用双轨制改革。尤其是,设立各类出口加工区和工业园区将有助于鼓励形成产业集群,由于资源有限和收入较低,政府不可能在整个国家都构建起令人满意的基础设施投资。如表1-6所示,在经济改革期间,中国共设立超过160个出口加工区、经济开发区和高科技开发园区。[①]

表1-6 中国自由贸易区的数量(截至2006年)

自贸区类型	中国
经济特区(SEZ)	6
出口加工区(EPZ)	39
经济技术开发区(ETDZ)	54
高新技术开发区(HTDZ)	53
保税区/出口导向型企业(EOU)	15

资料来源:Norghton(2005),作者自己编译。

第五,政府应该提供激励措施鼓励率先推动创新的企业。此类鼓励政策或许包括短期的企业所得税减免,直接贷款和获准使用外汇储备。譬如,为了吸引更多的外商直接投资,中国政府对外资企业给予两年免缴企业所得税的优惠政策。授予这一优惠政策也比承诺关税与贸易总协定(GATT)/世界贸易组织(WTO)规定的"国民待遇"标准要理性得多。因此,一国应根据自身要素禀赋推动的潜在比较优势来更新其产业结构。发展中国家的政府还应发挥积极作用以克服外部性、信息不对称和协调失败带来的负面影响。

第七节 结论和政策建议

在本章中,我们首先提供证据证实了中国自1978年实施经济改革以来,已在经济结构转型和产业升级上取得成功。在经济结构改革之前中国经济缺乏竞争力的原因在于,政府错误地实施了以重工业为导向的发展战略,而这基本上是一个违背自身比较优势的发展战略。由于与中国的比较优势背道而驰,经济改革前的中国产业结构工业比重更高,但不太具有竞争力。与其形成鲜明对比的是,中国政府在经济改革后转向采纳遵循比较优势的发展

---

① 余森杰(2014)等研究报告发现,学习借鉴位于中国出口加工区内出口企业的出口实践,将取得强有力的积极效果。

战略。两套主要的政策可诠释为什么中国的经济改革大获成功。采用"双轨制"改革为陈旧的资本密集型工业提供了暂时的保护。此类渐进式改革实现了帕累托最优且容易付诸实施。中国政府在提供产业甄别和方便经济结构升级等方面发挥了积极的作用。中国成功开展经济结构转型和制造业升级也为城乡地区的工人们创造了很多新的就业机会。因此,中国的贫困人口数量大幅减少。在过去的 30 年间,中国还从一个最不发达国家成长为一个中高收入国家,从而创造人类历史上经济增长的奇迹。中国经济结构转型和制造业升级的成功案例也为发展中国家发展本国经济带来了内涵丰富的启示和大有裨益的路径。

最后,与其他发展中国家的改革相类似,中国的改革仍在进行,且并非完美无缺。譬如,要素市场的价格扭曲已成为中国可持续发展的重要绊脚石(Hsieh-Klenow, 2009)。因此,中国双轨制改革的遗产,如金融结构中残留的价格扭曲、课征资源税,以及服务业中的垄断现象,还需要推行进一步的改革来加以解决。

第二章　中国和东盟贸易及产业比较优势研究①

本章采用 UC Comtrade 数据库提供的标准国际贸易分类(SITC)1 分位行业数据,研究了中国贸易对东盟贸易的影响,并针对东盟各国如何提高贸易竞争力给出建议。实证研究表明中国出口对东盟出口的影响既存在互补效应,又存在替代效应。随着中国和东南亚区域合作的不断扩大和深化,中国对东盟出口的增加会促进东盟国家同行业的出口。然而,中国对其他国家出口的增加则会挤出东盟各国同行业的出口。近年来中国出口和经济增长速度放缓,这既给东盟各国带来了新的发展机遇,又使得中国和东盟的区域合作面临挑战。东盟国家可通过进一步的贸易自由化、增加 R&D 投资和培训更多的熟练工人等,来提高其出口和贸易的国际竞争力。

第一节　引　言

除亚洲金融危机时期,东亚和太平洋地区在过去 20 年中的经济增长速度都超出世界平均水平。2010 年,和其他地区相比东亚和太平洋地区的增长速度最高。尽管在全球金融危机时,发展中的东亚和太平洋地区的增长速度有所放缓,但它们在 2011 年依然维持非常强劲的增长势头。亚洲生产了世界上 50% 的汽车、62% 的液晶显示屏、86% 的智能手机以及 100% 的数码相机(Hiratsuka, 2013)。21 世纪,中国正成为世界经济增长的引擎。自中国加入世界贸易组织后,在大多数国家的外贸往来中与中国的贸易占据越来越重要的地位。根据 GDP 统计数据,2013 年中国成为世界第二大经济体,第一和第三大经济体分别是美国和日本。中国在过去 30 年中维持高速增长,其近十年的经济增长率在 10% 左右。2013 年中国的 GDP 是 9.2 万亿美元,超过美国同期 GDP(16.8 万亿美元)的一半。此外,2013 年世界银行估计的中

---

① 本章是与博士生崔晓敏合作的成果,发表在《国际商务研究》2015 年第 4 期,第 1—15 页。

国按照购买力平价估算的 GDP 为 16.2 万亿美元,非常接近于美国的同期水平值。

与此同时,全球经济增长的动力正逐渐向东亚转移,新兴的东亚经济体已经做好准备从亚洲经济增长中受益。2013 年,东亚和太平洋地区的总 GDP 为 20.5 万亿美元,其中发展中国家的 GDP 占总额的 55.7%。2012 年,东亚地区发展中国家的增长率为 7.6%。在过去 20 中,包括印度尼西亚、马来西亚、泰国和越南在内的新兴东南亚经济体经济飞速增长。2000—2011 年,这些经济体的平均经济增长率为 5%。2011 年,印度尼西亚、马来西亚和越南的经济增长率分别为 6.5%、5% 和 5%。根据世界银行的统计数据,柬埔寨和老挝在 2013 年的经济增长率分别为 7.4% 和 8.5%。包括柬埔寨、老挝、缅甸在内的新兴东亚经济体在未来的十年中甚至能够以更高的速度增长。

一些东亚国家特别是亚洲"四小龙"国家,在第二次世界大战之后实行出口导向的发展战略,并维持了 30 年以上超过 6% 的经济增长。出口导向型的增长方式也在中国和大多数东盟国家的发展中发挥了重要作用。通过出口本国具有比较优势的产品,中国和东盟实现了工业化和高速增长。自 1978 年改革开放以来,中国的年化出口增长率约为 13.7%,其出口占 GDP 的比重从 1982 年的 8.4% 一直增长到 2007 年的 39.1%。而东盟十国在过去十年平均出口增长率为 7.9%。自 1975 年以来,包括文莱、印度尼西亚、马来西亚、菲律宾、新加坡和泰国在内的六个相对发达的东盟国家①的出口占 GDP 的比重平均为 73.6%。其中,新加坡的出口占 GDP 的比重甚至接近 200%。1993 年以来,包括柬埔寨、缅甸、老挝和越南在内的四个不太发达的东盟国家的出口占 GDP 的比重约为 38.4%。

自中国和东盟自贸区谈判以来,中国与东盟双边的贸易额迅速增加。2014 年,中国是东盟最大的贸易伙伴。而东盟是中国第三大的贸易伙伴,第一和第二大贸易伙伴分别是欧盟和美国。如图 2-1 所示,2000—2011 年,中国和东盟的双边出口迅速增加。2000 年,中国出口到东盟和东盟出口到中国的部分分别仅占其出口总额的 6.94% 和 4.96%。而到 2011 年,中国的总出口额为 1.90 万亿美元,其中出口到东盟的部分占 8.96%。东盟的总贸易额为 9 285 亿美元,其中出口到中国的部分占到 15.32%。此外,中国和东盟双边进口额也稳步增长。2011 年,中国从东盟的进口额为 1 930 亿美元,占其总进口额的 11.1%。与此同时,东盟从中国进口了

---

① 我们根据 GDP 和人均 GDP 将东盟十国划分为六个相对发达和四个不太发达的国家。

1 530亿美元的商品,占其总进口的13.4%。很多研究发现中国和东盟的工业结构互补性较强,中国和东盟的区域合作使得一些产品能够以更低成本进行生产。

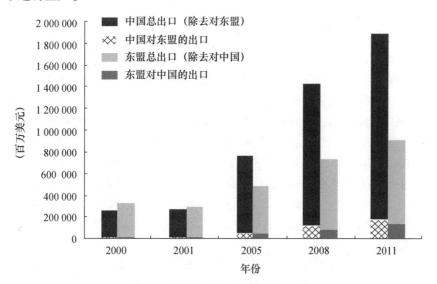

图2-1 中国和东盟的双边总出口额

资料来源:CEIC数据库。

然而,全球金融危机以来,西欧国家的需求疲软,进而导致中国出口的增势放平。此外,随着中国人均收入水平的不断攀升,其增长模式正在发生改变——相比投资和出口将更多地依赖消费,相比工业更多地依赖服务业。这为东南亚国家通过贸易和投资扩大其经济水平提供了机会。那么中国的贸易如何影响东盟的贸易?更重要的问题是,东盟国家如何抓住中国增长放缓的机会,进一步提升其贸易竞争力?本章将从三个方面回答这些问题。首先,我们将利用SITC 1分位行业数据,通过计量方法研究中国出口对东盟出口的影响,并区分了中国出口到东盟以及中国出口到其他国家和地区对东盟出口的异质性影响。其次,我们计算了中国和东盟各国的显示比较优势指数,并在行业和时间两个维度进行比较。最后,我们将研究东盟各国如何提高其贸易竞争力,并给出政策建议。本章余下部分结构如下:第二部分为文献综述;第三部分介绍本章主要使用的数据和主要变量的衡量;第四部分提供中国贸易对东盟贸易影响的实证证据;最后为结论。

第二节 文献回顾

中国和东盟双边关系在国际关系特别是亚太关系中占据重要地位（Wong and Chan, 2003; Ba, 2003; Leong and Samuel, 2006; Acharya, 2014），而贸易关系则是我国与东盟双边关系的重要方面。随着2010年中国和东盟自贸区的建立，中国和东南亚各国的贸易关系日益密切。本章主要和三个方面的研究相关。首先，本章与中国崛起对那些以劳动密集型行业为主的发展中国家影响的研究相关。尽管中国崛起对其他经济体的威胁是普遍的，但考虑到中国和东亚、东南亚国家具有相似的文化和出口结构（Wong and Chan, 2003; Shafaeddin, 2004），不少研究预期中国崛起对东亚和东南亚国家的影响是最大的（Lall and Albaladejo, 2004）。一些研究强调中国崛起对东亚和东南亚国家的影响同时存在竞争和互补效应，而并非一个零和博弈（Felker, 2003; Shafaeddin, 2004; Ravenhill, 2006; Coxhead, 2007; Coxhead and Jayasuriya, 2010）。

本章的研究还与垂直分工和全球价值链方面的文献相关。亚洲国家在全球化生产中担任着越来越重要的角色（Feenstra, 1998; Gereffi, 1999; Bergin et al., 2009; Koopman et al., 2014; Yu, 2015）。作为东亚和东南亚区域贸易的一部分，中国的崛起将会增加其对东亚和东南亚地区的中间品需求（Chirathivat, 2002; Mcdonald et al., 2008）。Percival(2007)指出东南亚国家在缓解中国巨大的自然资源和能源危机中发挥着重要作用。因而，尽管东南亚国家在出口最终产品上难以和中国竞争（Weiss and Gao, 2004; Greenaway et al., 2008），但它们能够从对中国出口中间品的增加中获益。此外，随着全球化生产系统的发展，中国和东盟将在垂直化贸易中技术密集的产业上共同发展（Wong and Chan, 2003; Lall and Albaladejo, 2004; Coxhead and Jayasuriya, 2010）。

本章还与中国和东盟自由贸易区的研究相关。关于这方面的研究普遍认为一个有效的贸易协议将会促进亚洲经济体的经济增长，并提高其经济福利（Wong and Chan, 2003; Shafaeddin, 2004; Antkiewicz and Whalley, 2005; Lee and Park, 2005; Urata and Kiyota, 2005; Lee and Shin, 2006; Mcdonald et al., 2008）。中国和东盟自贸协议也将会为贸易双方带来正的净贸易收益（Chirathivat, 2002; Wong and Chan, 2003; Tongzon, 2005）。

第三节 数据和主要变量衡量

东盟和中国行业层面的贸易数据均来自 UN Comtrade 数据库。UN Comtrade 数据库是一个被广泛使用的商品贸易数据库,它提供了世界各国细化到行业层面的商品贸易数据。关于行业分类,UN Comtrade 数据库提供三个标准:国际公约协调商品名称及编码协调制度(HS 编码)、国际贸易标准分类(SITC)以及按经济大类分类(BEC)。本章主要使用 1 分位的 SITC 行业数据[①]来识别中国贸易对东盟同行业贸易的异质性影响。而国家层面的贸易数据则来自 CEIC 数据库[②]。

此外,GDP、制造业附加值、劳动人口、城镇人口、简单平均的关税以及东盟各国对美元的汇率的数据都来自 CEIC 数据库。其中,制造业的劳动生产率等于其附加值和制造业劳动人口的比值。值得一提的是 CEIC 数据库中的数据为从其他统计机构搜集和整理而来,包括各国的国家统计局、世界银行、国家货币基金组织等。世界总 GDP 数据来自世界银行 WDI 数据库。此外,由于 CEIC 数据库中缅甸的 GDP 数据均为截止到每年 3 月底而并非 12 月底,本章从国际货币基金组织的全球数据库中搜集了缅甸截止到每年 12 月底的 GDP 数据。

一、出口额

自中国加入世界贸易组织以来,东盟各国对中国的出口迅速增加。东盟对中国出口的增长率在 2003 年达到顶峰,约为 41.8%,随后逐渐下降,并在全球金融危机时变为负值,近年来则迅速反弹。由表 2-1 可知,2011 年东盟对中国的出口是 2000 年的 8.7 倍。此外,2005 年人民币对美元升值时,东盟对中国的出口增加。而全球金融危机时,东盟对中国的出口减少了 7.1%。除了 2009 年,东盟对中国的出口的增长速度都要快于其 GDP 和总出口的增长速度。如表 2-1 所示,2011 年东盟对中国的出口占其总出口[③]的 15.3%,占其总 GDP 的 6.4%。

我们将东盟十国根据经济实力分成两组,分别为六个相对发达和四个较

---

① 1 分位的 SITC 行业分类为:0—食品和活畜;1—饮料和烟草;2—除燃料外不可食用的原材料;3—矿物燃料、润滑油及相关原料;4—动物和植物油、脂肪和蜡;5—化学品及相关产品及其他未列明的化学产品;6—按材料简要划分的制造业产品;7—机械及运输设备;8—杂项制造业产品;9—未在上述分类中列示的商品和交易。
② CEIC 数据库也提供了部分行业贸易数据,数据缺失较多。
③ 不包含东盟各国内部的相互出口。

不发达的东盟国家。2000—2011 年,包括文莱、印度尼西亚、马来西亚、菲律宾、新加坡、泰国在内的六个相对发达的东盟国家对中国的出口逐年增加,贡献了超过 90% 的东盟对中国的总出口。尽管其他四个较不发达的东盟国家对中国的出口仅占东盟对中国总出口的一小部分,但是近年来它们对中国的出口增长十分迅速。2002 年以来,柬埔寨、缅甸、老挝和越南对中国的出口逐渐增加。此外,它们对中国的出口占其总出口或者 GDP 的比重在中国加入世界贸易组织及全球金融危机时有所减少,但是在 2009 年后便迅速反弹并一直上升。

表 2-1 东盟对中国的出口

事件	年份	对中国的总出口(百万美元)	对中国的出口占其总出口的百分比(%)	对中国的出口占其 GDP 的百分比(%)
	2000	16 375.62	4.96	2.68
中国加入 WTO	2001	16 719.38	5.57	2.85
人民币对美元升值	2005	52 679.56	10.78	5.69
全球金融危机	2008	88 997.16	12.09	5.77
	2011	142 242.53	15.32	6.44

资料来源:缅甸的 GDP 数据来自 IMF 的全球数据库。除特殊说明外,其他数据均来自 CEIC 数据库。如果原始数据为按照本币标价,则本章采用当年汇率的平均值将其转化为相应的美元数值。此外,东盟总的贸易额不包括东盟各国内部的贸易。

二、显示比较优势指数

根据李嘉图模型,一国的贸易模式和其比较优势密切相关。关于一国比较优势的衡量有很多方法,本章采用的是 Balassa(1965)中提出的显示比较优势指数。t 时期国家 c 行业 k 的显示比较优势(RCA)指数计算公式为:

$$RCA_{kct} = \frac{EX_{kct} \Big/ \sum_{k} EX_{kct}}{\sum_{k} EX_{kct} \Big/ \sum_{c} \sum_{k} EX_{kct}}$$

其中,EX_{kct} 为 t 时期国家 c 行业 k 的总出口。RCA 指数在控制出口总额的情况下,衡量了国家 c 相对于世界平均水平的出口优势。如果 RCA_{kct} 大于 1,则国家 c 在行业 k 上具有显示比较优势。反之,则国家 c 在该行业上具有比较劣势。

由于不同的国家具有不同的比较优势,故中国出口对东盟出口的影响也应该在行业上具有异质性。因此,本章衡量了 2000—2011 年中国和东盟在

SITC 1 分位上的显示比较优势指数。根据表 2-2,东盟在动物和植物油、脂肪和蜡行业上具有十分强的显示比较优势,其 RCA 指数平均在 5.7 左右。此外,东盟在矿物燃料、润滑油及有关原料上具有弱比较优势。2000—2011年,东盟逐渐失去其在制造机械和运输设备方面的比较优势。然而,东盟包括十个国家,每个国家都具有不同的比较优势。因而在后面的实证分析中我们将采用每一个东盟国家在 SITC 1 分位上的 RCA 指数。

表 2-2 中国和东盟的 RCA 指数

	年份	SITC 0	SITC 1	SITC 2	SITC 3	SITC 4	SITC 5	SITC 6	SITC 7	SITC 8	SITC 9
中国	2000	0.94	0.34	0.59	0.32	0.15	0.54	1.25	0.80	2.81	0.05
中国	2005	0.58	0.19	0.31	0.19	0.09	0.44	1.22	1.21	2.20	0.06
中国	2008	0.44	0.14	0.23	0.14	0.07	0.53	1.34	1.37	2.26	0.03
中国	2011	0.46	0.16	0.18	0.11	0.05	0.53	1.28	1.45	2.25	0.02
东盟	2000	0.97	0.51	0.91	1.00	4.70	0.56	0.60	1.29	0.94	0.48
东盟	2005	0.91	0.51	1.06	1.07	5.31	0.71	0.59	1.25	0.92	0.56
东盟	2008	1.05	0.60	1.04	1.04	6.53	0.66	0.65	1.11	0.95	1.25
东盟	2011	1.03	0.71	1.11	1.11	6.48	0.80	0.67	1.06	0.98	0.89

注:表中东盟的 RCA 指数为所有在 UC Comtrade 数据库中有出口数据的国家的 RCA 指数的算数平均。

2000—2011 年,中国在食品和活畜、饮料和烟草、除燃料外不可食用的原材料、矿物燃料、润滑油及有关原料、动物和植物油、脂肪和蜡、化学品及相关产品行业上都不具有比较优势,这些行业的 RCA 指数均小于 1。其中,中国在动物和植物油、脂肪和蜡这一行业上最不具备比较优势,其 RCA 指数平均为 0.08。然而,中国在制造业上始终保持较强的比较优势,在各杂项制造业产品生产上的 RCA 指数均保持在 2.2 以上。此外,中国在机械和运输设备制造这一行业的 RCA 指数逐渐从 2000 年的 0.8 增加到 2011 年的 1.45。

第四节 实 证 结 果

由于中国和东盟具有相似的文化背景和贸易结构,因而文献中普遍认为中国贸易对东盟贸易的影响既存在替代效应又存在互补效应。相似的文化背景和出口结构一方,使得中国崛起对东盟的威胁最大,另一方面能够促进中国和东盟的区域合作。此外,中国的经济增长在 2012 年之后逐渐放缓,这为东盟各国提供了发展机会。在考虑中国和东盟各国行业比较优势差异的基础上,区分了中国贸易增加对东盟贸易的竞争和互补效应。具体而言,我们从三个方面研究中国贸易对东盟贸易的影响。首先,计算了中国和东盟各国的显示比较优势指数,并在行业和时间层面进行了比较。其次,利用行业数据,将中国的出口分成对东盟和对其他国家出口两个部分,并分别研究了它们对东盟出口的影响。最后,探讨了东盟各国如何能抓住当前的发展机会提升其贸易竞争力。

一、中国出口对东盟出口的影响

为了分离中国出口增加对东盟出口的竞争和互补效应,在实证回归中考虑了中国对东盟的出口和中国对其他国家的出口这两个指标。若东盟从中国进口更多的产品,则其可以选择更多种类的中间品进行生产,并可从进口中间品中学习新的生产技术,这些能够帮助东盟提高其技术水平和最终产品质量。因而,中国对东盟的出口增加将会促进东盟的出口。本章将中国出口对东盟出口的这一影响定义为互补效应,反映了中国和东盟的出口的互补性。另外,东盟和中国出口的产品在世界市场上相互竞争。中国对其他国家出口的增加将会挤出同行业东盟的出口,即中国出口对东盟出口存在替代效应。

为了区分中国出口对东盟出口的竞争和互补效应,本章考虑以下形式的回归方程。

$$\ln(EX_{kct}) = \beta_1 \ln(CEX\_ASEAN_{kct}) + \beta_2 \ln(CEX\_ROW_{kt}) + \beta_3 X_{kct} + \alpha_k + \gamma_c + \varepsilon_t + \omega_{kct}$$

其中,EX_{kct}表示t时期东盟国家c行业k的总出口;CEX_ASEAN_{kct}表示t时期中国行业k对东盟国家c的出口;CEX_ROW_{kt}表示时期t中国行业k对世界其他国家的出口;X_{kct}表示其他控制变量,如国家c简单平均的关税以及其对美元的汇率等;α_k、γ_c和ε_t分别表示行业、国家以及时间层面的固定效应;ω_{kct}表示异质性冲击;β_1估计了中国对东盟出口的互补弹性,因而文章预期其回归系数为正;相反,β_2则估计了中国出口对东盟出口的替代弹性,因而文章预期其回归系数为负。

表2-3考虑了四种回归形式,且所有回归均控制了时间层面的固定效应。然而,仅(2)及(4)列控制了国家和行业层面的固定效应,仅(3)和(4)列考虑了其他控制变量。如(1)列所示,中国对东盟出口的增加将会促进东盟的出口,即互补效应。而中国对其他国家出口的增加则会挤出东盟的出口,即替代效应。此外,所有时间虚拟变量的回归系数均显著为正且随时间逐渐增大,这和2000年以来东盟出口逐渐增加的事实相吻合。在控制了国家和行业层面固定效应之后,中国对东盟出口的对数的回归系数有所下降,而中

国对其他国家出口对数的回归系数略微增加。和(1)列的结果相比,(3)列中两个主要回归系数的大小有所下降。和(2)列的结果相比,(4)列中互补效应略微变弱,而替代效应有所增强。且这两个回归系数均在统计上显著。具体来说,中国对东盟出口增加1%,东盟同行业的出口显著增加0.22%;而中国对其他国家出口增加1%,东盟同行业的出口将显著减少0.45%。

表2-3 中国出口对东盟出口的影响

因变量:$\ln(EX_{kct})$	(1)	(2)	(3)	(4)
$\ln$(中国对东盟的出口)	0.788***	0.249***	0.686***	0.217**
	(0.059)	(0.072)	(0.068)	(0.090)
$\ln$(中国对其他国家的出口)	-0.335***	-0.427*	-0.215***	-0.450*
	(0.065)	(0.234)	(0.073)	(0.273)
简单平均的关税			-0.128***	-0.043
			(0.024)	(0.060)
本国货币对美元汇率			0.000	0.000
			(0.000)	(0.000)
常数项	14.620***	25.750***	15.380***	26.895***
	(0.813)	(5.027)	(0.886)	(6.109)
时间层面固定效应	是	是	是	是
国家层面固定效应	否	是	否	是
行业层面固定效应	否	是	否	是
调整 R^2	0.456	0.750	0.502	0.747
观测值	877	877	664	664

注:EX_{kct}表示t时期国家c行业k的总出口。所有线性回归的标准误均为异方差稳健的标准误,并注明在回归系数下方的括号中。*、**、*** 分别表示10%、5%、1%的显著度水平。

此外,本章还研究了中国出口对东盟同行业显示比较优势的影响。尽管中国对东盟出口的增加依然导致东盟同行业出口的增加,但是其对东盟显示比较优势指数的影响并不是确定的。中国出口的增加是否会使得东盟同行业的显示比较优势提高取决于中国和东盟出口增加的相对大小。然而,中国对其他国家出口的增加将会挤出东盟的出口,进而导致东盟同行业的比较优势降低。尽管回归中,两个主要回归变量的系数都和表2-3一致,但它们在统计上并不显著。这可能因为回归同时控制了时间、国家和行业层面固定效应以及其他变量,而回归的样本相对较小。

二、出口和制造业劳动生产率

根据文献和实证分析,中国出口对东盟出口既存在互补效应又存在替代效应。那么面临中国近期增长放缓的现状,东盟各国如何才能提高其出口和贸易竞争力呢?本章将利用CEIC数据库提供的国家层面贸易数据,在引力模型①的背景下回答这一问题。根据引力模型,文章进一步控制了东盟国家的GDP和世界GDP中扣除中国对其他国家出口的部分。此外,为了研究东盟国家如何能提高其贸易竞争力,文章还控制了劳动人口和制造业劳动生产率。

表2-4中所有回归均控制了时间层面固定效应,但仅回归(2)控制了国家层面的固定效应。如(1)和(2)列所示,中国对东盟出口的回归系数依然显著为正。和表2-3(4)列相比,其数值略增大。而中国对其他国家出口的对数的回归系数依然为负,但并不显著。此外,东盟GDP和世界GDP中扣除中国对其他国家出口部分的对数的回归系数均为正但并不显著。②(1)和(2)列中,制造业劳动生产率和劳动人口对数的回归系数均显著为正。具体来说,东盟国家制造业劳动生产率提高1%,其出口显著增加0.9%。因而,东盟各国可通过提高其制造业劳动生产率来提高其出口和贸易竞争力。

表2-4 东盟出口和制造业劳动生产率

因变量	$\ln(\text{EX}_{\text{kct}})$	
	(1)	(2)
$\ln$(中国对东盟的出口)	0.412***	0.305***
	(0.021)	(0.075)
$\ln$(中国对其他国家的出口)	−0.647	−0.969
	(1.439)	(0.925)
$\ln$(制造业劳动生产率)	0.600***	0.900***
	(0.097)	(0.164)
$\ln$(劳动人口)	0.248**	3.400***
	(0.096)	(0.553)
常数项	−11.60	−62.40*
	(50.10)	(33.81)

---

① 本章也可以在引力模型的背景下分析中国出口对东盟出口的影响,但这并不影响主要的回归结果。我们可以通过时间和国家层面固定效应控制GDP和距离的影响。

② (1)和(2)列中都控制了这两个GDP,但其回归系数并未列示。

(续表)

因变量	ln(EX$_{kct}$)	
	(1)	(2)
时间层面固定效应	是	是
国家层面固定效应	否	是
调整 R^2	0.990	0.996
观测值	112	112

注：所有线性回归的标准误均为异方差稳健的标准误，并注明在回归系数下方的括号中。*、**、***分别表示10%、5%、1%的显著度水平。

三、出口、贸易自由化和城镇人口

东盟各国可以通过提高其制造业劳动生产率来提高其出口和贸易竞争力。那么它们又如何提高其劳动生产率呢？文献中通常存在两种提高劳动生产率的方法：贸易自由化和内部提升机制。贸易自由化包括关税减免和自贸区协议等，使得本国企业面临更强的进口竞争，进而使得只有较高生产率的企业能够存活下来，而生产率较低的企业则会被迫退出市场，因而本国企业的平均生产率水平提高，其出口竞争能力也会上升。内部提升机制则是指东盟国家可以通过自身的努力来提高其出口和竞争力水平，如增加R&D投资、雇用或培训更多的技术工人等。

表2-5中(1)列考察了贸易自由化对东盟国家出口的影响，(2)列则考察了城镇人口数目对其出口的影响。所有回归均控制了年份及国家层面固定效应。由(1)列，关税减免将导致东盟国家的出口显著提高。具体来说，一国的平均关税下降1个百分点，其出口将显著增加0.04%。由(2)列，城镇人口增加1%，东盟国家的出口显著提高1.24%。随着城镇人口数目的增加，预期技术工人数目也会增加，因而东盟出口的竞争力也会提高。此外，(1)和(2)列中，中国对东盟出口对数的回归系数和表2-3类似，均显著为正。中国对其他国家出口的回归系数尽管为负，但其在(2)列中并不显著。制造业劳动生产率对数的回归系数依然显著为正。此外，文章还考虑了制造业劳动生产率和关税以及城镇人口数目的交互项的影响，但可能由于样本相对较小这两个变量的回归系数都不显著。

表 2-5 关税、城镇人口和劳动生产率

因变量:$\ln(EX_{ket})$	(1)	(2)
ln(中国对东盟出口)	0.377***	0.185***
	(0.083)	(0.069)
ln(中国对其他国家出口)	−2.810***	−0.696
	(0.699)	(1.020)
ln(制造业劳动生产率)	0.816***	0.264*
	(0.159)	(0.139)
ln(劳动人口)	2.946***	
	(0.581)	
简单平均的关税	−0.039***	
	(0.011)	
ln(城镇人口)		1.239***
		(0.466)
常数项	−112.800***	−34.190
	(26.630)	(37.670)
时间层面固定效应	是	是
国家层面固定效应	是	是
调整 R^2	0.998	0.995
观测值	82	112

注:(1)和(2)列中还控制了 GDP,但其回归系数并未列示。所有线性回归的标准误均为异方差稳健的标准误,并注明在回归系数下方的括号中。*、**、*** 分别表示 10%、5%、1%的显著度水平。

第五节 小 结

为研究中国贸易对东盟贸易的影响,本章计算了中国和东盟的显示比较优势指数,并使用 1 分位的 SITC 行业数据实证分析了中国出口对东盟出口的影响,进而为东盟各国如何增加出口、提升贸易竞争力提供建议。具体而言,我们的研究发现中国出口对东盟出口既存在替代效应,又存在互补效应。作为全球供应链的一部分,中国对东盟的出口会促进东盟同行业的出口。相反,中国对其他国家的出口则会挤出东盟同行业的出口。中国经济增长变弱为东盟各国的发展带来了机遇和挑战,东盟各国可通过提高其制造业劳动生产率来提高其出口和贸易竞争力。具体而言,东盟各国可通过进一步的贸易自由化和内部提升机制来提高其劳动生产率和出口。贸易自由化包括关税减免、降低非关税贸易壁垒和加快自贸区谈判等;内部提升机制则包括增加 R&D 投入、雇用或培训更多的技术工人等。

第三章 贸易保护对产业结构的影响[①]

麦敕勒(1949)指出,大国对进口行业征收关税可能会降低其国内相对价格,因而减少了它在经济中的产量份额。针对这一观点,本章发展了关于国民生产总值(GDP)转换对数函数系统的一个理论模型,并据此估计美国贸易政策对其行业产量份额的影响。通过采用美国的及经济合作与发展组织(OECD)贸易成员的行业面板数据,并在控制要素禀赋和技术创新对行业产量份额的影响后,得出了服装和玻璃行业呈现高关税导致低产量份额这一现象的经验证据。在控制了由贸易的政治经济因素导致的内生性后,及运用各类非关税壁垒代替关税作为测量行业保护的工具后,这些发现也同样稳健。因此,本章的贡献在一定程度上弥补了国际贸易中该领域实证研究方面的空白:证明了麦敕勒悖论理论不再只是一种可能性,而的确在服装业中存在。

第一节 导 言

传统国际贸易学认为一国进口关税的增加会导致进口品国内相对价格的上升。但麦敕勒(Metzler, 1949)指出了一个可能的"悖论"——大国进口关税的增加对其进口品国内相对价格具有正反两方面的影响。一方面,进口关税本身直接增加了可进口商品的价格;另一方面,由此产生的进口需求的减少压低了外国相对价格,换言之,进口关税改善了一国的贸易条件。如果前者的影响小于后者,那么即使加上了关税,进口品的相对价格也将下降。

基于上述推论,许多经济学家进一步研究了产生麦敕勒悖论的充分条件。我们将在下一节介绍一些重要的相关文献,如 Komiya(1967)、Minabe(1974)、Batra(1984)、Chipman(1990)、Endoh and Hamada(2004,2006),等等。但是,时至今日,麦敕勒悖论仍只是被看作一种理论上的可能性,且未被任何实证研究证实或推翻过。本章的目的在于弥补这方面实证研究领域中

---

① 本章最早发表于《经济学(季刊)》2008年第7卷第2期,标题为《国际贸易的麦敕勒悖论及其验证:来自美国及OECD成员的经验证据》,并获第15届安子介国际贸易研究奖论文奖二等奖。

的空白。更确切地说,我们试图研究麦敕勒悖论是否会在大国(尤其是在美国)发生。

对麦敕勒悖论进行实证检验是一项非常富有挑战性的研究。这主要是因为我们观察到的价格数据已是吸收了进口关税和贸易条件两个方面变化之后的事后(ex-post)数据。因此,如果不是绝无可能的话,要从事后数据中区分出大国关税对其行业影响的两种不同变化的确困难。

然而,尽管我们无法观察到进口关税对国内价格的直接影响,我们却能设法估计出进口关税对国内产量份额的间接影响。当然,这里我们应该意识到,国内产量份额的下降并不足以证明麦敕勒悖论的存在:进口竞争型行业产量份额下降也可能是由于关税增加以外的其他方面的原因造成的。

第一,行业的产量份额下降可能是由于要素禀赋随时间的变化而引起的。要素禀赋之所以会随时间变化则可能是由国际要素流动导致的。例如,在一个标准的赫克歇尔-俄林(Heckscher-Ohlin)模型中,若劳动力从外国转移到本国,则根据罗勃津斯基(Rybczynski)定理,本国的劳动密集型产业会因得到更多的劳动力而相应地扩张。

第二,另一个可能导致本国行业产量份额下降的原因是出口导向型(export-biased)的技术进步。出口导向型行业采用先进的技术就会导致可出口产品的扩张。因此,资源将从进口部门流入出口部门,进而引起进口部门的缩减。

第三,经济中的非贸易部门的扩张也会引起贸易部门相对萎缩,进而导致进口竞争型贸易部门相对收缩。还有一点必须指出,其他的国内行业政策(如生产补贴)也可能会使出口行业扩张和进口部门萎缩。

第四,需求面的因素也会引起一行业产量份额的变化。例如,一行业产品的替代品价格的上升会导致消费者增加对该行业产品的购买,从而导致该行业产品的均衡价格和均衡产量上升。换言之,一行业产品的替代品价格的上升会(因需求曲线的右移)导致该行业在 GDP 中所占的产量份额上升。相反,一行业产品的互补品价格的上升会导致消费者减少对该行业产品的消费,从而改变该行业的产量份额。

因此,为了从实证上证实麦敕勒悖论的存在,我们必须控制可能影响行业产量份额变动的其他因素。以往的研究表明,可以用 GDP 转换对数函数的模型来处理这个问题,因为它能够准确清晰地体现出各行业的进口关税、要素禀赋变化和技术变动对某一行业产量份额的影响。①

相关的 GDP 转换对数函数实证估计研究包括 Burgess(1976)、Kohli(1990a)、Learmer(1984)、Harrigan(1997)及 Feenstra and Kee(2004)等。对偶理论已证明了估计总成本函数与估计 GDP 函数是相等价的。因此 Burgess(1976)就通过估计总成本函数得到美国的贸易品是资本密集型的而其非贸易品是劳动密集型的。

相应地,另外的一些研究则利用主投入要素(即资本和劳动力)数据直接来估计 GDP 对数函数。运用这种方法,Kohli(1990a)得出美国的消费品是资本密集型而其出口品和投资品则是劳动密集型的。另外,由于行业产量份额也受到技术差异的影响,国家之间的技术差异也是国际分工的一个重要决定因素(Harrigan, 1997)。还要指出的是,我们可以使用 GDP 转换对数函数的模型来检验出口的多样性对一国生产力的影响(Feenstra and Kee, 2004)。

总之,用估计 GDP 转换对数函数的方法来估算国际要素禀赋变化和技术变动对行业产量份额的影响是被学界普遍接受的。因此,我们采用这种方法来对麦敕勒悖论进行实证研究。如果在进口竞争性行业存在麦敕勒悖论,那就意味着,在控制了许多其他因素之后,增加进口关税后仍然导致了该行业产量份额的下降。我们接下来也会检验各种非关税壁垒对行业产量份额的影响,因为非关税壁垒在当今的国际贸易中也有重要影响。由于小国无力改变其贸易条件,故麦敕勒悖论只可能在大国发生;美国又是目前全球最大的经济体,于是我们用美国作为大国开放经济的代表来估计。在这里由于受到数据的限制,我们只采用七个主要制造业(食品、服装、造纸、化工、玻璃、金属和机械)的相关数据来进行估计。

当然,一行业产量份额的下降可能反过来使国内相关的特殊利益集团会因此去游说政府采取有利于该集团的贸易政策(Grossman-Helpman, 1994)。基于这种考虑,我们采用合适的工具变量来控制这种由反向的"因果倒置"而产生的内生性问题。事实上,在控制了内生性问题后,我们依然发现在一些部门(如服装部门)存在麦敕勒悖论所描述的现象:高行业保护导致低行业产量份额。

---

① Kohli(1991)一书对 GDP 转换对数函数做了非常详细的介绍。其中特别提到 GDP 转换对数函数模型的优点之一在于它所估计的是多行业的一个系统方程组,因此这就准许把其他行业的价格因素也包含在同一似不相关(SUR)估计中,这样就使得控制需方成为可能。随后,Harrigan(1997)又成功地运用 GDP 转换对数函数去估算要素禀赋变化和技术变动等因素如何体现不同国家因比较优势不同而产生的不同分工。

第二节 麦敕勒悖论

为了理解麦敕勒悖论,我们考虑一个两部门的标准经济:出口部门(x)和进口部门(m)。其 GDP 函数为:

$$\text{GDP} = p_x y_x + p_m y_m \tag{3-1}$$

其中,p_x、p_m、y_x 和 y_m 分别代表可出口品和可进口品的价格及产量。我们先来分析进口关税的直接影响。图 3-1 显示了一个小国自由贸易平衡时,该国经济在 E_0 点进行生产,这是该国生产可能性曲线与斜率为 $-p_m/p_x$ 的预算约束线的切点。在进口关税为 τ 的情况下,新的均衡点为 E_1。因此,该国生产更多的可进口品,同时进口品价格上升,进而使该国的产量份额上升。

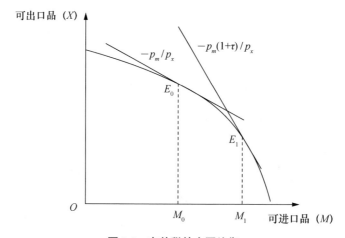

图 3-1 有关税的小国均衡

在存在从价关税(τ)时,该国生产的可出口品减少,生产的可进口品增加;因此,进口部门扩张(从 M_0 至 M_1),而出口部门萎缩。

然而,这种情况对于大国却未必成立,因为进口关税增加会改善大国的贸易条件。如图 3-2 所示,进口品关税的存在使得可出口品国内相对价格较低,因而本国生产者会降低可出口品的相对供给。同时,本国消费者会转向较为便宜的可出口品的消费,换言之,可出口品的相对需求上升,于是,该国的贸易条件得到改善。因此,麦敕勒(1949)指出,对一个大国而言,进口关税的增加可能会降低本国进口品的相对价格:

当然,进口关税是导致国内进口产品价格高于世界价格的直接原因……但是,从另一方面来看,进口关税也会导致一系列的连锁反应,使得本国进口品相对于其出口品的世界价格下降了,即改善贸易条件。而且这种间接的下降效应可能超过直接的上升效应。

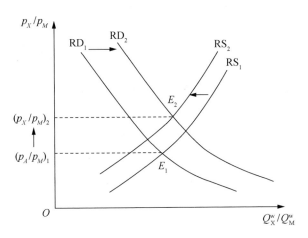

图 3-2　进口关税增加可能改善大国贸易条件

注:本国的进口关税提高了可出口品的相对需求,降低了其相对供给,从而本国的贸易条件得到改善。

当该国采取非关税贸易措施,如出口补贴的,类似的情况也可能会出现。可出口品增加,因而其相对供给上升。同时,由于消费者将用可进口品代替可出口品,其相对需求下降。供给和需求的变化共同作用使得该国贸易条件恶化。当间接的贸易条件恶化效应超过出口补贴带来的直接效应时,可出口品的市场份额就会下降。

为便于直观理解,现举一例说明。假设出口价与进口价世界价格比(P_x/P_m)为1/3,进口品关税为10%,则当进口国为小国开放经济时,其出口价与进口价国内价格比为$1/(3 \times 1.1) = 1/3.3$。显然,进口品的国内价格相对上升(因为$1/3 > 1/3.3$)。但当进口国为大国开放经济时,其贸易条件可能改善。假设出口价与进口价国内不含关税时价格比现因贸易条件改善上升到1/2,则算上关税后为$1/(2 \times 1.1) = 1/2.2$,进口品的国内价格相对下降(因为$1/3 < 1/2.2$),而这正是麦敕勒所指的悖论。

麦敕勒(1949)指出,如果进口需求的价格弹性大于进口品的边际消费倾向,关税将会提高国内的进口品相对价格。进一步地说,当考虑到关税收入的再分配时,若关税收入转移到私人部门并被私人部门而非公共部门消费,则该国贸易条件必然会改善。

由于麦敕勒1949年的模型仅包括贸易品,Komiya(1967)和Batra(1984)把非贸易品也包含在模型中,重新检验了麦敕勒悖论。他们都在理论上证明了,在与麦敕勒所推导的充分条件相同的条件下,麦敕勒悖论仍然存在,只是他们在这个条件下对参数的解释有所不同。Minabe(1974)指出,对麦敕勒悖论的理论分析,应使用平均弹性而不是点弹性。他还证明了,如果从价关税较高,则麦敕勒悖论将不复存在。

在最近的研究中,Endoh and Hamada(2004,2006)则研究了麦敕勒悖论不存在的条件。他们都指出,当斯拉茨基矩阵可逆时,麦敕勒悖论将不复存在。换言之,在麦敕勒(1945)提出的总替代假定下,如果贸易伙伴间用总替代矩阵所表示的产业结构相互类似,就意味着收入效应不显著,此时麦敕勒悖论将不复存在。鉴于收入效应与收入转移密切相关,Chipman(1990)则着重讨论了麦敕勒悖论的收入转移问题。

尽管如此,所有这些关于进口关税对国内进口商品价格影响的文献均是单纯从理论的角度出发,麦敕勒悖论是否在实证上得到支持还有待回答。

在美国,行业进口关税增加会如何影响其行业产品份额呢? 在图3-3中,运用1974—1990年美国与14个OECD贸易伙伴间的平均进口关税数据,首先在图3-3中来描述其七个主要制造业(食品业、服装业、造纸业、化工业、玻璃业、金属业和机械业)中关税与行业产品份额间的关系。从图3-3中初步观察到,高关税导致了这所有七个行业的产量份额下降,这明显与传统认识相悖。因为根据传统理论,某行业进口关税的增加会使资源流入该行业,从而提高其产量份额。换言之,麦敕勒效应可能在这些行业中存在。当然,单是数据结构的简单描述并不足以说明这七个行业全部存在麦敕勒效应,还需要进一步进行严格的实证研究。

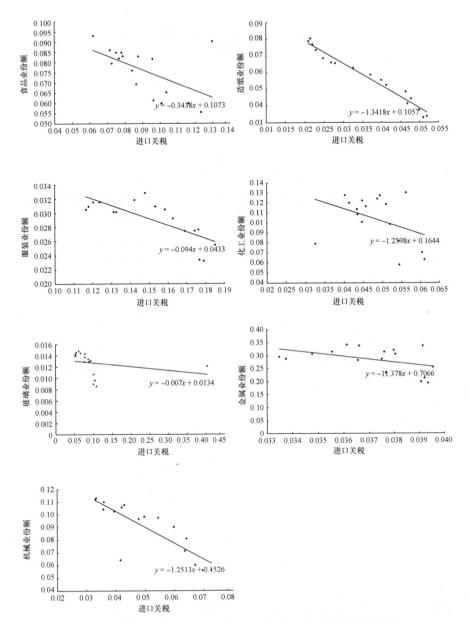

图 3-3　美国制造业七个行业的进口关税与行业产量份额的关系

注：以上每张图都是用文中提到的数据计算的。

第三节 实 证 模 型

将上述标准的 GDP 函数模型从两类商品拓展到多种商品,我们得到如下的 GDP 函数:

$$G(P,V,t) = \max \sum_{i=1}^{N} p_i f_{it}(v_i) \quad \text{s.t.} \quad \sum_{i=1}^{M} v_i \leq V \tag{3-2}$$

其中,$P = (p_1, \cdots, p_N)$ 是 N 种商品的价格,$V = (v_1, \cdots, v_M)$ 是 M 种要素的禀赋,t 是时间参数,用来描述技术进步。在文献中,如 Harrigan(1997),用全要素生产率来衡量技术进步,这种方法只有在假设技术是希克斯中性时才有说服力。在这里,我们考虑更一般的技术变化,而不仅仅局限于希克斯中性的技术进步。因此,我们采用一个更一般的方法,这种方法在 Mckay, Lawrence and Valstuin(1983)的文章中使用过。我们只用时间趋势作为刻画技术进步的变量,这主要是考虑到技术水平是由于技术变动而随时间演变的,因而技术水平就表现为时间的函数。

我们使用了一个广为接受的对数函数式,事实上,该式曾被 Christensen, Jorgenson and Lau(1973); Diewert(1974); Kohli(1978); Feenstra(1994)以及 Harrigan(1997)等采用过。这种函数形式很灵活,它提供了所述 GDP 函数的二阶近似表达式。确切地说,它具有如下形式:

$$\begin{aligned}
\ln G(P,V,t) = & \gamma_{00} + \beta \cdot t + \sum_{i=1}^{N} \gamma_{0i} \ln p_i + \sum_{k=1}^{M} \delta_{0k} \ln v_k + \frac{1}{2} \varphi \cdot t^2 \\
& + \frac{1}{2} \sum_{i=1}^{N} \sum_{j=1}^{N} \gamma_{ij} \ln p_i \ln p_j + \frac{1}{2} \sum_{k=1}^{M} \sum_{l=1}^{M} \delta_{kl} \ln v_k \ln v_l \\
& + \sum_{i=1}^{N} \varphi_{it} (\ln p_i) t + \sum_{k=1}^{M} \varphi_{kt} (\ln v_k) t \\
& + \sum_{i=1}^{N} \sum_{k=1}^{M} \varphi_{ik} \ln p_i \ln v_k
\end{aligned} \tag{3-3}$$

对这个 GDP 对数函数的参数,我们有三个限制条件。首先,假定技术是规模报酬不变的,即价格对 GDP 的影响是一次齐次的,这在 Kohli(1978)等的研究中使用过。因此,我们对相关参数有如下限定:

$$\sum_{i=1}^{N} \gamma_{0i} = 1, \quad \sum_{i=1}^{N} \gamma_{ij} = 0; \quad \sum_{i=1}^{N} \varphi_{ik} = 0; \quad \sum_{i=1}^{N} \varphi_{it} = 0$$

其次,为了保证要素投入对于 GDP 的影响也是一次齐次的,我们假定:

$$\sum_{k=1}^{M} \delta_{0k} = 1, \quad \sum_{k=1}^{M} \delta_{kl} = 0; \quad \sum_{k=1}^{M} \varphi_{ik} = 0; \quad \sum_{k=1}^{M} \varphi_{kt} = 0$$

最后,在不失一般性的前提下,根据 Young 定理,我们假定 GDP 对数函数的对称性成立:$\gamma_{ij} = \gamma_{ji}$,$\forall i,j$ 和 $\delta_{kl} = \delta_{lk}$,$\forall k,l$。

我们的主要目的是探讨进口关税对其行业产量份额的影响。我们可从式(3-3)中获得第 i 个产业的产量份额 s_i [1],因此,将对数 GDP 函数(3)的右边进行微分,我们得到下式(具体推导详见附录):

$$s_i = \gamma_{0i} + \sum_{j=1}^{N} \gamma_{ij} \ln p_j + \sum_{k=1}^{M} \varphi_{ik} \ln v_k + \varphi_{it} t, \quad \forall i = 1, \cdots, N \quad (3\text{-}4)$$

这表明,第 i 个部门的产量份额取决于技术、价格以及要素禀赋。利用这些变量的数据,我们可以估计出相应的参数 γ_{0i}、γ_{ij}、φ_{ik} 和 φ_{it}。

众所周知,麦欶勒效应只会在大国开放经济出现。作为世界上最大的经济体,美国是大国开放经济最理想的代表。因此,我们选择它作为检验麦欶勒效应的样本国。目前,非贸易品部门已占美国 GDP 一个相当重的份额。[2] 为深入探讨进口关税对行业产量份额的影响,我们把所有商品分为贸易品和非贸易品两类,这样我们可以控制非贸易品部门的影响。令贸易品价格为 p^*,非贸易品价格为 p^{n*},我们把式(3-4)写成:

$$s_i^* = \gamma_{0i}^* + \sum_{j=1}^{N_T} \gamma_{ij}^* \ln p_j^* + \sum_{k=1}^{M} \varphi_{ik}^* \ln v_k^* + \varphi_{it}^* t + \sum_{j=N_T+1}^{N} \gamma_{ij}^* \ln p_j^{n*},$$
$$\forall i = 1, \cdots, N \quad (3\text{-}5)$$

其中,星号($*$)、N_T 和 $N - N_T$ 分别代表美国、贸易部门和非贸易部门的数量。

类似地,出口国 c 的产量份额函数可表示为:

$$s_{ic} = \gamma_{0ic} + \sum_{j=1}^{N_T} \gamma_{ijc} \ln p_{jc} + \sum_{k=1}^{M} \varphi_{ikc} \ln v_{kc} + \varphi_{itc} t + \sum_{j=N_T+1}^{N} \gamma_{ijc} \ln p_{jc}^n, \quad \forall c$$
$$(3\text{-}6)$$

为进行估计,我们将所有商品加总到一个统一的水平(如 SIC 2 位码)。这样,用式(3-5)减去式(3-6),我们得到不同国家每个行业的相对产量份额:

$$s_i^* - s_{ic} = (\gamma_{0i}^* - \gamma_{0ic}) + (\varphi_{it}^* - \varphi_{itc})t + \sum_{j=1}^{N_T} (\gamma_{ij}^* \ln p_j^* - \gamma_{ijc} \ln p_{jc})$$
$$+ \sum_{k=1}^{M} (\varphi_{ik}^* \ln v_k^* - \varphi_{ikc} \ln v_{kc})$$
$$+ \Big(\sum_{j=N_T+1}^{N} \gamma_{ij}^* \ln p_j^{n*} - \sum_{j=N_T+1}^{N} \gamma_{ijc} \ln p_{jc}^n \Big) \quad (3\text{-}7)$$

---

[1] 注意 $\partial \ln G / \partial \ln p_i = \partial G / G \cdot p_i / \partial p_i = p_i y_i / G \equiv s_i$。第二个等号的推导运用了包络引理(envelope theorem)。

[2] 据美国经济分析局(BEA)估算,专业性服务业占 GDP 的比重在 2006 年达到了 20%。

注意，$\gamma_{ij}^* = \partial s_{ij}^*/\partial \ln p_j^*$，即产量份额对于价格的半弹性(semi-elasticity)衡量了部门 j 的价格对部门 i 的产量份额的影响。由于进口关税导致了各产业的国内价格和出口价格之间存在差异，产量份额的交叉价格半弹性 γ_{ij}^* 与出口国 c 的相应 γ_{ijc} 是相关的。为求简洁，我们假设国与国之间的此类参数完全相同：$\gamma_{ij}^* = \gamma_{ijc}$。当然，真实的参数间可能存在差异。对这种差异的处理，研究国际贸易的经济学家通常的处理做法是把它包含在误差项中(Feenstra, 2003)。类似地，我们也假定各国的罗勃津斯基半弹性 φ_{ijc} 相等：$\varphi_{ij}^* = \varphi_{ijc}$。

各行业 j 的从价进口税为 $\tau_{jc} = p_j^*/p_{jc}$。选定某一年作为基年，我们把式(3-7)改写为：

$$s_i^* - s_{ic} = (\varphi_{it}^* - \varphi_{itc})t + \sum_{j=1}^{N_T} \gamma_{ijc} \ln(p_j^*/p_{jc}) + \sum_{k=1}^{M} \varphi_{ikc} \ln(v_k^*/v_{kc})$$

$$+ \left[(\gamma_{oi}^* - \gamma_{oic}) + \sum_{j=N_T+1}^{N} \gamma_{ij}^* \ln p_j^{n*} - \sum_{j=N_T+1}^{N} \gamma_{ijc} \ln p_{jc}^n \right] \quad (3\text{-}8)$$

注意，式(3-8)最后四项分别衡量了 GDP 对本国价格的相对弹性($\gamma_{oi}^* - \gamma_{oic}$)和进口国与出口国非贸易部门的价格 $\left(\sum_{j=N_T+1}^{N} \gamma_{ij}^* \ln p_j^{n*} - \sum_{j=N_T+1}^{N} \gamma_{ijc} \ln p_{jc}^n \right)$ 对行业相对产量份额的影响。由于非贸易部门的价格数据目前无法获得，正如 Harrigan(1997) 所指出的，通常的处理方法是把所有各项吸纳在一起并当成一个随机变量来处理：

$$\varepsilon_{ict} = (\gamma_{oit}^* - \gamma_{oict}) + \left(\sum_{j=N_T+1}^{N} \gamma_{ij}^* \ln p_{jt}^{n*} - \sum_{j=N_T+1}^{N} \gamma_{ijc} \ln p_{jct}^n \right)$$

我们将这个随机变量 ε_{ict} 分解为三项：用来控制无法观察到的一国专有而不随时间变化的国别固定效应 η_{ic}、时间的固定效应 μ_{it} 以及一个用来体现所有未具体表述的影响因素①的具有零期望异方差(σ_i^2)属性的特殊效应 e_{ict}。也就是说，这个随机过程可以表示成更简单灵活的形式：

$$\varepsilon_{ict} = \eta_{ic} + \mu_{it} + e_{ict}$$

注意，这里非贸易部门的影响已被与国别和时间对应的固定效应所表征。至此，我们可把式(3-8)写成下列实证表达式：

$$s_{it}^* = s_{ict} + \sum_{j=1}^{N_T} \gamma_{ijct} \ln \tau_{jct} + \sum_{k=1}^{M} \varphi_{ik} \ln(v_{kt}^*/v_{kct}) + \beta_i t + \eta_{ic} + \mu_{it} + e_{ict}$$

$$(3\text{-}9)$$

很明显，在式(3-9)中，美国 i 行业的市场份额取决于它自身的从价进口

---

① 如前文所指的各种影响行业产量份额的诸如消费者消费偏好等难以衡量的需求面的因素。

关税、(可用来衡量需求面因素的)其他部门的进口关税、各种要素的相对投入和产业技术水平。我们主要感兴趣的是每个产业的进口关税对自身产量份额的影响。为深入探讨这种影响,我们同样控制了出口国的相应产量份额、行业的固定效应以及年度相关的固定效应。

第四节 数据与估计结果

为估计式(3-9),我们用标准行业分类(SIC)4 位码原始数据加总并分成七个主要的制造行业(食品业、服装业、造纸业、化工业、玻璃业、金属业和机械业)。如果所有产业产量份额的总和为 1,则须在估计 GDP 对数函数时去掉一个等式(Feenstra,2003)。然而,由于这七个产业的份额总和小于 1,我们可以直接对该 GDP 对数函数系统进行估计。

一、数据

表 3-1 概述了我们所用主要数据集的描述性统计量,我们在这里使用从价进口关税来表示美国的贸易政策。各国行业产量份额数据来自 Mayer and Zignago(2005)[①]。其他变量数据来源均列于附表。样本数据涵盖了 1974—1990 年 17 年,包括了美国的 14 个主要贸易伙伴(即 13 个 OECD 成员和墨西哥)。数据的覆盖范围与 Harrigan(1997)类似:我们虽然没有包括德国,却增加了几个较小的 OECD 经济体,如澳大利亚、奥地利、芬兰、爱尔兰、挪威和葡萄牙。我们也包括了墨西哥,因为它是目前美国的第二大贸易伙伴。[②] 表 3-1 包含了在七个主要产业中,美国与其贸易伙伴在产业产量份额之间差异的有关统计数据。有意思的是,我们发现,在所涉及的七个制造业中,平均而言,美国的行业份额比重相对其 OECD 贸易伙伴都要小。这也从一个侧面反映了美国非制造业(特别是服务业)近年来在其经济中占据越来越重要的地位。事实上,据 BEA 汇报,美国服务业占 GDP 的比重是逐年上升而制造业比重则是逐年下降的。[③] 服务业占 GDP 的比重在 1987 年仅为 6%,但到

[①] Nicita and Olarreaga(2006)也构建了一个包含更多国别更多年份的相关面板贸易数据库,但由于其缺乏各贸易国各行业产量份额数据而不得不放弃使用。

[②] 根据美国商务部官方网部统计披露,2005 年美国—墨西哥贸易量(出口加进口)总和约为 2 900 亿美元。

[③] 出现这一现象的原因可能与制造业生产的外包(outsourcing)相关。Feenstra(1998)和 Yi(2003)曾对此做了一个很详细的讨论。但生产的国际转移或外包不在本章的研究范围,因此暂不展开深入讨论。

1999 年上升到近 10%;制造业比重则由 1987 年的 28% 下降到 1999 年的 23%。①

表 3-1　变量的描述性统计量

变量名	均值	标准差	最小值	最大值
关税的对数				
食品	−2.596	0.739	−4.493	2.869
服装	−1.919	0.240	−2.576	−1.383
造纸	−3.463	0.566	−5.127	−2.620
化工	−3.075	0.319	−4.794	−2.200
玻璃	−2.695	0.739	−4.605	1.445
金属	−3.519	0.835	−8.148	−2.325
机械	−3.057	0.377	−4.543	−2.185
产量份额差异				
食品	−0.176	0.369	−1.461	0.082
服装	−0.024	0.050	−0.221	0.030
造纸	−0.123	0.284	−1.394	0.065
化工	−0.063	0.204	−0.673	0.129
玻璃	−0.028	0.049	−0.181	0.013
金属	−0.269	0.770	−3.638	0.303
机械	−0.095	0.268	−1.264	0.103
差额的对数				
耐用品	2.939	1.174	0.817	4.998
非居住性建筑	2.855	1.150	0.534	5.125
低教育水平工人	−1.492	0.664	−2.598	0.305
中等教育水平工人	0.446	0.400	−0.316	1.661
高教育水平工人	1.123	0.588	−0.239	2.379
农业土地	3.558	1.280	1.355	5.461

注:以上变量来源参见附表。我们用美国的产量份额减去 14 个 OECD 进口经济体的平均水平得到每个行业的产量份额差异。数据涵盖 17 年和 14 个经济体,共 238 个观察值。

各行业的 SIC 2 位码关税税率是由其 SIC 4 位码关税加总平均而得,后者则用行业所缴关税除以进口商品的海关估值得到。总体而言,如表 3-2 所示,在每个国家,食品、服装和玻璃行业的进口关税比造纸、化工和金属等其

---

① 美国经济分析局(Bureau of Economic Analysis)官方网站,http://www.bea.gov。

他行业要高一些。将 1974—1990 年的数据进行比较,我们发现进口关税随时间推移而下降,这主要是 GATT/WTO 各回合贸易谈判努力的结果。

表 3-2　美国七大主要行业与 14 个国家的进口关税

出口国	年份	食品	服装	造纸	化工	玻璃	金属	机械
澳大利亚	1974	0.213	0.156	0.055	0.032	0.120	0.022	0.060
	1990	0.022	0.104	0.015	0.026	0.067	0.023	0.025
奥地利	1974	0.084	0.197	0.058	0.051	0.102	0.078	0.072
	1990	0.029	0.141	0.027	0.043	0.052	0.054	0.040
加拿大	1974	0.266	0.127	0.009	0.039	0.018	0.020	0.044
	1990	0.070	0.081	0.006	0.027	0.012	0.011	0.016
丹麦	1974	0.081	0.121	0.056	0.059	0.140	0.025	0.070
	1990	0.046	0.111	0.027	0.035	0.047	0.056	0.038
芬兰	1974	0.112	0.149	0.042	0.065	0.151	0.027	0.072
	1990	0.056	0.089	0.021	0.037	0.038	0.046	0.040
法国	1974	0.087	0.205	0.049	0.046	0.128	0.048	0.082
	1990	0.044	0.125	0.023	0.056	0.073	0.044	0.034
爱尔兰	1974	0.081	0.211	0.071	0.070	0.060	0.041	0.074
	1990	0.011	0.123	0.040	0.045	0.036	0.052	0.029
意大利	1974	0.173	0.215	0.064	0.052	0.113	0.058	0.080
	1990	0.037	0.140	0.026	0.052	0.095	0.043	0.042
日本	1974	0.171	0.239	0.062	0.064	0.180	0.051	0.078
	1990	0.094	0.112	0.028	0.058	0.072	0.050	0.036
墨西哥	1974	0.119	0.184	0.050	0.063	0.133	0.015	0.075
	1990	0.041	0.095	0.014	0.040	0.036	0.027	0.032
挪威	1974	0.063	0.182	0.054	0.049	0.011	0.016	0.069
	1990	0.044	0.144	0.017	0.031	0.015	0.008	0.030
葡萄牙	1974	0.105	0.129	0.058	0.058	0.130	0.043	0.112
	1990	0.164	0.121	0.013	0.043	0.074	0.054	0.040
瑞典	1974	0.076	0.183	0.047	0.059	0.125	0.077	0.061
	1990	0.028	0.122	0.022	0.032	0.056	0.050	0.039
英国	1974	0.095	0.177	0.043	0.053	0.102	0.025	0.068
	1990	0.183	0.123	0.021	0.039	0.055	0.028	0.025

资料来源:以上数据来自 Feenstra et al. (2001)。

更进一步地,各种非关税壁垒(NTB)在国际贸易政策中正发挥着越来越重要的作用。1994 年举行的 GATT/WTO 乌拉圭回合要求发达国家以接近 40% 的幅度削减进口关税,从而引起各国产业保护的手段从关税转向非关税壁垒。因此,我们也将非关税壁垒作为衡量美国贸易保护政策的另一个指标来检验麦敕勒悖论。

非关税壁垒的数据主要基于 UNCTAD 多年的贸易分析和信息系统 (TRAINS) 所提供的国际标准产业分类 (ISIC, 1968 年第二次修订版)。根据这种分类, 非关税壁垒包括多种贸易措施, 如价格控制措施、质量控制措施、海关费用、金融措施、技术性措施、垄断及其他各种综合措施。这里, 我们按照 Laird and Yeats(1990) 的做法, 用覆盖率和频率两种办法衡量非关税壁垒。确切地, 行业的覆盖率定义为 $\sum_i w_i^l I_i^l$, 其中, w_i^l 代表第 l 个产业总进口产品中产品 i 所占比重; 而 I_i^l 是指示变量, 当对该产品采取了某些非关税措施时, 其值为 1, 否则为 0。对应地, 行业 l 的非关税保护频率定义为 $\sum_i I_i^l / N^l$, 其中, N^l 是第 l 产业所生产商品总数; 而 I 是指示变量, 当对该商品采取非贸易措施时, 其取值为 1, 否则为 0。

表 3-3 提供了 1990 年后 (1993 年、1994 年、1996 年和 1999 年) 美国对 14 个国家采取的非关税壁垒措施的主要统计数据。在七个制造行业中, 玻璃业的非关税壁垒保护是最小的, 而无论采取何种方法衡量, 食品业的非关税壁垒保护措施都是最高的。这意味着最近美国食品行业的生产商已从寻求关税保护转移到寻求非关税壁垒的保护。事实上, 这些观察也与现实相符。美国对糖类的进口配额在 2002 年达到了 140 万吨, 从而造成了其国内糖类价格比国际同类价格高出一倍多。①

表 3-3 美国七大主要行业对 17 个国家实行的非关税壁垒

出口国	类别	食品	服装	化工	玻璃	金属	机械
澳大利亚	NTM_F	0.516	0.104	0.043	0.004	0.111	0.082
	NTM_C	0.649	0.119	0.074	0.005	0.039	0.074
奥地利	NTM_F	0.515	0.104	0.045	0.004	0.097	0.084
	NTM_C	0.450	0.115	0.111	0.000	0.099	0.068
比利时	NTM_F	0.414	0.136	0.041	0.005	0.135	0.107
	NTM_C	0.367	0.163	0.093	0.002	0.116	0.157
加拿大	NTM_F	0.437	0.104	0.045	0.004	0.126	0.086
	NTM_C	0.438	0.129	0.072	0.011	0.120	0.113
丹麦	NTM_F	0.441	0.104	0.043	0.004	0.097	0.082
	NTM_C	0.393	0.134	0.080	0.000	0.062	0.070

---

① 美国国际贸易委员会, the Economic Effect of Significant U. S. Import Restraint, 2004。

(续表)

出口国	类别	食品	服装	化工	玻璃	金属	机械
芬兰	NTM_F	0.516	0.104	0.043	0.004	0.084	0.082
	NTM_C	0.628	0.078	0.087	0.030	0.077	0.103
法国	NTM_F	0.442	0.104	0.047	0.006	0.126	0.087
	NTM_C	0.463	0.093	0.115	0.004	0.116	0.074
爱尔兰	NTM_F	0.441	0.104	0.043	0.004	0.097	0.082
	NTM_C	0.416	0.115	0.091	0.000	0.042	0.047
意大利	NTM_F	0.443	0.104	0.064	0.005	0.124	0.093
	NTM_C	0.313	0.115	0.134	0.002	0.141	0.123
日本	NTM_F	0.439	0.145	0.083	0.008	0.139	0.102
	NTM_C	0.477	0.106	0.071	0.003	0.139	0.168
墨西哥	NTM_F	0.438	0.104	0.045	0.018	0.126	0.084
	NTM_C	0.475	0.121	0.071	0.139	0.128	0.109
荷兰	NTM_F	0.443	0.104	0.043	0.004	0.138	0.082
	NTM_C	0.416	0.094	0.082	0.003	0.176	0.076
新西兰	NTM_F	0.450	0.104	0.043	0.004	0.084	0.083
	NTM_C	0.575	0.126	0.062	0.000	0.101	0.104
挪威	NTM_F	0.438	0.104	0.043	0.004	0.079	0.082
	NTM_C	0.321	0.106	0.059	0.000	0.003	0.066
葡萄牙	NTM_F	0.442	0.104	0.043	0.004	0.116	0.082
	NTM_C	0.377	0.142	0.062	0.005	0.146	0.050
瑞典	NTM_F	0.438	0.104	0.047	0.005	0.096	0.085
	NTM_C	0.345	0.079	0.180	0.015	0.130	0.095
英国	NTM_F	0.443	0.104	0.047	0.005	0.138	0.086
	NTM_C	0.549	0.098	0.127	0.001	0.150	0.075

资料来源:NTB 的原始数据来自联合国贸易与发展会议。上述数据涵盖 1993 年、1994 年、1996 年和 1999 年。NTM_F 表示非关税壁垒的频率指标,NTM_C 表示非关税壁垒的覆盖率指标,这两种方法的区别在文中有详细阐述。造纸业的数据未能获得。

  要素投入的数据与 Harrigan(1997)所使用的数据相一致。我们主要考虑资本、劳动力和土地三大要素投入。确切地说,我们把资本分为两个子类:非居住性建筑和生产性耐用品。我们同样把劳动力投入区分为三类:(a) 高教育水平工人(即至少受过大学教育的工人),(b) 中等教育水平工人(即至少完成了高中学业的工人),以及(c) 低教育水平工人(即未受过高中教育的工人)。最后,耕地是用可耕土地乘以土地份额所得。

二、估计

我们的估计系统有七个等式。在每个等式中,因变量都是美国的产业份额,自变量是七个主要产业的从价进口关税、六种要素投入和一个衡量技术进步的时间趋势变量。除了时间趋势变量,其他所有变量都是对数形式,这意味着估计所得的系数可以解释为半弹性。

我们采用迭代的 Zellner(1962) 似不相关回归(SUR)并作两个限定:第一,对称性假定,行业 i 和 j 之间的产业份额交叉价格效应应当相等,即 $\gamma_{ij} = \gamma_{ji}$。第二,所有要素投入的系数总和应当等于零,即 $\sum_{k=1}^{M} \varphi_{ik} = 0$。

表3-4 报告了使用 1990 年以前的关税数据估计的主要结果。在这个 SUR 系统中,每个等式都包含三种类型的自变量:关税、要素投入以及时间趋势变量。我们同时包含了一个国别的固定效应和年度的固定效应,此处为节省篇幅而略去不予报告,但若需要可予提供。

由回归结果可见,各个行业的关税半弹性差异较大。在所有的七个系数中,服装、化工和机械行业的关税自半弹性(own semi-elasticity)是正值,食品、造纸、玻璃和金属行业的值是负的。机械行业的关税半弹性最大,然后是化工、服装、造纸、玻璃、食品和金属部门。特别地,化工、玻璃和机械行业的系数在常规统计水平下显著。正的系数意味着美国进口关税的增加促进了该行业相对于其他国家的扩张,这是增加进口关税后不存在麦敕勒悖论时的一般效果。进口关税的增加使该行业的制造商获益,从而刺激产品生产并促进行业扩张。

最有趣的发现来自玻璃业。玻璃业关税的自半弹性(-0.003)在统计上为负并高度显著。这意味着麦敕勒悖论在该行业存在。这个发现背后的经济学原理是,关税的增加显著改善了贸易条件,并因此降低了国内进口产品的相对价格。相反地,化工业和机械业关税的自半弹性都在统计上为正并高度显著。这意味着麦敕勒悖论在该行业不存在。另外,由于食品、服装、造纸和金属的自半弹性都不显著,因此我们无法确定麦敕勒悖论在这些行业是否存在。

至于进口关税对行业产出份额的交叉影响,其值正负均有。当某行业进口关税的交叉效应与其自身效应的符号一致时,两个行业是总体互补关系。与此相反,当自身效应和交叉效应符号相反时,两个行业是总体替代关系。例如,玻璃业的进口关税使本行业和服装行业显著收缩,但刺激了化工行业的扩张。这意味着玻璃制造部门与服装行业总体互补但与化工行业是总体

表 3-4 利用 1990 年以前的关税数据估计而得的 GDP 份额函数

	食品	服装	造纸	化工	玻璃	金属	机械
关税_食品	**-0.022** (-1.01)	-0.007* (-1.83)	-0.015* (-1.87)	-0.004 (-0.60)	-0.001 (-0.50)	-0.008 (-0.40)	-0.035** (-4.08)
关税_服装	-0.007* (-1.83)	**0.003** (0.36)	0.015** (3.01)	-0.003 (-0.45)	-0.007** (-3.52)	-0.014** (-4.14)	0.005 (0.71)
关税_造纸	-0.015* (-1.87)	0.015** (3.01)	**-0.004** (-0.45)	-0.001 (-0.16)	0.003 (1.45)	-0.003 (-0.18)	-0.043** (-4.26)
关税_化工	-0.004 (-0.60)	-0.003 (-0.45)	-0.001 (-0.16)	**0.019** (1.77)	0.008** (3.67)	-0.005 (-0.42)	-0.034** (-3.13)
关税_玻璃	-0.001 (-0.50)	-0.007** (-3.52)	0.003 (1.45)	0.008** (3.67)	**-0.003** (-2.98)	-0.003 (-1.00)	-0.010** (-3.55)
关税_金属	-0.008 (-0.40)	-0.014** (-4.14)	-0.003 (-0.18)	-0.005 (-0.42)	-0.003 (-1.00)	**-0.033** (-0.72)	-0.046 (-2.83)
关税_机械	-0.035** (-4.08)	0.005 (0.71)	-0.043** (-4.26)	-0.034** (-3.13)	-0.010** (-3.55)	-0.046** (-2.83)	**0.060** (3.20)
非居住性建筑	-0.079 (-1.35)	-0.011 (-1.22)	-0.056 (-1.18)	-0.049 (-1.50)	-0.016* (-1.96)	-0.085 (-0.65)	-0.016 (-0.36)
生产性耐用品	0.016 (0.25)	-0.002 (-0.24)	0.050 (1.01)	0.043 (1.26)	0.010 (1.15)	0.085 (0.62)	-0.018 (-0.38)

（续表）

	食品	服装	造纸	化工	玻璃	金属	机械
低教育水平工人	0.017	0.009**	-0.006	0.006	0.002	-0.058	-0.009
	(0.62)	(2.10)	(-0.27)	(0.41)	(0.57)	(-0.94)	(-0.44)
中等教育水平工人	-0.201**	-0.016*	-0.145**	-0.117**	-0.022**	-0.341**	-0.133**
	(-3.63)	(-1.84)	(-3.22)	(-3.77)	(-2.98)	(-2.75)	(-3.08)
高教育水平工人	0.374**	0.032**	0.274**	0.200**	0.045**	0.703**	0.263**
	(8.03)	(4.50)	(7.27)	(7.70)	(7.15)	(6.78)	(7.29)
耕地	-0.127**	-0.012**	-0.117**	-0.084**	-0.019**	-0.305**	-0.086**
	(-5.98)	(-3.58)	(-6.80)	(-7.07)	(-6.61)	(-6.43)	(-5.23)
时间序列	-0.018	0.001	-0.014	-0.004	-0.002	-0.037	-0.025**
	(-1.42)	(0.22)	(-1.51)	(-0.55)	(-1.23)	(-1.44)	(-2.66)
国别固定效应	是	是	是	是	是	是	是
年度固定效应	是	是	是	是	是	是	是
R^2	0.43	0.28	0.37	0.42	0.42	0.35	0.35

注：每列为七大行业的估计结果，括号内为 t 统计量。因变量为行业产量份额的百分数，自变量为对数形式（时间趋势变量除外）。（*）（**）表示在 95%（99%）的水平上显著。为节省篇幅，年度和国别固定效应估算系数此处从略。带限定的似不相关回归（SUR）系统估计了 238 个观察值。

替代关系。

如前所述,时间趋势变量反映了技术进步的效应(Mckay, Lawrence and Valstuin, 1983),其回归系数对于所有制造业都是负的。一个可能的解释是,在这段时期中,技术进步多出现于服务业,因而导致服务业的相对扩张和制造业的相对萎缩。

最后,各要素投入对行业份额的效应整体上与 Harrigan(1997)的结果一致。在表3-4中,资本投入被区分为两个子类:生产性耐用品和非居住性建筑。对大多数的制造业部门而言,生产性耐用品与行业产量份额正相关。有趣的是服装和机械行业的也显示正相关,但其系数是不显著的。与此相反,非居住性建设与美国行业产出份额是负相关的。上述发现意味着:(a) 生产性耐用品的相对增长扩张了制造行业;(b) 非居住性建筑对于服务行业至关重要,因此其相对增长导致了美国服务部门的扩张和制造部门的萎缩。

另外一个有趣的发现是高教育水平与制造部门的规模正相关,中等教育水平与其负相关。这可能是因为制造业部门相对于农业部门对高度熟练工人的需求更大。低教育水平工人的系数正负均有,只有服装行业的系数为正且显著(0.09)。这是与事实相符的,因为纺织行业是一个相对下游的产业,只需要较低的技术水平。对于土地投入,在所有的制造行业中,可耕种土地与行业产量份额都是负相关的。这个意义很明显:根据罗勃津斯基定理,土地投入的增加将毋庸置疑地导致农业部门的相对扩张从而使得制造部门相对萎缩。

三、稳健性检验

为深入探讨贸易政策对行业产量份额的影响,我们也使用一个非关税壁垒的数据集来进行稳健性检验,检验结果报告在表3-5和表3-6中。

表3-5报告了使用非关税壁垒数据对五个行业进行估计的结果(食品、服装、化工、金属和机械)。由于造纸行业的数据无法获得,而玻璃行业的数据又大量缺失,因此,这两个行业在此从略。我们首先使用覆盖率来衡量非关税壁垒,因为它具有可衡量每种被非关税壁垒保护商品比重的优点(Trefler, 1993b)。各行业非关税壁垒对其产业份额的影响各有不同。其绝对量依次排列如下:金属(0.062)、食品(0.018)、化工(0.017)、机械(0.007)和服装(0.006),这五个行业的系数均为正值。这意味着当用非关税壁垒(覆盖率)来衡量贸易保护时,在所有考察行业中,我们不能肯定麦敕勒悖论的存在。相反,化工业的非关税保护自半弹性显著为正,说明该行业肯定不存在

麦敕勒悖论,这也与表3-4的发现相符。

表3-5　利用非关税壁垒(覆盖率)数据估计而得的 GDP 份额函数

	食品	服装	化工	金属	机械
非关税壁垒_食品	**0.018**	-0.024	0.058	0.070**	0.016
	(0.25)	(-1.36)	(3.05)	(1.95)	(0.92)
非关税壁垒_服装	-0.024	**0.006**	-0.005	0.009	-0.001
	(-1.36)	(0.69)	(-1.13)	(0.80)	(-0.10)
非关税壁垒_化工	0.058**	-0.005	**0.017****	0.030	0.007
	(3.05)	(-1.13)	(2.08)	(1.28)	(0.71)
非关税壁垒_金属	0.070*	0.009	0.030	**0.062**	0.012
	(1.95)	(0.80)	(1.28)	(0.53)	(0.26)
非关税壁垒_机械	0.016	-0.001	0.007	0.012	**0.007**
	(0.92)	(-0.10)	(0.71)	(0.26)	(0.34)
固定资本	-0.372**	-0.137**	-0.196**	-0.715**	-0.248**
	(-5.40)	(-6.25)	(-4.39)	(-3.17)	(-2.78)
劳动力	0.417**	0.157**	0.216**	0.773**	0.274**
	(4.55)	(5.41)	(3.65)	(2.59)	(2.31)
可耕地	-0.045	-0.021**	-0.020	-0.059	-0.026
	(-1.16)	(-1.71)	(-0.82)	(-0.47)	(-0.52)
时间序列	0.025	0.020	-0.013	-0.156	-0.046
	(0.25)	(0.64)	(-0.20)	(-0.49)	(-0.37)
国别固定效应	是	是	是	是	是
年度固定效应	是	是	是	是	是
R^2	0.58	0.53	0.48	0.30	0.25

注:非关税壁垒用其覆盖率来衡量。因数据缺失,玻璃和造纸工业未被统计。表中各列报告了食品、服装、化工、金属、机械五个行业的估计结果。括号数据为 t 统计量。因变量为各行业产量份额的百分比。自变量取对数。*(**)表示该系数在常规的95%(99%)置信度水平上显著。因篇幅所限,年度固定效应和国别固定效应此处从略。数据来源同附表。在每个等式中都有39个观测量。

由于非关税频率也是一种常用的衡量非关税壁垒的方法,因此我们也用它来检验麦敕勒悖论。如表3-6所示,化工业非关税频率正的自半弹性再一次说明了麦敕勒悖论在该行业肯定不存在。有意思的是,服装业非关税频率的自半弹性是显著为负的(-0.04),这表明了当用非关税频率来衡量保护水平时,麦敕勒悖论在该行业中存在。其他的行业则由于自半弹性系数不显著,因而我们无法得出确切的答案。

表 3-6 利用非关税壁垒(频率)数据估计而得的 GDP 份额函数

	食品	服装	化工	金属	机械
非关税壁垒_食品	**-0.036**	-0.047	0.012	0.065	0.005
	(-0.18)	(-1.01)	(0.23)	(1.00)	(0.09)
非关税壁垒_服装	-0.047	**-0.040****	-0.003	0.005	0.014
	(-1.01)	(-2.27)	(-0.27)	(0.30)	(0.85)
非关税壁垒_化工	0.012	-0.003	**0.049***	0.034	0.005
	(0.23)	(-0.27)	(1.91)	(0.78)	(0.22)
非关税壁垒_金属	0.065	0.005	0.034	**0.174**	0.082
	(1.00)	(0.30)	(0.78)	(0.84)	(1.02)
非关税壁垒_机械	0.005	0.014	0.005	0.082	**0.033**
	(0.09)	(0.85)	(0.22)	(1.02)	(0.75)
固定资本	-0.361**	-0.142**	-0.180**	-0.656**	-0.228**
	(-4.96)	(-7.03)	(-3.79)	(-2.89)	(-2.56)
劳动力	0.379**	0.150**	0.195**	0.697**	0.255**
	(4.23)	(6.17)	(3.30)	(2.45)	(2.29)
可耕地	-0.018	-0.009	-0.015	-0.041	-0.027
	(-0.50)	(-0.87)	(-0.64)	(-0.35)	(-0.60)
时间趋势	0.051	0.034	0.001	-0.142	-0.054
	(0.50)	(1.22)	(0.02)	(-0.44)	(-0.42)
国别固定效应	是	是	是	是	是
年度固定效应	是	是	是	是	是
R^2	0.44	0.59	0.34	0.26	0.23

注:非关税壁垒以其频率为指标。因数据缺乏,玻璃和造纸工业未予统计。表中报告了食品、服装、化工、金属、机械五个行业的估计结果。括号数据为 t 统计量。因变量为各行业产量额的百分比。自变量取对数。*(**)表示该系数在常规的 95%(99%)置信度水平上显著。因篇幅所限,年度固定效应和国别固定效应此处从略。数据来源同附表。在每个等式都有 39 个观测量。

最后,我们在表 3-7 中总结了运用各种指标衡量贸易保护时所得的不同结果。很显然,在这七个制造业中,不管使用何种衡量指标,化工业都不呈现麦敕勒悖论。相对应地,当使用关税来衡量贸易保护时,玻璃业呈现了麦敕勒悖论。当使用非关税频率来衡量贸易保护时,服装业也呈现了麦敕勒悖论。至于其他行业,我们无法得到肯定的答案。

表 3-7　各行业麦敕勒悖论存在与否小结

	贸易保护衡量方式		
	关税	非关税辟垒(覆盖率)	非关税辟垒(频率)
食品业	不确定	不确定	不确定
服装业	不确定	不确定	有
造纸业	不确定		
化工业	没有	没有	没有
玻璃业	有		
金属业	不确定	不确定	不确定
机械业	没有	不确定	不确定

注:本表所得结论来自表 3-4 至表 3-6 所回归估算结果。当一行业的贸易保护自半弹性在 95% 水平以上显著为正时,该行业没有麦敕勒悖论。相反,当一行业的贸易保护自半弹性在 95% 水平以上显著为负时,该行业则有麦敕勒悖论。当一行业的贸易保护自半弹性不在 95% 水平以上显著时,则答案为不确定。

至此,在控制了影响一行业产量份额的其他重要供给面和需求面的诸多因素之后,实证分析表明,在美国的某些行业(如服装业和玻璃业),当政府对其提高贸易保护水平时,其国内的行业进口价格因贸易条件的改善不升反降,从而导致其行业面临着更激烈的国际竞争,其产量份额也随之相应下降。

四、贸易政策的政治经济学与内生性问题

本章先前的分析已在统计上清楚地表明了一行业的贸易水平如何导致该行业的产出份额变化。然而,仍有理由相信该行业由于产出的减少而会游说政府寻求保护。因此,贸易政策的制定会受到来自各特殊利益集团的影响(Grossman and Helpman, 1994)。诸如 Brainard and Verdier(1997)之类的研究通过考察游说政府的成本来从理论上说明高保护行业有可能会出现低产出份额这一现象。这说明了行业利益集团的政治干扰使得一行业的产出份额变化会反过来影响贸易保护的水平。换言之,为了使我们以上所得的实证结论更为可信,我们须控制由"动态累积倒果为因"而造成的贸易政策内生性问题。

如同Wooldridge(2002)一书所指出的,工具变量法是一个控制内生性问题的有效方法。当然,该方法的关键在于选取一个合适的工具变量。理想上来说,该变量须与被工具化的自变量(在本章即是贸易政策)强相关而与因变量(在本章中即是行业的产出份额)弱相关。该工具变量还须通过且仅通过被工具化的自变量去影响因变量。在这里,我们选取了一行业的工会人数与该行业雇佣人数比作为该行业非关税壁垒政策的工具变量。这样做有以下原因相佐:

第一,许多贸易的政治经济学实证文献已指出规模较大的行业工会是与该行业的贸易保护水平正向密切相关的。例如,Trefler(1993b)从实证上发现各种劳力特征(如美国行业工会规模与行业雇佣人数都同美国的非关税壁垒政策正向相关)。然而,倘若不考虑贸易保护渠道时,很少(如果有的话)有论文能发现工会大小与行业的产出份额有直接关系。

第二,由于数据缺乏的问题,我们只集中考察非关税壁垒政策的设定而不考虑关税壁垒政策的问题。如表3-3所示,我们用来估算的行业关税数据样本是1974—1990年。可惜的是,这一阶段相对应的美国各制造业工会数据在SIC 2位码水平上并不可得[①],目前只有从1994年以后美国劳务部的汇报中才能获得这些数据。所以,我们只能集中考察非关税壁垒政策的设定。当然利用1994年以后非关税壁垒的数据仍然可以较好地体现这阶段美国经济的特点:自1994年的GATT/WTO乌拉圭回合以后,美国关税的贸易保护政策多从以前的明保(关税)改为暗保(非关税壁垒)。

如表3-6所示,在未控制内生性的情况下,只有服装业和玻璃业显现出麦敕勒悖论。由于玻璃业我们没有非关税壁垒数据,我们无法讨论其内生性问题。我们却仍可通过控制贸易政策的内生性进一步考察麦敕勒悖论是否真的在服装业中存在。表3-8汇报了利用工具变量回归的结果。出于比较的目的,我们把表3-6所得的有关服装业回归结果放在表3-8的第一列。第二、第三列分别汇报了所用工具变量回归所得的第二阶段和第一阶段最小二乘回归结果。从第二阶段回归结果可知,在控制了内生性之后,服装业仍具有麦敕勒悖论。换言之,我们的结果是稳健的。

[①] 美国劳务部固然有1983—2006年的工会数据,但却是高度合成到SIC 1位码水平,对于SIC 2位码水平,却只有自1994年以后的数据。

表 3-8 服装业工具变量法估算结果

服装业行业份额	似不相关固定效应回归	第二阶段工具变量回归	第一阶段工具变量回归	固定效应回归
非关税壁垒_食品	-0.047	0.062	-0.720	0.074
	(-1.01)	(1.25)	(-0.58)	(1.77)
非关税壁垒_服装	-0.040**	-0.018**		-0.001
	(-2.27)	(-2.02)		(-0.21)
行业工会人数比率			-0.919**	0.015
			(-4.80)	(0.98)
非关税壁垒_化工	-0.003	0.067**	0.474	0.044
	(-0.27)	(2.66)	(0.89)	(1.34)
非关税壁垒_金属	0.005	-0.003	-0.589**	0.007
	(0.30)	(-0.29)	(-3.19)	(0.93)
非关税壁垒_机械	0.014	-0.001	0.002	-0.001
	(0.85)	(-0.15)	(0.01)	(-0.30)
固定资本	-0.142**	-0.118**	0.543	-0.127**
	(-7.03)	(-5.92)	(1.14)	(-2.84)
劳动力	0.150**	0.139**	-1.102	0.157**
	(6.17)	(5.24)	(-1.77)	(2.50)
可耕地	-0.009	-0.010	0.347	-0.016
	(-0.87)	(-0.93)	(1.26)	(-1.27)
时间趋势	0.034	0.035**	1.276**	0.014
	(1.22)	(2.03)	(3.74)	(0.93)
第一阶段 F 值		23.06**		
Anderson 经典相关可能性比率		22.22**		
Cragg & Donald 的 F 值		31.22**		
R^2	0.59	0.60	0.75	0.67

注:在各回归中,因变量为各行业产量额的百分比。** 表示该系数在常规的 99% 置信度水平上显著。括号内为 t 统计值。因篇幅所限,年度固定效应和国别固定效应此处从略。

从技术面上来看,表 3-8 的各类相关统计检验结果均表明工会人数比的确是一个有效的工具变量。第一,第一阶段的 F 值在 99% 的水平上高度显著。第二,我们进一步检查这个工具变量是否与贸易保护水平相关。Anderson(1984)的经典相关可能性比率检验是用来判断我们的回归是否存在识别不足(under-identified)的问题。事实上,该检验结果高度拒绝模型识别不足的假设。第三,我们更进一步地检查该工具变量是否与内生变量仅为弱相关,倘若真的如此,此估计可能有偏。可是,Cragg & Donald (1993)的 F 值在统计上高度显著,这清楚地表明我们的第一阶段估算结果同样有效且可信。

最后,在表 3-8 的第四列,我们额外提供一个对工具变量有效性容易解释的证据。我们把工具变量直接作为一个自变量加到原回归方程中。倘若行业工会人数比率真的能直接影响该行业产量份额的话,那么我们预测该变量会统计显著。然而,如表 3-8 第四列所示,行业工会人数比回归结果并不显著。这进一步肯定了行业工会人数比率通过且仅通过行业贸易政策变量而影响行业产量份额变量。

第五节 小 结

据我们所知,本章所介绍的文章是第一篇为麦敕勒悖论提供实证支持的论文。针对某个行业的进口关税可能会降低进口商品的价格,而贸易条件的改善反过来导致了该行业规模的相对收缩。在控制供给和需求面的可能影响,并控制模型可能具有的内生性后,我们证实,麦敕勒悖论不只是具有理论上的可能性,而且在美国的某些制造业(如服装业)实际存在着。这个发现意味着我们在相关的经济分析中不能简单地将麦敕勒悖论予以排除。

本章的另一贡献在于方法论。使用一个 GDP 的转换对数函数模型,我们将贸易保护引入了传统的新古典贸易模型。以往的文献基本上都假设一个不存在关税或非关税壁垒的自由贸易框架来检验各种要素投入和技术进步对国际分工的影响(Harrigan, 1997)。在本章中,我们则考虑了一个关税或非关税壁垒不为零的国际贸易框架,对新古典贸易模型进行了拓展。我们发现,在我们的模型中,诸如要素投入和技术进步等非贸易保护因素的经济效应均与先前的研究结论(Kohli, 1991;Harrigan, 1997;Feenstra and Kee, 2004)高度相符。我们的模型由于考虑了关税或非关税壁垒则可能更接近于现实。

倘若数据获得不成为问题的话,对本章的一个拓展则是可把农产品及非贸易品等直接包含在研究中,这样我们也许可能有更多有趣的发现。目前本章由于数据所限无法做到,但无论如何,这是一个未来可扩展的研究方向。

第二部分

第四章 加工贸易、贸易自由化和企业生产率[①]

本章研究了进口中间品和最终品关税减免如何影响参与贸易的大型中国企业的生产率,分析考虑了企业从事加工贸易在进口中间品方面的关税优惠。利用2000—2006年高度细化的贸易数据和企业生产数据,本章构建了各企业所面临的进口中间品和最终品关税税率。通过控制企业参与加工贸易的自选择和两类企业层面关税税率可能引发的内生性,文章发现,进口中间品和最终品关税减免均对企业生产率提升有正向影响,且影响力度会随着企业加工贸易进口份额的增大而减小。总体上,相对于最终品关税减免,进口中间品关税减免对生产率提升的影响更大;但对于不从事加工贸易的企业,相反的结论成立。通过将企业生产率加总至经济体总体生产率,文章发现,两类关税减免共使样本中约423家企业获得生产率提升,同时至少贡献了同期经济体总体生产率提升的13.53%。

第一节 引 言

贸易自由化对企业利润率的影响是贸易实证研究中最重要的问题之一。先前研究贸易的经济学家主要关注最终品关税减免的影响。目前,研究重心转移到探讨进口中间品关税减免的影响上来。通常,进口中间品关税减免对企业生产率的影响要大于最终品关税减免(Amiti and Konings, 2007; Goldberg et al., 2010; Topalova and Khandelwal, 2011)。Amiti and Konings (2007)分析了印度尼西亚企业层面的数据并发现企业从中间品关税降低所获得的生产率提升是从最终品关税降低所获得的生产率提升的两倍。此外,Topalova and Khandelwal(2011)发现对于印度一些行业中的企业,中间品关税下降带来的生产率提升甚至能够达到最终品关税下降带来的生产率提升

[①] 本章最早题为"Processing Trade, Tariff Reductions, and Firm Productivity: Evidence from Chinese Firms",发表在 *Economic Journal*, 2015, 125(June),第943—988页。

的十倍。他们强有力地指出,造成这一结果的主要原因是中间品关税下降使企业能够获得更好的中间品投入,这比最终品关税下降造成的促进竞争效应更为重要。

不同于上述研究结论,本章发现对于参与国际贸易的大型中国企业,在21世纪最终品关税减免比中间品关税减免更能提高企业生产率。最终品(中间品)关税下降10%会使生产率提高9.3%(5.2%)。两类关税减免对生产率的正向促进作用会随着企业加工贸易进口份额的增大而减小。该结论主要是由于中国加工贸易企业相比非加工贸易企业在进口中间品方面的关税优惠:占据中国总进口半壁江山的加工贸易进口享受零关税。进口中间品关税的进一步下降对完全从事加工贸易的企业无影响,但仍会影响到既从事加工贸易又从事一般贸易的企业。随着企业加工贸易份额的增大,中间投入关税下降对生产率提升的作用降低。类似地,随着企业加工贸易份额上升,其内销产品份额随之下降,最终品关税下降带来的促进竞争效应随之减弱。

本章在以下三个重要方面丰富了现有文献。第一,文章丰富了对中国这个世界第二大经济体和第一大出口国经济增长的理解。中国占世界贸易10%的庞大的贸易体量一直被认为是其经济飞速增长的原因之一。然而,这一猜测几乎没有从中国企业层面的微观数据中获得支撑。[1] 本章的研究力图填补这项空白。利用2000—2006年高度细化的交易层面的海关数据和企业层面的生产数据,文章深入探究了对外贸易和企业生产率的关系。

第二,对于很多发展中国家(如印度尼西亚、墨西哥和越南),加工贸易是重要的贸易形式。加工贸易是企业从国外进口原材料或中间产品,在本国加工之后再予以出口,赚取其中附加价值的过程(Feenstra and Hanson, 2005)。为鼓励发展加工贸易,一国政府往往会对作为原料的中间品减免关税。尽管关于发达国家和发展中国家的贸易改革存在一些研究[2],但贸易改革和加工贸易的相互作用却很少被探讨。因此,在加工贸易享受特殊关税优惠的背景下理解贸易改革带来的生产率提升显得十分必要。

第三,除了采用被广泛接受的在行业层面度量关税的方法,本章进一步

---

[1] Brandt, Van Biesebroeck and Zhang(2012)是一个例外。

[2] 其中针对发达国家的研究包括 Bernard et al. (2003)对美国和 Trefler(2004)对加拿大的研究。然而,更多研究结果是针对发展中国家得出的,如 Bustos(2011)对阿根廷、Schor(2004)对巴西、Pavcnik(2002)对智利、Fernandes(2007)对哥伦比亚、Harrison(1994)对科特迪瓦、Krishna and Mitra(1999)以及 Topalova and Khandelwal(2010)对印度、Amiti and Konings(2007)对印度尼西亚、Levinsohn(1993)对土耳其的研究。其他的研究,如 Lu, Lu and Tao(2010);Lu(2011)以及 Ma, Tang and Zhang(2011)也研究了中国出口增长和生产率提升的关系。

在企业层面衡量最终品关税和进口中间品关税。可能是由于数据所限,先前的研究通常利用投入产出表(如 Amiti and Konings, 2007)或是通过度量有效关税保护(如 Topalova and Khandelwal, 2011)来在行业层面度量关税。然而,这种便捷的方法可能存在缺陷。由于投入产出表并不区分进口中间投入和与关税减免不直接相关的国内中间投入,利用投入产出表可能无法精确度量企业面对的贸易保护程度。利用中国企业层面生产数据和交易层面贸易数据中的丰富信息,本章能够新颖地构造出各企业面对的中间品和最终品关税的度量方法以估计贸易改革对企业生产率的影响。据本章作者所知,这在文献中是在企业层面度量关税的首次尝试。值得指出的是,在采用传统的行业层面度量关税的方法时,本章的估计结果保持稳健。

本章同时仔细控制了两类内生性因素:企业层面关税可能存在的内生性以及企业参与加工贸易的自选择可能存在的内生性。首先,企业层面中间品和最终品关税可能存在一些内生性问题。其一来自关税本身的度量方法。由于企业可能进口多种产品,故用进口量作为权重能够反映某种产品对企业的重要性。然而,进口量与关税存在反向关系。在极端情况下,当企业面对禁止性关税时,其进口和相应的进口权重为零。因此,中间品关税在度量上存在向下的偏误。为解决这一内生性问题,在所有回归估计中,企业层面关税在构造时均使用了不随时间变化的权重,该权重根据企业第一次出现在样本年份的进口值构建。第二个内生性问题同关税与生产率之间可能存在的反向因果有关。关税可能会受到来自国内特殊利益集团的压力,这种压力在如印度(Topalova and Khandelwal, 2011)等国家可能会很大,但在印度尼西亚(Amiti and Konings, 2007)等国家并不十分显著。鉴于中国在 2001 年加入世界贸易组织(WTO),在 2000—2006 年来自本国的压力可能不会是决定性的因素。然而,为了分析的完整性,文章仍采用工具变量(IV)方法以控制可能的反向因果。

另外一类内生性与企业自选择参与加工贸易有关。观察到一些中国企业同时参与加工贸易和一般贸易,而其他企业只参与一种类型的贸易,本章采用两种方法衡量加工贸易变量。首先,文章用一个加工贸易虚拟变量来识别企业是否从事加工贸易。如果海关数据显示一个企业有加工贸易进口,则该企业被定义为加工贸易企业。然而,企业的加工贸易份额是内生的。企业首先要决定是否参与加工贸易,如果是,再决定加工贸易进口份额。为了处理这种自选择行为,文章使用了第二类 Tobit 模型。在第一步 Probit 估计中,文章发现低生产率的企业更可能选择参与加工贸易以享受进口中间投入品零关税政策。在利用第二步 Heckman 估计得到企业加工贸易进口程度的拟合值后,文章在研究关税对企业生产率影响的主回归估计中将其作为加工贸易指标的度量以控制企业参与加工贸易决策的内生性。其他条件相同时,参与加工贸易的程度越高,企业生产率越低。

文章遵循标准的做法,分两步探究企业生产率与最终品和中间品关税的关系。首先,文章使用 Olley and Pakes(1996)提出的方法来度量企业的全要素生产率(TFP),同时进行了必要的修正和扩展以适应中国的实际情况。由于即使是在同一行业中的加工贸易企业和非加工贸易企业也可能采用不同的生产技术,文章对各行业中加工贸易企业和非加工贸易企业的 TFP 分别进行了估计。文章同时考虑了企业从事加工贸易的学习效应(De Loecker, 2013)。尽管扩展的 Olley-Pakes 方法能够克服传统最小二乘(OLS)估计造成的联立性偏差和选择性偏差,但其依赖于一个重要假设:资本对不可观察的生产率冲击更为敏感。然而,中国是劳动力充裕国家,劳动力成本相对较低。在面对生产率冲击时,中国企业通常会调整劳动投入以重新优化生产行为(Blomstrom and Kokko, 1996)。因此,文章同时采用了另外三种方法度量企业 TFP:劳动生产率、Levinsohn-Petrin(2003)方法计算的 TFP 以及系统 GMM 方法计算的 TFP(Blundell-Bond, 1998)。由于系统 GMM 方法在估计 TFP 时控制了企业先前的生产率,能够避免可能存在的序列相关问题,文章将其作为度量企业 TFP 的主要指标。

理解贸易改革促使企业生产率提升的相关机制同样十分重要。受之前研究的启发(Amiti and Konings, 2007; Bustos, 2011; Goldberg et al., 2010),进口中间品关税对生产率的影响机制十分明确,即关税降低使企业获得更多样的中间品投入。相对地,最终品关税对生产率的影响可能通过以下两种渠道:其一是通过进口竞争压力直接使企业更具生产率,其二是通过淘汰生产率较低的企业,从而间接提高企业生产率。本章发现促进竞争效应更多通过企业在压力下提升生产率的渠道发挥作用,这与 Horn, Lang and Lundgren(1995)的发现一致。本章也探讨了其他可能的渠道如进口广度与研发支出。与 Amiti and Konings(2007)不同,利用本章数据集中的信息可以如 Goldberg et al.(2010)一样直接测度企业的产品范围(在出口市场上)。此外,与 Bustos(2011)类似,分析考虑了研发支出的信息。

最后,由于经济体层面的生产率是衡量一国福利的重要指标,本章最后一项工作是将企业生产率加总至经济体总体生产率。加总时利用了 Domar(1961)中的权重,该权重克服了开放经济中忽视纵向整合可能带来的加总偏差。简单来说,本章发现最终品和中间品关税降低至少贡献了同期生产率增长的 13.53%。

第二节 加工贸易的特殊关税政策

加工贸易在中国兴起于 20 世纪 80 年代。作为贸易自由化的重要途径，中国政府鼓励企业进口部分或全部原材料和中间投入，在国内进行加工和组装之后，将增值后的最终产品复出口。截至 2012 年，根据海关总署的划分，中国共有 16 类特定类别的加工贸易。①

在这些贸易类别当中，有两类是尤为重要的，即来料加工和进料加工。②这两类加工贸易均享受零进口关税，但却有一处显著不同。在来料加工中，本国企业免费从其外国贸易伙伴处获得原材料和组装配件，但在本国完成加工后，必须将成品出售给同一外国贸易伙伴并收取加工费。相反，在进料加工中，本国企业在进口原材料时向国外出口商支付费用，同时加工后可以将成品出售到其他国家。

图 4-1 显示在 20 世纪 80 年代初期，与一般贸易进口相比，中国的加工贸易进口只占总进口的一小部分。然而，中国加工贸易进口在 90 年代初迅速增长，并在中国宣布采用市场经济体制的 1992 年超过了一般贸易进口。此后，加工贸易进口占总进口的比例大于 50%。有趣的是，80 年代由于大多数中国企业缺少进口所需的资金，这一时期来料加工更受欢迎。自 90 年代

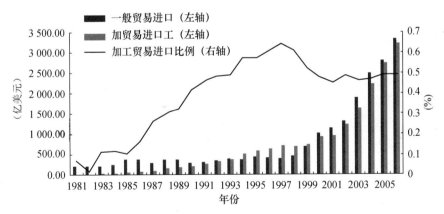

图 4-1　中国加工贸易进口与一般贸易进口

---

①　这些类别的加工贸易包括境外援助（编码为 12）、来料加工（14）、进料加工（15）、补偿贸易（13）、商品寄售代销（16）、货物租赁（17）、边境小额贸易（19）、工程承包（20）、外发加工（22）、易货贸易（30）、保税仓库进出口贸易（33）、保税区转口贸易（34）等。

②　来料加工在海关官方报告中也被称作"提供原料加工"或在 Feenstra and Hanson（2005）中被称作"纯加工"。对应地，进料加工通常也被称作"进口原料加工"或"进口中间投入并加工"。

后,进料加工更为流行。图 4-2 清晰地显示了这种趋势:在加工贸易进口中,来料加工进口与进料加工进口之比从 2000 年的 0.41 下降到 2006 年的 0.32。

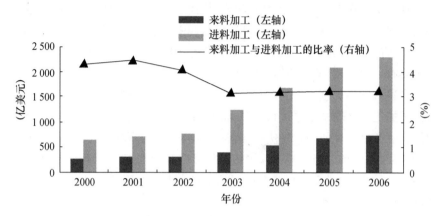

图 4-2 中国加工贸易进口:来料加工与进料加工

资料来源:海关贸易数据(2000—2006),作者汇编。

本章的首要目的是探究在加工贸易享受关税特殊优待的背景下,企业 TFP 如何对最终品和和中间品关税下降做出反应。因此,理解企业是否参与加工贸易是重要的。故所有中国企业被分为四类,即非进口企业和三类进口企业:一般贸易进口企业、混合型进口企业和纯加工贸易进口企业。如图 4-3 所示,非进口企业不从事进口活动,所有原材料和中间投入都由本国市场获取。然而,非进口企业可以将其产成品销往国内和国际市场(如箭头(1)所示)。

在三类进口企业中,一般贸易进口企业不从事与加工贸易相关的进口活动,其只进口不用于加工贸易的中间投入品并且可以将产成品同时销往国内和国外市场(箭头(2))。① 与之形成鲜明对应,如图中虚线所示,纯加工贸易进口企业仅从事加工贸易活动,其原材料和中间投入品全部来自国外并将所有加工增值后的成品复出口(箭头(5))。这些企业充分享受进口零关税优惠。最后一类企业可能最为有趣,混合型进口企业既从事一般贸易(箭头(3))也从事加工贸易(箭头(4))。这些企业从加工贸易进口中享受零关税优惠,但仍为一般贸易进口支付关税。这里需要指出的是,混合型进口企业

---

① 与加工贸易进口商不同,非加工贸易进口商在进口中间投入品时需要支付关税,尽管这些中间品可能是生产出口产品的投入。关键的不同在于非加工贸易企业无法向海关出示享受零关税优惠的合同或许可证。

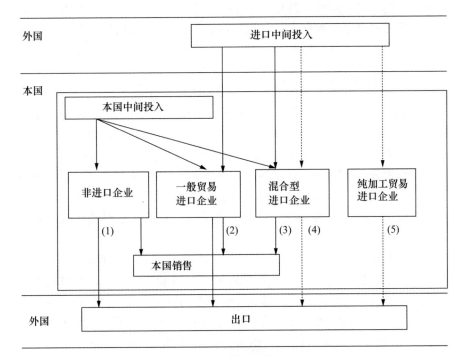

图 4-3　四种类型的中国企业

注：虚线表示企业加工贸易进出口，实线表示企业非加工贸易进出口。

和纯加工贸易进口企业可能从事任何一类加工贸易活动，包括来料加工与进料加工。

第三节　数　　据

为了研究贸易自由化对企业生产率的影响，本章采用了以下三组高度细化的大型微观面板数据：关税数据、企业层面的生产数据以及产品层面的贸易数据。

关税数据可以直接从 WTO 和贸易分析与信息系统（TRAINS）中获得。[1] 本章调用了中国 2000—2006 年在协调制度（Harmonized System, HS）6 位码

---

[1]　数据来自 WTO 网站 http://tariffdata.wto.org/ReportersAndProducts.aspx。注意 TRAINS 数据通常存在缺失值问题，特别是其他国家对中国出口的关税存在缺失。因此若一个产品—目的国—年份组合对应的关税缺失，该组合将被删除。

层面上的关税数据。由于产品贸易数据是基于 HS 8 位码水平上的,本章将产品层面的贸易数据整合到 HS 6 位码层面以与关税数据对应。由于本章着眼于研究贸易自由化对企业生产率的平均影响力度,我们直接使用从价关税的平均税率来度量贸易自由化程度。

一、企业层面的生产数据

数据样本来自一个内容丰富的企业面板数据库,该数据库的企业总数从 2000 年的 162 855 家上升到 2006 年的 301 961 家。数据是国家统计局在对规模以上制造业企业年度调查的基础上收集与整理的。数据库提供了企业三大会计报表(即资产负债表、利润表和现金流量表)中的全部信息。简单来说,数据库包含两类企业:全部国有企业(SOEs)和年销售额在 500 万元(770 000 美元)以上的非国有企业。① 变量涵盖了企业主要会计报表中的 100 多个财务变量。

尽管数据库包含了丰富的信息,但一些样本信息仍不够准确从而存在误导性,这很大程度上来自一些企业的错报。② 如同 Cai and Liu(2009),本章采用以下标准去除异常样本。首先,重要财务指标(如总资产、固定资产净值、销售额和工业总产值)有遗漏的样本被剔除。其次,雇员人数在 8 人以下的企业也被剔除,如 Brandt,Van Biesebroek and Zhang(2012)提到的,这类企业在法律上是另一种企业形式。

根据 Feenstra,Li and Yu(2015),遵循一般公认会计准则(GAAP),本章还剔除了发生以下情况之一的企业样本:(1) 流动资产超过总资产;(2) 总固定资产超过总资产;(3) 固定资产净值超过总资产;(4) 企业识别编号缺失;(5) 成立时间无效(例如成立时间在 12 月之后或在 1 月之前)。通过采用以上严格的筛选标准保证企业数据的质量,筛选后的企业数据在各年减少约 50%(如附表 1 中(3)—(4)列所示)。

注意在中国海关数据库中,一些中国企业本身不从事生产活动,仅是从其他本国企业处收集货物并出口或者向其他本国企业出售从国外进口的产品(Ahn,Khandelwal and Wei,2011)。③ 为保证估计的精确性,本章在所有估计中将此类贸易公司从样本中剔除。特别地,名称中含有"贸易公司"或

---

① 事实上,每年由中国国家统计局发布的《中国统计年鉴》,其中工业部门的整体数据就是编制自这一数据库的。

② 例如,一些家族企业并没有建立正规的会计系统,其会计报表往往以"元"为单位,而规范的要求是以"千元"为单位的。

③ 注意到在企业层面的生产数据中,根据一般公认会计准则(GAAP)的规定,企业向贸易中介销售产品被认为是本国销售而非出口。

"进出口公司"字样的公司将被剔除。①

二、产品层面的贸易数据

高度细化的产品层面贸易数据来自海关总署,覆盖了各贸易企业产品目录下的各种信息,包括产品的贸易价格、贸易量和 HS 8 位码层面的产品价值。值得一提的是,这一数据集不仅包含进出口数据,还细分出许多具体类别加工贸易部门的数据,如来料加工和进料加工数据。

表 4-1 报告了 2000—2006 年按年份和贸易方式整理的中国产品层面贸易数据统计摘要。总体上,在高度细化的 HS 8 位码层面上的 18 599 507 个交易层面观测样本中,有 35%左右是一般贸易,65%左右是加工贸易。当用交易量作为衡量标准时,也可以观察到类似的比例:约 43%的交易量由一般贸易贡献,进料加工占到约 30%,来料加工仅占约 10%,剩下的 17%由除来料加工和进料加工外的其他类型加工贸易贡献。

表 4-1 按贸易方式和年份分类的中国海关产品交易层面贸易数据 单位:%

按贸易方式分类	2000	2001	2002	2003	2004	2005	2006	合计
占总观测值比例(HS 8 位)								
一般贸易进口	2.57	3.54	3.77	5.17	6.04	6.80	7.30	35.19
来料加工进口	2.46	2.72	2.37	2.59	2.77	2.79	2.77	18.47
进料加工进口	3.90	4.14	3.57	4.67	5.33	5.74	5.61	32.95
其他类型的加工贸易进口	1.42	1.55	1.70	1.71	2.03	2.24	2.77	13.40
合计	10.34	11.95	11.41	14.13	16.16	17.57	18.44	100
占总进口额比例								
一般贸易进口	3.12	3.87	3.71	5.87	7.74	8.86	10.46	43.64
来料加工进口	0.87	0.98	0.98	1.22	1.68	2.11	2.31	10.16
进料加工进口	2.02	2.21	2.39	3.87	5.24	6.52	7.15	29.40
其他类型的加工贸易进口	1.01	1.24	1.43	1.93	2.85	3.35	4.99	16.80
合计	7.02	8.30	8.52	12.89	17.51	20.85	24.91	100

三、数据合并

企业层面的生产数据是度量生产率的关键工具,而产品层面的贸易数据则被用来辨识企业是否从事加工贸易。但是,将企业生产数据和产品贸易数

---

① 在中国,纯贸易公司被要求使用含有"贸易公司"或"进出口公司"字样的公司名称进行注册。

据进行合并面临一定的技术困难。虽然两个数据集拥有企业标识编号这一共同变量,但两组数据的编码系统却完全不同。① 因此,企业标识编号不能被用来当作匹配两组数据的桥梁。

为解决这一问题,依据 Yu and Tian(2012),本章采用其他共同变量并利用两种方法来将两组数据匹配。首先,本章使用每个企业的中文名称和年份合并两组数据。即如果两个数据库中的某家公司在某一特定年份中拥有完全相同的中文名称,则其应该是同一家公司。② 如附表 4-A1 中详细描述的,文章利用原始的生产数据库获得了 83 679 家匹配后企业,通过使用经上述方法精确筛选后的生产数据库,这一数字下降到总共 69 623 家匹配后企业。为使精确匹配的企业数目尽可能多,本章采用另一种匹配方法作为补充。文章采用另外两个共同变量来标识每个企业:邮政编码和企业电话号码的后 7 位。这是因为每个企业都会属于某个邮政区域,并拥有自己独享并唯一的电话号码。尽管这种方法看上去很直接,但也存在一些技术上和操作上的难题。③ 具体的合并步骤在附表 4-A1 中阐释。在将产品层面的贸易数据和企业层面的生产数据合并后,本章最终得到同时出现在两个数据库中的 76 823 家企业,同时包括了进口企业和出口企业。④ 简单来说,合并后的数据占企业层面生产数据中全部有效出口企业数的 40% 左右,占出口值的 53% 左右。通过比较,本章数据匹配的成功率与其他使用同样数据库的研究(如 Wang and Yu, 2011; Ge, Lai and Zhu, 2011)十分相当。

利用以上方法进行数据匹配的成功性如何?表 4-2 首先比较了合并数据集和全样本海关贸易数据集。在合并数据全部 56 459 家进口企业中,一般贸易进口企业占到 38.1%,加工贸易进口企业占到 61.9%。如表 4-2 最后一列所示,这些数字与全样本海关数据中对应的数字较为接近:一般贸易进口企业占 27.3%,加工贸易进口企业占 72.7%。⑤ 表 4-2 最后两行同时报告

---

① 特别地,产品层面贸易数据库中的企业编号是 10 位的,而企业层面生产数据库中编号则为 9 位,且二者间没有共同的元素。

② 年份变量作为辅助识别变量是必要的,原因在于一些企业在不同年份可能会更改名称,新注册成立的企业可能使用这些企业之前的名称。

③ 例如,产品层面贸易数据中的电话号码包含了电话区号和一个连接符,但企业层面的生产数据不含有这些。

④ 注意在附表 4-A1 第(7)列所示的合并样本中,有些企业在海关贸易数据库中的出口值大于在国家统计局生产数据库中的销售额。文章在附表 4-A1 第(8)列中剔除了这些企业以保证合并数据的质量。

⑤ 注意表 4-2 中一般贸易进口企业和加工贸易企业占比与表 4-1 中一般贸易进口量和加工贸易进口量范畴不同,因为加工贸易进口企业(纯加工贸易进口企业除外)一般会同时从事加工贸易进口和一般贸易进口。

了合并数据集和全样本数据集中混合型进口企业和纯加工贸易进口企业在各年的占比。

表 4-2 按照企业类型分类的合并后的进口企业   单位:%

	合并后样本								合样本
	2000	2001	2002	2003	2004	2005	2006	合计	
所有进口企业	8.8	9.9	10.6	12.4	19.4	18.0	21.0	100.0	100.0
一般贸易进口企业	2.4	3.0	3.7	5.0	7.5	7.3	9.1	38.1	27.3
加工贸易进口企业	6.4	6.9	6.9	7.4	12.0	10.7	11.8	61.9	72.7
混合型进口企业	3.0	3.2	3.5	3.9	5.8	5.3	6.0	30.7	53.0
纯加工贸易进口企业	3.4	3.6	3.4	3.5	6.2	5.4	5.9	31.2	19.7

注:匹配后的样本数据中包含 56 459 个进口企业,而全样本贸易数据中包含 217 372 家进口企业。

鉴于企业层面的生产数据对构建回归因变量(即企业生产率)至关重要,表 4-3 显示了 2000—2006 各年总销售额和总雇佣人数中由合并数据集中的企业贡献的比例。特别地,样本期间合并样本的出口值占全样本生产数据集总出口值的比例在 50%—58% 的范围内变动,这说明一些企业进入或退出用于计量估计的合并样本。合并样本同时包括了出口企业和进口企业。[①] 此外,表 4-4 比较了合并数据集和全样本企业层面数据集的不同。合并样本比全样本企业层面数据集有明显更高的销售额、出口额和雇佣人数均值。这说明合并样本偏向大型企业,因此本章的结论对中国参与国际贸易的大型企业有效。

表 4-3 匹配后样本及全样本数据中企业层面生产变量   单位:%

	2000	2001	2002	2003	2004	2005	2006	平均值
销售额	23.7	24.0	23.8	24.6	27.8	25.8	28.3	25.5
出口	51.9	50.1	52.9	50.0	55.2	51.6	57.9	52.8
雇员数目	20.2	20.9	21.6	23.0	26.5	25.5	28.7	23.8

注:本表中的数据为匹配后样本中的销售额(出口额或雇员数目)与全样本中相应变量的比值。最后一列则为相应变量 2000—2006 年的平均值。

---

① 约 60% 的企业是出口企业,另外 40% 的企业是进口企业。合并样本也包括了企业的进入和退出。本章附录的最后一段对此进行了详细描述。

表 4-4　匹配后数据与全样本数据比较

变量	匹配后的数据			全样本数据		
	均值	最小值	最大值	均值	最小值	最大值
销售额(1 000 元)	150 053	5 000	1.57e+08	85 065	5 000	1.57e+08
出口额(1 000 元)	53 308	0	1.52e+08	16 544	0	1.52e+08
雇员数目	478	8	157 213	274	8	165 878

第四节　变量度量与实证方法

本节首先介绍了三个关键变量的度量方法:企业全要素生产率、企业层面最终品关税和企业层面中间品关税。作为比较,文章同样介绍了行业层面的最终品和中间品关税。最后,文章讨论了关税减免对企业生产率影响的计量方法。

一、全要素生产率的度量

本章与 Amiti and Konings(2007)一样使用改进的 Olley-Pakes(1996)方法度量中国在企业层面的全要素生产率。假设生产函数是柯布-道格拉斯形式,通常的估计方程为:

$$\ln Y_{it}^{j} = \beta_0^{j} + \beta_m^{j}\ln M_{it}^{j} + \beta_k^{j}\ln K_{it}^{j} + \beta_l^{j}\ln L_{it}^{j} + \varepsilon_{it} \qquad (4-1)$$

其中, Y_{it}^{j}、M_{it}^{j}、K_{it}^{j} 和 L_{it}^{j} 分别表示行业 j 中的企业 i 在第 t 年的产出、中间投入品、资本和劳动力。传统上,全要素生产率可以通过计算真实产出和对式(4-1)进行 OLS 估计得到的拟合值之间的索洛残差获得。然而,采用 OLS 方法受到联立性偏差和选择性偏差这两个问题的困扰。企业至少能够预测到全要素生产率的部分变化,并据此优化要素投入以使利润最大化。所以,全要素生产率对企业的要素投入有内生的反向作用。此外,低生产率的企业会被淘汰并退出市场,因此不会出现在数据集中,这意味着统计回归中的样本并不是通过随机选择产生的,并因此会造成估计偏差。Olley and Pakes(1996)提出一种半参方法能够成功处理这两个问题。此后,包括 De Loecker(2011,2013)和 De Loecker et al.(2012)在内的许多研究对全要素生产率的计算方法进行了修正和改进。本章采用扩展的 Olley-Pakes 方法估计和计算企业的全要素生产率。

第一,本章对各行业加工贸易企业和非加工贸易企业的生产函数分别进行了估计。基本思想是:不同行业可能使用不同的生产技术,因此企业全要素生产率(记作TFP^{OP1})需要分行业进行估计;同样重要的是,即使在同一行业内部,由于来料加工企业仅仅被动接受进口原材料而不依据利润最大化原则进行投入决策,加工贸易企业(特别是从事来料加工的企业)与非加工贸易企业也可能采用完全不同的生产技术(Feenstra and Hanson, 2005)。在对非加工贸易企业全要素生产率的估计中,由于非加工贸易进口企业可能出口也可能不出口其最终产品,本章加入了一个出口虚拟变量以反映进行出口的非加工贸易企业和不进行出口的非加工贸易企业在生产率实现上的不同。同理,本章在控制方程中加入一个进口虚拟变量以反映非加工贸易进口企业和非加工贸易非进口企业(两类企业均进行出口)在生产率实现方面的不同。注意这两个虚拟变量对于加工贸易企业不是必要的,因为根据定义,加工贸易企业一定会进口中间投入品并向国外出口产品。

企业可能通过加工贸易进口进行学习。如果通过加工贸易进口产生的生产率提升与投资同时发生,那么TFP^{OP1}可能对资本的估计系数产生偏差。因此,如果不控制企业先前加工贸易行为对生产率的影响,将会导致估计的生产率有额外的偏差。受 De Loecker(2013)的启发,作为估计企业全要素生产率(记作TFP^{OP2})的另外一种方法,文章考虑了另一个控制方程,其中加工贸易和非加工贸易企业混合在一起进行估计,更重要的是,由于加工贸易进口可能影响企业生产率从而使得加工贸易企业的全要素生产率轨迹与非加工贸易企业相比存在内生的不同,一个加工贸易虚拟变量(若企业有加工贸易进口取值为1,否则取值为0)被加入到控制方程中。

第二,本章使用了工业水平上的平减价格来度量全要素生产率。我们一般期望测算出的全要素生产率仅反映企业真实的技术效率。然而,此时测算出的全要素生产率很可能同时反映了不同企业在价格、价格成本加成甚至投入要素使用方面的不同(De Loecker, 2011; De Loecker and Warzynski, 2012)。用于消除不同企业产品价格不同的理想方法固然是使用企业特定价格进行平减(Foster, haltiwanger and Syverson, 2007)。然而,与多数其他研究一样,此类价格数据不可得。[1] 根据 De Loecker et al. (2012),本章使用工业价格对企业产出进行平减。[2] 至于价格成本加成的问题,如 Bernard et al. (2003)强调的,如果价格成本加成与企业真实效率正相关,则基于收入的生

---

[1] 海关贸易数据包括单位价值的信息,可以作为每种进口产品价格的代表。然而,进口中间投入的价格可能与本国中间投入的价格十分不同(Helpman, Koren and Szeidl, 2010)。使用进口中间投入作为所有中间投入的代理可能产生额外不必要的估计偏差。当本国投入要素广度与进口投入要素广度差异较大时,这种偏差还会更大。

[2] 与 Brandt, Van Biesebroeck and Zhang(2012)一样,产出平减指数在构造时使用了中国统计年鉴中的"参考价格"信息,投入平减指数根据产出平减指数和中国国家投入产出表(2002)构造。

产率就可以很好地描述真实效率。

第三,本章在计算时将中国2001年加入WTO纳入考虑,因为这一正向需求冲击可以促使中国企业扩大规模经济,这也会反过来加大计算全要素生产率时的联立性偏差。特别地,在对资本系数的估计中,一个WTO虚拟变量(2001年之后取值为1,否则取值为0)被包括在内。

第四,国有企业(SOEs)属性也会影响企业利润率。中国国有企业通常受到国家的干预并且不一定进行利润最大化决策(Hsieh and Klenow, 2009)。因此,构造国有企业变量并将其加入Olley-Pakes回归第一步的控制方程是重要的。[①]

第五,在应用Olley-Pakes(1996)方法时,需要构造一个真实投资变量。本章采用永续盘存法作为真实资本和真实投资的运动规则。真实和名义资本存量根据Brandt, Van Biesebroeck and Zhang(2012)构造。[②] 本章使用了中国企业层面生产数据库中提供的准确的企业折旧率,而不是任意指定的折旧率。附表A2分别显示了各行业加工贸易企业和非加工贸易企业生产函数的估计系数和企业全要素生产率的对数值。各行业内对加工贸易企业和非加工贸易企业估计的规模弹性系数十分接近于常规模报酬系数。

扩展的Olley-Pakes方法假设资本对不可观察生产率冲击的反应服从马尔科夫过程,而其他投入要素不受到任何动态影响。然而,劳动可能也受不可观察的生产率冲击影响。如Ackerberg, Caves and Frazer(2007)强调的,Olley-Pakes方法可能没有足够的自由度来识别劳动力系数。这个考虑可能更贴合中国实际,因为中国是劳动力充裕的国家。当面对不可观察的生产率冲击时,企业可能通过调整劳动力投入而非资本投入来重新优化生产行为。本章使用Blundell-Bond(1998)系统GMM的方法来刻画其他要素投入的动态影响。通过假设不可观察的生产率冲击依赖于企业之前时期实现的投入与产出,系统GMM法利用当期和上期所有类别投入要素来对全要素生产率进行建模。

[①] 根据中国城市统计年鉴(2006)的官方定义,国有企业包括国有全资企业(代码为110)、国有联营企业(141)和国有与集体联营企业(143),但不包括国有独资企业(151)。附表A1报告了所有国有企业的转换概率。

[②] 由于企业层面数据库仅提供了企业资本存量的账面价值,本章需要获得企业资本存量的初始价值以估计全要素生产率。为实现这点,本章采用了表达式 $A_t = A_0 \prod_{s=0}^{t}(1+r_s)$,其中 A_t 表示企业在年份 t 的资本存量账面价值,A_0 是企业在年份0资本存量购买时的初始价值,r_s 是估计的年份 s 中省份—行业层面的名义资本存量的增长率,该数据可以从Brandt, Van Biesebroeck and Zhang(2012)中获得。由于 A_t 和 r_s 对于每个企业是已知的,因此企业初始的名义资本账面价值可以得到。

特别地,模型有以下动态形式:

$$\begin{aligned}\ln y_{it}^j =& \gamma_0^j + \gamma_1^j \ln L_{it}^j + \gamma_2^j \ln L_{i,t-1}^j + (\gamma_3^j \ln L_{it}^j + \gamma_4^j \ln L_{i,t-1}^j)\text{PE}_{it} \\ & + \gamma_5^j \ln K_{it}^j + \gamma_6^j \ln K_{i,t-1}^j + (\gamma_7^j \ln K_{it}^j + \gamma_8^j \ln K_{i,t-1}^j)\text{PE}_{it} \\ & + \gamma_9^j \ln M_{it}^j + \gamma_{10}^j \ln M_{i,t-1}^j + (\gamma_{11}^j \ln M_{it}^j + \gamma_{12}^j \ln M_{i,t-1}^j)\text{PE}_{it} \\ & + \gamma_{13}^j \ln y_{i,t-1}^j + \gamma_{14}^j \ln y_{i,t-1}^j \text{PE}_{it} + \gamma_{15}\text{PE}_{it} + \varsigma\tau_i + \zeta_t + \omega_{it} \quad (4\text{-}2)\end{aligned}$$

其中,$\varsigma\tau_i$ 是企业 i 的固定效应;ζ_t 是年份固定效应;PE_{it} 是加工贸易虚拟变量,当企业有加工贸易进口时,取值为 1,否则取值为 0。当不存在测量误差时,随机误差项 ω_{it} 无序列相关。① 通过系统 GMM 法可以获得对模型系数的一致估计。其思想是劳动力和中间投入品不是外生给定的,而会随资本的调整进行变化。总体上,估计的全要素生产率对数值增加了 0.17(由 2001 年的 2.28 到 2006 年的 2.45),意味着年增长率为 2.623,这与 Brandt, Van Biesebroeck and Zhang(2012)的发现十分接近。

二、企业层面关税

企业可能生产多种产品,故其生产率可能受到多种关税的影响。因此,合理计算企业所面临的中间品关税水平十分重要。如前所述,加工贸易进口在中国零关税。对于一个同时进行加工贸易进口(P)和非加工贸易进口(O)的企业,本章构建企业层面的中间品关税(FIT_{it})为:

$$\text{FIT}_{it} = \sum_{k \in O} \frac{m_{i,\text{initial\_year}}^k}{\sum_{k \in M} m_{i,\text{initial\_year}}^k} \tau_t^k \quad (4\text{-}3)$$

其中,$m_{i,\text{initial\_year}}^k$ 是企业 i 第一次出现在样本年份对产品 k 的进口量。值得注意的是 $O \cup P = M$,其中 M 是企业总进口的集合。加工贸易进口由于免关税,因此不包括在式(4-3)中。在构建企业层面的中间品关税时之所以采用不随时间变化的权重是为了避免众所周知的权重的内生性问题:进口与关税存在反向关系。对面对禁止性关税的产品,其进口量和相应的进口份额为零,从而如果进口权重采用当期的进口量来衡量,企业关税就会面临向下的偏差。因此,根据 Topalova and Khandelwal(2011),本章利用企业第一次出现在样本年份的数据来构造每种产品的进口权重。

接下来讨论企业层面最终品关税的构建。企业各种产品所有产出的国内价值是刻画产品对企业重要性的理想变量,然而该项数据目前尚不可得。

---

① 如 Blundell and Bond(1998)讨论的,即使一些序列存在临时性测量误差(即),系统 GMM 方法仍可以对式(4-2)的系数得到一致估计。

因此，本章使用如下方法应对这种数据缺陷。根据 Melitz(2003)，高生产率的企业除了能在国内销售其产品外，同时也会出口。如此，则出口产品同时也会在国内市场销售。若假定企业的同一种产品在国内外销售的比例相同，对于年份 t 中的企业 i，本章考虑了如下形式的加权最终品关税指数：

$$\text{FOT}_{it} = \sum_{k} \left(\frac{X^{k}_{i,\text{initial\_year}}}{\sum_{k} X^{k}_{i,\text{initial\_year}}} \right) \tau^{k}_{t} \qquad (4\text{-}4)$$

其中，τ^{k}_{t} 是产品 k 在年份 t 的从价关税税率；括号中的分数代表产品 k 在该企业所有产品中所占的价值权重，这是用企业出现在样本初始年份产品 k 的出口值 $X^{k}_{i,\text{initial\_year}}$ 与企业总出口值的比例来衡量。[1] 受 Topalova and Khandelwal(2011) 的启发，每种产品的出口值均固定在初始年份以避免企业生产率对最终品关税可能产生的反向因果问题。

这种度量方法可能存在两个重要的问题。第一，企业可能仅在国内市场销售某种产品而不将该产品出口(即针对某种产品是纯内销企业)。这种现象十分合理，许多近期研究也证明了多产品企业常常在国内和国外市场上销售不同的产品(如 Bernard, Redding and Schott, 2011；Arkolakis and Muendler, 2012)。在这种情况下，式(4-4)中对应的该产品出口权重为零，企业面对的最终品关税无法反映任何鼓励竞争效应。这个观点对仅将产品出口的纯出口企业一样成立(在本章的匹配数据中约有 12.2% 的企业是纯出口企业)。为了保证文章主要的回归结果不受这些企业的影响，本章在所有回归中将纯内销企业和纯出口企业从样本中剔除。

第二，文章假定企业同一种产品在国内外销售的比例相同。注意到这实际上是一个非常强的假设，因为企业出口的产品构成可能与内销的产品构成十分不同。这对中国尤其如此，中国在全球供应链占有重要的位置，生产的一些中间产品无法被本国生产部门使用。[2] 受数据所限，本章无法直接验证这一点。然而，由于这个问题可能根据行业和各部门加工贸易企业密集度不同对企业最终品关税产生不同的影响，本章在进一步回归中根据行业融入全

---

[1] 或者，加权最终品关税可以写成 $\text{FOT}_{it} = \sum_{k} \left(v^{k}_{i,\text{initial\_year}} \Big/ \sum_{k} v^{k}_{i,\text{initial\_year}} \right) \tau^{k}_{r}$，企业 i 产品 k 的国内价值是 $v^{k}_{i,\text{initial\_year}} = \left(X^{k}_{ik,\text{initial\_year}} \Big/ \sum_{k} X^{k}_{ik,\text{initial\_year}} \right) \left(Y_{i} - \sum_{k} X^{k}_{ik,\text{initial\_year}} \right)$，其中 Y_{i} 是企业 i 在初始年份的总销售额。这样，第二个括号中的差额衡量了企业 i 的国内销售总额。

[2] 此外，当企业同时在国内和国外市场销售时，产品质量很可能是不同的，出口产品会有更高的质量。由于可以作为产品质量代理变量的单位价格数据对国内产品不可得，本章此处无法区分企业国内销售产品和出口产品的质量。待相关数据可得时，将对其进行深入研究。感谢审稿人正确指出这一点。

球供应链的程度区分了融入程度较强的行业和融入程度较弱的行业,同时根据各部门加工贸易企业密集度对样本进行了划分。如下文所显示的,所有此类稳健性检验都表明:当考虑到企业内部出口和内销产品构成不一致时,本章主要结论依旧成立。

表4-5的(1)—(4)列分别报告了根据式(4-3)和式(4-4)计算的企业层面中间品和最终品关税。平均的企业层面最终品关税从2000年的15%左右下降到2006年的7.4%,下降了一半。其标准差在同一时期也下降了50%左右。企业层面的中间品关税显著低于最终品关税,并在样本期间同样显示出明显的下降趋势。

表4-5 中国最终品和中间品关税年份基本统计值

年份	企业最终品关税		企业中间品关税		行业最终品关税		行业中间品税	
	均值(1)	标准差(2)	均值(3)	标准差(4)	均值(5)	标准差(6)	均值(7)	标准差(8)
2000	15.01	11.71	2.69	5.22	20.42	8.55	2.34	3.27
2001	12.36	9.51	2.57	5.42	17.42	6.11	2.27	3.37
2002	9.53	8.12	1.83	3.62	13.70	5.92	1.10	1.49
2003	8.73	7.51	1.91	3.64	12.29	5.24	0.41	0.27
2004	7.49	7.11	1.84	3.59	11.06	4.58	0.36	0.25
2005	6.92	6.75	1.70	3.47	10.33	4.44	0.34	0.21
2006	7.36	6.48	2.16	3.68	10.12	4.17	0.35	0.18
所有年份	8.59	7.99	2.03	3.97	12.18	5.95	0.67	1.44

三、行业层面关税

与 Amiti and Konings(2007)类似,中国工业分类(CIC)2位码行业层面的最终品关税是由在 CIC 2位码行业层面上对 HS 6位码层面的关税取简单平均得到的。① 行业层面中间品关税指数根据式(4-5)度量

$$\text{IIT}_{ft} = \sum_{n} \left(\frac{\text{input}_{nf}^{2002}}{\sum_{n} \text{input}_{nf}^{2002}} \right) \tau_{nt} \qquad (4-5)$$

其中,IIT_{ft} 表示行业 f 中的企业在年份 t 面对的行业层面中间品关税;τ_{nt} 表示投入品 n 在年份 t 的进口关税,括号中的权重表示投入品 n 在行业 f

---

① 之所以不使用加权进口关税仍是因为避免关税的内生性;进口与关税负相关。

生产中所占的成本份额,该项数据可从中国 2002 年的投入产出表中获得。①

如表 4-5 中(5)—(8)列所示,其中的信息与(1)—(4)列用企业层面关税所得的信息一致:样本期间最终品和中间品关税有显著下降。标准差也表现出类似的变化。企业层面最终品关税似乎低于行业层面最终品关税。与之鲜明对应,企业层面中间品关税高于行业层面中间品关税。行业层面中间品关税存在低估的一个可能的原因是在中间投入品行业中包括非进口企业使得式(4-5)中的权重存在偏差,而这一权重并不在相应的企业层面进口关税中出现。② 表 4-6 的简单相关系数证实了这一点:行业层面的中间品关税与企业层面的中间品关税仅弱相关(相关系数为 0.042),而正如预期,行业层面的最终品关税与企业层面的最终品关税强相关(相关系数为 0.581)。最后,表 4-7 包括了回归中关键变量的统计信息概要。

表 4-6　中国最终品和中间品关税简单相关系数

	企业最终品关税	企业中间品关税	行业最终品关税	行业中间品关税
企业最终品关税	1.000			
企业中间品关税	0.092	1.000		
行业最终品关税	0.477	−0.073	1.000	
行业中间品关税	0.328	−0.062	0.578	1.000

注:表 4-5 中(1)—(4)列分别报告了按照公式(4-3)和(4-4)计算的初始年份不随时间变化的权重加权的企业层面最终品和中间品关税的均值和标准差。(5)和(6)列报告了行业层面最终品关税的均值和方差。(7)和(8)列则报告了利用中国 2002 年的投入产出表数据计算的行业层面中间品关税的均值和方差。

---

① 中国的投入产出表每五年发布一次,最近一次更新是在 2007 年。由于本章的样本数据是 2000—2006 年的,因此采用了 2002 年的投入产出表。特别地,本章按照以下步骤计算行业层面关税。由于中国投入产出表(2002)有 71 个制造业行业,而中国工业分类(即 CIC)仅有 40 个制造业行业,第一步是找到投入产出表和 CIC 中对应的行业。第二步是将 CIC 行业与国际标准工业分类(ISIC)进行匹配。注意中国政府在 2003 年对 CIC 进行了调整,文章在样本中也进行了类似的调整。第三步是将 ISIC 和 HS 6 位码联系起来以从 WTO 中获得对应的关税。最后一步是在 CIC 行业层面加总计算平均行业层面关税。

② 例如,如果行业 f 中的企业 i 使用 50% 的木料和 50% 的钢材,木料的关税为 1%,钢材的关税为 10%,则企业层面中间品关税为 5.5%。然而,如果行业 f 使用更多本国木料,行业木料使用比重上升到 70%,则行业层面中间品关税为 $0.7\times1\% + 0.3\times10\% = 3.7\%$,显著低于相应的企业层面中间品关税。

表 4-7　2000—2006 年主要变量的统计信息

主要变量	均值	标准差
加工贸易虚拟变量	0.656	0.47
加工贸易参与程度	0.578	0.46
企业层面外部关税	0.009	11.30
企业层面最终品关税	0.085	7.99
企业层面中间品关税	0.020	3.97
行业层面最终品关税	0.121	5.95
行业层面中间品关税	0.007	1.44
企业出口范围	8.130	14.10
企业 R&D 费用的对数	5.710	2.24
企业雇员数目的对数	5.520	1.19
国有企业虚拟变量	0.014	0.11
外资企业虚拟变量	0.772	0.42

注：企业的出口范围为企业出口的种类。

四、实证设定

为了研究中间品和最终品关税减免对企业生产率的影响，本章考虑如下所示的实证框架：

$$\ln \text{TFP}_{it} = \beta_0 + \beta_1 \text{FOT}_{it} + \beta_2 \text{FOT}_{it} \times \text{PE}_{it} + \beta_3 \text{FIT}_{it} + \beta_4 \text{FIT}_{it} \times \text{PE}_{it} + \beta_5 PE_{it} + \theta X_{it} + \bar{\omega}_i + \eta_t + \mu_{it} \tag{4-6}$$

其中，$\ln \text{TFP}_{it}$ 是行业 j 中的企业 i 在年份 t 测算的企业全要素生产率的对数值，FIT_{it} 和 FOT_{it} 分别表示根据式(4-3)和式(4-4)测算的企业层面的中间品关税和最终品关税。在基准回归中，我们使用扩展的 Olley-Pakes 方法计算全要素生产率，但由于系统 GMM 全要素生产率有丰富的度量灵活性，我们将其作为生产率的主要度量。PE_{it} 是加工贸易虚拟变量，如果企业在年份 t 有加工贸易进口，该变量取值为 1，否则取值为 0。回归方程中包括了企业最终品(中间品)关税和加工贸易虚拟变量的交互项用以刻画最终品(中间品)关税减免对加工贸易企业和一般贸易企业生产率可能存在的异质性影响。

此外，式(4-6)中的 β_5 衡量了与贸易自由化无关的企业从加工贸易获得的其他可能影响生产率的因素。X_{it} 表示企业其他特质，如所有权类型(即国有企业或是跨国公司)。国有企业(SOEs)在传统上被认为是低经济效率和低生产率的(Hsieh and Klenow, 2009)。通过比较，跨国企业有较高的生产率，这部分是由于国际技术溢出效应(Keller and Yeaple, 2009)或是面对较少的融资约束(Manova, Wei and Zhang, 2009)。因此,本章构造了两个指标刻画国有企业和跨国企业的作用。特别地,如果一个企业有来自其他国家和地区的投资,则该企业被分类为外国企业。外国投资流入的很大一部分来自中国香港、澳门或台湾地区,所以这部分投资在构造指标的时候也被考虑在内。① 如表4-7归纳的,结果是在所有参与贸易的企业中,77%被分类为跨国公司子公司。② 类似地,本章构造了国有企业指标,如果企业收到来自政府的任何投资,该指标取值为1,否则取值为0。

最后,模型的误差项分成三个部分:一是每个企业自身的固定效应$\bar{\omega}_i$,用以控制不随时间变化的不可观测的因素,如企业的管理能力;二是随年份变化的固定效应η_t,用以控制不随企业变化的因素,如人民币升值;三是特异性效应μ_{it},其服从正态分布$\mu_{it} \sim N(0, \sigma_i^2)$,用以控制其他尚留的因素。

然而,以上计量设定面临识别上的挑战。式(4-6)中的加工贸易变量是对加工贸易活动较为粗糙的衡量,可能高估了加工贸易企业的作用。比如,如果一个企业加工贸易进口占总进口的比重很小,其仍然被分类为加工贸易企业,但其主要活动仍是一般贸易。为了克服这种挑战,本章考虑一个衡量企业参与加工贸易程度的连续变量代替加工贸易虚拟变量,企业参与加工贸易程度(Pext_{it})的衡量方法为企业i在年份t的加工贸易进口与总进口之比。特别地,本章考虑如下设定作为文章的主回归:

$$\ln \text{TFP}_{it} = \beta_0 + \beta_1 \text{FOT}_{it} + \beta_2 \text{FOT}_{it} \times \text{Pext}_{it} + \beta_3 \text{FIT}_{it} + \beta_4 \text{FIT}_{it} \times \text{Pext}_{it} + \beta_5 \text{Pext}_{it} + \theta X_{it} + \bar{\omega}_i + \eta_t + \mu_{it} \quad (4-7)$$

但是,变量Pext_{it}本身及其交互项的系数β_2、β_4和β_5面对新的识别挑战。由于不同行业采用不同的技术(Pavcnik, 2002),这些系数在行业间不同。更重要的是,即使在一个行业内部,企业决定参与加工贸易的决策也是内生的。之前包括Dai, Maitra and Yu(2012)在内的工作发现较低生产率的企业会自选择参与加工贸易。如果如此,企业参与加工贸易的程度就是内生的,因为参与加工贸易程度较高的企业可能是低生产率的。故β_2、β_4和β_5会随着企业的不同而变化。本章的估计方程因此包括了随机系数,并且与加工贸易参与度的内生程度相关,即这是一个相关随机系数(correlated random coeffi-

---

① 具体说来,外国投资企业(FIEs)包括以下类型的企业:中外合资经营企业(编号为310),中外合作经营企业(320),外资企业(330),外商投资股份有限公司(340),港、澳或台资合资经营企业(210),港、澳或台资合作经营企业(220),港、澳、台商独资经营企业(230),港、澳、台商投资股份有限公司(240)。

② 初看起来,这些比例显著高于其他研究(如Feenstra, Li and Yu, 2013)中的相应比例。然而,这简单反映了本章的分析对象仅为大型参与国际贸易企业的事实,大型的不参与国际贸易的企业被剔除。

cient, CRC)模型(Wooldridge, 2008)。

Heckman and Vytlacil(2008)建议将 CRC 模型中的内生变量,即此处的加工贸易参与程度替换为其预测值。① 在下一节,本章将通过 Heckman 两步法(或第二类 Tobit 模型),利用下节中将会设定的外生变量 Z_{it} 来估计企业加工贸易参与度。特别地,有

$$\text{Pext}_{it} = E(\text{Pext}_{it} \mid Z_{it}) + \varepsilon_{it}, \text{with } E(\varepsilon_{it} \mid Z_{it}) = 0 \quad (4\text{-}8)$$

将式(4-8)代入式(4-7),可得:

$$\begin{aligned}\ln \text{TFP}_{it} = & \beta_0 + \beta_1 \text{FOT}_{it} + \beta_2 \text{FOT}_{it} \times E(\text{Pext}_{it} \mid Z_{it}) + \beta_3 \text{FIT}_{it} \\ & + \beta_4 \text{FIT}_{it} \times E(\text{Pext}_{it} \mid Z_{it}) + \beta_5 E(\text{Pext}_{it} \mid Z_{it}) \\ & + \theta X_{it} + \bar{\omega}_i + \eta_t + \varepsilon_{it}\end{aligned} \quad (4\text{-}9)$$

其中,误差项 $\varepsilon_{it} = (\beta_2 \text{FOT}_{it} + \beta_4 \text{FIT}_{it} + \beta_5)\varepsilon_{it} + \mu_{it}$。②误差项 ε_{it} 中的所有部分对 Z_{it} 的条件期望都为零,故 ε_{it} 与这些外生变量不相关,可直接进行估计。最后,根据 Wooldridge(2008)的建议,标准误需要进行修正以反映使用了被估计的解释变量,本章将通过 bootstrap 法实现这一点。

第五节 估 计 结 果

一、基准回归结果

如之前描述的,合并后的数据集偏向大型参与贸易的企业,这也是本章主要的研究对象。然而,检查合并数据集较高的数据流失率是否会影响估计结果仍是值得的。因此,本章的估计始于对全样本数据集和合并数据集的比较。

本章使用传统的行业层面关税开始表 4-8 的估计。(1)、(2)列使用全样本企业数据进行回归。由于全样本企业数据不包括加工贸易信息,加工贸易变量在估计中被省略。由于不同行业的企业可能采用不同的生产技术,不控制行业差异而将所有行业中的企业混合在一起估计的做法是不妥的(Pavcnik, 2002)。因此,本章在(1)列的估计中在 CIC 2 位码层面控制了行业固定效应。结果显示行业层面最终品和中间品关税均与企业生产率显著负相关,这与其他许多研究的结论是一致的。(2)列进一步控制了企业固定效应和年份固定效应,行业层面最终品关税的系数仍旧为负且显著。令人十

---

① Feenstra, Li and Yu(2013)同样利用这种方法估计了信贷约束对企业出口的影响。
② 与 Heckman and Vytlacil(1998)类似,文章需要 $\varepsilon_{it} u_{it}$ 项协方差条件同方差的假设以保证估计没有偏误。

分惊讶的是,行业层面中间品关税系数为正。然而,由于系数并不显著,故这一问题不必担心。这一发现与预期相悖,其可能的一种原因是全样本企业数据集包含了不从事进口的企业,这部分企业不会直接从进口中间投入关税减免中获益。

表 4-8 基准回归结果

因变量:$\ln \text{TEP}_{ijt}^{OP}$	全部样本			合并样本
	(1)	(2)	(3)	(4)
行业层面最终品关税	−0.563**	−0.264***	−0.601***	−0.154*
	(−2.77)	(−8.42)	(−5.09)	(−1.91)
行业层面中间品关税	−2.540**	0.133	−1.46***	−1.450***
	(−4.97)	(0.93)	(−4.08)	(−3.53)
行业固定效应	是	否	是	否
企业固定效应	否	是	否	是
时间固定效应	否	是	否	是
样本量	315 416	315 416	82 570	82 570
分布落入 F 统计量右方的概率	0.000	0.000	0.000	0.000
R^2	0.21	0.13	0.34	0.02

注:括号内为 t 统计量。*、**、*** 分别对应 10%、5%、1% 的显著性水平。(1)和(2)列中的回归使用 2000—2006 年中国企业的全部样本,而(3)和(4)列则使用 2000—2006 年匹配后的中国参与国际贸易企业样本。此外,(1)和(3)列中的回归均控制了 2 位码行业层面的固定效应。根据式(4-5),行业层面中间品关税通过使用 2002 年不随时间变化的投入产出表矩阵计算得出。(1)和(3)列的回归聚类在 1 位码行业层面。

表 4-8 报告的其他回归使用了合并数据集,其中只包括了大型参与贸易的企业。与(1)、(2)列形成密切比较,(3)列的估计控制了行业固定效应,(4)列的估计控制了企业固定效应和年份固定效应。行业层面最终品关税和中间品关税的系数均为负且显著。①

鉴于合并数据集含有企业从事加工贸易的信息,表 4-9 前三列的回归包含了加工贸易虚拟变量(即如果企业有加工贸易进口则取值为 1,否则取值为 0)。为了检验回归结果对全要素生产率不同的估计方法是否敏感,(1)列使用了 TFP^{OP1},其中加工贸易企业和非加工贸易企业的生产率使用不同的控制方程进行估计;(2)列使用了 TFP^{OP2},其中作为因变量的加工贸易企业和非加工贸易企业的生产率一同进行估计。(1)列和(2)列同样没有包括最

---

① 如通常做法,文章中所有含有企业固定效应和年份固定效应的估计的 R^2 均不包括企业特定和年份特定虚拟变量。

终品(中间品)与加工贸易虚拟变量的交互项。在控制企业固定效应和年份固定效应后,行业层面最终品关税和行业层面中间品关税均与企业生产率负相关,其系数具有统计显著性。同时,加工贸易虚拟变量的系数为负且显著,说明加工贸易企业生产率较低。

表4-9 初步回归结果

关税衡量方法: 加工贸易 衡量方法	行业层面关税			企业层面关税		
	加工贸易虚拟变量			加工贸易进口参与度		
因变量	$\ln\text{TFP}_{ijt}^{OP1}$ (1)	$\ln\text{TFP}_{ijt}^{OP2}$ (2)	$\ln\text{TFP}_{ijt}^{GMM}$ (3)	$\ln\text{TFP}_{ijt}^{GMM}$ (4)	$\ln\text{TFP}_{ijt}^{GMM}$ (5)	$\ln\text{TFP}_{ijt}^{GMM}$ (6)
最终品关税	-0.161** (-1.98)	-0.715*** (-12.53)	-1.010*** (-25.17)	-1.074*** (-11.20)	-1.069*** (-9.92)	-0.315*** (-4.61)
最终品关税× 加工贸易变量			-0.099* (-1.79)	-0.614*** (-4.92)	-0.604*** (-4.21)	-0.234*** (-2.69)
中间品关税	-1.468*** (-3.57)	-1.332*** (-5.19)	-0.656*** (-5.13)	-1.667*** (-2.90)	-1.379** (-2.26)	-0.572*** (-5.37)
中间品关税× 加工贸易变量			0.561*** (3.26)	2.233*** (3.56)	2.251*** (3.33)	2.409*** (8.01)
加工贸易变量	-0.010* (-1.76)	-0.011** (-2.53)	0.001 (0.14)	-0.097*** (-6.66)	-0.077*** (-4.62)	-0.180*** (-17.54)
时间层面固定效应	是	是	是	是	是	是
企业层面固定效应	是	是	是	是	是	是
纯内销企业	是	是	是	是	否	否
纯出口企业	是	是	是	是	否	否
样本量	82 558	82 314	97 299	35 172	24 457	27 679
R^2	0.02	0.01	0.03	0.12	0.12	0.09

注:括号中数值为稳健 t 值。*、**、*** 分别对应10%、5%、1%的显著性水平。(1)—(5)列中的回归使用根据公式(4-5)和2002年不随时间变化的投入产出表矩阵计算的行业层面最终品和中间品关税。(6)列则使用按照企业在样本初始年份不随时间变化的权重计算的企业层面最终品和中间品关税。(1)—(3)列使用加工贸易虚拟变量(当企业的加工贸易进口额大于零时取1,反之取0),(4)—(6)列则使用加工贸易参与程度作为加工贸易变量的代理变量。(1)—(2)列中的因变量为根据 Olley-Pakes 方法计算的全要素生产率。(3)—(6)列则为根据系统 GMM 方法计算的全要素生产率。

然而,表4-9中(1)、(2)列使用的Olley-Pakes方法计算的全要素生产率仍然有以下三个可能的缺陷。第一,Olley-Pakes方法不允许产出存在任何序列相关。第二,其假设企业在面对外生冲击时将主要调整资本投入。然而,由于中国企业能够得到较为廉价的劳动力但面对较紧的信贷约束,这可能不是中国的情形。第三,中国企业数据库中的投资数据存在较多缺失值,而这对于用Olley-Pakes方法计算全要素生产率是必要的。① 通过比较,系统GMM方法计算的全要素生产率能更好地克服这些缺陷:该方法有充分的灵活性应对可能的序列相关并且允许企业调整不仅是资本,而且包括劳动力和中间品在内的所有投入。此外,系统GMM方法在计算全要素生产率时不再依赖投资作为代理变量。本章因此使用系统GMM全要素生产率作为企业生产率主要的衡量方法,并应用在表4-9(3)列及之后的所有回归中。

为了考察关税减免对企业生产率可能的异质性影响,表4-9的(3)列包含了加工贸易虚拟变量与行业层面最终品和中间品关税的交互项。最终品关税和中间品关税本身和其与加工贸易虚拟变量交互项的系数仍然具有统计显著性。然而,加工贸易虚拟变量符号有误,尽管不显著。本章怀疑这与加工贸易虚拟变量仅能粗糙衡量企业加工贸易活动有关,这可能高估了加工贸易企业的作用。比如,一个企业加工贸易进口可能仅占总进口的极小部分,但仍被归类为加工贸易企业,而其主要的活动是一般贸易。本章接下来考虑了一个衡量企业加工贸易参与程度的连续变量,并在表4-9的剩余部分替换加工贸易虚拟变量,加工贸易参与程度的衡量方法为企业每年加工贸易进口占总进口的比重。

表4-9(4)列报告了系统GMM方法下企业全要素生产率对行业层面中间品和最终品关税的回归结果。最终品和中间品关税的系数仍然为负且统计显著。加工贸易参与程度变量为负且显著。由于本章一个新颖的特点是使用企业层面最终品和中间品关税,比较利用行业层面关税和企业层面关税进行回归的结果。由于式(4-4)中介绍的企业层面最终品关税不适用于纯内销企业和纯出口企业,为进行比较,本章在以行业层面最终品和中间品关税为度量的(5)列和以企业层面最终品和中间品关税为度量的(6)列中剔除了这两类企业。

(5)、(6)列中最终品(中间品)关税的系数仍然负向显著。从经济量级

---

① 约40%的观察值缺少投资数据。

来看,两列最终品(中间品)关税系数的差异较大。当将最终品关税的度量方式由(5)列中的行业层面变为(6)列中的企业层面时,系数从 −1.07 下降到 −0.32。类似地,将中间品关税的度量方式由行业层面变为企业层面时,系数点估计值的下降幅度多于一半。

如此大的差异说明了使用行业层面关税的缺陷。第一,一个行业中某些最终产品关税减免可能与该行业中不生产这些产品的企业不直接相关。因此,如果最终品关税在行业层面上度量,则鼓励竞争效应会被高估。同理,如果中间品关税在行业层面上度量,中间品关税减免带来的节省成本效应也会被高估。第二,与最终品关税相比,中间品关税在度量上的偏差可能更严重,因为行业层面中间品关税会因使用投入产出矩阵受到污染,投入产出矩阵将进口中间投入和与关税减免不直接相关的本国中间投入混合在一起。第三,忽视加工贸易进口"零关税"现象使得在计算中国企业面对的行业层面中间品关税时有额外的测量误差。为了避免上述可能的估计偏差,文章剩余部分将使用企业层面的关税度量。

二、自选择参与加工贸易

表 4-9 中(4)—(5)列使用了加工贸易进口程度及其与最终品和中间品关税的交互项,然而加工贸易进口变量是内生的。如表(4-9)(1)列所示,加工贸易企业与低生产率相联系。因此,比较加工贸易企业和非加工贸易企业的全要素生产率是有趣的。如表 4-10 最后一列所示,加工贸易企业总体上比非加工贸易企业的生产率低。有意思的是,加工贸易企业与非加工贸易企业生产率的差异逐年减小,意味着加工贸易企业正在赶超。这些比较十分直观。然而,加工贸易企业与非加工贸易企业的规模显著不同。为克服这一缺陷,根据 Imbens(2004)建议,本章对实验组(即加工贸易企业)和控制组(即非加工贸易企业)进行了最近邻匹配,匹配的协变量为企业用工人数和销售额。每个加工贸易企业都可以找到与之最类似的非加工贸易企业。表 4-10 报告了对实验组平均处理效应(ATT)和控制组平均处理效应(ATC)的估计。其中,全部加工贸易企业 ATT 的系数为 0.037 并且具有高度统计显著性,这意味着,总体来讲加工贸易企业生产率比类似的非加工贸易企业要低。

表 4-10　2000—2006 年加工贸易和非加工贸易企业的全要素生产率

企业生产率 $\ln \text{TFP}_{ijt}^{GMM}$	2001	2002	2003	2004	2005	2006	总体
非加工贸易期企业	2.459	2.464	2.517	2.544	2.585	2.625	2.576
加工贸易企业	2.418	2.433	2.462	2.539	2.575	2.629	2.551
差别	0.040***	0.031***	0.055***	0.005	0.009	−0.003	0.024***
	(2.74)	(2.41)	(4.85)	(0.63)	(1.62)	(−0.59)	(7.38)
使用最近邻匹配方法进行比较							
对照组的平均处理效应	0.037***	0.032***	0.014	0.034***	0.032***	0.032***	0.037***
	(3.39)	(3.06)	(1.33)	(5.09)	(5.81)	(5.81)	(3.39)
控制组的平均处理效应	0.030***	0.017**	0.003	0.037***	0.027***	0.040***	0.028***
	(2.57)	(2.03)	(0.41)	(4.93)	(5.62)	(7.76)	(9.79)

注:括号内为聚集到企业层面的 t 值。*、**、*** 分别对应 10%、5%、1% 的显著性水平。本章使用最近邻匹配方法估计了实验组(加工贸易企业)和对照组(非加工贸易企业)的平均处理效应。此外,文章还在最近邻匹配方法中考虑了企业的规模和销售额。

表 4-10 中的估计提示我们低生产率企业可能通过自选择参与加工贸易。为对其进行控制,本章引入第二类 Tobit 模型,也即两变量样本选择模型(Cameron and Trivedi, 2005)。第二类 Tobit 模型设定包括:(1) 一个加工贸易参与方程

$$\text{Processing}_{it} = \begin{cases} 0 & \text{if } V_{it} < 0 \\ 1 & \text{if } V_{it} \geqslant 0 \end{cases} \quad (4\text{-}10)$$

其中,V_{it} 表示企业 i 面对的一个哑变量;(2) 一个结果方程,其中企业加工贸易进口程度表示为其他变量的线性函数。

特别地,本章利用 Probit 模型估计下面的选择方程:

$$\Pr(\text{Processing}_{it} = 1) = \Pr(V_{it} \geqslant 0) = \Phi(\alpha_0 + \alpha_1 \ln \text{TFP}_{it-1} \\ + \alpha_2 (\text{Tang/Asset})_{it-1} + \alpha_3 \text{SOE}_{it-1} + \alpha_4 \text{FIE}_{it-1} \\ + \alpha_5 \ln L_{it-1} + \alpha_6 \text{Tenure}_{it-1} + \lambda_j + \varsigma_t) \quad (4\text{-}11)$$

其中,$\Phi(\cdot)$ 是正态分布的累积分布函数。除了对数形式的企业生产率,企业参与加工贸易的决定也受其他因素的影响,如企业所有者类型(企业是国有企业还是跨国企业)和企业规模(用企业用工人数的对数衡量)。此外,财务约束似乎是企业选择参与加工贸易的重要决定因素(Manova and Yu, 2012)。根据 Feenstra, Li and Yu(2015),本章使用企业有形资产与总资产的比例 $(\text{Tang/Asset})_{it-1}$ 刻画企业信贷约束的作用,这是因为用有形资产衡量的抵押物越多,企业受到的信贷约束越低。注意两变量样本选择模型需要一个影响企业加工贸易决策但不出现在加工贸易程度方程中的变量(Cameron and Trivedi, 2005)。此处企业年龄(Tenure$_{it-1}$)用于实现该目的,因为之前的研究证明了年龄越大的企业,出口概率越高(Amiti and Davis, 2007)。通过对比,本章的样本显示企业参与加工贸易进口程度与企业年龄的简单相关系数接近于零(-0.04),这说明企业年龄可以不包含在第二步 Heckman 回归当中。① 第二类 Tobit 选择模型的自变量均取一期滞后,这是由于这些变量影响企业加工贸易选择需要一定的时间。

表 4-11 报告了第二类 Tobit 选择模型的估计结果。通过对式(4-11)进行第一步 Probit 估计,发现低生产率企业更可能参与加工贸易。同样,大型的和跨国企业更可能参与加工贸易。然而,国有企业成为加工贸易企业的可能性较小。信贷约束较少(即有形资产比例较高)的企业参与加工贸易的可能性较小,这与 Manova and Yu(2012)的发现一致。最后,与预测一致,成立时间较早的企业更可能参与加工贸易。文章接下来将第一步 Probit 估计计算的反米尔斯比率(inverse mills ratio)作为额外的自变量放入第二步 Heckman 估计中。于是,在控制加工贸易自选择的内生性后,本章获得了企业加工贸易参与程度的拟合值,并用其在剩余的回归中代替实际的加工贸易参与度。

表 4-11 利用 Heckman 两步法估计二元选择模型

Heckman 两步法 因变量	第一步 加工贸易虚拟变量	第二步 加工贸易参与度
滞后一期的 TFP(ln TFP$_{ijt}^{GMM}$)对数	-0.130*** (-7.32)	-0.178*** (-14.89)
滞后一期的有形资产比例	0.790*** (6.47)	0.534*** (6.80)
滞后一期的用工人数对数	0.151*** (25.56)	0.031*** (3.37)
滞后一期的国有企业虚拟变量	0.168*** (-2.96)	-0.046* (-1.72)
滞后一期的外资企业虚拟变量	0.972*** (68.38)	0.313*** (5.39)
滞后一期的企业年龄	0.004*** (5.10)	—
反米尔斯比率	—	0.198*** (2.45)
年份固定效应	是	是
行业固定效应	是	是
样本量	58 629	21 232

注:括号内为聚集到企业层面的 t 值。*、**、*** 分别对应 10%、5%、1% 的显著性水平。样本选择模型在正文的式(4-10)和式(4-11)中刻画。第一步回归中的因变量是加工贸易虚拟变量,第二步回归中的因变量是加工贸易参与程度。企业生产率的衡量方法为企业层面系统 GMM 全要素生产率。企业年龄作为排除变量出现在第一步回归中,但不出现在第二步。企业有形资产比例的衡量方法为有形资产占总资产的百分比。估计中包括了中国 3 位码层面的行业固定效应和年份固定效应。

---

① 注意即使企业年龄包括在内,其在第二步 Heckman 估计中的系数也不具有统计显著性。

三、内生性问题

表4-8和表4-9中的设定面临以下三个可能的内生性问题。第一个问题与企业中间品进口关税的度量有关,因为进口和关税相关性很强。这一问题通过在关税计算中使用不随时间变化的权重得到解决。第二个问题与企业生产率和出口之间可能存在的反向因果有关。随着企业生产率的增加,其某些产品出口增加的程度可能高于其他产品。这种产品出口不成比例地增加将会给在度量企业出口关税时使用随时间变化权重的合理性带来挑战。为避免这种可能性,如式(4-4),关税度量的所有设定均使用了不随时间变化的权重。

然而,仍然存在另外一种可能的反向因果问题。尽管关税减免受到GATT/WTO合约的管制,其在某种程度上仍然是内生的,因为低生产率部门的企业可能会游说政府获得保护(Grossman and Helpman, 1994),即将相关的经国际协商的关税保持在相对较高的水平。文章使用工具变量方法控制这类反向因果。

为关税寻找良好的工具变量很有挑战性。受到Amiti and Konings (2007)的启发,文章在此处构造了滞后一期的企业层面最终品和中间品关税作为工具变量。① 其经济理由如下:可能由于本国特殊利益集团的压力,政府通常在移除高关税行业的较强贸易保护时遇到困难。因此,与其他行业相比,对之前一年关税较高的行业,预期其当期关税仍相对较高。

表4-12(1)列报告了以使用固定权重计算的前期关税作为工具变量的两阶段最小二乘法固定效应估计结果。② 在控制反向因果之后,企业层面中间品和最终品关税减免均使企业生产率增加。如前所述,企业层面最终品关税在度量时假设企业每种生产产品在国内外销售的比例相同,这使得该度量方法存在缺点,因为企业出口的产品构成可能与内销的产品构成不同,这与行业融入全球供应链(GSCs)的程度以及行业加工贸易企业密集度有关。为解决这一问题,除从样本中剔除纯内销企业和纯出口企业外,本章还进行了两组辅助回归。首先,所有行业根据以增加值与行业总产出的比例衡量的融入全球供应链的"生产深度"(OECD, 2010)被分成两组(融入程度较强行业

---

① 从而,在所有工具变量回归中,以不变权重计算的滞后期企业中间品和最终品关税与企业加工贸易参与程度拟合值的交互项被用来作为其余项的工具变量。

② 注意到此处采用企业固定效应将会损失大量观察值,因为很多企业在样本中没有连续的面板数据。这种情形在使用滞后一年关税作为工具变量的两阶段最小二乘估计中更为突出。因此,本章在所有两阶段最小二乘估计中使用高度细化的CIC三位码层面的行业固定效应和年份固定效应。

表 4-12 工具变量估计

因变量:$\ln TFP_{ij}^{GMM}$	所有样本 (1)	GSCs 融合程度		加工贸易企业密集度	
		较低 (2)	较高 (3)	较低 (4)	较高 (5)
企业层面最终品关税	-1.325***	-0.825***	-1.962***	-1.657**	-1.941***
	(-5.07)	(-7.44)	(-6.62)	(-2.28)	(-2.59)
企业层面最终品关税×加工贸易参与程度拟合值	0.812*	0.802***	1.184**	1.321*	1.765*
	(1.86)	(4.02)	(2.23)	(1.76)	(1.87)
企业层面中间品关税	-1.737***	-2.821***	-1.519*	-1.883***	-3.447**
	(-3.91)	(-5.86)	(-1.84)	(-3.46)	(-2.14)
企业层面中间品关税×加工贸易参与程度拟合值	2.493***	2.497**	2.818**	3.478**	3.546*
	(3.04)	(2.21)	(2.52)	(2.66)	(1.74)
加工贸易参与程度拟合值	-0.747***	-1.005***	-0.778***	-0.944***	-0.833***
	(-17.82)	(-11.88)	(-7.74)	(-13.51)	(-7.09)
Kleibergen-Paap rk LM X^2 统计量	86.42¹	2.64ʲ	10.10ʲ	90.48ʲ	4.62ʲ
Kleibergen-Paap rk Wald F 统计量	95.83¹	20.80¹	43.74¹	58.02¹	17.09¹
年份固定效应	是	是	是	是	是
行业固定效应	是	是	是	是	是
样本量	22 812	8 374	14 438	13 633	9 179
R^2	0.17	0.18	0.16	0.16	0.23

(续表)

因变量:$\ln TFP_{ijt}^{GMM}$	所有样本 (1)	GSCs 融合程度		加工贸易企业密集度	
		较低 (2)	较高 (3)	较低 (4)	较高 (5)
	第一阶段回归				
IV1:滞后一期企业层面最终品关税	0.004*** (12.00)	0.005*** (9.91)	0.003*** (9.38)	0.003*** (8.40)	0.004*** (4.19)
IV2:滞后一期企业层面最终品关税 × 加工贸易参与程度拟合值	0.004*** (19.07)	0.004*** (12.67)	0.004*** (5.92)	0.005*** (11.72)	0.004*** (7.69)
IV3:滞后一期企业层面中间品关税	0.005*** (8.88)	0.004*** (19.62)	0.005*** (4.22)	0.005*** (7.95)	0.005*** (3.82)
IV4:滞后一期企业层面中间品关税 × 加工贸易参与程度拟合值	0.008*** (14.33)	0.008*** (9.02)	0.008*** (7.85)	0.007*** (10.33)	0.010*** (9.01)

注:括号内为聚集到企业层面的 t 值,标准误通过 bootstrap 法进行了修正。"*""**""***"分别对应 10%、5%、1% 的显著性水平。(1) 列的回归中包括了全部样本。(2) 和 (3) 列分别对应全球供应链 (GSCs) 程度较高和较低的行业,其中各行业总产出的比例均值与行业均值比产出全部企业数值的比例数。(4) 和 (5) 列分别对应加工贸易企业密集度较高和较低加工贸易行业,加工贸易企业密集度以各行业以初始不变权重计算的全部企业数值的比例数。在第一阶段回归中,IV1 报告了将表 4-11 中第二步 Heckman 回归得到的当期企业层面最终品关税以初始不变权重计算的滞后一期值作为因变量时的当期企业层面最终品关税的系数。IV2 报告了将度拟合值和以初始不变权重计算的滞后一期值作为因变量时,企业加工贸易参与程度拟合值和当期最终品关税的交互项的系数。类似地,IV3 报告了将滞后一期企业层面中间品关税以初始不变权重计算的滞后一期值作为因变量时的当期企业层面中间品关税的系数。IV4 报告了将企业加工贸易参与程度拟合值与初始不变权重计算的滞后一期的潜后一期中间品关税的交互项的系数。在所有回归中剔除了纯内销企业和纯出口企业。

和融入程度较弱行业)。通过将2位码层面所有行业该比例的均值作为阈值,(2)、(3)列根据行业融入全球供应链的程度,将关税减免对企业生产率的影响进行回归。其次,(4)列和第(5)列分别对加工贸易企业密集度较高的行业和加工贸易企业密集度较低的行业进行回归,其中加工贸易企业密集度以各行业加工贸易企业数占全部企业数的比例度量,所有行业该比例的均值作为阈值。在所有情形下,最终品和中间品关税系数均显著且与之前的发现一致。

为了证实工具变量的有效性,文章进行了一些检验。首先,文章使用Kleibergen-Paap LM 卡方统计量检验工具变量是否与内生因变量相关。如表4-12所示,模型未能充分识别的原假设在1%的显著性水平上被拒绝。其次,Kleibergen-Paap(2006) F 统计量为拒绝第一步回归显著弱识别的原假设提供了有力的证据。[①] 最后,表4-12下半部分报告的第一阶段回归结果为工具变量的合理性提供了较强的证据。特别地,工具变量的所有 t 统计量均显著。最后,由于使用了估计量作为因变量,所有标准误都通过bootstrap法进行了修正。[②]

四、2SLS估计更多稳健性检验

鉴于大型企业通常有较高的生产率,检验企业层面中间品和最终品关税对企业生产率的影响是否仅反映了企业规模的作用就是重要的。同样重要的还有检验这种影响是否对在回归中加入企业所有者类型敏感。因此,本章在表4-13中所有两阶段最小二乘回归中包括了国有企业虚拟变量、外国企业虚拟变量和企业用工人数的对数值(即企业规模的度量)。

由于测度的全要素生产率可能也反映了企业价格和价格成本加成的不同,表4-13中(1)列将企业劳动生产率的对数值作为因变量进行两阶段最小二乘估计。由于企业用工人数的对数值已经是因变量的分母,将其作为企业规模控制变量加入到回归中是不合适的,本章使用企业的资本劳动比这一代

[①] 注意Cragg and Donald(1993) F 统计量不再合理,因为该统计量仅在独立同分布假设下有效。由于此处有四个(大于三个)内生变量,STATA没有报告Kleibergen-Paap(2006)弱工具变量检验的阈值。在这种情形下,Baum, Schatter and Stock(1997)将10作为安全的阈值。由于文章所有Kleibergen-Paap(2006) F 统计量在一阶均显著大于10,在所有估计中拒绝弱工具变量的原假设是合理的。

[②] 实际上文章此处的估计有四步:(1)式(4-11)选择方程;(2)用于获得加工贸易参与程度预测值的第二步Heckman方程;(3)两阶段最小二乘估计的第一步,其中预测的加工贸易参与程度作为自变量;(4)两阶段最小二乘估计的第二步。面板bootstrap通过在后两步中随机抽取企业编码实现,从而在企业层面对标准误进行修正。

理变量作为替代。

为进一步检验文章的主要结果是否对企业生产率度量方式和实证设定敏感,(2)列使用了 Levinsohn-Petrin(2003)方法计算的全要素生产率作为因变量,同时控制了(1)列的其他变量。(3)列仍使用系统 GMM 全要素生产率作为因变量但包括了以上提到的控制变量。整体来看,这些回归的主要结果与表 4-12 高度一致:中间品关税减免对生产率提升的影响总体上小于最终品关税减免的影响。企业从关税减免中获得的生产率提升会随着企业加工贸易进口份额的增加而减小。

到此为止,本章充分研究了中国进口关税减免对企业效率的影响。然而,尽管 21 世纪中国已经显著降低了进口关税,中国的出口商同样也享受到了出口目的地的大幅关税减免。进入大型外国市场可能会给企业带来生产率提升的激励,尤其是在这种投资需要大量固定成本时。因此,为获得进口关税对企业全要素生产率影响的精确估计,控制中国出口目的地关税减免同样是重要的。

为度量企业出口目的地市场的关税减免,本章构建企业层面的外部关税指数(FET_{it})为①:

$$\text{FET}_{it} = \sum_k \left[\left(\frac{X_{it}^k}{\sum_k X_{it}^k} \right) \sum_c \left(\frac{X_{ikt}^c}{\sum_c X_{ikt}^c} \right) \tau_{kt}^c \right] \quad (4\text{-}12)$$

其中,τ_{kt}^{c*} 表示年份 t 出口目的地国家 c 对产品 k 征收的从价关税。一个企业可能向多个国家出口多种类型的产品。式(4-12)中第二个小括号的比例 $X_{ikt}^c / \sum_c X_{ikt}^c$ 衡量了企业 i 生产的产品 k 销往国家 c 的出口比例,从而得到中国企业在不同出口目的地的加权外部关税。同样地,式(4-12)中第一个小括号的比例 $X_{it}^k / \sum_k X_{it}^k$ 衡量了产品 k 的出口占企业 i 总出口的比重。由表 4-7 所示,企业层面外部关税的均值仅为 0.9%,显著低于企业层面最终品进口关税(8.6%)。这十分符合经济道理:中国最重要的出口目的国是发达国家,如美国和欧盟国家,它们对中国这样的发展中国家的出口征收显著较低的进口关税。表 4-13 中(4)列报告了含有企业外部关税变量的回归估计结果。企业外部关税的系数没有显著性。一个可能的原因是中国已经在 2000 年之前进入外国市场,因此中国企业出口目的国关税减免对减少出口的固定

---

① 注意如果企业外部关税使用不随时间变化的出口权重计算,文章的主要结论不变。选择随时间变化的出口权重的理由是允许企业出口对外部关税减免进行动态调整。

成本没有统计上的显著影响。

由于所有回归中的因变量都是用各种方法估计的全要素生产率的度量，由于这些样本值是估计的而非实际观察得到的，存在一些样本值的估计比另一些估计更为精确的事实，对这种事实进行控制是必要的。因此，本章计算了行业内部各企业以及全部企业系统 GMM 全要素生产率的标准差，除以相应的行业均值或总体均值，再乘以企业系统 GMM 全要素生产率，以之作为表 4-13 最后一列回归的因变量。文章得到与之前类似的结论：关税对企业生产率的影响随着企业加工贸易进口的增加而减小，最终品关税减免的影响总体比中间品关税减免的影响要强。

表 4-13 更多的工具变量稳健性估计

因变量：加权	$\ln LP_{ijt}$	$\ln TFP_{ijt}^{Levp}$		$\ln TFP_{ijt}^{GMM}$	$\ln TFP_{ijt}^{GMM}$
	(1)	(2)	(3)	(4)	(5)
企业层面最终品关税	-1.980***	-1.217**	-1.100***	-1.096***	-1.159***
	(-3.09)	(-2.05)	(-4.59)	(-4.57)	(-4.49)
企业层面最终品关税 × 加工贸易参与程度拟合值	2.260**	-0.106	0.677	0.675	0.812*
	(1.99)	(-0.10)	(1.61)	(1.60)	(1.86)
企业层面中间品关税	-3.866*	-5.069**	-1.380**	-1.378**	-1.589***
	(-1.95)	(-2.39)	(-2.42)	(-2.41)	(-2.81)
企业层面中间品关税 × 加工贸易参与程度拟合值	8.610**	10.309**	2.448**	2.435**	2.664**
	(2.16)	(2.43)	(2.08)	(2.08)	(2.34)
加工贸易参与程度拟合值	-2.737***	-2.901***	-1.251***	-1.251***	-1.311***
	(-20.62)	(-21.71)	(-27.76)	(-27.75)	(-27.69)
国有企业虚拟变量	-0.619***	-0.369***	-0.187***	-0.187***	-0.188***
	(-10.61)	(-6.63)	(-8.74)	(-8.73)	(-8.66)
外资企业虚拟变量	0.493***	0.475***	0.220***	0.220***	0.229***
	(25.16)	(22.30)	(30.94)	(30.93)	(30.37)
企业规模	0.325***	0.559***	0.068***	0.068***	0.072***
	(52.00)	(87.19)	(29.36)	(29.37)	(28.31)
企业外部关税				0.001	0.001
				(1.50)	(1.59)
Kleibergen-Paap rk LM X^2 统计量	106.50^t	92.96^t	106.10^t	106.10^t	106.10^t

(续表)

因变量：加权	$\ln LP_{ijt}$	$\ln TFP_{ijt}^{Levp}$	$\ln TFP_{ijt}^{GMM}$	$\ln TFP_{ijt}^{GMM}$	$\ln TFP_{ijt}^{GMM}$
	(1)	(2)	(3)	(4)	(5)
Kleibergen-Paap rk Wald F 统计量	54.98^t	47.78^t	54.92^t	54.91^t	54.91^t
年份固定效应	是	是	是	是	是
行业固定效应	是	是	是	是	是
样本量	19 296	15 759	19 283	19 283	19 283
R^2	0.40	0.53	0.30	0.30	0.65

注：括号内为聚集到企业层面的 t 值，标准误通过 bootstrap 法进行了修正。*、**、*** 分别对应 10%、5%、1% 的显著性水平。t 表示 p 值在 1% 的水平上显著。(1)列回归中的因变量是劳动生产率的对数值（$\ln LP_{ijt}$），(2)列的因变量是 Levinsohn-Petrin（2003）全要素生产率（$\ln TFP_{ijt}^{LevF}$），(3)—(4)列的因变量是传统方法计算的系统 GMM 全要素生产率（$\ln TFP_{ijt}^{GMM}$），(5)列中的因变量是加权系统 GMM 全要素生产率，计算方法为：将 $\ln TFP_{ijt}^{GMM}$ 乘以 2 位码层面行业内部企业间全要素生产率的相对标准差。在所有工具变量估计中，文章控制了年份固定效应和不随时间变化的 2 位码层面行业固定效应。(2)—(5)列中的企业规模以企业用工人数的对数值作为代理，(1)列则用企业资本—劳动比率作为代理。所有工具变量与表 4-12 中的相同。纯内销企业和纯出口企业从样本中剔除。

最后，系统 GMM 估计方法的灵活性事实上为一步得到关税减免对企业生产率的影响提供了独特的机会。即生产函数投入要素的系数和关税系数能够同时得到。

五、传导机制讨论

本章提供了充分的证据表明最终品和中间品关税减免将提高企业生产率。然而，本章还并未针对关于关税减免对企业生产率的影响渠道展开讨论。中间品关税变化对生产率的影响较为直接——较低的中间品关税使得企业能够获得更多种类的进口中间投入（Helpman、Koren and Szeidl，2010）。① 最终品关税减免则会促进产品间的竞争。然而，文献对于这种竞争效应是通过提高在位企业的生产效率，还是通过导致低生产率企业退出市场并不十分清楚。

为检验这两种可能的影响渠道，本章在表 4-14（1）列中引入了一直在位

---

① 除了投入种类，Amiti and Konings（2007）强调了更便宜的进口投入提升生产率的另外两种可能的渠道：学习效应和质量效应。

企业虚拟变量(即当企业从 2000 年到 2006 年都在数据中出现时该虚拟变量取值为 1,反之取值为 0)。回归发现一直在位企业虚拟变量的回归系数始终显著为正,这表明始终在位企业具有较高生产率。为了研究竞争效应是否导致低生产率企业倒闭并退出市场,表 4-14(2)列引入一个退出虚拟变量,当企业在下一年退出市场时,该变量取值为 1,反之取值为 0。退出虚拟变量的回归系数并不显著,表明退出和在位企业的生产率并不存在显著差异。这和 Melitz(2003)的理论预期并不一致。

Amiti and Konings(2007)认为关税减免可能导致企业将其生产范围从低生产率产品转移到高生产率产品。由于印度尼西亚数据的限制,他们没有企业生产范围的信息。因此,他们使用产品转换虚拟变量作为替代方法。而本章使用的合并数据包含出口企业产品范围的数据。许多中国企业出口多种产品,最多可达 745 种出口产品。表 4-14(3)列加入了企业出口范围的对数,其回归系数显著为正,表明出口多种产品类型的企业具有较高生产率。表 4-14(4)列进一步控制了企业生产范围的对数和企业层面中间品和最终品关税的交互项。最终产品关税和企业生产范围对数的交互项的回归系数显著,而中间品关税和企业生产范围对数的交互项的回归系数并不显著,这说明同 Amiti and konings(2007)利用有限数据发现的研究结果一致,最终品关税减免促进企业生产率提升部分来自产品范围的变动。然而这一传导机制对中间品关税减免并不重要。

最后,贸易改革带来的企业生产率提升也可能是由于对新技术投资的增加(Bustos,2011)。具有较高研发投入的企业很可能也具有较高的生产率。表 4-14(5)列通过引入企业研发支出对数,验证了这一推断。最后一列回归还考虑了企业研发投入对数和企业层面中间品和最终品关税交互项的影响。有趣的是,研发投入对数和最终品及中间品关税的交互项的回归系数并不显著。这表明最终品和中间品关税减免带来生产率提升并不是由于对新技术投资的增加。这可能由于样本数据中的研发数据存在一些缺陷:约有 80% 的观测值并没有合理的研发支出费用。[①] 因此,对那些从关税减免中受益的企业来说,研发的影响存在低估。

---

① 特别地,2004 年的研发数据全部缺失。此外,样本中 50% 的企业报告的研发支出为负或为零。

表 4-14 探索影响机制的工具变量估计

因变量：$\ln\text{TFP}^{GMM}_{ijt}$	企业选择		多产品企业		研发支出	
	(1)	(2)	(3)	(4)	(5)	(6)
企业层面最终品关税	-1.081***	-1.087***	-0.839***	-0.468*	-1.119***	-1.628
	(-4.00)	(-4.01)	(-3.14)	(-1.65)	(-2.21)	(-1.29)
企业层面最终品关税 × 加工贸易参与程度拟合值	0.934**	0.935**	1.026**	1.140**	0.422	0.786
	(1.95)	(1.96)	(2.17)	(2.41)	(0.33)	(0.52)
企业层面最终品关税 × 产品范围对数				-0.263***		
				(-3.28)		
企业层面最终品关税 × 研发支出对数						0.061
						(0.44)
企业层面中间品关税	-1.671***	-1.669***	-1.268***	-1.193***	-2.060**	-0.899
	(-3.78)	(-3.79)	(-3.20)	(-2.95)	(-2.27)	(-0.53)
企业层面中间品关税 × 加工贸易参与程度拟合值	3.568***	3.566***	4.065***	3.486***	4.711*	3.890
	(3.59)	(3.60)	(4.40)	(3.57)	(1.79)	(1.36)
企业层面中间品关税 × 产品范围对数				0.224		
				(0.95)		
企业层面中间品关税 × 研发支出对数						-0.150
						(-0.75)
加工贸易参与程度拟合值	-1.501***	-1.502***	-1.467***	-1.462***	-1.472***	-1.476***
	(-32.63)	(-32.65)	(-32.60)	(-30.45)	(-11.68)	(-10.54)

（续表）

因变量：$\ln \text{TFP}_{ijt}^{GMM}$	企业选择		多产品企业		研发支出	
	(1)	(2)	(3)	(4)	(5)	(6)
国有企业虚拟变量	-0.237***	-0.238***	-0.216***	-0.217***	-0.245***	-0.244***
	(-11.28)	(-11.33)	(-10.28)	(-10.01)	(-8.45)	(-7.87)
外资企业虚拟变量	0.281***	0.282***	0.229***	0.230***	0.310***	0.309***
	(40.72)	(40.28)	(32.71)	(32.85)	(20.66)	(19.31)
用工人数对数	0.079***	0.079***	0.061***	0.061***	0.078***	0.078***
	(39.50)	(39.51)	(30.50)	(30.49)	(15.60)	(15.58)
资本—劳动比率对数	0.033***	0.033***	0.021***	0.019***	0.044***	0.045***
	(15.71)	(15.60)	(9.54)	(9.50)	(8.80)	(9.01)
企业退出虚拟变量		0.007				
		(0.77)				
一直在位企业虚拟变量	0.013*					
	(1.86)					
产品范围对数			0.042***	0.059***		
			(22.11)	(8.42)		
研发支出对数					0.029***	0.028***
					(9.67)	(2.55)
年份固定效应	是	是	是	是	是	是
行业固定效应	是	是	是	是	是	是
样本量	19190	19190	19190	19190	3331	3331
R^2	0.38	0.38	0.40	0.40	0.47	0.47

注：括号内为聚集到企业层面的 t 值，标准误通过 bootstrap 法进行了修正。*，**，*** 分别对应 10%，5% 的显著性水平。所有回归均控制了 2 位码层面中国行业固定效应。

六、经济量级和福利贡献

本节将讨论关税减免经济影响的量级。如表4-12(1)列工具变量估计所示,因变量为对数值而自变量为水平值。因此,关键估计系数可解释为全要素生产率对相应自变量的半弹性。若回归所使用的关税为自然数形式(如表4-7报告的企业层面最终品关税均值为0.086),则企业层面最终品(中间品)关税自身的系数为-1.33(-1.74)。如果关税以百分数形式度量(所以样本企业层面最终品关税均值为8.6个百分点),则这些系数变为-0.0133(-0.0174)。这表明对非加工贸易企业而言,最终品(中间品)关税下降10个百分点,全要素生产率的对数值上升0.133(0.174),即生产率提高13.3%(17.4%)。①

同样重要的是,随着企业加工贸易进口份额的增大,企业从中间品和最终品关税减免中获得的生产率提升降低。平均而言,由于企业加工贸易参与程度的拟合值均值是0.49,最终品关税减免对生产率提升的影响是-0.0093(=-0.013+0.017×0.49),这意味着最终品关税下降10个百分点使得企业生产率提升9.3%。类似地,中间品关税减免的平均影响是0.0052(=-0.017+0.025×0.49),意味着中间品关税下降10个百分点使得企业生产率提升5.2%,几乎占到最终品关税减免带来的生产率提升的60%。②平均企业最终品关税下降了7.6个百分点(从2000年的15%到2006年的7.4%),可以预测其带来了6.9%(=0.0093×7.4)的生产率提升并贡献了样本中企业生产率对数值提升0.17中的40.4%。同理,平均企业中间品关税下降了0.54个百分点(从2000年的2.7%到2006年的2.16%),故预测其带来了0.28%(=0.0052×0.54)的生产率提升并贡献了企业生产率对数增加0.17中的1.6%。将这些数值加总,可得关税减免总体上对样本中企业生产率增长的贡献度为42%。

由于经济体总体生产率增长是一国生活标准最好的度量之一,本章的最后一步是为关税减免对中国总体生产率的贡献提供直观的经济解释。从企

---

① 本章的估计与其他研究十分接近,如Amiti and Konings(2007)使用印度尼西亚企业数据发现最终品(中间品)关税下降10个百分点,生产率会至多提升6.4%(12.7%)。

② 研究关税减免对加工贸易进口即总进口的纯加工贸易企业生产率提升的影响是有意思的。由于加工贸易进口零关税,纯加工贸易企业的企业层面中间品关税降为零,无法直接从表4-12(1)列计算生产率提升。然而,由于中间品关税减免的影响为$-0.0174+0.0249E(\text{Pext}_{it}\mid Z_{it})$,通过使用充分高的加工贸易参与程度(如$E(\text{Pext}_{it}\mid Z_{it})=0.69$的十分之九分位)作为纯加工贸易企业的代理,发现进口关税减免对生产率的影响为零,证明了从事加工贸易较多的企业几乎不能从中间品关税减免中获得生产率提升。

业生产率加总到经济体总体生产率是重要的,这是因为,由于纵向一体化的存在,企业(行业)之间的中间投入会在上下游企业(行业)总生产率增加时使总体生产率有额外的提高。① Domar(1961)首先提出并在之后由 Hulten(1979)和 Feenstra et al.(2012)系统阐述了一种方法,经济体总体全要素生产率可以通过使用"Domar 矩阵"进行加总,该矩阵由每个企业总产出与经济体总体吸收(即总产出与贸易顺差之差)的比例定义。本章接下来使用各年的 Domar 矩阵计算加总全要素生产率。文章发现加总生产率的对数值提高了约 0.53(从 2000 年的 0.56 到 2006 年的 1.09)。② 如前所述,最终品和中间品关税减免平均使生产率增加 0.072(=6.9% +0.28%),因此贡献了经济体总体生产率对数值增加 0.53 中的 13.5%。最后需要说明的一点是此处的计算假设关税减免对于样本之外的企业生产率无影响。由于关税减免在现实中仍会对样本外的企业有积极影响,因此计算的关税减免对经济体总体生产率的贡献应被解释为下限。

第六节 总　　结

本章研究了进口中间品和最终品关税减免如何影响企业生产率,同时考虑了中国加工贸易企业相对于非加工贸易企业进口中间投入所享受的特殊关税优惠。对于包括中国在内的诸多发展中国家有类似的贸易情形:加工贸易在生产率提升的实现上有重要影响。总体上,文章发现对于中国参与国际贸易的大型企业,最终品关税减免比中间品关税减免对生产率的影响要大。更有意思的是,中间品(最终品)关税减免对企业生产率的正向影响随着企业加工贸易进口份额的增加而降低。

本章是第一篇研究加工贸易在中国企业生产率提升中的作用的文章。丰富的数据集使本章能够研究企业是否参与加工贸易的决定和企业加工贸易参与度对生产率的影响。通过这些信息,能够构造出企业层面中间品和最终品关税,这在文献中是首次尝试,这反过来也丰富了对中国加工贸易特殊关税改革的经济影响的理解。

---

① 例如,如果鞋和橡胶企业全要素生产率的增长率为1%,这些企业全要素生产率增长率的简单平均则为1%。然而,整体的橡胶和鞋产业的生产率增长大于1%,这是因为橡胶企业给生产鞋的企业提供中间品,故生产鞋的企业的生产率增长会随着橡胶企业生产率的增长而累积。

② 为计算 Domar 矩阵为权重的全要素生产率,要将 Domar 矩阵乘以4,合并样本中的总产出仅为全样本集总产出的四分之一。

第五章 进口、企业生产率与产品差异化程度[①]

本章基于2002—2006年中国制造业企业面板数据,讨论进口对于差异化行业的企业生产率的促进作用。在解决了回归方程的内生性问题后,本章发现了中间投入品进口与最终产品进口对于企业生产率的促进作用。进一步地考虑行业差异化问题,我们发现进口仅对于同质性行业的企业生产率提升有显著的促进作用。通过引入市场集中度,实证回归结果表明进口竞争效应对于同质性行业更为重要,而进口技术外溢效应对于差异化程度较大的行业更为重要。

第一节 引 言

改革开放30年,中国从一个基本自给自足的封闭经济体逐步变成了与世界经济高度依存、高度融合的贸易大国。越来越多的进口产品不仅给国内的企业带来了严峻的挑战,也带来了技术的革新和创新的动力。得益于此,尤其是中国成功加入WTO之后,国内企业近年来得到了较快的发展。不断提升的企业生产率是企业获得长足发展的体现,更是国家综合经济实力的核心体现。研究进口对于企业生产率的促进作用具有重要的现实意义。在学术上,已经有越来越多的文章开始关注进口与企业生产率(Amiti and Konings, 2007; Topalova and Khanelwal, 2011; Ge et al., 2011; Feng et al., 2012; Halpern et al., 2011; Yu, 2013)。尽管衡量方法和具体数值存在差异,但是这些文献基本都支持进口与企业生产率之间的正向关系。具体地说,Amiti and Konings(2007)使用印度尼西亚企业层面的进口投入品数据,发现企业因投入品关税下降而获得的好处至少是产出品关税下降的2倍。另外,Halpern et al.(2011)发现在1993—2002年,匈牙利生产率的提升的三分之一受益于进口投入品。

[①] 本章是我与李晋博士合作的成果,最早发表于《经济研究》2015年第8期,第85—97页。

在本章中,我们用2002—2006年中国企业层面数据讨论了进口对于差异化行业的企业生产率的影响。我们将进口分为中间投入品进口和最终产品进口。① 根据Rauch(1999),我们将行业分为同质性产品行业和异质性产品行业:(1) 同质性产品行业是指在交易所或者行业清单中能够看到产品指导价格的行业;(2) 异质性产品行业是指产品能够细化为非常复杂的单元的行业,比如旅游鞋、凉鞋、皮鞋等,它们并没有一个统一的指导价格。本章的研究发现:(1) 进口对于企业生产率的提升有明显的促进作用。(2) 对于同质性行业而言,进口的竞争效应对企业生产率的提升作用更为显著。同质性产品的生产企业往往承受更严峻的竞争压力,因此,企业更有动机主动提升生产率,而差异化较大的产品行业由于消费者多样化偏好,面临的进口竞争压力相对较小。(3) 对于产品差异化程度较大的行业,进口的技术外溢效应对于企业生产率的提升作用更显著。当我们引入市场集中度后,由于一定的市场地位能够减轻企业的竞争压力,同时,企业也因此能够有更多的资金研发,从而享受更多的技术外溢。因此,市场集中度越高,进口对于差异化较大的行业的企业生产率促进作用越明显。但是,由于较高的市场集中度削弱了市场竞争,因此会降低进口对同质性行业企业的生产率的提升作用。

本章对于文献主要有三个方面的贡献:

第一,本章基于中国企业层面的数据,通过实证研究发现中间投入品进口和最终产品进口对于企业生产率有明显的促进作用。近年来,一些文献使用企业层面的数据通过关税分析进口对于企业生产率的影响效果。但是,这些文章或者是仅考虑进口中间产品,或者是仅讨论进口最终产品,或者是忽略了非关税壁垒的影响。本章通过直接研究中间投入品进口和最终产品进口,同时考虑了关税和非关税壁垒,更全面地讨论了进口对于企业生产率的影响。例如,Amiti and Konings(2007)研究印度尼西亚制造业企业数据时,将中间投入品进口引入进口与企业生产率关系的实证分析之中,发现当出口关税和进口关税下降10%时,企业生产率分别提升1%和3%,文章发表在 *American Economic Review* 上。与他们的文章不同的是,本章关注的是进口而不是关税,因为目前很多贸易保护是通过非关税壁垒而不是通过关税来实现的。本章直接研究进口,既包括了关税壁垒又包括了非关税壁垒对于企业生产率的影响效果;Ge et al. (2011)讨论了贸易自由化提升企业生产率的渠道,并进一步说明进口对于企业绩效的影响。Topalova and Khandelwal (2011)使用印度企业层面的面板数据,通过使用有效贸易保护率来衡量中

---

① 关于中间投入品进口和最终产品进口具体意义,我们将在第二节数据中予以详细介绍。

间投入品的贸易保护进而分析贸易自由化与企业生产率的关系,文章发表在 *Review of Economics and Statistics* 上。相比这些文章,本章既考虑了中间投入品进口,也分析了最终产品进口,同时,本章还讨论了进口对于差异化行业的企业生产率影响的不同及原因。Yu(2015)基于中国企业层面面板数据,将加工贸易引入关税减免对企业生产率影响的分析中,指出相比于产出品关税的下降,投入品关税的下降对于企业生产率的提升效果将逐步变弱,文章发表在 *Economic Journal* 上。本章与这篇文章的重要区别在于,本章在讨论进口对于差异化的行业的企业生产率影响过程中,关税仅作为处理反向因果关系引发的内生性问题而使用的工具变量。最后,在寻求合适的工具变量时,本章与 Feng et al. (2012)相似。两篇文章都是使用工具变量的方法来解决内生性问题。不同之处在于,本章还充分讨论了行业的差异化问题。

第二,为了解释进口对于不同行业的企业生产率产生的差异化影响,考虑到较高的市场集中度对于企业技术研发具有促进作用,但对于市场竞争具有削弱作用,我们在回归方程中引入市场集中度及其与进口、产品差异化程度的交互项。同质性产品因其产品特性,通常面临着更为激烈的进口竞争,但是,较高的市场集中度减弱了企业面临的市场竞争压力,也降低了企业提升生产率的积极性。虽然高度集中的市场能够帮助企业获得更多的资金用以技术研发,但是同质性行业却从中获益较小。相比之下,差异化较大的行业因为行业细分领域较多,进口的竞争效应被弱化,但是高度集中的市场有助于企业技术研发、享受进口产品的技术外溢,进而提高企业生产率。因此,差异化较大的行业从技术外溢中获益更高。据此,我们认为进口的竞争效应对同质性行业更显著,而进口的技术外溢效应对于差异化程度较大的行业更显著。其中,进口的竞争效应是指由于进口产品增加了其所在行业产品的竞争压力,企业迫于竞争压力主动提高自身生产率。进口的技术外溢效应则是指本国企业进行一定的资金投入,通过对进口的同行业或者上下游产品的学习、研究和利用,达到提高企业生产率的效果,具有丰富的政策含义。

第三,本章准确地衡量了企业生产率。文章使用修改版的 Olley-Pakes(1996)的半参数方法来构建、衡量企业的生产率。Olley-Pakes(1996)假设资本对于不可观测到的生产率的变化反应更加灵敏,使用半参数的方法成功地解决了 OLS 方法估计企业生产率可能面临的两类有偏性问题:同期性偏误和选择性偏误。类似余淼杰(2010),本章采用这一方法并做必要的调整以使其适应中国的实际情况,并与海关数据和企业差异化程度的数据较好地融合在一起。

第二节 数 据

为了充分研究进口对于差异化行业的生产率的影响,本章使用了三个高度细化的数据库:规模以上企业数据、高度细化的海关数据和产品差异化数据。

第一套数据为2002—2006年的制造业规模以上企业数据,包括我国所有国有企业和年销售额在500万以上的非国有企业。与Cai和Liu(2009)相似,本章使用如下方法来清理数据和去除异常值:首先,丢失关键的金融变量的观测值被排除在外;其次,我们去除工作人数少于8人的企业。再次,根据公认会计准则基础,类似Feenstra et al.(2013),本章删除符合以下任何一项的样本:(1)流动资产高于总资产的企业;(2)总固定资产超过总资产的企业;(3)固定资产净值高于总资产的企业;(4)没有识别编号的企业;(5)成立时间无效的企业等。

第二套数据为高度细化的海关数据,来自中国海关总署。这套数据包含非常丰富的贸易产品信息,包括贸易价格、数量和价值。这些数据能够帮助我们计算回归模型中的两个主要变量:中间投入品进口和企业层面的关税。

第三套数据为产品差异化程度的数据,来自Rauch(1999)。根据Rauch(1999),在SITC标准下,使用两种估计方法对贸易商品进行分类:保守的估计方法(con)和宽松的估计方法(lib)。对于每一种估计方法,又可分为以下三类:异质性商品(N)、同质性且在交易所中交易的产品(W)、同质性且拥有指导价格的产品(R)。本章重点研究产品差异化程度,因此对数据进行了调整。考虑到能够在交易所交易的商品和拥有指导价格的商品本质上都属于同质性产品,因此,本章后续研究将这两者合并为同质性产品(H)。

企业生产率的衡量需要使用企业层面的产出数据,而计算进口中间投入品则依赖于产品层面的海关数据。但是,将两类数据融合却面临着极大挑战。尽管两套数据有一个相同的变量(如企业的编码),但是每个数据的编排系统却是完全不一样的。[①] 为了解决这个问题,我们根据田巍和余淼杰(2013)的文章,使用两种方法和部分变量来实现两套数据的连接。首先,我们使用企业的中文名称和年份对于两套数据进行融合。如果在同一个年份,

---

① 具体来说,产品层面的贸易数据的企业编码是10位的,但是企业层面产品数据中的企业编码却是9位的,并且两者没有共同的要素。

有两个企业有相同的中文名称,那么这两个企业应该是同一个企业。① 接下来,我们使用邮政编码和企业电话号码的后七位作为上述方法的一个补充。在一个邮政区域内,企业应当有唯一的电话号码。尽管这个方法看起来很直观,但是实际操作上必须克服很多困难。② 最后,我们将产品差异化程度的数据融入其他两套数据。由于海关数据、规模以上企业数据以及产品差异化的数据使用了不同的产品分类标准。因此,为了将三套数据融合在一起,我们使用联合国统计局数据对应表③(见表5-1),成功地将产品差异化程度与HS 8位的产品数据对应起来。④

表 5-1 统计描述

变量名称	均值	标准差
企业生产率(取对数)	1.30	0.29
最终产品进口(取对数)	17.58	2.37
中间投入品进口(取对数)	−3.96	2.86
中间投入品进口额(十万元)	0.42	7.71
产品差异化程度(保守估计方法)	0.82	0.38
产品差异化程度(宽松估计方法)	0.80	0.40
赫芬达尔指数	0.08	0.11
国有企业虚拟变量	0.01	0.11
外资企业虚拟变量	0.72	0.45
劳动雇佣人数(取对数)	5.50	1.15
企业投入品关税指数	2.58	3.97

表 5-1 报告了回归中所有主要变量的数据概况。本章中,企业中间投入品进口使用海关贸易数据中的企业进口数据。⑤ 制造业企业或者进口中间投入品,或者进口机器等资本品。我们首先将中间投入品与广义经济分类标准(BEC)数据融合,然后去掉那些标记为资本品的数据。这样,样本中留下来的仅为中间投入品进口。相比之下,无论是从企业层面产出数据还是产品层面海关数据都无法分离出企业最终产品的进口。因此,最终产品的进口是

---

① 年份变量是必要的辅助识别变量。因为一些企业可能在不同的年份改变它们的名字,或者新进入的企业有可能使用之前企业的名字,从而造成混乱。
② 例如产品层面贸易数据的电话号码既包括区号,又包括连字符,而企业层面的产出数据并不包括。
③ http://unstats.un.org/unsd/cr/registry/regot.asp?Lg=1
④ 关于细节的讨论,请参考 Feenstra et al. (2001)。
⑤ 本章的数据中排除了纯贸易企业,具体关于贸易公司的讨论参见 Ahn et al. (2001)。

用总的行业进口数据去除同一个行业中所有企业进口后得到的。通过使用修正后的 Olley-Pales(1996)的企业生产率数据,我们得到了进口与企业生产率的关系。图 5-1 与图 5-2 分别表示 2002—2006 年,企业生产率与中间投入品进口、最终产品进口之间的正向关系。

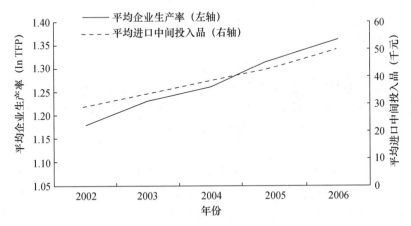

图 5-1　企业生产率和企业进口中间投入品关系图

资料来源:制造业规模以上企业数据库。

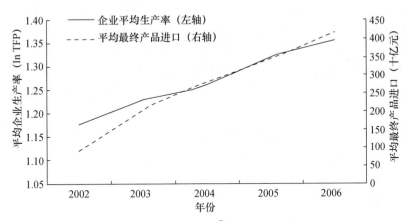

图 5-2　企业生产率和行业①最终产品进口关系图

资料来源:制造业规模以上企业数据库。

---

① 按照《国民经济行业分类》(2002)2 位的分类标准计算得到的行业层面的最终产品进口额。

第三节 实证研究与结果

一、基准回归

为了检验中间投入品进口与最终产品进口对于企业生产率的影响,我们采用以下的计量模型设定:

$$\text{TFP}_{it}^{OP} = \alpha_0 + \alpha_1 \text{FIM}_{it} + \alpha_2 \text{IIM}_{it} + \theta X_{it} + \omega_i + \eta_t + \mu_{it} \quad (5\text{-}1)$$

其中,被解释变量 TFP_{it}^{OP} 是根据 Yu(2015)使用修改后的 Olley-Pakes(1996)的方法计算得出的企业 i 在 t 年企业生产率(取对数);IIM_{it} 表示中间投入品进口;FIM_{it} 表示行业层面的最终产品进口;X_{it} 表示企业 i 在 t 年的其他控制变量,例如是否是国有企业的虚拟变量,是否是外资企业的虚拟变量,企业规模等。国有企业通常被认为具有较低的经济效率,因此生产率也会较低(Hsieh and Klenow, 2009)。相比之下,跨国企业由于享受更多的技术外溢(Keller and Yeaple, 2009)和更少的金融约束(Manova et al., 2009),通常会表现为较高的生产率。因此,我们回归模型中包括这两类企业的虚拟变量来控制国有企业和外资企业对于企业生产率可能存在的影响。绝大部分来自外国的资本流入都是以港澳台为渠道的,因此,这些地方的投资在我们的指标中都被认定为外资企业。① 类似地,我们建立了是否是国有企业的虚拟变量,如果是国有企业其值为1,否则为0。② 除此以外,本章还使用了劳动力雇佣人数(取对数)来代表企业的规模和控制变量(Eaton et al., 2011)。我们将其他我们没有控制的可能影响回归结果的变量归入误差项。这里将模型误差项分为三个部分:(1) 用于控制时间不变要素的企业特定固定效应 ω_i;(2)用于控制不随企业变动的年份固定效应 η_t;(3)用于控制其他效应的标准误差项 μ_{it}。μ_{it} 满足正态分布 $\mu_{it} \sim N(0, \sigma_i^2)$。

表5-2 是上述方程的基准回归结果。表5-2(1)列结果显示了简单的企业生产率与中间投入品进口的关系,与文献和预期一致,二者存在着显著的正向关系。表5-2(2)列中,我们加入了最终产品进口以衡量行业进口对于企业生产率的影响,同时加入企业所有制以及企业雇佣人数等作为控制变量。表5-2(3)列在表5-2(2)列解释变量的基础上加入年份,进一步控制时

---

① 外国投资企业包括中外合资经营企业、中外合作经营企业、外资独资企业和外商独资有限股份公司。这里的外商包括中国香港、澳门和台湾地区。
② 根据官方的中国城市年鉴(2006),国有企业包括国有独资企业(编号:110)、国有合资企业(编号:141)、国有和集体所有合资企业(编号:143),但不包括国有独资公司(编号:151)。

间趋势的影响。表5-2(2)—(3)列中的回归结果表明中间投入品进口、最终产品进口与企业生产率的正向关系十分稳健。最后,表5-2(4)列采用固定效用回归的估计方法,控制企业固定效应和年份固定效应,结果再次肯定了进口与企业生产率的正向相关关系。考虑到中间投入品进口与最终产品进口可能存在共线性问题,本章进行了验证,发现Corr(中间投入品进口,最终产品进口)=0.1268,表明二者的相关性较低。

表5-2 基准回归

因变量: 企业生产率(取对数)	最小二乘法			固定效用回归
	(1)	(2)	(3)	(4)
中间投入品进口(取对数)	0.013***	0.012***	0.012***	0.012***
	(29.81)	(25.65)	(26.26)	(19.23)
最终产品进口(取对数)	—	0.015***	0.013***	0.013***
		(28.96)	(24.03)	(9.98)
国有企业虚拟变量	—	-0.097***	-0.067***	-0.075***
		(-8.36)	(-5.92)	(-5.05)
外资企业虚拟变量	—	-0.017***	-0.012***	-0.012***
		(-5.69)	(-4.01)	(-3.24)
企业雇佣人数(取对数)	—	0.000	0.000	0.001
		(0.08)	(0.88)	(0.95)
是否控制企业固定效应	否	否	否	是
是否控制年份固定效应	否	否	是	是
样本数	60 209	59 323	59 323	59 323
Prob. > F	0.000	0.000	0.000	0.000
R^2	0.022	0.043	0.076	0.062

注:表中*表示10%水平上显著,**表示5%水平上显著,***表示1%水平上显著。小括号中的数字为t值。(1)列回归描述了进口中间投入品和企业生产率之间的基本关系。(2)—(4)列,主要解释变量包括进口中间投入品和最终产品进口。(1)—(3)列为OLS回归结果,而(4)列中考虑了企业特质,采用面板数据固定效用回归模型。

二、差异化行业分析

尽管已有相关文献通过本国的微观数据,指出进口对于企业生产率有促进作用。但是,本章进一步深入探讨对于不同类型的行业,进口对于企业生产率的促进作用会产生怎样的差异。为此,我们使用Rauch(1999)的产品差异化数据来对行业进行分类。具体来说,我们用虚拟变量N_i来表示行业的产品差异化程度。根据Rauch(1999),当产品能够在交易所交易或者拥有指导价格时,我们称其为同质性产品,此时,N_i 变量值为 0,否则为 1。

为了检验进口对于差异化行业的企业生产率的影响,我们加入产品差异化程度与进口的交互项,回归模型设定如下:

$$\text{TFP}_{it}^{\text{OP}} = \beta_0 + \beta_1 \text{FIM}_{it} + \beta_2 \text{IIM}_{it} + \beta_3 \text{FIM}_{it} \times N_i + \beta_4 \text{IIM}_{it} \times N_i \\ + \delta X_{it} + \omega_i + \eta_t + \mu_{it} \tag{5-2}$$

除了我们在式(5-1)中介绍的变量外,在式(5-2)中我们还加入了中间投入品进口与产品差异化程度的交互项 $\text{IIM}_{it} \times N_i$,最终产品进口与产品差异化程度的交互项 $\text{FIM}_{it} \times N_i$,用以捕捉进口对于不同类型的企业生产率的提升效果的差异。在表 5-3 的(1)列,我们使用保守估计作为产品差异化程度的估计方法。根据面板数据固定效应回归结果,本章发现中间投入品进口与最终产品进口的系数都为正向并且显著,最终产品进口与产品差异化程度的交互项系数为负向弱显著。这表示,进口对于同质性产品行业的企业生产率有明显的促进作用。表 5-3 的(2)列中,我们使用宽松估计作为产品差异化程度的估计方法,作为表 5-3(1)列回归的稳健性检验,除产品差异化程度数据估计方法的差异外,其他解释变量均与表 5-3(1)列相同,回归结果与表 5-3(1)列基本相同。

表 5-3 扩展模型回归结果

因变量:企业生产率(取对数)	面板数据回归结果	
	(1) con	(2) lib
中间投入品进口(取对数)	0.006 *** (3.16)	0.004 *** (2.18)
最终产品进口(取对数)	0.007 *** (3.73)	0.006 *** (3.49)
中间投入品进口(取对数)×产品差异化程度	−0.001 (−0.61)	0.001 (0.64)
最终产品进口(取对数)×产品差异化程度	−0.001 ** (−2.21)	−0.001 (−1.20)
国有企业虚拟变量	0.020 (0.85)	0.020 (0.82)
外资企业虚拟变量	0.016 (1.25)	0.016 (1.24)
企业规模(取对数)	0.000 (0.08)	0.000 (0.07)

(续表)

因变量:企业生产率(取对数)	面板数据回归结果	
	(1) con	(2) lib
是否控制企业固定效应	是	是
是否控制年份固定效应	是	是
观测值	59 323	59 323
R^2	0.104	0.110

注:该表中 * 表示10%水平上显著,** 表示5%水平上显著,*** 表示1%水平上显著。括号中的数值是 t 值。(1)列使用的是保守估计数据,(2)列使用的是宽松估计数据。(1)—(2)列均使用面板数据固定效应回归方法。

三、内生性检验

尽管在上述回归分析中,我们试图控制所有可能影响企业生产率的因素,包括所有制、规模、年份以及不随时间改变的企业自身的特质,但是,回归方程仍然可能存在严重的内生性问题导致估计结果的不一致。具体来说,Krugman(1980)、Melitz(2003)、Alcalá and Ciccone(2004)以及 Kasahara and Lapham(2010)等已经通过理论和实证指出,企业进口或者出口的决策很大程度上受到其自身生产率水平的影响。一方面中间投入品由于进口产品的竞争效应和技术外溢使得企业生产率水平上升;另一方面,生产率高的企业也倾向于进口更多的中间投入品以扩大产出。因此,存在计量上的反向因果关系,进而导致内生性问题。

对此,本章选择使用工具变量来解决这一内生性问题。首先,考虑到中国已经正式加入 WTO,其关税水平必须符合 WTO 既定的规则,并遵守"入世"的承诺。因此,关税水平具有较强的外生性。其次,产品关税越高,企业的进口越少,两者具有较强的相关性。所以,中间投入品关税比较适宜作为企业中间投入品进口的工具变量。

由于中间投入品进口是用企业层面的数据进行衡量,作为它的工具变量投入品关税指数也应该使用企业层面数据。在中国,企业进口贸易分为两类:一般产品贸易和加工贸易。加工贸易通常是指进料加工和来料加工。考虑到加工贸易享受免税政策,根据 Yu(2013),如果一个企业既有加工贸易进口(P),也有非加工贸易进口(O),那么企业进口关税指标可以构建为:

$$\text{FIT}_{it} = \sum_{k \in O} \frac{m_{t,\text{initial\_year}}^k}{\sum_{k \in M} m_{i,\text{initial\_year}}^k} \tau_t^k$$

其中，$m_{t,\text{initial\_year}}^{k}$ 表示企业 i 在出现的第一年产品 k 的进口。M 是企业总的进口，满足 $M = O \cup P$。

表 5-4 显示了使用工具变量后的估计结果。表 5-4(1)—(3)列使用保守的产品差异化估计方法。在表 5-4(1)—(4)列的回归中，本章使用了进口关税指数、进口关税指数与产品差异化程度的交互项，分别作为中间投入品进口、中间投入品进口与产品差异化程度的交互项的工具变量，进行面板数据固定效应回归。(1)列中，我们控制内生性问题后，仍然发现中间投入品进口与企业生产率的正向相关关系。为了检验最终产品进口是否有类似的结论，我们将最终产品进口、最终产品进口与产品差异化程度的交互项两个解释变量放入了(2)列。在(3)列中，我们加入了前文介绍过的讨论企业生产率常用的控制变量，例如企业所有制、企业规模等。最后，在(4)列，我们使用宽松的产品差异化估计方法，重复(3)列的回归作为(3)列结果的一个稳健性检验。总的来说，(1)—(4)列结果显示，随着我们控制更多的变量，进口与企业生产率的正向关系变得越来越明显。更重要的是，这种进口的促进作用对于同质性行业来说尤为显著。

接下来，本章进行了一系列其他方面的稳健性检验。首先，我们使用了 Kleibergen-Paap LM χ^2 排除了工具变量可能存在内生性的问题；其次，Kleibergen-Paap(2006)的 F 统计量拒绝了识别不足的假设；最后，第一阶段回归中，所有工具变量的 t 值都非常显著，很好地支持了工具变量的有效性。

相比表 5-3，表 5-4 使用了工具变量，回归的结果可信度相对较高。根据表 5-4，我们发现：(1) 对于同质性行业(即产品差异化程度为 0 的行业)，中间投入品进口与最终产品进口对于企业生产率的提升都有非常明显的促进作用。(2) 对于产品差异化较大的行业(即产品差异化程度为 1 的行业)，根据表 5-4 的(3)和(4)列回归结果可知，进口对于企业生产率的影响非常小。这一实证结果引发了我们进一步思考：进口为何对差异化行业的生产率会产生不同的影响呢？

进口对于企业生产率的提升作用主要有两种：进口竞争效应和进口技术外溢效应。具体来说，(1)进口对于同行业的其他产品带来竞争压力，促使企业成本下降，投入品质量上升，企业主动提升生产率，优化经营以使其继续在行业中生存，我们称之为进口竞争效应；(2) 进口能够对同行业或者上下游企业带来学习、示范和带动的作用，企业能够享受到技术外溢带来的生产率的提升，我们称之为进口技术外溢效应。

由此可见，进口对于生产率的影响方式的不同，必然会因为行业的不同，最终引起进口效应的差异化表现。关于进口效应的测算，我们将在下一节中详细介绍。

表5-4 IV 估计结果

因变量:企业生产率 (取对数)	(1) con	(2) con	(3) con	(4) lib
中间投入品进口(取对数)	0.013 (1.17)	0.072** (2.43)	0.077** (2.45)	0.051* (2.48)
最终产品进口(取对数)	—	0.019*** (−3.73)	0.020** (3.74)	0.015*** (4.16)
中间投入品进口(取对数)× 产品差异化程度	−0.010** (−1.98)	−0.075*** (−2.73)	−0.080*** (2.75)	−0.050*** (−2.96)
最终产品进口(取对数)× 产品差异化程度	—	−0.016*** (−2.92)	−0.017*** (−2.93)	−0.010*** (−3.24)
国有企业的虚拟变量	—	—	0.041 (1.52)	0.034 (1.40)
外资企业的虚拟变量	—	—	0.021 (1.44)	0.018 (1.28)
企业雇佣人数(取对数)	—	—	−0.001 (−0.20)	−0.002 (−0.35)
Kleibergen-Paap LM χ^2 统计量	109.6	21.7	20.2	42.4
Kleibergen-Paap LM Wald F 统计量	50.6	10.0	9.0	18.2
企业固定效应	是	是	是	是
年份固定效应	是	是	是	是
观测值	46 083	46 083	44 976	44 976
R^2	0.101	0.053	0.047	0.076
第一阶段回归				
IV1:企业进口关税指数	−0.024*** (−2.96) [68.41]	−0.024*** (−2.84) [66.75]	−0.021** (−2.53) [62.84]	−0.022*** (−2.74) [62.25]
IV2:企业进口关税指数× 产品差异化程度	−0.219*** (−21.07) [239.03]	−0.081*** (−10.00) [74.85]	−0.081*** (−10.02) [71.63]	−0.102*** (−12.09) [91.15]

注:表中*表示10%水平上显著,**表示5%水平上显著,***表示1%水平上显著。小括号中的是 t 值,中括号中的是 F 值。IV1 报告了中间投入品进口作为被解释变量,企业进口关税指数的估计系数;IV2 报告了进口中间投入品与产品差异化程度的交互项作为被解释变量,企业进口关税指数与产品差异化程度的交互项的估计系数。

四、市场集中度对于进口效应的测算

为了解释进口对于差异化行业的企业生产率产生不同影响的原因,我们将市场集中程度这一概念引入模型分析,用以甄别不同的进口效应。较高的市场集中度对于企业技术研发具有促进作用,但是,对于市场竞争具有削弱作用。本章在回归方程中使用赫芬达尔指数(Herfindahl-Hirschman Indicator)来表示市场集中度。市场集中度是指市场中企业的竞争程度,市场集中度较高的行业,企业垄断地位会比较高,盈利能力更强,从而更有资金进行R&D研发,更有能力从同行业的产品以及上下游产品中学习和进步,以提升企业生产率。同时,拥有相对集中的市场地位和较高的利润也会降低企业面临产品进口时的竞争压力,降低了这些企业主动优化经营管理和提高企业生产率的激励。因此,通过引入市场集中度、进口与产品差异化程度的交互项,我们可以对进口影响差异化行业的主要方式予以甄别,从而讨论上一节实证回归结果差异化的原因。

为了解决这个问题,我们考虑如下的模型设定:

$$\begin{aligned}\text{TFP}_{it}^{\text{OP}} = & \gamma_0 + \gamma_1 \text{FIM}_{it} + \gamma_2 \text{IIM}_{it} + \gamma_3 \text{FIM}_{it} \times N_i + \gamma_4 \text{IIM}_{it} \times N_i \\ & + \gamma_5 \text{HHI}_i + \gamma_6 \text{FIM}_{it} \times \text{HHI}_i + \gamma_7 \text{IIM}_{it} \times \text{HHI}_i \\ & + \gamma_8 \text{FIM}_{it} \times N_i \times \text{HHI}_i + \gamma_9 \text{IIM}_{it} \times N_i \times \text{HHI}_i \\ & + \psi X_{it} + \omega_i + \eta_t + \mu_{it} \end{aligned} \quad (5\text{-}3)$$

其中,如果市场高度集中,赫芬达尔指数 HHI_i 为1;反之为0,因此,我们定义该值为市场集中度指数。除了式(5-2)中的所有解释变量外,在式(5-3)中,我们还加入了市场集中度指数(HHI_i),最终产品进口与市场集中度指数的交互项($\text{FIM}_{it} \times \text{HHI}_i$),中间投入品进口与市场集中度指数的交互项($\text{IIM}_{it} \times \text{HHI}_i$),最终产品进口、产品差异化程度与市场集中度指数的交互项($\text{FIM}_{it} \times N_i \times \text{HHI}_i$),以及中间投入品进口、产品差异化程度与市场集中度指数的交互项($\text{IIM}_{it} \times N_i \times \text{HHI}_i$)。

表5-5显示了方程(3)的回归结果。(1)列仅增加了市场集中度指数,检验市场结构对于企业生产率的直接作用。HHI_i 的系数为负,说明垄断行业通常生产率较低,但是结果并不显著。(2)列中,我们加入市场集中度指数分别与中间投入品进口、最终产品进口的交互项,系数估计结果均为正。这表明,市场集中度越高,越有助于进口对于企业的促进作用。(3)列中,市场集中度、进口与产品差异化程度的交互项($\text{FIM}_{it} \times N_i \times \text{HHI}_i$ 和 $\text{IIM}_{it} \times N_i \times \text{HHI}_i$)被放入回归方程中,两个新加入的交互项的系数均为正,且显著。但此时,进口与市场集中度的交互项($\text{FIM}_{it} \times \text{HHI}_i$ 和 $\text{IIM}_{it} \times \text{HHI}_i$)的系数均

为负,且弱显著。最后,(4)列使用产品差异化程度的宽松的估计数据进行稳健性检验,重复(3)列的回归,结果基本稳健。

这一回归结果具有丰富的经济学含义。具体而言,对于同质性产品行业,进口与市场集中度指数负相关意味着高度集中的市场给企业带来了负面的影响。由于企业产品同质性较强,产品进口时,企业通常面临着更为激烈的竞争,主动提升企业生产率的动机更强。但是,同质性产品相似性极大也使得进口技术外溢效果变弱。当同质性行业市场集中度较高时,企业具有较大的市场份额并拥有较强的盈利能力。一方面较高的利润降低了同质性产品面临的进口竞争压力,减少了他们主动提高企业生产率的激励。另一方面,由于行业自身特质,同质性产品对于进口的同行业以及上下游产品的技术外溢的吸纳非常有限,因此获益较小。最终形成进口与市场集中度指数的交互项系数为负的回归结果。

在中国,一般同质性行业的国有企业市场份额占比较高,例如矿业、石油等。根据我们文章的结论,如果对这些大型国有企业进行改革,提高企业生产率,应当考虑以下两个途径:第一,对于这些行业应当尽量开放进口,减少关税或者非关税贸易壁垒。根据我们的研究,进口的竞争效应能够有效地促进企业生产率的提升。第二,应当降低这些行业的市场集中度,根据我们的分析,较大的市场份额会削弱进口给同质性企业生产率带来的提升作用。

对于差异化程度较大的产品行业(即产品差异化程度为1),根据表5-5的(3)列,中间投入品进口的系数为:$0.109 - 0.118 + (0.280 - 0.212) \times HHI_i$;最终产品进口的系数为:$0.024 - 0.024 + (0.049 - 0.022) \times HHI_i$。由此可见,市场集中度越高,进口对于企业生产率的促进作用越大。这一关系在(4)列的检验中仍然十分稳健。产品差异化较大的行业,随着市场份额的增加,能够获得更多的利润,从而可以拿出一部分资金在上下游以及同行业产品中进行有效的学习和研发,通过 R&D 投入提高企业自身生产率。因为回归方程中进口、产品差异化程度与市场集中度指数的交互项系数为正且显著,我们得出进口技术外溢效应对于差异化较大的行业生产率的提升非常显著。但是遗憾的是,这个系数本身的值非常小。

这一结论可以在现实中找到对应。在中国,差异化较大行业中的企业大部分是中小企业。回归结果显示进口、产品差异化程度与市场集中度指数的交互项($FIM_{it} \times N_i \times HHI_i$ 和 $IIM_{it} \times N_i \times HHI_i$)系数为正向、显著但数值较小。这意味着对差异化较大的行业来说,技术研发确实能够促进企业的生产率提升,但是目前这些中小企业可能由于研发投入占利润比例过低、投入不足或者研发向生产转化效率较低,最终导致进口技术外溢效应对于这类异质性行业的生产率的促进作用尚未得到有效的发挥。

表 5-5　市场集中度与进口效应

因变量:企业生产率(取对数)	(1) con	(2) con	(3) con	(4) lib
中间投入品进口(取对数)	0.077*** (2.99)	0.072*** (2.56)	0.109*** (2.66)	0.108* (2.57)
最终产品进口(取对数)	0.020*** (4.69)	0.018*** (3.99)	0.024*** (3.77)	0.023*** (3.63)
中间投入品进口(取对数)×产品差异化程度	−0.080*** (−3.42)	−0.078*** (−3.19)	−0.118*** (−3.07)	−0.117*** (−2.95)
最终产品进口(取对数)×产品差异化程度	−0.017*** (−3.63)	−0.016*** (−3.41)	−0.024*** (−3.24)	−0.024*** (−3.10)
市场集中度	−0.014 (−0.76)	−0.132 (−0.65)	−0.286 (−1.16)	−0.295 (−1.18)
中间投入品进口(取对数)×市场集中度指数	—	0.027 (0.75)	−0.212* (−1.80)	−0.203* (−1.75)
最终产品进口(取对数)×市场集中度指数	—	0.012 (1.54)	−0.022 (−1.28)	−0.020 (−1.21)
中间投入品进口(取对数)×产品差异化程度×市场集中度指数	—	—	0.280** (2.35)	0.272** (0.019)
最终产品进口(取对数)×产品差异化程度×市场集中度指数	—	—	0.049** (2.35)	0.048** (2.36)
国有企业的虚拟变量	0.041 (1.61)	0.041 (1.60)	0.044* (1.66)	0.045* (1.69)
外资企业的虚拟变量	0.021 (1.61)	0.021 (1.58)	0.024* (1.76)	0.023* (1.68)
企业雇佣人数(取对数)	−0.002 (−0.24)	−0.001 (−0.14)	−0.003 (−0.46)	−0.005 (−0.69)
Kleibergen-Paap LM χ^2 统计量	20.1	18.7	10.9	9.5
Kleibergen-Paap LM Wald F 统计量	9.0	5.5	2.3	2.2
企业固定效应	是	是	是	是
年份固定效应	是	是	是	是
观测值	44 976	44 976	44 976	44 976
R^2	0.047	0.051	0.009	0.003

(续表)

因变量:企业生产率(取对数)	(1) con	(2) con	(3) con	(4) lib
第一阶段回归				
IV1:企业进口关税指数	-0.021*** (-4.36) [77.24]	-0.029*** (-3.94) [66.49]	-0.021** (-2.38) [59.45]	-0.013** (-2.47) [59.28]
IV2:企业进口关税指数 × 产品差异化程度	-0.081*** (-15.58) [660.76]	-0.081*** (-15.42) [566.85]	-0.076*** (-12.90) [496.34]	-0.073*** (-12.63) [517.61]
IV3:企业进口关税指数 × 市场集中度指数	—	-0.107*** (-26.71) [2 248.67]	-0.112*** (-13.05) [1 976.05]	-0.110*** (-13.03) [1 976.19]
IV4:企业进口关税指数 × 市场集中度指数 × 产品差异化程度	—	—	-0.132*** (-15.13) [2 176.95]	-0.142*** (-16.48) [2 140.22]

注:该表中*表示10%水平上显著,**表示5%水平上显著,***表示1%水平上显著。小括号中的是 t 值,中括号中的是 F 值。IV1 报告了中间投入品进口作为被解释变量,企业进口关税指数的估计系数;IV2 报告了进口中间投入品与产品差异化程度的交互项作为被解释变量,企业进口关税指数与产品差异化程度的交互项的估计系数;IV3 报告了进口中间投入品与市场集中度指数的交互项作为被解释变量,企业进口关税指数与市场集中度指数的交互项的估计系数;IV4 报告了进口中间投入品、市场集中度指数与产品差异化程度的交互项作为被解释变量,企业进口关税指数、市场集中度指数与产品差异化程度的交互项的估计系数。

第四节 总结与政策性分析

本章讨论了进口对差异化行业的企业生产率的影响,通过使用中国企业层面产出数据与海关贸易数据,我们得出如下结论:

第一,基于对中国制造业企业数据的分析,中间投入品进口和最终产品进口均有助于提高企业生产率。

第二,在差异化行业分析中,我们发现对于产品差异化较大的行业而言,进口对于企业生产率的影响非常小。但是,对于同质性产品行业来说,进口将有助于企业生产率的提升,因此,市场发展倾向于增加进口。

第三,为了解释进口对于不同行业的企业生产率产生的差异化影响,考虑到较高市场集中度对企业技术研发具有促进作用,但对于市场竞争具有削弱作用,本章将进口、产品差异化程度与市场集中度指数的交互项引入回归模型。结果发现,对于同质性产品行业,较高的市场集中度弱化了进口对于企业生产率的促进作用,说明进口竞争效应对于同质性产品生产率提升更重要。对于差异化较大的产品行业,较高的市场集中度提升了进口对于企业生产率的影响,说明进口技术外溢效应对于差异化程度较大的产品生产率提升更为重要。

第四,进一步,根据我们的回归结果,尽管进口的技术外溢效应对于差异化较大的行业有正向促进作用且非常显著,但是影响系数非常小。这说明中国企业的研发占利润比例较低,研发转化为生产率的效率也很低,同时,也解释了为什么进口对于差异化较大的产品行业的企业生产率促进作用较小。

第五,根据我们发现的问题和原因,本章认为对于同质性行业应该尽量开放,鼓励进口,促进行业竞争,以提高企业生产率;对于差异化较大的行业应当鼓励技术转化,有效利用进口产品的特性,提高科研和学习能力,以提高企业生产率。

这一结论具有很强的政策性意义:

从国际层面上来看,长期的国际贸易顺差使得中国在国际贸易中处于不利的位置,人民币面临升值的压力,反倾销、反补贴等国际贸易争端不断增加,中国对外贸易政策屡受质疑。如本章所述,增加进口不仅有助于改善国际关系,同时能够提升中国企业的生产率,对于国际贸易地位的改善和经济的可持续增长具有重要的意义。

从国内层面上来看,国内同质性产品行业的企业通常国有企业占比较高并占有较大的市场份额,例如采矿和石油行业,而差异化较大的行业大部分是中小型民营企业,例如鞋、包等行业,市场份额较低且研发能力不强。据此,我们建议:首先,尽量开放这些国有企业所处的同质性行业,鼓励市场竞争,充分发挥同质性产品行业的进口竞争效应对于企业生产率的促进作用;其次,降低这些国有企业的市场份额,根据我们的研究,较高的国有企业份额会降低进口的竞争效应对企业生产率的增进效果;最后,通过培训或者技术支持,协助差异化较大的行业中的企业,特别是中小型民营企业实现研发和技术进步,提高进口对于这类行业的技术外溢效果。

第六章　企业出口强度与进口中间品贸易自由化[①]

在本章中,我们首先想理解进口中间品的贸易自由化会怎样影响企业内销与出口的决定。通过使用中国制造企业的生产和贸易数据,我们发现企业面临的中间品关税的下降显著提高了企业的出口强度,即出口占销售的比例。这主要是因为更低的关税使得企业可以使用更多品种的进口中间品,这一方面提高了企业的利润,降低了企业进入出口市场的门槛,另一方面由于生产出口品的部门能够更有效率地使用进口投入品,其进口成本的下降促进了生产出口品部门的扩张。我们不仅建立了理论模型解释此现象,同时还运用我国规模以上工业制造业企业和海关全样本自2000—2006年的海量微观面板数据进行了大量丰富的实证分析。大量的研究结果支持了我们的结论。本章的研究在一定程度上弥补了我国国际贸易实证研究在进口中间品的贸易自由化方面的空白。

第一节　引　　言

自加入WTO以来,中国进一步地大力推进贸易自由化,我国关税水平显著下降。据海关统计,我国简单平均关税总水平由2001年的15.3%下降到2005年的10%,再到2010年的9.8%,其中,工业品平均税率由2002年的11.7%下降到2005年9.5%,再到2010年的8.9%,目前我国关税水平在发展中国家最低,且低于欧盟水平。

尤其是,我国大幅降低了能源、资源、原材料等初级产品的进口关税,并有选择地降低了部分关键零部件等中间品以及重要机电设备等制成品的进口关税。我国进口能源、资源类产品税率一般不超过5%,其中原油、煤炭、铁矿石等重点大宗商品均已实行了零关税。经过十几年的调整,目前我

[①] 本章是与对外经济贸易大学的田巍老师合作的成果,已发表在2012年的《管理世界》,有删减。

国工业品中初级产品、中间品和制成品平均税率分别约为5.9%、6.7%和10.6%,与1996年三类产品9.7%、16%和26.2%的税率相比,不仅税率大幅降低,而且结构明显改善。除此之外,我国每年还都通过暂定税率的形式,重点降低重要能源资源性产品、生产资料、基础工业原材料、先进技术装备和关键零部件的进口税率,有效促进了相关商品进口和上下游产业发展。位于产业链上游的能源、原材料等初级产品进口持续快速增长,所占比重不断提高。根据海关贸易数据统计,2011年上半年,我国进口初级产品2 827亿美元,同比增长39%,高于27.6%的进口总体增幅,占进口总额的34%,比重同比提高了2.9个百分点,同时我国自2008年起对企业研发重大技术装备进口的关键零部件及原材料免征关税和进口环节增值税。

这些对中间品和原材料的进口关税减免的政策无疑对我国企业的生产和出口产生了重要的影响。据商务部的统计,中国自2001年加入WTO后的10年中,对外贸易出现了爆炸性的增长。从2001年中国货物进出口总额不到6 000亿美元,增长到货物进出口的总额已经超过了3万亿美元,10年增长了5倍以上。在贸易的推动下,中国的国民经济也出现了高速增长。据统计,2001年,中国的国内生产总值(GDP)约为10万亿元,加入WTO 10年后,中国的国民生产总值高达40万亿元,其增长率达到了4倍。

当贸易自由化已经成为一国发展战略的重要组成部分时,中间投入品的贸易成本下降又将如何影响企业的行为?中间投入品的贸易自由化不仅会造成中间品生产部门的竞争加剧,更广泛地,对使用这些中间品的生产企业而言,其生产成本因此下降,从而促进了企业的生产与销售。2000年之后,企业的出口和内销都经历了飞速的增长,出口也已经成为拉动中国经济的重要马车。那么,中间品的贸易自由化对出口和内销的影响哪个更显著呢?中间品关税的下降会激励企业更多地扩大国外市场还是国内市场?是否会使得经济结构有所改变?

目前研究最终品的贸易自由化对企业行为影响的文献已有很多,但是其中甚少有研究涉猎企业出口与内销的比重问题,而研究中间投入品的贸易自由化对企业出口内销决策的文章至今还是空白。因此,本章力图弥补这个研究的空白:中间品投入的贸易自由化如何影响企业的出口与内销决策?

具体地,本章将考察中间品关税的下降如何影响企业的出口强度。出口强度,定义为企业的出口占总销售的比例,它是反映企业出口与内销决策的重要指标。出口强度越高,说明企业越偏向于出口,越低则越偏向于内销。本章合并了两大微观数据库:中国产值500万元以上制造业工业企业数据库和最细化的产品层面海关数据库,构造了企业层面的中间品关税的度量指标,从而解决每个企业都使用多种中间品的问题。通过研究,我们发现中间品贸易成本的下降会促使企业提高出口强度。也就是说,当企业可以更便宜的进口中间投入品时,企业更多地扩大了出口而非内销。

这是通过两条途径实现的:第一,当中间品进口关税下降时,企业可以进口更多种类的中间投入品,成本下降利润增加,因而更多企业可以克服出口的门槛;第二,当企业可以使用更多进口中间品时,生产出口品的部门因为可以更有效率地使用进口投入品而得到扩张,如此出口相对于内销的比重也得以增加。为此我们在经典的 Melitz(2003) 企业异质性模型的基础上构建一个简单的理论模型,并以此作为支持对这一假说进行了深入细致的计量实证检验。

我们同时着眼于中间品贸易成本的下降对企业进入和退出出口市场的影响。我们将企业分成新出口企业、退出出口的企业和持续出口的企业三类。对每种类型,我们都从集约边际(intensive margin)和广延边际(extensive margin)两个角度研究了投入品贸易成本的下降对企业出口强度的影响。我们发现,中间品关税的下降不仅提高了企业进入出口市场的概率(广延边际)、出口产品的种类,同时也提高了企业出口的强度(集约边际),但是对于企业退出出口的概率并没有显著的作用。这个结论支持了我们的观点:中间品关税的下降通过降低出口门槛和扩张出口部门两个途径提高了企业的出口内销比例。

此外,在我们考察的2000—2006年,中国企业也享受到了外国关税下降带来的好处,企业可以出口到更多的国家,提高了出口渗透率;另外进口关税的下降也造成更多外国商品涌入中国市场,加剧了国内市场的竞争,这也将影响到中国企业在出口和内销中的选择。因此我们在回归中同时控制了这两方面因素。

值得强调的是,加工贸易是中国外贸的一个重要特点:企业从国外进口原材料或者中间品,经过组装加工,再将最终品出口到国外。中国的加工贸易从20世纪90年代后期得到了飞速发展,已经超过了传统出口贸易,成为中国主要的出口类型,加工贸易主要由来料加工和进料加工组成,其中进料加工占据了大部分。

基于此,在本章中,我们将中间投入品的贸易成本度量到企业层面,这也是本章对当前国际贸易研究的一个主要贡献。一个进口企业既可以进行一般贸易也可以进行加工贸易,在指标构建中,我们同时包括了一般贸易缴纳的关税和加工贸易进口支付的利息。由于企业进行加工贸易可以享受税收的减免,因此快速增长的加工贸易可能在降低企业的投入品进口成本的同时,提高了企业的出口强度。因此对于同时进行一般进口和加工贸易进口的混合型企业,其中间品进口成本的下降可能来自进口产品关税的下降,也有可能是因为企业自主提高了加工贸易的比重。在本章中,我们区分了这两种情况,并且针对每种情况估计了其对出口强度的影响,证明了这两种不同类型的成本下降都存在,并且都显著地影响着企业的出口强度。

为了控制上述加工贸易带来的内生性影响,我们在文中用三种度量方式处理加工贸易的作用。我们首先采用企业是否进行加工贸易的哑变量度量加工贸易,但是企业的加工贸易决策实际是内生决定的:生产率越低的企业以及外资企业更多地倾向于进行加工贸易,因此我们再采用 Heckman(1979) 两步法将企业参与加工贸易的决策内生化,并估计出企业进行加工贸易的概率,最后我们再用企业进行加工贸易的程度,即加工进口占总进口的比重来强调企业不同程度的加工贸易对出口强度的影响。

我们还考察了中间品进口关税的下降对转型企业的影响。所谓转型企业,即以前只专业化进行一般贸易或加工贸易而现在转型到两种贸易都进行的企业,以及以前两种贸易兼做而现在专业化到一种类型的转型企业。实证分析表明,投入品贸易成本的下降对与那些从只做一般贸易转型到两种都做的企业有显著影响,而对其他的转型企业没有明显影响。

在回归分析中,我们也非常谨慎地处理了各种内生性问题。除了上述加工贸易的内生性,这里还存在另外三种可能的内生性,第一种,出口强度定义为出口占总销售的比,在贸易自由化中销售额小的企业会因为竞争加剧处于更加不利的位置,因此当地政府有可能会对这些企业采取保护措施。针对这种可能的反向因果问题我们构造了工具变量处理。第二种可能的内生性来自企业出口对中间品进口的反向因果,因为企业的出口与投入品的进口紧密相关,出口多的企业需要进口更多投入品,从而改变了企业中间品关税指标。第三种可能来自企业的中间品关税的度量指标本身。如果一个企业原本需要进口的某种投入品被征收了非常高的关税,企业则反而不会进口该种产品,那么这种产品的高关税也不会反映在企业面临的投入品贸易成本中,这就造成了低估。要处理上面这两种内生性问题,我们仿照 Topalova and Khandelwal(2011)以及 Amiti and Davis(2011)的方法,用企业在样本第一年的进口额代替每年的进口额从而构造出固定权重的企业中间品关税。在仔细处理了内生性问题以后,我们仍然得到了稳健的结论,企业中间投入品贸易成本的下降的确提高了企业的出口销售比。

最后,我们进行了三组重要的稳健性检验,首先对进口中间品进行不同的门限回归,结果依然稳健。之后我们再进行分位数回归,根据出口强度的不同，投入品贸易成本的下降对出口强度的影响也不同。我们估计了在四个分位数上的系数，并拟合了在每个出口强度值上的系数图，结论与之前的回归一致。最后我们在企业中间品关税的指标中包含了进口中间品相对于所有中间投入品的权重，用这个新指标重新回归结果与之前一致。

我们的研究也丰富了国际贸易中关于出口强度和贸易自由化的研究。首先是关于出口强度的研究。在世界大部分国家中，企业的出口行为都存在一个普遍的现象，就是企业只出口总产出中的一小部分。很多研究都发现并试图解释这一点，如 Bernard and Jensen(1995)、Tybout(2001)、Bernard et al.(2003)以及 Eaton et al.(2011)。在大国中通常被认为是本国市场效应造成的(Bernard et al., 2003)，而在像哥伦比亚这样的小国中，这种现象被归结为较低的出口产品质量(Brooks, 2005)。Bonaccorsi(1992)用意大利的数据发现企业的出口强度与其规模呈正比。Greenaway et al.(2004)用英国数据研究溢出效应是否会影响企业的出口倾向。然而，中国作为第二大经济体，还鲜有文章研究中国企业的情况。Lu(2011)以及 Lu et al.(2011)用中国数据发现中国的出口强度分布呈现 U 形，这与 Melitz(2003)中的经典结论相违背。除此以外，我们很少了解导致企业出口强度在不同年份和企业间差异的原因。

另外一支文献是研究贸易自由化，Amiti and Konings(2007)用印尼的数据研究发现企业从中间进口品关税下降获得的好处至少是从最终品关税下降的两倍。Topalova and Khandelwal(2011)发现这种差距在印度有可能会扩大到十倍。Yu(2015)发现最终品和中间品关税的下降对企业生产率的促进作用随企业做加工贸易的比重增加而减少，这主要是因为加工贸易享受零关税的缘故。

尽管上述的这两个研究领域都非常重要，并受到各国学者关注，然而迄今为止，还没有文章研究贸易自由化对企业出口强度的影响，尤其是重点关注企业的中间投入品进口成本的下降对企业出口与销售的决策。而这一点对我国企业尤其重要，特别是 2001 年加入 WTO 以后，企业面对世界市场的放开，其出口与内销的关系受到了怎样的影响，企业又应如何处理二者的平衡，都是非常关键的问题。本章将在这一方面填补理论上与政策上的空白。

第二节 理论框架

本节旨在建立一个理论模型指导之后的实证回归，为此，我们从以下几个方面拓展了 Melitz(2003)的模型，我们在生产函数中引入两种投入品：劳动力和中间品，并仿照 Halpern et al.(2011)考虑中间投入品的进口行为。假设一个同时销售到国内和国外市场的企业有以下的生产函数：

$$q_r = \varphi L^\beta M_r^{(1-\beta)}, \quad \forall r = d, x \qquad (6\text{-}1)$$

其中,q_r($\forall r=d,x$)是本国(q_d)以及外国(q_x)的产出；L是劳动力；M是中间投入品；φ是企业生产率；M是进口的中间投入品和国内购买的中间投入品的综合指标,根据Feng et al.(2012),使用更多进口中间品的企业往往出口更多,一个可能的解释是出口产品相对于内销产品使用更多的进口投入品。因此我们假设中间品M的生产函数为：

$$M_r = ((A_r M_F)^{\frac{\theta-1}{\theta}} + M_H^{\frac{\theta-1}{\theta}})^{\frac{\theta-1}{\theta}}, \quad \forall r = d, x \qquad (6\text{-}2)$$

其中,M_r($\forall r=d,x$)是用于生产内销品的中间品(M_d),以及用于生产出口品的中间品(M_x)；M_F是进口中间投入品；M_H是本国中间投入品；$\theta>1$是进口中间品和本国中间品之间的替代弹性,θ越大,进口中间品和本国中间品的区别就越小；A_d和A_x表示进口中间品在生产内销品和出口品时的效率。

相对于内销品而言,我们假设用于生产出口品的进口中间品有更优的质量,即A_x,这是因为出口企业或工厂往往有更好的外国资源网络,因此它们比生产内销品的企业或工厂可以得到更好的进口中间投入品。实际上,这个理论假设能够很好地被中国贸易数据支持。仿照Hallak(2006),我们用单位价值作为进口品质量的代理变量,表6-1中的(1)列显示了加工进口的中间品比一般进口的中间品有更高的质量。根据定义,加工进口的中间品仅用于生产出口品,而相反,一般进口的中间品既可以用于生产出口品也可以用于生产内销品。因此,加工进口的中间品具有更高的单位价值就说明：用于生产出口品的进口中间品比用于生产内销品的进口中间品具有更高的质量。即使我们根据广义经济分类(broader economic categories, BEC)将中间品细分为零部件和半成品,这个现象依旧成立。

表6-1 一般进口和加工进口中间品的单位价值

BEC 分类	中间品	零部件	半成品
	（1）	（2）	（3）
加工进口	73 908	24.06	135 966
一般进口	70 546	17.61	129 784
差	3 362***	6.44***	6 182***
	(3.05)	(4.34)	(3.06)
观察值数目	931	425	506

注：根据BEC的分类,半成品包括工业用的加工的食品和饮料(代码:121),这些产品通常单价较低。零部件则主要包括大型机械产品和交通运输设备,通常单价较高。括号为t值。数据来自海关全样本数据库(详见下文描述),单位为美元,作者自己计算而得。

我们将本国中间品的价格标准化为1,那么生产内销品所用的中间品的价格指数(S_d)和生产出口品所用中间品的价格指数(S_x)通过成本最小化就可以得到:

$$S_r = (S_h + (S_f/A_r)^{1-\theta})^{\frac{1}{1-\theta}} = (1 + B_r^{\theta-1})^{\frac{1}{1-\theta}}, \quad \forall r = d,x \quad (6-3)$$

其中,S_h、S_f 是本国中间品和进口中间品的价格;第二个等号是将本国中间品价格标准化为1得到的,其中我们记 $B_r = \dfrac{A_r}{S_f}, \forall r = d,x$。注意由于 $B_r > 0$ 并且 $\theta > 1$,可知 $S_r < 1$。显然,进口中间品的质量越高,价格越低,全部中间品的价格指数就越低。如 Halpern et al. (2011) 所述,其背后的经济学直觉是企业综合使用进口中间品和本国中间品要比分别使用这两者的效率之和更有效,这一点与 Hirschman(1958) 的逻辑一致。因此,两种中间品综合的价格指数要比本国中间品的价格更高。

同时,企业的中间品贸易成本 τ 造成了本国中间品价格与其世界价格 p^* 的价格差,也即 $S_f = p^*(1+\tau)$。为了简化,我们假设中间品贸易成本不存在任何贸易条件效应,就像小国开放经济中的一样。因此可以得到 $\dfrac{dB_r}{d\tau} < 0$,$\forall r = d,x$。原因很显然,当中间品的贸易成本下降时,进口中间品的价格降低,因此进口的中间品就会增加。

因此,企业生产内销品的成本函数(C_d)和生产出口品的生产函数(C_x)可以写成:

$$C_r = (f + q_r/\varphi)w^\beta(1 + B_r^{\theta-1})^{\frac{1-\beta}{1-\theta}}, \quad \forall r = d,x \quad (6-4)$$

同 Melitz(2003)一样,其中 f 是固定成本。

为了研究中间品贸易成本对企业出口强度的影响,我们考虑一个生产率为 φ 的企业同时销售到本国市场和外国市场。在垄断竞争的环境下,均衡价格使得企业边际收益等于边际成本。类似 Melitz(2003),给定一个效用具有常数需求弹性 σ 的代表性消费者,企业生产内销品的价格即为:

$$p_d(\varphi) = \frac{w^\beta(1 + B_d^{\theta-1})^{\frac{1-\beta}{1-\theta}}}{\rho\varphi}$$

其中 $\rho = (\sigma-1)/\sigma$。同时企业卖到国外市场的产品价格为:

$$p_x(\varphi) = \frac{\nu w^\beta(1 + B_x^{\theta-1})^{\frac{1-\beta}{1-\theta}}}{\rho\varphi}$$

其中 ν 是外国对进口品征收的关税。因此我们可以得到企业内销的收入函数:

$$r_d(\varphi) = E_h(w^{-\beta}\rho\varphi P)^{\sigma-1}(1+B_d^{\theta-1})^{\frac{(1-\beta)(1-\sigma-1)}{\theta-1}} \qquad (6-5)$$

其中，E_h 是本国的总支出，P 是总价格指数。类似地，企业的出口收入为：

$$r_x(\varphi) = n\nu^{1-\sigma}E_f(w^{-\beta}\rho\varphi P)^{\sigma-1}(1+B_x^{\theta-1})^{\frac{(1-\beta)(\sigma-1)}{\theta-1}} \qquad (6-6)$$

其中，n 是贸易国家的个数，ν 是产品卖到国外的额外边际成本（比如进口关税）。简单起见，我们假设外国市场都是对称的。因此对所有国家，ν 和该国的总支出 E_f 也都是相同的。

企业内销利润 π_d 和出口利润 π_x 可以表示为：

$$\pi_d(\varphi) = \frac{E_h}{\sigma}(w^{-\beta}\rho\varphi P)^{\sigma-1}(1+B_d^{\theta-1})^{\frac{(1-\beta)(\sigma-1)}{\theta-1}} - f \qquad (6-7)$$

以及

$$\pi_x(\varphi) = \frac{n\nu^{1-\sigma}}{\sigma}E_f(w^{-\beta}\rho\varphi P)^{\sigma-1}(1+B_x^{\theta-1})^{\frac{(1-\beta)(\sigma-1)}{\theta-1}} - f_x \qquad (6-8)$$

其中 f_x 是出口的固定成本。企业利润是内销利润和出口利润之和：$\pi(\varphi) = \pi_d(\varphi) + \pi_x(\varphi)$。我们可以得到下面的结论。

命题 6-1：企业中间品贸易成本的下降会提高企业的总利润，即 $\frac{d\pi}{d\tau}<0$。

证明：见本章附录 6-A1。

至此，企业的出口强度 ζ 可以很轻松地从式（6-4）和式（6-5）得到，为了更加直观，我们推导出口强度的倒数。

$$\frac{1}{\zeta} \equiv \frac{r_x(\varphi)+r_d(\varphi)}{r_x(\varphi)} = 1 + \frac{E_h}{n\nu^{1-\sigma}E_f}\left(\frac{1+B_d^{\theta-1}}{1+B_x^{\theta-1}}\right)^{\frac{(1-\beta)(\sigma-1)}{\theta-1}} \qquad (6-9)$$

从式（6-9），我们可以得到如下用于实证检验的结论。

命题 6-2：当 $A_x>A_d$ 时，企业中间品贸易成本 τ 的下降将导致企业的出口强度增加，并且这个结论与企业生产率无关。也就是说 $\frac{d\zeta}{d\tau}<0$。

证明：见本章附录 6-A2。

其经济含义如下，如数据所示，用于出口的进口中间品具有较高质量；而用于出口的最终品由于销售单价较高，相对于用于内销的最终品，它们会有更高的利润。贸易自由化保证了企业可使用更多的中间投入品。这样，随着关税的减免，企业外销就会比内销增长得更快。换言之，我们会看到企业出口强度的上升。

当然，理论模型的这个推论能否成立，得通过更多的计量实证进行验证。下面我们转向计量部分。

第三节 数 据

为考察贸易自由化对企业出口强度的影响,本章使用如下三套大型面板数据:关税数据、企业层面的生产数据以及产品层面的海关贸易数据。

其中关税数据可以直接从 WTO 获得,中国的关税数据是在 HS 6 位码层面,时间跨度从 2000 年到 2006 年,由于海关数据是 HS 8 位码的,因此我们将关税数据合并到了海关数据中。因为本章的研究兴趣是考察企业平均面临的中间品贸易自由化对出口强度的影响,而不是某种具体产品的关税变化的影响,因此本章用企业面临的所有的关税的加权平均值度量贸易自由化。

一、企业层面的生产数据

本章使用的企业生产数据来自中国统计局的制造业企业年度调查,包括了 2000—2006 年每年约 230 000 个制造业企业的生产信息。这套数据包括了完整的三张会计报表(损益表、资产负债表和现金流量表),共 100 多个会计变量。平均而言,这套数据每年涵盖的企业生产总值占中国总工业生产总值约 95%,实际上《中国统计年鉴》中的加总的工业数据就是从这套数据加总而来的。数据包括了两大类企业,所有国有企业以及年销售额在 500 万元以上的非国有企业。企业数目从 2000 年的 162 885 家增长至 2006 年的 301 961 家。

然而,这套原始数据仍然十分粗糙,包括了很多不合格的企业,这主要是由于企业在汇报时的误报造成的。① 我们仿照 Cai-Liu(2009)和 Feenstra-Li-Yu(2014),根据"通用会计准则"(GAPP)中的规定,将出现如下任何一种情况的企业删除掉:第一,流动资产大于总资产;第二,总固定资产大于总资产;第三,固定资产净值大于总资产;第四,企业的编码缺失;第五,无效的成立时间(比如开业月份大于 12 或小于 1)。最后,数据中包括的总企业数目降至 438 165 个,约三分之一的企业在筛选中被剔除掉了。

二、产品层面的贸易数据

这套贸易数据来自中国海关总署,包括了 2000—2006 年产品层面交易的月度数据。每个产品都是在 HS 8 位码上,产品数量从 2000 年 1 月的 78

---

① 比如,有一些家庭企业没有正式的会计人员,因此在汇报的时候将 1 000 元的数据单位当作了 1 元的单位。

种增加到 2006 年 12 月的 230 种,每年平均的观察值数目由 2000 年的 1 000 万增加到 2006 年的 1 600 万,最终这 7 年的观察值总数约为 118 333 831 个,大约有 286 819 家企业参与了国际贸易。

对每种产品,数据包括了三类信息,第一,五个关于贸易的基本变量,包括了贸易额(由美元度量)、贸易状态(进口/出口)、贸易的产品数目、交易单位、每单位产品贸易额(贸易额除以产品数目)。第二,六个关于贸易模式和方式的变量,包括出口或进口的对象国家或地区、路线(是否途经第三国或地区)、贸易类型(加工贸易或一般贸易)、贸易模式(海运、卡车、航空或邮政)、进出的海关。第三,最重要的是数据包括了七个关于企业的基本信息,特别地,数据汇报了企业的名称、海关编码、所在城市、电话、邮编、CEO 的姓名、企业所有制(外资/私有/国有)。

三、合并数据

尽管这两套数据信息丰富,但是将它们合并到一起却并非易事。两套数据虽然都包括了企业编码,但是两套编制系统却完全不同,没有任何共同特征。比如,在海关数据中企业的编码是 10 位的,但是在企业数据中却是 9 位的。

为克服这个难题,我们采用 Yu and Tian(2012)介绍的方法,采用两种方式合并这两套数据,首先我们根据企业的姓名和年份匹配,也就是说,如果两个企业在同一年在两套数据中都有相同的名字,那么这两个企业应该是同一个企业,这样如果使用原始的工业企业数据,我们可以匹配 83 679 家企业。如果使用筛选过后的企业数据,则可以匹配 69 623 家企业。

然后我们使用了另外一种匹配技术,通过企业的邮政编码和最后七位的电话号码进行匹配,因为在每一个邮政地区中,企业的电话号码都是不同的。尽管这个方法很直观,但是仍然存在很多细微的实际操作的困难(比如在企业数据中电话是包括分机号的,但是在海关数据中却没有),因此我们采用了电话后七位作为企业匹配的近似处理。

企业在每套数据中都有可能有名称、电话或邮编的缺失,为了保证我们的匹配可以尽可能包括更多的企业,我们同时使用这两种匹配方法,只要企业可以通过任何一种方法成功匹配,就将它纳入合并数据中。如此,用原始工业企业数据成功匹配的企业数上升到 90 558 个。与其他类似的文献比较,我们的匹配数目与它们大抵一样甚至更好。最后我们用筛选后的严格的企业数据匹配,得到 76 823 家企业。应该指出的是,合并的成功率相对比较高,合并后的数据库中企业的总出口额占了规模以上的数据库的出口额一半以上,与其他相关研究如 Ge et al. (2011)的匹配成功率相当。

第四节 度量和实证

一、企业中间投入品关税（FIT）

一个企业可以生产多种产品，因此一种产品的关税对不同企业的出口销售比影响是不同的，所以构建一个度量每个企业面临的关税的指标就非常重要了。如前所述，我国有两种进口方式，即加工进口和一般进口。原则上讲，加工进口是免关税的，但是不同的加工进口方式也有不同的政策。特别是来料加工是完全免征关税的，而与此相对的进料加工，则是"先征后退"：要对进口的原料先征收进口关税，而后当企业出口最终产品时再全额退还，因此进行进料加工的企业对现金流有着更大的需求，并且企业需要支付这期间的关税产生的利息。因此我们建立如下的企业层面的中间品关税指标（FIT）。

$$\text{FIT}_{it} = \sum_{k \in \dot{\Theta}} \frac{m_{it}^k}{\sum_{k \in \Theta} m_{it}^k} \tau_t^k + 0.05 \sum_{k \in \tilde{\Theta}} \frac{m_{it}^k}{\sum_{k \in \Theta} m_{it}^k} \tau_t^k \tag{6-10}$$

其中，m_{it}^k 是企业 i 在 t 年对产品 k 的进口额，τ_t^k 是产品 k 在 t 年的从价关税，$\dot{\Theta}$ 是企业一般进口的产品集合，$\tilde{\Theta}$ 是除去来料加工以外的所有加工进口产品的集合，Θ 是所有进口产品的集合。也就是说，如果记 $\hat{\Theta}$ 是来料加工进口的产品集合，那么则有 $\dot{\Theta} \cup \tilde{\Theta} \cup \hat{\Theta} = \Theta$。因为来料加工进口完全免税，所以不出现在式（6-10）中。式（6-10）包括两个部分，第一项度量的是所有一般进口产品的平均关税，而第二项度量的是非来料加工的其他加工进口产品在加工期间所需支付的关税的利息，我们根据 Hsieh and Klenow（2009）将实际利率定在 0.05。① 每个产品 k 的关税前乘以的是其进口在所有进口中间品中所占的比重，作为这种产品的关税的加权项。

二、企业外部关税

为了度量企业出口目的国的关税下降，我们构建了一个企业层面的外部关税指标：

$$\text{FET}_{it} = \sum_k \left[\left(\frac{X_{it}^k}{\sum_k X_{it}^k} \right) \sum_c \left(\frac{X_{ikt}^c}{\sum_c X_{ikt}^c} \right) \tau_{kt}^c \right] \tag{6-11}$$

其中，τ_{kt}^c 是 c 国在 t 年对产品 k 征收的进口关税。企业可能对多个国家出口

---

① 改变这个实际利率的大小并不会影响我们的主要回归结果。

多种产品,因此在第二个括号中的比例 $X_{ikt}^c \Big/ \sum_c X_{ikt}^c$ 度量的是企业 i 出口产品 k 到 c 国占其出口的产品的总量的比重,以这个比例作为 c 国对产品 k 征税的权重。类似地,第一个括号里 $X_{it}^k \Big/ \sum_k X_{it}^k$ 度量的是企业出口产品 k 占其全部出口产品的比重。

同样地,我们控制了行业层面的我国最终产品的进口关税,最终品进口关税的下降提高了进口部门的竞争。要控制进口竞争的影响,最佳的办法是通过每种商品的内销额构建一个平均最终品的关税指标。但是我们的数据中没有每种产品内销额的信息,一个近似的办法是假设每种产品占所有产品总内销的比重和出口的比重是一样的(如 Yu,2015)。但是这个假设在本章中不可行,因为我们所要考察的是企业的出口占总销售的比例,因此我们使用行业层面的最终品关税作为控制变量。

三、计量设定

为研究中间投入品关税的下降对企业出口强度的影响,我们考虑如下的回归方程。

$$\text{Exp\_int}_{ijt} = \alpha_0 + \alpha_1 \text{FIT}_{it} + \alpha_2 \text{FIT}_{it} + \alpha_3 \text{FIT}_{it} \times \text{PE}_{it} + \alpha_4 \text{OT}_{jt}$$
$$+ \alpha_5 \text{OT}_{jt} \times \text{PE}_{it} + \alpha_4 \text{PE}_{jt} + \boldsymbol{\theta} \boldsymbol{X}_{it} + \eta_i + \zeta_t + \varepsilon_{it} \quad (6\text{-}12)$$

其中,Exp_int_{ijt} 度量的是行业 j 中的企业 i 在 t 年的出口强度;如前所述,FIT_{it} 和 FET_{it} 度量的是企业层面的加权的中间投入品关税和外部关税;PE_{it} 是度量企业 i 在 t 年是否进行加工贸易的哑变量;OT_{jt} 是企业所在行业在 t 年的最终品关税;X_{it} 指代企业的其他特征,比如所有权结构(如国有企业或者跨国公司)、企业规模(以劳动力度量)和企业生产率。最后我们考虑了三种残差项:(1) 企业固定效应 η_i,度量企业不随时间变化的特征,如厂址等;(2) 年份固定效应 ζ_t,度量不随企业变化的时间特征,比如中国在 2001 年加入 WTO,在 2005 年人民币升值;(3) 还有一项随企业和年份不同的特质的残差项 ε_{it},假设服从正态分布 $\varepsilon_{it} \sim N(0, \sigma_i^2)$,用来控制其他不可预料的影响因素。

第五节 实 证 结 果

一、基准回归

虽然合并后的样本总出口额占规模以上企业总出口的一半以上,但仍然有一部分企业因各种非技术因素(如名称不同或电话、邮编缺失)无法匹配,所以我们的合并肯定有一定的磨损率,就自然会问这样的磨损率是否会影响回归的结果,因此我们首先进行的是全样本数据和合并样本的回归结果比较。表6-2的(1)列中报告的是用全部企业样本的回归结果。因为没有与产品层面的贸易数据合并,企业样本中不包括产品的信息,也就无法度量企业层面的中间品关税。因此我们在基准回归中去掉了企业的中间品关税,只保留了行业层面的最终产品关税,在2位行业代码上度量,我们主要观察最终品关税对出口强度的影响。表6-2(2)列中包括了更多的控制变量比如国有企业指标和外资企业的指标,并且得到了与表6-2(1)列一致的结论。表6-2(3)列中去掉了出口强度的极端值(即0和1)重复(2)列的回归。

表6-2 基于最小二乘回归

出口强度 (Exp_int)	合并前样本			合并后样本		
	(1)	(2)	(3)	(4)	(5)	(6)
行业最终品关税	0.544***	0.403*	0.540***	0.012***	0.011***	0.010**
	(98.71)	(81.13)	(42.91)	(59.40)	(49.24)	(49.24)
国有企业		-0.062***	-0.222***		-0.163***	-0.175***
		(-68.42)	(-57.63)		(-27.39)	(-25.57)
外资企业		0.308***	0.128***		0.185***	0.140**
		(266.5)	(75.60)		(83.22)	(59.92)
去掉出口强度为0或1	否	否	是	否	否	是
观察值数目	725 993	725 993	172 137	124 618	124 618	87 349
R^2	0.02	0.16	0.06	0.03	0.08	0.08

注:括号内为 t 值,*、**、*** 分别表示在10%、5%、1%水平上显著,下同。

作为两套数据的对比,表6-2中后面几列用合并后的数据重复了(1)—(3)列的回归,可见行业最终品关税的影响在合并样本中的作用和全样本中的是一致的,有相同的方向和统计显著性,这显示了我们合并的数据在回归结果上是可以代表全体样本的结果的。

在表6-2中的所有回归中,企业的所有结构始终非常重要。外资企业对出口强度有正向显著的作用,而控制了时间和企业的固定效应之后国有企业的系数变成负向显著,说明国有企业将更大比重的产品销售到国内。

在开始实证分析之前,有必要检查一下出口强度在全样本和合并后的样本中的分布是否一致。如果不一致,那么回归结果必将遭到质疑。如图6-1

所示,企业的出口强度在全样本中的分布为 U 形,而在图 6-2 中,出口强度在合并后的样本中仍然遵循类似形状的分布。在出口强度的极值点(即 0 和 1)上两幅图的分布有所差别,但这是因为在全样本中 72% 的企业不出口,而与贸易数据合并后只有 17% 的企业不出口,而只有或者进口或者出口的企业才出现在贸易数据中。因此从分布的角度而言,合并后的数据仍然是全数据的很好的样本代表。最后,如 Ahn et al.(2011)建议的,贸易公司与其他企业 i 相比在生产率和销售上都会有所不同,比如间接出口商会把他们全部的商品销售到海外。因此我们把间接出口和进口商从我们的样本中剔除出去。

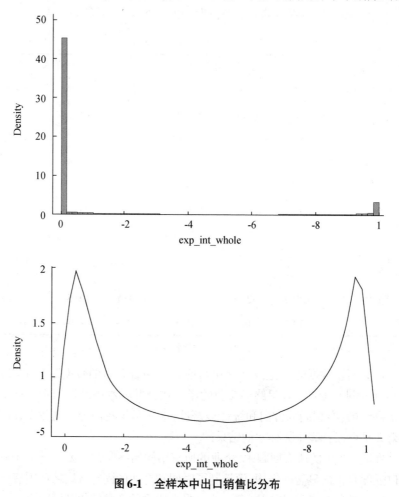

图 6-1　全样本中出口销售比分布

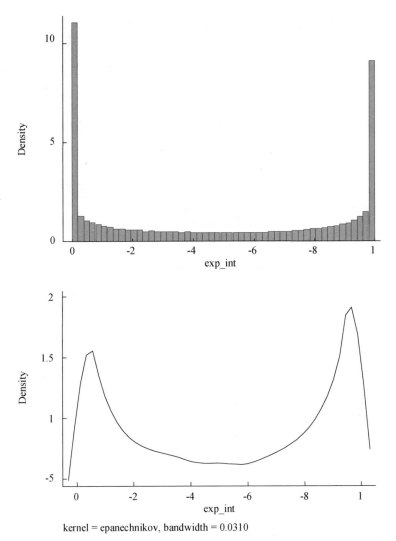

图6-2 合并样本中出口销售比分布

为了研究企业中间投入品关税下降的影响,我们首先在图6-3中直观展示了加总到行业以后出口销售比和中间品关税的关系,图中显示出明显的负向关系。当然这可能是其他因素导致的,如前所述,最终品的进口关税,还有国外对我国出口企业征收的进口关税的下降都会影响企业的出口强度。因此在回归中我们控制了行业的最终品关税和企业面临的外部关税(即前面构造的FET指标),同时我们也控制了企业的所有制结构(国有企业还是外资企业)和贸易类型(一般贸易还是加工贸易),回归的结果汇报在表6-3中。

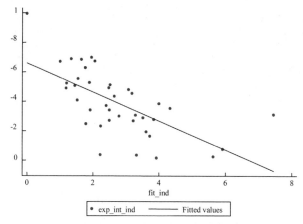

图 6-3　企业中间品关税和出口销售比

表 6-3　企业中间品关税下降对出口强度的影响

出口强度(Exp_int)	(1)	(2)	(3)	(4)	(5)
企业中间品关税	-0.002***	-0.002***	-0.002***	-0.002***	-0.002***
	(-4.75)	(-4.67)	(-7.56)	(-4.83)	(-7.89)
行业最终品关税	0.0004	-0.0001	-0.0001	-0.0002	0.0001
	(1.20)	(-0.17)	(-0.20)	(-0.49)	(0.01)
行业最终品关税 加工贸易哑变量		0.001***	0.001***	0.001***	0.001***
		(2.92)	(3.16)	(3.11)	(3.07)
企业外部关税	-0.000	0.000	-0.000	-0.000	-0.000
	(-1.07)	(0.11)	(-0.16)	(-0.26)	(-0.41)
企业外部关税 加工贸易哑变量		-0.000*	-0.000	-0.000	-0.000
		(-1.92)	(-0.44)	(-1.16)	(-0.88)
加工贸易指标	0.001	-0.013**	-0.011**	-0.016***	-0.013**
	(0.25)	(-2.27)	(-2.19)	(-2.71)	(-2.33)
国有企业	0.019	0.019	0.011	0.017	0.011
	(0.97)	(0.98)	(0.69)	(0.90)	(0.62)
外资企业	0.033***	0.033***	-0.001	0.021*	-0.010
	(2.74)	(2.74)	(-0.11)	(1.65)	(-0.84)
去掉出口强度为0	否	否	是	否	是
去掉出口强度为1	否	否	否	是	是

(续表)

出口强度(Exp_int)	(1)	(2)	(3)	(4)	(5)
年份固定效应	是	是	是	是	是
企业固定效应	是	是	是	是	是
观察值数目	79 212	79 212	67 086	68 420	56 294
R^2	0.01	0.01	0.01	0.01	0.01

首先我们要考察的是企业中间品关税的下降的总体影响,因此在(1)列中我们没有加入任何交互项。在控制了企业固定效应和年份固定效应之后,可见企业的中间品关税下降导致了更高的出口强度,尽管行业的最终品进口关税和企业外部关税都没有显著的影响。如回归方程中所示,加入了加工贸易哑变量和最终品进口关税,以及和企业外部关税的交差项之后,无论是影响的方向还是统计显著性都没有改变。

但是因为样本中存在大量非出口国内企业(占17%),以及大量纯出口企业(占12%),这些企业可能会影响回归的结果。同时有一些企业自己不进行生产而是为其他企业代理进出口(Ahn et al.,2011),这些企业的出口强度也是1。因此在表6-3(3)—(5)列中我们去掉了这些出口强度为0或者1的企业。这样处理之后回归结果与之前一致,企业中间投入品关税的下降显著提高了出口强度。

二、影响渠道

很自然地,我们会考虑为什么中间品的关税下降会导致企业的出口强度提高。中间品关税的下降促使企业进口更多种类的中间投入品,但更多的中间投入品是否会导致企业出口强度的上升呢?

为了检验这个假设,我们将进口品数目放入到回归中,结果显示在表6-4中,(1)列里我们只加入了进口品种类,可以看到进口品种类越多,企业中间投入品关税越低,企业的出口强度越高;(2)列中我们加入进口品种类和各项关税的交互项,其系数仍然显著,且进口品种类越多的企业中间品关税下降对出口强度的促进作用越大,这说明中间进口品关税的下降的确通过企业进口品种类影响着企业的出口强度。[1] 这说明企业中间品关税下降对出口强度的影响的确是通过进口品种类起作用的。

---

[1] 注意,去掉了出口强度为0和1的极端值,重复前两列的回归,我们依然得到和(1)—(2)列一致的结论。为节省篇幅,这里略去不报。

表 6-4　关税下降对出口强度影响的渠道

因变量	(1) 出口强度	(2) 出口强度	(3) 企业生产率	(4) 出口强度	(5) 出口强度	(6) 出口对数
企业中间品关税	-0.002***	-0.002***	-0.000	-0.001***	-0.003**	-0.018***
	(-4.25)	(-3.44)	(-0.18)	(-3.38)	(-2.56)	(-2.83)
企业中间品关税 企业进口品种类		-0.000 (-1.10)	-0.000* (-1.73)	-0.000 (-1.22)	-0.000 (-1.37)	-0.000 (-0.23)
企业全要素生产率	-0.025***	-0.025***		-0.018***	-0.015	0.374***
	(-6.23)	(-6.09)		(-3.62)	(-1.37)	(5.01)
企业进口品种类	0.000**	0.001***	0.001**	0.001***	0.001	0.003
	(2.48)	(9.12)	(2.28)	(7.12)	(1.47)	(0.93)
企业全要素生产率 企业进口品种类				-0.000** (-2.51)	-0.000 (-0.39)	0.000 (0.27)
行业最终品关税	0.000	0.001	-0.000	0.001**	0.000	-0.001
	(0.59)	(1.18)	(-0.27)	(2.14)	(0.17)	(-0.16)
行业最终品关税 加工贸易哑变量	0.001 (1.25)	0.001* (1.83)	-0.000 (-0.63)	0.000 (0.38)		
行业最终品关税 企业进口品种类		-0.000*** (-14.01)	0.000** (2.48)	-0.000*** (-14.14)	-0.000 (-0.87)	0.000 (1.09)
企业外部关税	-0.000	-0.000	0.000	-0.000	-0.000	-0.001
	(-0.90)	(-0.38)	(0.17)	(-0.33)	(-0.68)	(-0.52)
企业外部关税 加工贸易哑变量	-0.000 (-0.57)	-0.000 (-0.37)	-0.000 (-0.76)	-0.000 (-0.65)		
企业外部关税 企业进口品种类		-0.000 (-0.44)	0.000 (0.57)	-0.000 (-0.31)	0.000 (0.74)	-0.000 (-0.02)
加工贸易哑变量	-0.009	-0.011*	0.002	-0.011*		
	(-1.43)	(-1.86)	(0.19)	(-1.86)		
国有企业	0.024	0.021	0.009	0.021	0.019	0.311*
	(1.19)	(1.04)	(0.35)	(1.03)	(0.60)	(1.65)
外资企业	0.033***	0.033***	-0.004	0.033***	0.000	0.457**
	(2.61)	(2.60)	(-0.26)	(2.61)	(0.01)	(2.35)
是否覆盖加工贸易企业	是	是	是	是	否	否
年份固定效用	是	是	是	是	是	是
观察值数目	68 903	68 903	68 903	68 903	15 627	12 477
R^2	0.01	0.02	0.06	0.02	0.02	0.16

此外,一个很重要的可能性是中间品对于生产率的贡献。中间品关税的下降使企业中间进口品上升,而这有可能会促进企业的生产率,生产率的提升又有可能会影响企业的出口强度。我们现在通过实证回归来检验这个渠道。首先,在表6-4的(3)列中,参考余淼杰(2011),我们计算出用 Olley-Pakes(1996)法估算的企业全要素生产率,并把它作为因变量对企业进口中间品进行双向固定效应回归。在控制了大量的其他相关变量后,我们发现,进口中间品变量系数显著为正,企业进口中间品的增加的确会提升企业的生产率。

那么,企业的生产率的提升会不会也增加企业的出口强度呢? 表6-4(4)列依然以企业出口强度为因变量,但新加入企业生产率与进口中间品的交互项。可以发现,生产率变量为负且显著,同时企业生产率与进口中间品的交互项也为负且显著。这表明,生产率越高,企业出口强度越低,内销比重越高。同时,进口品种类越多的企业生产率变化对出口强度的影响也越大。乍一看,生产率越高企业出口强度越低的发现,似乎与我们的经济直觉不同。但事实上,早已有学者有这个相同发现(如李春顶,2009; Dai et al., 2012)。一个主要原因是加工贸易的存在。大量的加工贸易企业生产率较低,但因加工贸易的特性,它们的出口强度又很高。为验证这个假说,我们在(5)列中去掉了所有做加工贸易的企业,结果发现生产率对出口强度的影响不再显著。不过,现在因变量还是出口强度,更为直接地,在(6)列中我们直接地用企业出口对数作因变量,可以发现在剔除了加工贸易后,生产率越高的企业出口得越多。

我们已经发现中间品关税的下降会通过进口中间品的增加来提高企业的出口强度。之所以进口中间品的增加会提高企业的出口强度,则可能是通过下面三个机制。

首先,中间品关税的下降降低了企业的生产成本,因而提高了企业的利润,这样减少了企业在进入出口市场面临的信贷约束等限制(Feenstra-Li-Yu, 2014),也就是降低了企业进入出口市场的门槛。

对于那些已经在国外销售的企业,中间品关税的下降导致出口强度上升有两方面的机制:一方面,如我们的模型所刻画的,由于生产出口品的企业比生产内销品的企业有更好的外国网络和信息,因此可以更有效地接触国外中间品市场,也就可以获得质量更高的进口投入品,中间进口品关税的下降使得生产出口品的部门优势扩大,生产出口品相对生产内销品利润增加,因此企业提高出口的比重。另一方面,即使我们不考虑中间进口品比国内进口品拥有较高质量,而允许企业对于国内外生产同一种产品的生产函数相同(质量相同),只要用于生产出口品所用的进口中间品比国内中间品数量较多,中间品关税的下降同样会导致出口强度上升。这是因为中间品关税的下降会使企业出口部门受益更多,从而出口相对于内销增长得更快。

在以上的三个机制中,如果第一个机制存在,我们应该可以看到中间投入品关税的下降将导致更多的企业进入出口市场。而如果第二、第三个途径存在,即生产出口品需要的进口投入品质量更优或数量更多,那么当进口品关税下降时,用它们生产出口品更能增加企业的利润,因此相对而言,企业会扩大出口品的种类,以及每种产品的出口额度,从而提高了出口的比重。所以如果这条影响途径存在,我们应该看到企业中间进口品关税的下降提高了企业的出口品种类。基于这个逻辑,我们在下面的回归中考察了企业中间品关税的下降对不同类型企业的出口强度的集约边际(intensive margin)和广延边际(extensive margin)的影响。

在表6-5中,我们将企业分成了三组,之前没有出口本期刚刚开始出口的企业,即"新出口企业";之前出口本期继续出口的企业,称为"持续出口企业";还有上期出口但是这期不再出口的企业,叫做"退出出口企业",当然还有"始终不出口企业"。在(1)列中,我们利用新出口企业和始终不出口的企业的数据考察了中间品关税的下降对企业进入出口市场的动机的影响,结果显示中间品关税下降,企业有更大的动机参与到出口行为中,也就是说,会有更多的出口企业进入出口市场。(2)列中,我们对新出口企业的样本进行回归,发现对这些新出口企业而言,企业面临的中间品关税下降越厉害,其出口强度越大,因此可见企业中间品关税的下降不仅在广延边际也在集约边际上提高了出口内销的比例。在(3)、(4)列中,类似在(1)、(2)列中的情况,我们考察了企业中间品关税的下降对企业退出出口市场的动机的影响,以及对退出企业的出口强度的影响。结果显示企业的中间品关税下降不是导致企业退出出口市场的重要原因,对退出的企业的出口销售比的影响也微弱。而在最后两列中,我们对持续出口企业进行分析,考察其中间品关税下降对出口产品的种类和出口强度的影响。在最后一列中,由于企业出口产品的种类是个整数,因此标准的固定效用 OLS 回归不再适用,而应该采用负二项式(negative binomial)回归(Cameron and Trivedi,2005)。结果发现,中间品关税的下降,促进了持续出口企业出口更多的产品种类,并且提高了这些企业的出口销售比。

表 6-5　企业中间品关税下降与企业进入和退出出口市场

企业类型 被回归项	新出口企业		退出出口企业		持续出口企业	
	出口 与否	出口 强度	退出 与否	出口 强度	出口 强度	出口品 种类
计量方法	Probit (1)	FE (2)	Probit (3)	FE (4)	FE (5)	Neg. Binomial (6)
企业中间品关税	-0.009***	-0.002*	-0.000	-0.001	-0.002***	-0.007***
	(-6.00)	(-1.77)	(-0.24)	(-0.84)	(-3.15)	(-4.17)
行业最终品关税	0.005***	-0.001	0.004*	-0.003*	-0.001	-0.001
	(2.79)	(-0.41)	(1.89)	(-1.68)	(-1.33)	(-0.67)
行业最终品关税 加工贸易指标	-0.004**	-0.000	-0.003	0.003	0.002***	0.002
	(-2.08)	(-0.04)	(-1.08)	(-1.44)	(-2.72)	(0.85)
企业外部关税	-0.002**	-0.001	-0.000	0.000	-0.001	0.001
	(-1.99)	(-0.89)	(-0.41)	(0.57)	(-0.75)	(0.71)
企业外部关税 加工贸易指标	0.001	0.001	0.001	0.001	0.001	0.001
	(1.57)	(0.94)	(1.05)	(0.52)	(0.16)	(0.45)
加工贸易指标	0.128***	-0.017	0.101***	-0.047*	-0.022**	-0.042
	(4.65)	(-0.65)	(3.05)	(-1.90)	(-2.31)	(-1.37)
企业生产率	-0.102***	-0.039***	0.039**	-0.031**	-0.042***	0.054***
	(-6.56)	(-2.87)	(2.22)	(-2.04)	(-4.76)	(2.95)
国有企业	-0.202***	-0.047	0.346***	0.039	-0.001	-0.097
	(-4.20)	(-1.25)	(7.21)	(1.28)	(-0.02)	(-1.02)
外资企业	0.089***	-0.075*	0.134***	0.006	-0.028	0.258***
	(6.95)	(-1.66)	(8.57)	(0.11)	(-1.19)	(3.80)
观察值数目	65 422	21 624	46 862	32 098	18 053	11 677
R^2	—	0.02	—	0.01	0.02	—
年份固定效应	是	是	是	是	是	是
行业固定效应	是	否	是	否	否	否
企业固定效应	否	是	否	是	是	是

这一组的回归告诉我们两个结论。第一个结论是企业中间品关税的下降促进更多企业进入出口市场,增加了出口企业的数目。结合上面一段的分析,这个结论提示我们中间品关税下降提高出口强度的第一条途径是成立的。即中间品关税下降增加了进口品种类,降低了出口成本,增加了企业利润,克服了企业进入出口市场的壁垒,从而带动更多企业开始出口。第二个

计量结论是中间品关税的下降同时增加了企业出口产品的种类。同样结合上面的分析,这个结论告诉我们中间品关税下降提高出口强度的第二条途径也是存在的。即中间品关税下降促进了使用更优质进口投入品的出口品生产部门扩大生产,因此出口内销的比例提高。

那么,出口部门是否比非出口部门使用更多的进口中间品呢?为验证这一点,我们首先计算出各企业的进口中间品比率,即进口中间品比上所有中间品。如果我们的假设是对的,我们将会看到出口企业会比非出口企业的进口中间品比率更高。而且,纯出口企业比非纯出口企业的进口中间品比率也会更高。表6-6首先给出各组的均值。可以发现:出口企业会比非出口企业(纯出口企业比非纯出口企业)的进口中间品比率更高。接着,我们分别对每个出口企业根据销售值、生产率、企业规模找出在非出口企业的最近匹配企业(nearest-neighbor matching),然后再比较其进口中间品比率。从表6-6中可见,不管是用对处理项的平均处理额(ATT)还是对控制项的平均处理额(ATC)两种方法,出口企业都会比非出口企业的进口中间品比率高约0.7个百分点,纯出口企业比非纯出口企业更是高出约2.3个百分点。

表6-6 进口中间品比率

进口中间品比率	平均值		ATT		ATC	
	处理组	控制组	系数	t值	系数	t值
纯加工贸易企业包括在内出口与非出口企业	0.825	0.802	0.007***	(4.68)	0.006***	(3.57)
纯出口与非纯出口企业	0.879	0.803	0.023***	(10.66)	0.024***	(11.91)
纯加工贸易企业不包括在内出口与非出口企业	0.079	0.077	0.007***	(4.50)	0.006***	(3.07)
纯出口与非纯出口企业	0.108	0.075	0.024***	(10.16)	0.022	(10.83)

需要指出的是,对于纯加工出口企业而言,它们的生产率相对较低,利润也较薄,而根据这类企业的特性,自然而然会利用更多的进口中间品。因此,有必要知道把纯加工贸易企业剔除的话,是否也能得到出口部门比非出口部门使用更多的进口中间品的结论。所以,我们在第二组中把纯加工贸易企业剔除,我们同样发现出口企业会比非出口企业(纯出口企业比非纯出口企业)的进口中间品比率更高。

三、内生性

(一) 企业中间品关税下降的两个来源

在前面的回归中,我们得到了基本结论:企业中间品关税下降提高了企业的出口销售比。并且我们证明了两条可能的影响途径。但是在前面的分析中还存在一些内生性问题需要处理。首先我们需要认识到企业中间品关税下降的两种不同来源。

一种类型的企业中间品关税下降是普通的中间进口品产品关税的下降(即 FIT 度量式中的 τ 下降),这正是本章研究的关注点。但是还存在另一种的企业中间品关税下降:企业自主选择多进行加工贸易造成企业中间品关税的度量下降。具体来说,回忆企业中间品关税(FIT)的度量式,企业面临的中间品关税由两部分组成,一部分是一般进口的关税,另一部分是加工贸易进口的利息,而这一部分远小于一般贸易的关税,因此即使 τ 没有任何改变,当企业自主选择更多地增加加工贸易进口时,一方面会拉动 FIT 值的下降,另一方面会带来出口销售比的增加,因此二者呈现出显著的负向的共变关系。由于中国加工贸易企业比重很大,这种由于企业自主选择加工贸易造成的 FIT 下降同时出口销售比上升的现象是可能存在的。因此要分析中间品关税的下降对出口销售比的因果影响,我们必须控制住这一类型的中间品关税下降带来的干扰。

首先我们要检验这两种类型的企业中间品关税下降是否都存在,是否都对企业的出口强度有影响。为此,我们必须将这两种类型的中间品关税下降区分开来。我们考察三类企业,(1) 纯一般贸易企业,即那些只进行一般贸易进口中间品的企业;(2) 纯加工贸易企业,即只加工进口中间品的企业;(3) 混合贸易企业,即两种类型的进口都进行的企业。在前两类企业中,不存在调整加工贸易比重的问题,其所有的企业中间品关税下降都来自产品关税下降自身的原因。因此我们将利用这两类企业研究纯粹的产品关税下降的影响。但是在混合贸易企业中,两种企业中间品关税下降的来源都可能存在,为了剔除产品关税 τ 下降的原因,只关注加工贸易比重调整带来的企业中间品关税的改变,我们将混合贸易企业的企业中间品关税(FIT)中的产品关税 τ 固定在 2000 年,而不是像之前使用当期的关税。这样做就可以控制产品关税 τ 的改变带来的 FIT 的改变,因此所有的企业中间品关税的下降都来自于加工贸易的调整。

在表 6-7 的(1)、(2)列中我们分别对所有纯一般贸易企业和纯加工贸易企业进行回归,在控制了各种固定效应之后可见中间品关税的下降显著提高了企业出口强度。这说明产品关税 τ 的下降对企业出口内销比的确存在拉动作用。在(3)列中我们对所有混合贸易企业回归,其中我们用的企业中间品关税是用 2000 年的 τ 替换了当期的 τ,结果显示在控制了当期的产品关税变化之后,企业中间品下降全部来自加工贸易的调整,而这种调整的确同时带来了企业中间品关税下降,和企业出口强度的上升。

表 6-7　企业中间品关税下降的两个来源

出口强度	纯普通贸易企业	纯加工贸易企业	混合贸易企业	转型企业		
				纯普通到混合	纯加工到混合	混合到非混合
	(1)	(2)	(3)	(4)	(5)	(6)
企业中间品关税	-0.002***	-0.044*		-0.004**	-0.002	-0.001
	(-5.21)	(-1.68)		(-2.04)	(-0.10)	(-0.39)
企业中间品关税			-0.001***			
（固定产品关税）			(-2.96)			
行业最终品关税	-0.000	0.004	0.000	0.001	0.005	-0.000
	(-0.76)	(1.59)	(0.68)	(0.66)	(0.85)	(-0.19)
企业外部关税	-0.000	-0.000	0.000	-0.000	-0.000	0.000
	(-0.50)	(-0.79)	(0.30)	(-0.50)	(-0.68)	(0.19)
国有企业	0.008	0.021	0.014	0.023	—	0.005
	(0.43)	(0.12)	(0.47)	(0.27)		(0.06)
外资企业	-0.011	0.071	0.029	0.060	0.416**	0.006
	(-0.66)	(1.28)	(1.63)	(1.37)	(2.32)	(0.07)
年份固定效应	是	是	是	是	是	是
企业固定效应	是	是	是	是	是	是
观察值数目	31 740	8 063	46 831	12 524	3 644	9 395
R^2	0.01	0.01	0.01	0.01	0.03	0.02

进而在后面三列中,我们分别考察了企业中间品关税下降对不同的转型企业的影响。我们考察了从上一期做纯一般贸易转型到混合贸易的企业,从纯加工贸易转型到混合贸易的企业,以及从混合贸易转型到非混合贸易的企业。结果显示对从纯一般贸易转型到混合贸易的企业而言,FIT 的下降对出口强度提升的作用显著,而对另外两种企业而言则不显著。这进一步说明对混合企业而言,自主选择提高加工贸易是造成 FIT 和出口强度显著的反向关

系的重要原因。通过这一组回归分析,我们证明了企业中间品关税(FIT)的下降的确存在两种不同的来源,并且这两种类型的下降都在发挥着作用。这说明我们必须在计量分析中控制住企业自主调整加工贸易的行为,才能准确地评估中间品关税 τ 的下降对企业出口销售比的真实作用。因此我们在下面一部分的分析中,将企业进行加工贸易的行为内生化,从而控制了企业自主增加加工贸易比重带来的共变。

(二) 加工贸易的内生性

在之前的所有回归中,加工贸易的指标都是 0 或者 1 的哑变量,在下面的回归中,我们将把加工贸易内生化,因为加工贸易在很大程度上取决于企业的各项综合因素,因而相对于企业的出口与内销行为而言,很难说是完全外生的。因此我们用 Heckman 两步法将加工贸易内生化,纳入到原先的回归方程中。第一步,给定上一期的企业生产率等特征下,我们用 Probit 回归估计出预期企业进行加工贸易的概率,并计算出逆向米勒比率(inverse Mill's ratio);第二步,我们用估计出来的加工贸易概率替换原先的加工贸易哑变量,并将逆向米勒比率加入到控制变量中。Heckman 两步法要求在第一步回归中显著但在第二步回归中不显著,这里我们用的是企业的年龄。第一阶段回归的结果列在表6-8中,企业是否进行加工贸易很大程度上取决于企业生产率、企业属性和企业年龄。我们发现企业年龄越大,出口的概率越高。它在统计上是高度显著的。

表 6-8 企业是否进行加工贸易的概率估计(Probit)

变量	系数	变量	系数
生产率对数	-0.007	外资企业	1.008**
	(-0.55)		(105.6)
国有企业	-0.015	企业年龄	0.009**
	(-0.41)		(16.34)

注:被解释变量为企业是否进行加工贸易的指标,回归控制了年份和企业的固定效应。

表 6-9 的(1)列中,我们用估计的加工贸易概率代替加工贸易哑变量,用全体样本进行基准回归,企业中间品关税下降对出口销售比有显著提升作用,而加工贸易企业相对于非加工贸易有显著更高的出口销售比。企业生产率越高的企业出口强度越低,这个结论与许多学者用中国企业数据的研究一致(如 Lu, 2011; Dai et al., 2012)。在表6-9(2)列中,我们去掉了出口强度为 0 或者 1 的极端值样本,中间品关税下降的影响不变。

表 6-9 控制加工贸易的内生选择

出口强度 (Exp_int)	加工贸易概率			加工贸易比重	
	(1)	(2)	(3)	(4)	(5)
企业中间品关税	-0.002***	0.002***	-0.002***	-0.003***	-0.003***
	(-4.13)	(-3.73)	(-5.65)	(-2.92)	(-4.45)
行业最终品关税	0.000	-0.001	0.000	-0.001	-0.001
	(1.04)	(-1.25)	(0.00)	(-0.80)	(-1.00)
行业最终品关税 加工贸易指标		0.004*	0.001	0.001	0.002**
		(1.65)	(0.62)	(1.04)	(2.36)
企业外部关税	-0.000	-0.000	-0.000	0.000	-0.000
	(-1.56)	(-0.87)	(-0.75)	(0.32)	(-0.02)
企业外部关税 加工贸易指标		0.000	0.000	-0.000	-0.000
		(0.70)	(0.64)	(-1.56)	(-1.27)
加工贸易指标	0.253***	0.214**	0.194**	-0.002	-0.007
	(3.32)	(2.05)	(2.05)	(-0.21)	(-0.65)
国有企业	0.021	0.018	0.014	0.045	0.037
	(0.99)	(0.75)	(0.69)	(1.19)	(1.12)
外资企业	-0.002	0.037*	-0.016	-0.041*	0.003
	(-0.08)	(1.72)	(-0.79)	(1.95)	(0.16)
企业生产率	-0.024***	-0.025***	-0.045***	-0.023***	-0.041***
	(-6.02)	(-6.10)	(-10.55)	(-3.93)	(-6.56)
企业年龄	0.000	0.001	0.000		
	(0.13)	(1.13)	(0.22)		
逆向米勒比率	0.062	0.124**	0.087**		
	(1.55)	(2.57)	(2.03)		
去掉出口强度为0或1	否	否	是	否	是
年份固定效应	是	是	是	是	是
企业固定效应	是	是	是	是	是
观察值数目	68 433	65 018	46 042	37 606	26 127
R^2	0.01	0.01	0.01	0.01	0.01

但是采用估计的加工贸易概率也不是完美的,它不能反映当期的真实加工贸易的比重。为此我们在表 6-9 的(3)、(4)列回归中用当期加工进口占

总进口的比重代替加工贸易哑变量,重复上面的回归。类似地,(3)列中是全体样本的回归,(4)列中是去掉有极端出口强度值的企业的回归。这组回归的结果与用加工贸易哑变量和估计概率回归的结果一致,即企业中间品关税的下降显著提高了出口销售比。

四、企业中间品关税(FIT)的内生性

在上面的小节中我们控制了回归式中加工贸易指标的内生性问题,但是这并没有完全解决在本部分第一小节中我们分析的问题,即 FIT 指标中企业调整加工贸易比重带来的 FIT 的内生性。更进一步,FIT 指标中的内生性问题还不仅限于此,下面我们讨论另外两种内生性问题。

首先,中间品关税 τ 的下降会影响企业进口该项中间品的比例,极端一点而言,如果一种中间品是生产某种最终品的关键投入,但是该项中间品的关税非常高,企业有可能不进口该项中间品而转而寻求其替代品,这样 FIT 的指标中就不含有该进口投入品的关税,FIT 因此显然被低估了。其次,当外国市场的需求改变导致企业多生产某种最终品时,企业就会相应多进口生产该种产品所需的进口中间品,因此 FIT 中该种中间品的比重就增加了,这就造成了反向因果问题。

为了解决这两种内生性问题,以及在本部分第一节中提到的企业调整加工贸易比重带来的内生性问题,仿照 Topalova and Khandelwal(2011),我们在下面的回归中采用固定权重的 FIT 指标代替原始 FIT。具体而言,就是将 FIT 指标中每种中间品关税的权重由当期的进口比重替换为 2000 年的进口比重,如下面的式子显示。这样做固定了每项中间品的关税 τ 的权重,解决了权重受到上面内生因素影响的问题。

$$\text{FIT}_{it}^{2000} = \sum_{k \in \Theta} \frac{m_{i,2000}^k}{\sum_{k \in \Theta} m_{i,2000}^k} \tau_t^k + 0.05 \sum_{k \in \tilde{\Theta}} \frac{m_{i,2000}^k}{\sum_{k \in \Theta} m_{i,2000}^k} \tau_t^k$$

用固定权重的 FIT 指标回归的结果显示在表 6-10 中。在(1)列中我们使用全体样本,并且控制了加工贸易比重及其与各项关税的交互项;在(2)列中我们控制了企业生产率,在(3)列中我们控制了企业规模,最后一列中我们同时控制了生产率和企业规模。结果显示当控制了企业生产率之后,企业的中间品关税下降仍然显著提高了企业的出口销售比,同时加工贸易比重越高的企业出口强度越大。这个结论都与前面一致。

表 6-10　使用固定权重的企业中间品关税回归

出口强度(Exp_int)	(1)	(2)	(3)	(4)
企业中间品关税(固定权重)	-0.001*	-0.001*	-0.002**	-0.002**
	(-1.66)	(-1.66)	(-2.32)	(-1.99)
行业最终品关税	0.000	0.000	-0.000	-0.000
	(0.65)	(0.65)	(-0.74)	(-0.23)
行业最终品关税加工贸易比重			0.001**	0.001**
			(2.50)	(2.13)
企业外部关税	-0.000	-0.000	-0.000	-0.000
	(-1.14)	(-1.14)	(-0.78)	(-0.95)
企业外部关税加工贸易比重			-0.000*	-0.000*
			(-1.81)	(-1.80)
加工贸易比重	0.017***	0.017***	0.011	0.012
	(3.85)	(3.85)	(1.63)	(1.52)
国有企业	0.043	0.043	0.031	0.031
	(1.54)	(1.54)	(1.32)	(1.26)
外资企业	0.043**	0.043**	0.016	0.011
	(2.49)	(2.49)	(1.10)	(0.62)
劳动力(对数)			0.008**	0.013***
			(2.57)	(3.28)
去掉出口强度为0	否	否	是	是
去掉出口强度为1	否	否	否	是
年份固定效应	是	是	是	是
企业固定效应	是	是	是	是
观察值数目	50 779	50 779	42 819	35 440
R^2	0.01	0.01	0.01	0.01

五、其他内生性

最后我们考虑其他可能存在的内生性问题,一种可能存在的情况是,当一个企业或者行业的产出比较低时,它们可能会向政府寻求保护或者优惠政策,其中就包括游说政府降低中间投入品的进口关税,以降低其生产成本,增加利润(Grossman and Helpman,1994)。虽然这种情况在中国不多,但是为了严谨,我们仍然控制了这种内生性。具体而言,我们在 FIT 指标的式子中,将当期产品关税 τ 替换为 1996 年的产品关税,以此新构造的固定关税 FIT 作为原始 FIT 的工具变量。同样,这样做一方面控制了中间产品关税 τ 受到当期企业产出影响的内生问题;另一方面仍然可以保证与当期的关税的紧密相关性,因此可以作为比较好的工具变量。

$$\text{FIT}_{it} = \sum_{k \in \overset{\circ}{\Theta}} \frac{m_{it}^k}{\sum_{k \in \Theta} m_{it}^k} \tau_{1996}^k + 0.05 \sum_{k \in \tilde{\Theta}} \frac{m_{it}^k}{\sum_{k \in \Theta} m_{it}^k} \tau_{1996}^k$$

回归结果显示在表 6-11 中。在(1)列中我们使用加工贸易的哑变量度量加工贸易,(2)列中使用内生化以后的加工贸易概率度量,(3)和(4)列中使用加工贸易比重度量,并在(4)列中去掉了出口强度的极端值。结果显示在每一列的回归中,企业中间品关税的下降都显著地提高了出口强度,这一结论与前面一致。在表格的下面我们附上了第一阶段回归的结果以及各项检测,回归显示,工具变量与 FIT 显著正相关,并且检验拒绝了弱检定的假设,进一步说明我们选用的工具变量有效。

表 6-11 工具变量回归:企业中间品关税对出口强度的影响

出口强度	加工贸易哑变量	加工贸易概率	加工贸易比重	
	(1)	(2)	(3)	(4)
企业中间品关税	-0.002***	-0.002***	-0.004***	-0.007***
	(-2.99)	(-3.02)	(-2.85)	(-5.14)
行业最终品关税	-0.002***	-0.002**	-0.001	-0.001
	(-3.78)	(-2.11)	(-0.71)	(-0.82)
行业最终品关税 加工贸易指标	0.001	0.006***	0.001	0.002**
	(1.51)	(2.74)	(0.90)	(2.05)
企业外部关税 加工贸易指标	0.000	-0.000	0.000	-0.000
	(0.17)	(-0.86)	(0.31)	(-0.04)
企业外部关税	-0.000***	-0.000	-0.000	-0.000
	(-1.98)	(0.69)	(-1.58)	(-1.29)
加工贸易指标	-0.009	-0.016	-0.004	-0.009
	(-1.35)	(-0.31)	(-0.31)	(-0.85)
国有企业	0.010	0.017	0.046	0.040
	(0.46)	(0.72)	(1.22)	(1.23)
企业生产率	-0.023***	-0.025***	-0.023***	-0.041***
	(-5.64)	(-6.09)	(-3.94)	(-6.57)

(续表)

出口强度	加工贸易哑变量	加工贸易概率	加工贸易比重	
	(1)	(2)	(3)	(4)
企业年龄		0.001		
		(1.12)		
逆向米勒比率		0.124**		
		(2.57)		
Kleibergen-Paap rk LM 统计量(χ^2)	9 980†	32 737†	1 456†	5 791†
Anderson-Rubin Wald 检测(χ^2)	942.0†	2 130†	305.6†	8.11‡
去掉出口强度为 0 或 1	否	否	否	是
年份固定效应	是	是	是	是
企业固定效应	是	是	是	是
观察值数目	49 943	49 589	24 556	6 108
R^2	0.15	0.01	0.01	0.01
第一阶段回归				
工具变量	0.343**	0.343**	0.354**	0.360**
	(142.8)	(145.9)	(96.74)	(76.01)
F 统计量	[20 441]	[21 300]	[9 358]	[5 778]

注：†(‡)表示 p 值低于 0.001(0.01)，小括号为 t 值，中括号为 F 值。

六、更多稳健性检验

（一）其他非线性设定形式

在前面的所有回归中我们使用的都是线性设定形式。但在实际生活中中间品关税的减免可能会对企业出口强度存在着非线性的影响。比如说，贸易自由化的影响可能会存在着一定的门限效应。为此，表6-12选取了企业中间品关税阈值分别取50%和75%的情况。在(1)列中我们汇报了企业中间品关税阈值大于50%的样本，(2)列则汇报了企业中间品关税阈值小于50%的样本。(3)列中汇报了企业中间品关税阈值小于75%的样本，(4)列则汇报了企业中间品关税阈值大于75%的样本。结果显示，采用不同的企业中间品关税阈值回归与我们之前的结论是基本一致的。

表 6-12　企业中间品关税阈值回归

因变量:企业出口强度	(1)	(2)	(3)	(4)
企业中间品关税阈值	>50%	<50%	<75%	>75%
企业中间品关税	-0.003***	-0.014***	-0.009***	-0.002***
	(-7.38)	(-4.10)	(-3.70)	(-3.14)
行业最终品关税	0.000	0.001	0.000	-0.001
	(0.41)	(1.42)	(0.02)	(-1.45)
行业最终品关税	0.000	-0.000	0.001*	-0.000
加工贸易哑变量	(0.05)	(-0.61)	(1.83)	(-0.23)
企业外部关税	-0.000**	-0.000*	-0.000	0.000
	(-2.01)	(-1.70)	(-0.62)	(0.14)
企业外部关税	0.000	0.000	-0.000	0.000
加工贸易哑变量	(1.20)	(0.96)	(-0.63)	(0.94)
加工贸易哑变量	-0.000	0.005	-0.012*	-0.004
	(-0.02)	(0.43)	(-1.82)	(-0.37)
国有企业	0.018	0.023	0.033	0.026
	(0.97)	(0.55)	(1.13)	(1.29)
外资企业	0.024	0.041	0.047***	0.018
	(1.62)	(1.54)	(3.33)	(0.86)
年份固定效应	是	是	是	是
企业固定效应	是	是	是	是
观察值数目	45 164	40 645	63 299	22 510
R^2	0.01	0.01	0.01	0.01

(二) 分位数回归

不少学者已经证明中国企业的出口强度的分布呈现 U 形,图 6-4 显示我们在控制了固定效应之后的残差项仍然具有 U 形分布,这也是为什么之前的回归中固定效应非常重要的原因。由于残差项的分布不是常规的正态分布,为谨慎起见,我们在下面采取分位数回归作为稳健性检验。

分位数回归是处理残差项分布非正态尤其是非对称的有效手段。其原理是利用最小化加权残差项绝对值,以此避免 OLS 回归产生的偏误(Koener,1978)。其目标方程为:

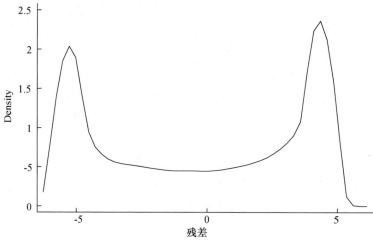

kernel = epanechnikov, bandwidth = 0.0373

图 6-4　固定效应回归残差值的分布

$$\beta_q = \arg\min \sum_{i: y_i \geq X_i\beta_q}^{n} q \mid y_i - X_i\beta_q \mid + \sum_{i: y_i \geq X_i\beta_q}^{n} (1-q) \mid y_i - X_i\beta_q \mid$$

其中 q 是分位数值。我们首先选取 25%、50%、75% 这三个分位数点进行估计,结果显示在表 6-13 中,第一列是 OLS 回归,作为对照,第二列至第四列是分位数回归,在每个分位数点,企业中间品关税下降都会显著提高出口销售比,这与之前的结论一致。

表 6-13　分位数回归

出口强度	OLS	25%分位数	50%分位数	75%分位数
企业中间品关税	-0.027**	-0.016**	-0.052**	-0.035**
	(-55.35)	(-56.49)	(-89.1)	(-189.2)
行业最终品关税	0.010**	0.010**	0.020**	0.005**
	(40.08)	(38.26)	(45.25)	(41.51)
企业外部关税	-0.0001	-0.0000	-0.001**	-0.001**
	(-1.46)	(-0.99)	(-10.21)	(-8.45)
截距项	0.469**	0.0641**	0.479**	0.920**
	(120.63)	(17.39)	(76.47)	(568.6)

下面我们数值拟合了在每个分位数点的回归系数,并将这些系数拟合成连续的图(见图 6-5)。

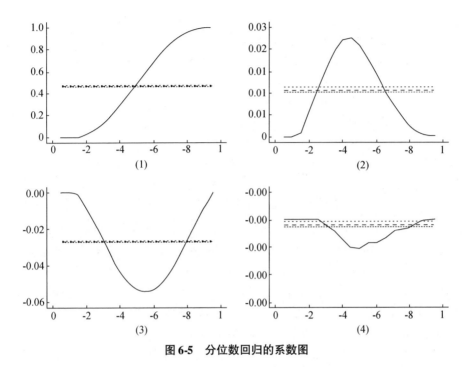

图 6-5 分位数回归的系数图

图 6-5 中显示了各个主要变量的系数在出口强度的不同分位数点上的值,其中第一个图是截距项的数值,第二幅图是行业最终品关税的系数,第三幅图是企业中间品关税的系数,最后一幅是企业外部关税的系数。我们主要看第三幅图,可见在任何分位数点的出口强度上,企业中间品关税对出口强度的影响都是负向的,也就是说,企业中间品关税的下降始终会提高企业的出口销售比。第二点可见,当企业的出口强度位于中间值时,也就是说,企业既进行出口,又进行内销的时候,中间品关税的下降对出口强度的影响最大,而当企业只进行内销或只进行出口时,企业中间品关税的下降作用则不明显。这一结论很符合直觉,第一,当企业不出口或者只出口很少产品时,企业的外国销售渠道和产品研发薄弱,此时中间品关税的下降并不是促进企业出口的最主要因素,而出口的固定成本以及外需的变动才更重要。第二,当企业只出口而很少进行内销时,这说明企业在国内市场的销售网络以及产品研发等方面很薄弱,企业主要进行的是加工贸易而非一般贸易,因此已经享受了零关税进口的优惠政策,中间品关税的下降对于主要进行加工贸易的企业激励显然很小。因此,只有对同时进行出口和内销的企业,相对于内销而言,企业中间品关税的下降对企业的出口促进最大。

（三）企业中间品贸易自由化的其他衡量指标

在我们之前使用的 FIT 的度量中，每种中间品关税的权重是其进口占全部中间品进口的比重。但如果企业大量使用本国中间品而非进口中间品，那该产品的相关权重就难以得到准确的衡量了。为避免这种情况，我们在最后的回归中使用另一种 FIT 的度量，我们将原先的度量式中的权重变成该中间品的进口占全部中间品消费的比重。如下式所示，改进的 FIT 的度量与原来的 FIT 具有如下关系：

$$\text{FIT}_{it}^{\text{Alt}} = \frac{\sum_{k \in \Theta} m_{it}^k}{\text{Input}_{it}} \left(\sum_{k \in \mathring{\Theta}} \frac{m_{it}^k}{\sum_{k \in \Theta} m_{it}^k} \tau_t^k + 0.05 \sum_{k \in \tilde{\Theta}} \frac{m_{it}^k}{\sum_{k \in \Theta} m_{it}^k} \tau_t^k \right)$$

其中，括号内是原先的 FIT 指标，括号外的分子项是全部进口的中间品，分母是全部消费的中间品。用新构造的 FIT 指标进行回归，结果显示在表 6-14 中。我们用加工贸易比重度量加工贸易，并控制了生产率、企业规模等不同因素，当我们去掉出口强度为 0 或者 1 的极端值时，结果显示利用新构造的 FIT 指标度量企业中间品关税，其下降仍然显著地提高了企业的出口强度，因此考虑从国内购买的中间品并不会影响本章的结论。这进一步证明了，企业中间品关税的下降对企业的出口销售比的提高不仅显著，而且对不同的计量方法和不同的度量方法都非常稳健。

表 6-14 使用其他企业中间品关税的度量

出口强度	(1)	(2)	(3)	(4)
企业中间品关税（其他）	−0.010***	−0.008***	−0.010***	−0.008***
	(−4.82)	(−3.26)	(−4.73)	(−3.17)
行业最终品关税	−0.001	−0.001	−0.001	−0.001
	(−0.78)	(−1.01)	(−0.78)	(−1.00)
行业最终品关税 加工贸易强度	0.001*	0.002*	0.001*	0.002*
	(1.74)	(1.79)	(1.72)	(1.75)
企业外部关税	−0.000	−0.000	−0.000	−0.000
	(−0.16)	(−0.04)	(−0.15)	(−0.02)
企业外部关税 加工贸易强度	−0.000	−0.000	−0.000	−0.000
	(−1.15)	(−1.33)	(−1.13)	(−1.33)
加工贸易强度	0.007	0.003	0.007	0.004
	(0.74)	(0.31)	(0.76)	(0.35)
国有企业	0.034	0.050	0.033	0.048
	(1.22)	(1.54)	(1.20)	(1.49)

(续表)

出口强度	(1)	(2)	(3)	(4)
外资企业	-0.001	-0.004	-0.001	-0.003
	(-0.07)	(-0.17)	(-0.08)	(-0.16)
企业生产率		-0.048***		-0.048***
		(-5.26)		(-5.28)
劳动力对数			0.008*	0.012**
			(1.71)	(2.00)
去掉出口强度为0或1	是	是	是	是
年份固定效应	是	是	是	是
企业固定效应	是	是	是	是
观察值数目	29 210	23 608	29 210	23 608
R^2	0.01	0.01	0.01	0.01

第六节 结 论

本章研究了进口中间品的贸易自由化对企业出口强度的影响。研究发现,当企业面临更低的中间品关税时,相对于内销,企业会更多地扩展出口,也就是企业的出口销售比会增加。为了得到这个结论,我们构建了针对每个企业的中间品关税指标,这个指标不仅考虑了一般贸易,更将加工贸易纳入其中。我们使用了产品层面的贸易数据和企业层面的生产数据,并进行了严格的筛选、合并和检验,以确保合并的数据具有较强的代表性。同时大量深入细致的实证分析也确保了我们研究结果的可靠和准确。

本章的研究结果在一定程度上填补了关于贸易自由化与出口销售比研究的空白,使用我国大规模的微观数据给出了关于出口强度的一些研究结果。除此之外,本章还具有一定的政策指导意义,文章的结论揭示了中间产品的贸易自由化可以进一步扩大企业出口占总销售的比重,在如今全球需求疲软出口不景气的世界经济背景下,可以通过降低企业面临的中间品关税以及其他投入成本促进企业出口。

第七章 进口中间品贸易自由化和企业研发[①]

本章旨在研究中间品关税下降对进口企业研发的影响,发现中间品关税的下降提高了企业的研发水平。由于加工贸易零进口关税,从而不受进口中间品关税下降的影响。基于这一事实,文章利用中国加入WTO作为政策冲击,使用中国制造业企业的进出口数据和自然实验方法进行研究。中间品关税的下降一方面减少了企业的进口成本,增加了企业利润,提高了研发空间;另一方面因为企业可以进口更多核心技术产品,从而获得更多技术转移,这促进了企业对已有技术的模拟和吸收,提高了相应的研发。进一步,我们将研发投入分解为对已有产品生产过程的研发和对新产品的研发,分析发现,中间品贸易自由化对中国企业研发的影响主要体现在前一方面。这是因为作为一个发展中国家,相对于自主研发新产品,中国企业在吸收已有技术改善生产流程上更具有比较优势。本章的结论说明提高中间品贸易便利度,进一步促进贸易自由化,对企业转型升级,改善企业生产模式,和促进经济可持续发展有显著推动作用,文章有鲜明的现实意义。

第一节 引 言

中国于2001年12月加入WTO后,各种关税和非关税贸易壁垒大幅下降,关键零部件等中间品,以及重要机电设备的进口关税也大幅下降,幅度超过50%。为了全面提高我国开放水平,更好地应对入世后的国际竞争,促进对外贸易的转型升级,2001年之后我国出台了一系列贸易改革的方针政策。2002年11月,十六大提出了走新型工业化道路的要求,2003年10月,十六届三中全会明确指出要"继续发展加工贸易,着力吸引跨国公司把更高技术水平、更大增值含量的加工制造环节和研发机构转移到我国,引导加工贸易转型升级"。为了建立更加符合WTO规则的外贸政策和管理体系,我国于

[①] 本章是与对外经济贸易大学的田巍老师合作的成果,初稿发表在《世界经济》上,有删减。

2004年4月修订了《对外贸易法》,提高了外贸管理质量、效率和贸易自由化、便利化程度。这些战略政策开启了我国全面推进贸易体质创新和加工贸易转型升级之路,鼓励企业自主研发,增强技术创新能力,走"发展高科技,实现产业化之路",帮助加工贸易企业从低端的贴牌生产(OEM)转型成有自主设计生产(ODM),甚至开创自主品牌(OBM),积极参与到国际价值链的高科技产业生产制造环节,进一步增强我国对国际产业的吸引力,促进我国高新技术产业发展。

在这样的贸易自由化以及政策推进的背景下,我国制造业企业的研发有了显著的发展。1995—2004年,中国研发投入占国民生产总值的比率从0.6%上升到1.23%。同期,科研人员的数量增长了77%。全国规模以上的工业企业当中,有科技活动的企业数量增长47.7%,其中民营企业增长了68%;科技活动经费投入增长146%,其中民营企业增长了193%。IT等产业加工贸易采用先进技术乃至全球同步技术的比率明显上升,设立的研发中心、采购中心、地区总部数量大为增加。以珠三角地区为例,加工贸易企业的ODM和OBM混合生产出口比例达到40%,东莞市出口300强也基本实现了"设计+生产"模式。根据《国际商业问卷调查报告2010》,中国内地企业期望提高研发投入的比例全球第一,说明中国企业的研发投入仍有很大的增长可能和潜力。图7-1描绘了企业研发和中间品关税的走势。

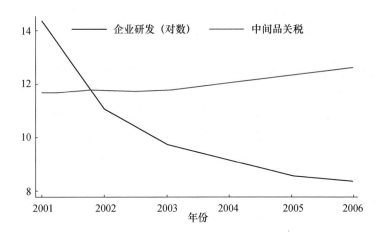

图7-1 企业研发和中间品关税

资料来源:根据国家统计局规模以上工业企业数据库数据作者自己计算而得。

提高企业研发水平和能力的一条重要途径,是通过引进核心零部件、中间品,以及先进的机械设备等生产资料,吸收先进技术,带动研发创新。入世以来,关键零部件等中间品,以及重要机电设备的进口关税下降幅度超过50%。每年还都通过暂定税率的形式,重点降低重要资源、生产资料、工业原材料、先进技术装备和关键零部件的进口税率。这些政策降低了企业引进核心零部件和资本品的成本,降低了企业接触最新技术的门槛,对提高企业研发能力有着重要意义。

在国际贸易学理论上,贸易自由化和企业研发的关系也是一个重要的问题。最终品的贸易自由化导致进口该产品的部门竞争加剧,促进本国企业的研发。① 外国关税的下降扩大了出口企业的市场,同样会促进企业研发。② 同样,中间品贸易自由化也会对进口企业研发起到促进作用,但已有文献对中间品贸易自由化的影响研究甚少。

因此,本章研究了中国加入 WTO 之后的中间品贸易自由化对进口企业研发的影响,我们认为中间品贸易自由化促进了企业研发的投入。一方面,中间品关税的下降减少了企业进口中间品的成本,提高企业利润,使得企业可以克服研发的固定成本,提高研发投入(Bustos, 2011)。另一方面,中间品关税下降使企业有更大的可能购买到核心零部件,从而获得更多的核心技术,起到了技术转让的作用(Goldberg et al. , 2009),进一步提高了企业用于吸收和模仿外国先进技术的研发投入,并促进企业自主研发投入(Kim-Nelson, 2000; Hu et al. , 2005; Griffith et al. , 2004)。

为在实证上验证这点,我们构造了行业的中间品关税指标,并用此对企业研发投入做回归分析。我们还使用倍差分析法(DID)进一步估计,由于加工贸易企业始终享受零关税优惠,这样中间品关税下降只对非加工企业有影响,因此我们将加工贸易企业作为对照组,非加工贸易企业作为处理组,进行自然实验分析。我们对可能的内生性问题、时间序列相关问题,以及资本品贸易开放的影响进行了细致处理,发现中间品贸易自由化显著促进了企业的研发,尤其短期影响更为显著。同时,进一步的研究发现中间品贸易自由化对企业研发的促进主要集中在生产过程的研发而非新产品的开发。这是因为作为发展中国家,中国企业模仿先进技术的成本低于开发新产品的成本,中国企业自生产过程的研发上更具有比较优势。

---

① Bloom et al. (2011); Iacovane et al. (2013)。
② Bustos(2011); Lileeva-Trefler(2010); Aw et al. (2007); Aw et al. (2011)。

第二节 文 献 综 述

本章的发现丰富了先前对于贸易自由化与企业研发的研究。其中一支文献着重于研究外部贸易自由化对企业研发的影响,这类文章假设每个企业生产一种产品,研发会带来生产率的提高,但同时也需要额外的生产成本,当贸易成本下降时,规模经济使得高技术的边际汇报更高,因此会促使企业增加研发,选择高技术(Grossman-Helpman,1991)。如 Yeaple(2005)提出的,假设工人的能力具有随机的异质性,企业根据工人的能力选择高技术或者低技术。当贸易成本下降时,企业有更高的激励使用高技术。又如 Verhoogen(2008)中高生产率的企业选择生产高质量产品,并付给工人高工资激励,当货币贬值时,生产率高的企业提升产品质量增加出口,并拉大了行业内的工资差距。通过墨西哥数据检验了结论。Lileeva-Trefler(2010)用加拿大企业数据发现外部关税下降造成生产率高的企业多出口,投入更多新产品研发以及采用更先进的生产技术。

另一支文献着重于研究最终品进口贸易自由化对于本国企业研发的影响。进口品贸易自由化加剧了本国该行业的竞争,促使企业增加研发投入。Bloom et al. (2012)发现中国加入 WTO 后欧洲对中国特定产品配额取消,增加了欧洲进口部门的竞争,导致每个企业技术进步,并且促使劳动力向技术更高的企业流动。Iacavone et al. (2013)同样研究了中国入世对于墨西哥企业的冲击,发现生产率更高的企业增加了更多的研发。Bustos(2011)等研究了对称的贸易自由化对企业的影响。当最终品关税和外部关税同时下降时,Bustos(2011)认为这会激励生产率较高的企业出口并且提高技术水平。

与上述文献不同的是,我们的研究着重于中间进口品贸易自由对企业研发的影响。一方面中间品关税的下降降低了企业的生产成本,有利于企业增加研发投入;另一方面,企业进口核心中间品的成本下降,相当于企业可以用更低廉的价格得到外国技术。因此这会促进企业对新技术的模仿和吸收,增加企业研发。在已有文献中,有大量研究技术转让和自主研发的关系的文章。比如 Hu et al. (2005)用中国数据研究了技术转让和自主研发的关系,发现两者高度互补。Cohen-Linvinhahl(1989)认为研发可以是自主创新,也可以是对已有技术的学习,而对产品的研发提高了企业的学习能力,促进了技术转移。Kim-Nelson(2000)用东亚的数据发现企业通过吸收模仿已有技术促进了国内研发。Griffith et al. (2004)用 OECD 成员的数据也支持了技术转移和研发的互补关系。

最后,我们分析了中国加入 WTO 后中间品关税下降对企业研发的促进主要是对生产技术的改进而不是对新产品的研发。关于研发类型的研究也十分丰富,大部分文献认为当企业面临双边贸易自由化时对生产过程研发和新产品研发的选择。一方面贸易自由化扩大了市场,增加了生产研发的投入回报,企业应该增加生产过程的研发;另一方面进口竞争促进企业削减产品种类。Eckel-Neary(2010)、Feenstra-Ma(2008)和 Ju(2008)在寡头模型的基础上,考虑企业的策略性行为,他们认为当进口竞争加剧时,企业为了削减内部各种产品的互相蚕食而减少产品种类,增加企业的竞争力。Bernard et al.(2010,2011)则在垄断竞争的框架上考虑企业产品链的成本效应,当企业产品链拉长时,提高了企业生产以及进入市场的成本。Dhingra(2013)中综合考虑了以上两种影响因素,同时引入了品牌效应,认为当进口竞争加剧时,扩大产品种类虽然直接增加了竞争程度,但另一方面增加了消费者对品牌的认知度,因此也扩大了产品的需求。Goldberg et al. (2010)检验了印度的贸易自由化对企业产品种类的影响,发现与美国不同,印度很少削减产品种类和已有产品的产量,对经济在广延边际的贡献几乎全部来自新增的产品和已有产品的产量增加。Qiu-Yu(2013)发现最终品进口关税的下降会减少企业出口的种类;外部关税下降对企业的影响和其管理效率有关,对管理效率高的企业,最终品关税下降增加了产品种类,对管理效率低的企业则降低了产品种类,并用中国数据进行了实证检验。与上述文献不同,本章从中间品关税下降的角度分析了贸易自由化对企业两种类型的研发的影响,发现主要的途径是促进生产过程的研发,原因是中间品关税下降使得企业进口核心技术的成本降低,降低了企业模拟已有技术的成本。相对于自主研发,中国企业在模拟已有技术上更具有比较优势,因此这促进了企业改进已有生产技术的研发。

第三节 数据和度量

本章的样本和变量来自三套数据,国家统计局的制造业企业年度调查、海关总署的产品层面的贸易数据,以及 WTO 的产品层面关税数据。

一、数据描述

本章使用的企业生产数据来自国家统计局的制造业企业年度调查,包括了所有国有企业,以及年销售额在 500 万元以上的非国有企业。提供了企业的销售、出口、劳动力、资本、利润、所有制等 100 多个企业信息,也包括了企业的研发投入。数据年份为2000—2006年,每年大约有230 000个制造业企业。这套数据的100多个变量来自三张完整的会计报表(损益表、资产负债表和现金流量表)。这套数据每年平均涵盖了中国总工业生产总值约95%,实际上《中国统计年鉴》中的工业数据就是从这套数据加总而来的。

虽然这套企业的数据内容丰富,但有些观察值质量也比较低。一些企业在汇报时的误报造成了部分数据不合格。我们仿照Cai-Liu(2009)和Feenstra et al.(2013)中所采用的"通用会计准则"(GAPP)对数据进行筛选,如出现如下任何一种情况,则将该企业定义为不合格企业并将其剔除:第一,流动资产大于总资产;第二,总固定资产大于总资产;第三,固定资产净值大于总资产;第四,企业的编码缺失;第五,成立时间无效(比如开业月份大于12或小于1)。这样,数据中包括的总企业数目降至438 165个,约三分之一的企业被剔除掉了。

本章企业的进出口数据来自中国海关总署,包括了2000—2006年每个企业每种产品进出口的月度数据。每个产品都是在HS 8位码上,产品数量从2000年1月的78种增加到2006年12月的230种。将其按年份加总后,年度的观察值数目由2000年的1 000万个增加到2006年的1 600万个,大约有29万家企业参与了国际贸易。

对每种产品,这套数据包括了三类信息:第一,五个关于贸易的基本变量,包括了贸易额(由美元度量)、贸易状态(进口/出口)、贸易的产品数目、交易单位、每单位产品贸易额(贸易额除以产品数目)。第二,六个关于贸易模式和方式的变量,包括出口或进口的对象国家或地区、路线(是否途经第三国或地区)、贸易类型(加工贸易或一般贸易)、贸易模式(海运、陆运或空运)、进出的海关。第三,该数据库还包括了七个关于企业的基本信息,特别地,数据汇报了企业的名称、海关编码、所在城市、电话、邮编、企业经理姓名及企业所有制(外资/私有/国有)。

每种产品的关税数据可以直接从WTO网站获得,关税数据是在HS 6位码层面(2000—2006年)。由于海关数据是HS 8位码的,因此我们将关税数据合并到了海关数据中。因为本章的研究兴趣是考察行业的中间品贸易自由化对企业研发的平均影响,而不是某种具体产品的关税变化的影响,所以本章用行业所需的所有中间品关税的加权平均值度量贸易自由化。

二、数据合并

制造业企业的生产数据和贸易数据虽然都包括了企业编码,但是两套编制系统却完全不同,在海关数据中企业的编码是10位的,但是在企业数据中却是9位的,两套编码没有任何共同特征,因此将两套数据合并非常困难。

为此,我们采用Yu-Tian(2012)介绍的方法,采用两种方式合并这两套数据。首先我们根据企业的姓名和年份匹配,如果两个企业在同一年在两套数据中都有相同的名字,那么我们认为这两个企业是同一个企业。这样如果使用原始的工业企业数据,我们可以匹配83 679家企业。如果使用筛选过后的企业数据,则可以匹配69 623家企业。第二种匹配方式是通过企业的邮政编码和最后七位的电话号码进行匹配,因为在每一个邮政地区中,企业的电话号码都不同。尽管这个方法很直观,但是仍然存在很多细微的实际操作的困难(比如在企业数据中电话是包括分机号的,但是在海关数据中却没有),因此我们采用了电话后七位作为企业认证的近似。企业在每套数据中都有可能有名称、电话或邮编的缺失,为了保证我们的匹配可以尽可能地包括更多的企业,只要企业可以通过任何一种方法成功匹配,我们就将它纳入合并数据中。如此,用原始工业企业数据成功匹配的企业数上升到90 558个。与其他类似的文献比较,我们的匹配数目与他们的大抵一样甚至更好。最后我们用筛选后的严格的企业数据匹配,得到76 823家企业。值得指出的是,合并的成功率相对比较高,合并后的数据库中企业的总出口额占了制造业企业数据库的出口额一半以上,与其他相关研究如Ge et al.(2011)的匹配成功率相当。

三、关键变量的度量

(一) 企业研发

我们使用的研发数据来自制造业企业额生产数据,包括了企业研发投入和新产品产值两个指标,前者度量的是企业对于研发在投入方面的指标,而后者度量的是研发产出方面的指标。数据的时间跨度为2001—2006年(其中2004年缺失)。

加工贸易企业相对于非加工贸易企业有两个特点:一是因为加工贸易企业进口中间品零关税,所以它们不受中间品贸易自由化的影响;二是加工贸易企业总体上的研发投入比较低。加工贸易主要分为来料加工和进料加工,根据Feenstra-Hanson(2005)和Yu(2013),来料加工企业几乎没有自己的技术,只有进料加工企业有自己的技术。因此,在本章中我们使用加工企业作为研究中间品贸易自由化对企业研发影响的控制组。图7-1汇报了纯加工企业和非纯加工企业的研发走向,每一年非纯出口企业的研发投入都比纯出口企业高,并且随着时间推移两者的差距有逐步扩大的趋势。由于大部分纯出口企业都是纯加工出口企业,考虑到与海关数据合并之后的数据容量减小,我们首先使用纯出口企业作为加工贸易企业的近似代理,用所有的制造业企业样本进行分析。表7-1列出了所有纯出口企业和非纯出口企业在每一年的研发投入的统计信息。图7-2画出了这两类企业研发的走势,可以发现:非纯出口企业的研发投入总是比纯出口企业高,并且随着时间的增加二者的差距加大。

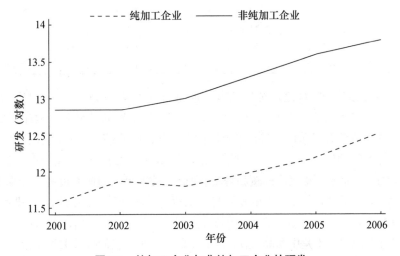

图7-1 纯加工企业与非纯加工企业的研发

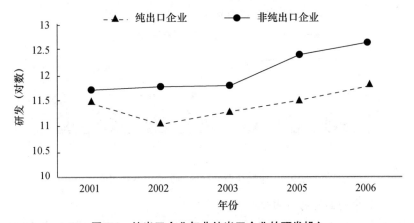

图7-2 纯出口企业与非纯出口企业的研发投入

资料来源:根据国家统计局规模以上工业企业数据库数据作者自己计算而得。

表7-1 根据企业类型统计企业研发(对数)

年份	所有企业		纯出口企业		非纯出口企业	
	均值 (1)	标准差 (2)	均值 (3)	标准差 (4)	均值 (5)	标准差 (6)
2001	11.71	2.00	11.49	1.62	11.72	2.01
2002	11.76	2.01	11.04	1.86	11.78	2.01
2003	11.78	2.03	11.29	1.79	11.80	2.03
2005	12.36	2.16	11.51	1.93	12.38	2.16
2006	12.62	2.20	11.81	1.99	12.64	2.20
所有年份	12.13	2.13	11.46	1.88	12.14	2.14

不过,加入 WTO 之后纯加工出口企业的研发也大幅提高。这是因为伴随着中国加入 WTO,从 2003 年之后,国家实施加工贸易转型升级战略,加工贸易进入调整升级阶段。同时 2004 年颁布修订后的《对外贸易法》,大大提高了外贸管理体制的统一与透明度,提高了贸易自由化、便利化程度。这一系列的政策带来了更优质的贸易环境,而进入外国市场的成本也进一步降低,都大幅促进了进料加工企业的发展与加工贸易的转型升级(见图7-3),进料加工成为主要加工贸易生产方式。因此造成加工贸易企业在加入 WTO 之后研发增加的原因并不是中间品关税的下降,而是企业面临的外部关税下降,以及配套政策的发展。因此在后面的分析中,我们必须控制这些影响因素。

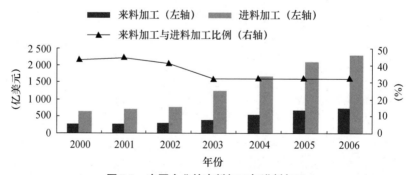

图7-3 中国企业的来料加工与进料加工

(二) 中间品贸易自由化

根据 Amiti-Konings(2007)和 Topalova-Khandelwal(2011)的方法,我们构造平均行业中间品关税。我们选取的行业水平是中国工业分类(CIC)4 位码,其指标为:

$$\text{IIT}_{jt} = \sum_n \left(\frac{\text{input}_{nf}^{2002}}{\sum_n \text{input}_{nf}^{2002}} \right) \tau_{nt}$$

其中，input_{nf}^{2002} 为行业 f 在 2002 年使用投入品 n 的总产量，τ_{nt} 为这种投入品在 t 年的关税。根据行业投入产出表，我们可获知每个行业使用的每种投入品的产值以及其关税。① 由于每个行业所使用的投入品不止一种，每种产品的关税不同，因此我们使用该行业对每种投入品的使用量占总投入品的比重作为这种产品关税的权重，经过加权平均得到该行业面临的平均中间品关税。我们之所以将每种产品的权重固定为 2002 年的使用权重值，是因为当产品关税变化时，会造成使用该产品量的内生改变。比如当某种产品在某一年的关税非常高时，进口该产品的比例会很小，那么其权重值就会很低，但是这并不意味着这种中间品对企业生产不重要。为了控制内生性问题，我们一方面将该产品的权重固定在 2002 年，排除了关税随时间的波动造成内生权重变化；另一方面我们使用该种中间品的全部使用量占所有中间品的权重，而不是进口额的权重，可以进一步排除关税在不同产品间波动造成的内生变化。类似地，我们同样构造了行业最终品的平均关税。表 7-2 汇报了行业中间品关税，最终品关税和一些重要的企业特征的统计信息。②

表 7-2 关键变量统计信息（2000—2006 年）

变量	均值	标准差
行业中间品关税	9.61	2.75
行业最终品关税	11.07	8.15
企业规模（对数）	4.92	1.08
企业利润（对数）	6.72	1.93
纯出口企业	0.04	0.19

资料来源：国家统计局规模以上工业企业数据库数据作者自己计算而得。

第四节 实证方法和结果

一、基准固定效应回归

我们首先用行业的中间品关税对企业研发投入回归。关税变化在不同行业间的波动和在不同年份间的波动不相同，既与不可观察的企业特性有关，也与年份因素有关。因此我们控制了不同年份和企业的固定效应，吸收

---

① τ_{nt} 为行业 f 所使用行业 n 的投入品的平均关税。我们使用两种方法计算，分别是简单平均和加权平均。

② 其中企业生产率为根据 Olley-Pakes（1996）计算的全要素生产率，详细计算过程同 Yu（2015）。

掉不随企业变化的宏观经济因素的影响和不随时间变化的不可观测的企业因素的影响。在表7-3的(1)列中,行业中间品关税的下降显著增加了研发的投入额,关税下降1个百分点带来研发投入增加11.6%。表7-3的(2)列控制了最终品关税对研发的影响。最终品关税下降增加了国内竞争程度,降低了每个企业的利润空间,因此企业可用于研发的资金缩减,另一方面更高的竞争激励企业增加研发,同时由于贸易自由化带来的资源重新分配的作用,生产率最低的企业会被挤出出口市场,因此平均企业的生产率提高,这部分企业的利润更高,研发投入也会更大。由于一部分研发投入是由最终品关税下降引起的,控制行业最终品关税后,中间品关税下降一个百分点造成研发增加下降2.9%。除此之外,造成企业研发增加的因素还有企业自身特性。生产率高、规模大、利润高的企业往往有更大的研发动机。国有企业受到政府保护更多,研发的动力小,但是国有企业往往有高利润,因此有更多的资金支持研发。因此在表7-3的(3)列回归中,我们控制了企业的生产率、规模、利润和所有制。结果显示行业中间品关税下降仍然显著增加了企业的研发投入,生产率、企业规模、利润都与研发显著正向相关,而企业所有制与研发的关系不显著,这与我们之前的分析一致。从2005年开始,人民币从固定汇率开始变成盯住一篮子货币的有管理的浮动汇率,人民币升值影响了企业的出口,对企业研发是一个冲击,同时在2005年,纺织品的《多种纤维协定》到期,对纺织品的各种配额限制被取消,对我国的出口形成了正面的刺激,从而也会影响企业的研发决策。因此为了消除这些特殊宏观经济波动的影响,在表7-3的(4)列中,我们使用2001—2005年的样本重新估计,结论不变。

表7-3 中间品贸易自由化对企业研发影响(固定效应)

企业研发(对数)	(1)	(2)	(3)	(4)
行业中间品关税	−0.116***	−0.029***	−0.032***	−0.023**
	(−32.60)	(−3.76)	(−3.82)	(−2.48)
行业最终品关税		0.001	0.001	−0.001
		(0.83)	(0.43)	(−0.63)
企业生产率(对数)			0.132**	0.128**
			(2.57)	(2.01)
企业规模(对数)			0.445***	0.433***
			(12.99)	(9.99)
企业利润(对数)			0.134***	0.127***
			(12.28)	(9.20)

(续表)

企业研发(对数)	(1)	(2)	(3)	(4)
国有企业			0.10	0.198*
			(1.16)	(1.84)
外资企业			0.04	−0.03
			(0.40)	(−0.19)
年份固定效应	是	是	是	是
企业固定效应	是	是	是	是
年份	2001—2006	2001—2005		
观察值数目	57 111	42 587	37 303	27 260
R^2	0.02	0.08	0.02	0.06

注:括号内为稳健 t 值,***(**)表示在1%(5%)水平上显著。

然而企业的研发与行业的中间品关税有可能存在内生的相关性。生产率低的行业往往研发投入比较小,这些行业会游说政府寻求产业保护,因此可能面临较高的关税保护(Bown-Crowley, 2013),当加入 WTO 市场更为开放时,这些行业的关税下降较小,企业的研发投入增加缓慢。因此我们使用 WTO 与企业是否是纯出口企业哑变量的交互项作为行业中间品关税的工具变量,控制内生性问题。由于大部分纯出口企业都是加工贸易企业,而加工贸易企业因为始终享受零关税而几乎不受入世的影响,回归结果显示在表 7-4 中,在控制了年份的固定效应之后,中间品关税的下降仍然显著地提高了企业的研发投入。

表 7-4 中间品贸易自由化对企业研发影响(工具变量回归)

企业研发(对数)	(1)	(2)	(3)	(4)
行业中间品关税	−2.781***	−5.333**	−1.693***	−1.962***
	(−3.82)	(−2.30)	(−3.58)	(−4.24)
行业最终品关税	0.288***	0.369**	0.176***	0.200***
	(3.71)	(2.19)	(3.45)	(3.94)
企业利润(对数)			0.435***	
			(19.48)	
国有企业哑变量	2.841***	−0.267	1.507***	0.896***
	(4.72)	(−0.47)	(3.87)	(3.06)
外资企业哑变量	1.386***	2.024**	0.454***	0.891***
	(4.91)	(2.01)	(2.96)	(5.15)

(续表)

企业研发(对数)	(1)	(2)	(3)	(4)
企业人数(对数)			0.615***	0.997***
			(13.26)	(14.57)
加权的世界 GDP(对数)		0.110*		
		(1.75)		
年份固定效应	是	是	是	是
企业固定效应	否	否	否	是
工具变量	是	是	是	是
观察值数目	42 587	10 667	37 330	42 587

注:括号内为稳健 t 值,***(**)表示在1%(5%)水平上显著。

二、全样本下的倍差法回归

对回归结果带来困扰的因素还有不可观测变量,比如宏观经济波动同时影响企业研发和关税变化。因此为了处理这种反向因果和遗漏变量造成的内生性,我们使用加工企业作为控制组进行自然实验(natural experiment)。根据我国的政策,加工企业进口是免关税的,因此加入WTO带来的贸易自由化对加工企业进口中间品的影响甚微。因此,我们使用加工企业作为控制组可以较好地解决企业生产率对于关税影响的内生问题。

不过,因为生产率低的企业进行加工贸易的概率大、研发低,贸易自由化对非加工贸易企业研发的促进可能来自加工出口企业和非加工出口企业的生产率差异,而不仅仅是关税下降。为了排除这种分组的内生性问题,我们控制了企业的生产率,保证贸易自由对研发的影响与生产率无关。我们同时控制了企业规模、利润和所有制等重要的企业特性,避免遗漏变量造成内生性。

根据 Dai-Yu(2013),加工贸易企业很大比例上是纯出口企业(也即只出口不内销),因此我们首先用工业企业数据库的所有企业数据,按照是否是纯出口企业分组,进行对照分析。如果企业选择纯出口,那么很大概率上可以认为企业进行的是加工贸易,因此其研发受到贸易自由化的影响比较小。如果企业不是纯出口企业,那么贸易自由化降低了企业进口中间品的成本,增加了企业的利润,为研发创造资金条件。企业也可以更便宜地进口包含核心技术的中间品和零部件,相当于提高了隐性的技术转移水平。技术转移往往和企业研发存在互补关系,因此促进了企业对核心技术的吸收与模仿的研发。① 基于此,我们考虑如下回归式,回归方程中的β_3应该为显著为负。

$$\ln RnD_{it} = \beta_1 WTO_t + \beta_2 PureExporter_i + \beta_3 WTO_t \times PureExporter_i + \varepsilon_i$$

在表 7-5 的(1)列中,我们控制了企业加入 WTO 的哑变量,企业是否是加工贸易的哑变量以及二者的交互项,行业的最终品关税和企业的特征,以及企业固定效应,使用所有年份的数据进行回归。结果显示企业加入 WTO 对企业研发有显著的正向激励作用,和预期一致。加入 WTO 造成的纯出口企业研发投入增加的百分比比非纯出口企业的要小 56.4 个百分点。这是一个很大的作用。由于一些不可观察的宏观经济变量也会引起关税下降,在表 7-5 的(2)列中我们控制了年份固定效应,结果与之前一致,影响幅度也相似。

表 7-5 合并前样本 DID(对照组:纯出口企业)

企业研发(对数)	(1)	(2)	(3)	(4)
WTO	0.284***			
	(6.73)			
纯出口企业	0.15	0.11	0.28	0.41
	(0.63)	(0.47)	(1.47)	(0.90)
WTO×纯出口企业	-0.564**	-0.520**	-0.696**	(0.69)
	(-2.27)	(-2.11)	(-2.56)	(-1.47)
行业最终品关税	-0.009***	-0.007***	-0.007***	-0.010***
	(-6.92)	(-5.62)	(-4.53)	(-3.83)
企业生产率(对数)	0.636***	0.554***	0.464***	0.493***
	(15.16)	(13.23)	(7.30)	(5.05)
企业规模(对数)	0.442***	0.457***	0.454***	0.427***
	(42.71)	(44.32)	(27.52)	(19.54)
企业利润(对数)	0.328***	0.312***	0.307***	0.388***
	(48.06)	(45.75)	(29.50)	(26.86)
国有企业	0.08	0.103**	0.09	0.06
	(1.51)	(2.11)	(1.49)	(0.54)
外资企业	(0.01)	(0.02)	(0.01)	-0.260***
	(-0.50)	(-0.64)	(-0.28)	(-5.74)
加权的世界 GDP(对数)				-0.030***
				(-3.18)

---

① 根据 Kim-Nelson(2000)、Griffith et al.(2004)和 Hu et al.(2009)的研究。

(续表)

企业研发(对数)	(1)	(2)	(3)	(4)
年份固定效应	否	是	是	是
企业固定效应	是	是	是	是
年份	2001—2006	2001—2003	2001—2005	
观察值数目	43 407	43 407	11 456	10 699
R^2	0.32	0.33	0.31	0.34

注：括号内为稳健 t 值，***(**)表示在1%(5%)水平上显著。

中国加入 WTO 对关税的影响并不是一蹴而就的。首先，关税减免是一个长期的过程，其次，入世后出台的一系列配套政策以及加工贸易转型升级战略都对企业的研发有着更复杂的长期影响，因此在表 7-5 的(3)、(4)列中我们区分了加入 WTO 的长期和短期的影响。我们同时控制了行业的最终品关税，以及外国市场开放对企业研发的影响。入世使中国企业面临更大的世界市场，我们使用加权的世界平均 GDP，作为世界市场的代理变量。表 7-5 的(3)列中使用 2001—2003 年的数据回归，在 2003 年以前中国政府的配套政策和新战略方案还未出台，结果显示中间品关税下降在短期对企业研发有显著的促进作用，并且幅度大于用 2001—2006 年估计的平均值。这说明企业预见到长期贸易自由化对企业和经济的影响，在短期就有充分应对，因此加入 WTO 对企业研发在短期有立竿见影的促进作用。在表 7-5 的(4)列中我们考察长期影响，为了排除人民币升值和《多种纤维协定》到期的影响，我们剔除掉了 2006 年的样本。结果显示纯出口企业和非纯出口企业在长期对研发投入没有显著区别。①

三、基于合并样本的倍差法回归

不过，还有一个问题。迄今为止，我们使用纯出口企业作为加工企业的代理变量，但是纯出口企业和加工企业并不完全等价。基于这个原因，我们将工业企业数据库的企业生产数据和海关的产品出口数据合并，合并之后的数据虽然损失了一些样本，但海关数据提供了企业的出口种类，可以准确判断加工出口企业和一般出口企业，因此有利于提高分析的准确性。

同时，注意加工贸易企业和非加工贸易企业在生产与销售方面具有本质不同的，可能影响研究结论的可靠性。为了说明加工贸易企业的研发行为可

---

① 在表 7-4 的回归中，虽然引入了年份的固定效应，但是纯出口企业的哑变量并没有被吞掉。这是因为企业在 2001—2006 年中，企业的纯出口状态并不是一成不变的。企业会在纯出口企业和非纯出口企业中转换状态。

以作为非加工贸易企业的反事实度量,也即说明处理组和控制组的研发行为在"入世"前基本同质,我们在控制了企业生产率、规模、利润和所有制之后进行了两组"入世"前的匹配,匹配方法是倾向得分匹配(PSM),比较匹配之后和匹配之前的差,如表7-6所示,发现匹配前后两组的差都不显著,说明加工贸易企业和非加工贸企业在"入世"前在研发上的表现没有显著差异。同时在表7-7进行了平衡性检验,发现每个控制变量偏误都不显著,且匹配的总体平均偏误为3.2,p值为0.208,这就支持了所选择的控制变量的合理性。由于我们的研发数据有限,为了最大限度地利用数据,在后面的回归中我们使用的是没有匹配的样本。

表 7-6 "入世"前得分匹配法的企业研发比较(合并后样本)

研发(对数)	处理组(非纯加工企业)	控制组(纯加工企业)	差	t 值
未匹配	12.39	12.53	−0.14	−1.25
匹配后(ATT)	12.39	12.24	0.14	0.73

表 7-7 匹配后样本的平衡性检验

匹配后	企业生产率(对数)	国有企业	外资企业	企业规模(对数)	企业资本(对数)	企业利润(对数)
处理组	1.159	0.109	0.287	6.143	10.551	7.997
控制组	1.148	0.099	0.286	6.190	10.560	8.129
偏误率(%)	4.8	3.8	0.3	−3.6	−0.5	−6.2
t 值	1.41	0.66	0.06	−0.73	−0.10	−1.30

注:括号内为稳健 t 值,***(**)表示在1%(5%)水平上显著。

表7-8使用企业数据和海关数据合并后的样本进行回归。为了和表7-5的回归结果做一个比对,我们首先按照企业在初始年份2001年的出口状态将企业分为纯出口企业和非纯出口企业,然后按照表7-5中(1)列重新回归。结果显示加入WTO仍然促进非纯出口企业有更高的研发投入,这说明合并之后的数据仍然有较好的代表性。为了剔除企业在纯加工企业和非纯加工企业之间的角色转换,我们在表7-8的(2)—(5)列的回归中,使用合并以后的数据按照所有年份信息将企业分为始终是纯加工出口的企业和其他非纯加工出口企业两组。同时,为剔除掉企业进入和退出市场的影响,我们使用平衡面板进行回归。表7-8的(2)列的回归结果显示,加入WTO对于纯加工出口企业的研发提高显著高于非纯加工出口企业。在表7-8的(3)列中,为了处理连续时间的序列相关问题,类似表7-5的做法我们控制了年份的固定效应,因此加入WTO的哑变量被吸收掉,同时我们控制了企业的固定效应,

由于此处分组不随时间改变,因此纯加工出口的哑变量也被吸收掉。回归显示纯加工出口的企业在加入 WTO 之后研发投入显著增加更多,并且增加的幅度相比表 7-8 的(2)列的结果更大。在表 7-8 的(4)列和(5)列的回归中我们控制了企业的其他特征变量,结果显示加入 WTO 仍然显著地增加了纯加工出口企业的研发投入。

表 7-8 合并后样本 DID(对照组:始终纯加工贸易企业)

企业研发(对数)	(1)	(2)	(3)	(4)	(5)
WTO	0.437***	0.446***		0.349***	
	(7.74)	(7.94)		(5.50)	
纯出口企业	−0.685***	—		—	—
	(−3.65)				
纯加工贸易企业		−0.898***			
		(−5.04)			
WTO×纯出口企业	−0.361*				
	(−1.79)				
WTO×纯加工贸易企业		−0.585***	−0.708***	−0.799***	−0.533*
		(−3.07)	(−3.40)	(−2.77)	(−1.69)
行业最终品关税				(0.00)	(0.01)
				(−0.64)	(−1.20)
企业生产率(对数)				0.163*	0.410***
				(1.65)	(3.45)
企业规模(对数)				0.381***	0.539***
				(5.83)	(6.60)
企业利润(对数)				0.131***	0.239***
				(6.19)	(9.26)
国有企业				0.373*	0.31
				(1.73)	(1.03)
外资企业				(0.19)	(0.25)
				(−0.88)	(−0.78)
加权的世界 GDP(对数)					0.072***
					(3.68)
年份固定效应	否	否	是	否	是
企业固定效应	否	否	是	是	是
观察值数目	18 208	18 208	18 208	12 285	8 626
R^2	0.01	0.02	0.10	0.13	0.07

注:括号内为稳健 t 值,***(**)表示在 1%(5%)水平上显著。

四、更多稳健性回归

首先,注意本章使用的研发和关税数据是2001—2006年的连续样本;而根据 Bertrand et al. (2004) 及 Bustos(2011),这期间的不可观测的宏观政策变量会同时影响企业研发投入,使得残差项具有序列相关性,这会使得估计系数的标准误被高估,显著性下降。因此根据他们的建议,我们将所有样本分为加入 WTO 之前和之后两阶段,计算两个阶段各变量的平均值,然后做一阶差分,或者与此等价地引入年份固定效应。表7-9 显示结果与之前的分析一致。

表7-9 两阶段倍差法回归(对照组:始终纯加工贸易企业)

企业研发(对数)	(1)	(2)	(3)	(4)
WTO	0.191***			
	(3.30)			
纯加工贸易企业	−0.898***			
	(−5.04)			
WTO×纯加工贸易企业	−0.425**	−0.850***	−1.147***	−0.971***
	(−2.17)	(−3.80)	(−3.22)	(−2.63)
行业最终品关税			−0.025***	(0.01)
			(−3.65)	(−0.57)
企业生产率(对数)			(0.01)	(0.06)
			(−0.04)	(−0.28)
企业规模(对数)			0.833***	0.19
			(5.41)	(0.98)
企业利润(对数)			0.222***	0.170***
			(4.39)	(2.93)
国有企业			0.27	0.59
			(0.61)	(1.22)
外资企业			0.73	1.41
			(0.99)	(1.64)
加权的世界 GDP(对数)				(0.01)
				(−0.19)
年份固定效应	否	是	否	是
企业固定效应	否	是	是	是
观察值数目	11 678	11 678	7 190	7 190
R^2	0.01	0.11	0.14	0.20

注:括号内为稳健 t 值,***(**)表示在1%(5%)水平上显著。

其次,为进一步验证中间品关税只对非加工企业的研发造成影响,我们进一步缩减处理组样本,使用从不进行加工贸易的非加工贸易企业作为处理组进行回归,结果显示在表 7-10 的(1)列和(2)列,非加工贸易企业与纯加工贸易企业相比,在加入 WTO 之后仍然显著地有较高的研发投入的增加,进一步支持了我们的结论。

表 7-10　非加工企业处理组和零研发回归

企业研发(对数)	处理组:非加工企业		零研发的 Tobit 回归	
	(1)	(2)	(3)	(4)
WTO	0.278	0.327*	−0.227	−0.664
	(1.56)	(1.89)	(−0.53)	(−1.27)
纯加工贸易企业	0.095	0.133	3.001***	5.704***
	(0.55)	(0.78)	(5.28)	(8.28)
WTO×纯加工贸易企业	−0.314*	−0.374**	−2.307***	−1.724**
	(−1.69)	(−2.07)	(−3.90)	(−2.43)
行业最终品关税				−0.097***
				(−8.15)
企业生产率(对数)		1.602***		4.410***
		(25.26)		(14.81)
企业规模(对数)				5.415***
				(60.42)
国有企业	0.293***	0.322***	10.623***	4.701***
	(3.25)	(3.66)	(18.47)	(7.54)
外资企业	−0.357***	−0.455***	−8.400***	−6.124***
	(−8.48)	(−11.03)	(−42.98)	(−28.89)
年份固定效应	是	是	是	是
行业固定效应	是	是	否	否
处理组	非加工企业	非加工企业	非纯加工企业	非纯加工企业
观察值数目	12 684	12 676	137 957	106 025

注:括号内为稳健 t 值,***(**)表示在 1%(5%)水平上显著。

再次,由于在中国工业企业数据库中,真正有研发投入(R&D>0)的企业仅仅占到总数目的 20% 左右,在取完对数后研发投入水平为零的企业信息会丢失,为了弥补这个缺陷,我们把研发投入为零的企业的对数研发值也设定为零,这样做可以一定程度地解决"零研发"的问题。因为研发值等于 1 的企业数目很少,在合并后的样本中只有 100 个左右,而研发投入低于 1 的企业的研发值都是 0。这样处理对数研发值之后我们用 Tobit 处理了零研发带来的样本截断问题,并汇报在表 7-10 的(3)至(5)列中,结论与之前一致。

更进一步地,用 R&D 投入的绝对水平衡量企业研发可能因企业规模的差异造成回归有偏。为此我们使用研发投入的强度,即研发占总销售收入的比重,作为另一个研发的度量指标,分别使用合并前的全样本和合并后的样本复制前面的主要回归,仍然得到了稳健的结论。结果显示在表 7-11 中。

表 7-11 对研发投入强度的影响

研发投入强度	合并前样本			合并后样本	
	(1)	(2)	(3)	(4)	(5)
WTO	0.004		0.079***	-0.006	
	(0.47)		(11.63)	(-0.13)	
纯出口企业	-0.018	0.008	0.046		
	(-0.61)	(0.26)	(1.53)		
WTO×纯出口企业	-0.054*	-0.078**	-0.052*		
	(-1.71)	(-2.48)	(-1.73)		
纯加工贸易企业				0.175**	0.176**
				(2.55)	(2.56)
WTO×纯加工贸易企业				-0.135*	-0.136*
				(-1.88)	(-1.90)
行业最终品关税	-0.001***	-0.001***	0.000	-0.005***	-0.005***
	(-5.20)	(-3.91)	(0.56)	(-5.92)	(-5.94)
企业利润(对数)	0.035***	0.031***	-0.001		
	(34.24)	(30.15)	(-0.61)		
企业规模(对数)	0.033***	0.039***	0.030***		
	(18.02)	(20.63)	(5.42)		
企业生产率(对数)				0.130***	0.130***
				(6.05)	(6.04)
国有企业	0.151***	0.141***	-0.042*	0.318***	0.317***
	(14.67)	(13.65)	(-1.69)	(5.93)	(5.91)
外资企业	-0.052***	-0.082***	-0.010	-0.127***	-0.127***
	(-11.75)	(-18.18)	(-0.47)	(-9.52)	(-9.46)
年份固定效应	是	是	是	否	是
企业固定效应	否	否	是	是	是
行业固定效应	否	是	否	否	否
观察值数目	323 933	323 933	323 933	79 342	79 342
R^2	0.01	0.01	0.001	0.01	0.01

注:括号内为稳健 t 值,***(**)表示在 1%(5%)水平上显著。

最后,我们使用始终进行纯加工贸易的企业作为对照组,但是在样本中存在大量同时进行加工贸易和非加工贸易的混合型出口企业。企业进行加工贸易的程度不同,其受到贸易自由化的影响程度也不同。使用不同加工贸易比重的企业作为控制组和对照组,分析结论应该不受影响。为此我们按照企业进行加工贸易的不同比重将企业分组,在表7-12的(1)列中我们定义加工贸易比重大于25%即为加工贸易企业,(2)列中定义比重大于50%为加工贸易企业,(3)列和(4)列分别定义为比重大于75%和95%为加工贸易企业。回归结果显示无论采用哪种分组方式,加入WTO总是使非加工贸易企业(即对照组)更多地提高研发投入,并且结果始终显著,说明结果对分组方式是稳健的。

表 7-12　按不同加工贸易比重划分对照组

对照组加工出口比例	>25%	>50%	>75%	>95%
企业研发(对数)	(1)	(2)	(3)	(4)
加工出口企业	−0.289*	−0.322*	(0.22)	(0.29)
	(−1.71)	(−1.86)	(−1.18)	(−1.55)
WTO×加工出口企业	−0.488***	−0.455**	−0.569***	−0.507***
	(−2.79)	(−2.53)	(−2.98)	(−2.62)
年份固定效应	是	是	是	是
企业固定效应	是	是	是	是
观察值数目	18 208	18 208	18 208	18 208
R^2	0.13	0.13	0.13	0.13

注:括号内为稳健 t 值,***(**)表示在1%(5%)水平上显著。

五、影响渠道和不同研发类型的识别

中间品关税下降对企业研发的促进作用有两个可能渠道:一个是提高了企业的利润,增加了企业研发的空间;另一是增加了企业对核心中间品的进口,提高了企业的技术转移,因此增加了企业进行技术模拟吸收的研发的投入。由于我们缺乏较好的度量进口中间品技术含量的指标,因此无法对第二条途径进行准确的检测。我们只对第一条途径进行了检测,表7-13显示,当被解释变量换成企业的利润之后,回归结果显示非纯加工贸易企业在加入WTO之后相对于加工贸易企业仍然有显著的利润增加,证明了第一条途径的成立。

表7-13 中间品关税对企业研发的影响途径

被解释变量	企业利润(对数)			企业研发(对数)		
	(1)	(2)	(3)	(4)	(5)	(6)
WTO	-0.414***			0.354***	0.038	0.146
	(-4.81)			(4.26)	(0.25)	(1.62)
纯加工贸易企业	0.148	0.151	-0.289***	-0.297***	-0.118	-0.299***
	(1.20)	(1.23)	(-5.31)	(-2.79)	(-0.69)	(-2.82)
WTO×纯加工贸易企业	-0.414***	-0.419***	-0.133**	-0.232**	-0.396**	-0.236**
	(-3.28)	(-3.32)	(-2.40)	(-2.10)	(-2.20)	(-2.14)
企业生产率(对数)	2.016***	2.014***	1.704***	1.682***	1.920***	1.578***
	(60.25)	(60.17)	(81.88)	(29.57)	(25.02)	(27.64)
行业最终品关税	-0.025***	-0.025***	-0.007***			
	(-17.65)	(-17.79)	(-5.90)			
国有企业	0.411***	0.417***	0.306***	0.243***	0.648***	0.278***
	(4.54)	(4.60)	(5.36)	(2.76)	(5.00)	(3.15)
外资企业	0.060***	0.070***	0.097***	-0.490***	-0.479***	-0.468***
	(2.75)	(3.23)	(6.90)	(-13.67)	(-10.44)	(-13.11)
企业固定效应	是	是	否	否	是	否
年份固定效应	否	是	是	否	是	是
行业固定效应	否	否	是	是	否	是
剔除资本品	否	否	否	是	是	是
观察值数目	86 443	86 443	86 443	16 442	16 442	16 442

注:括号内为稳健 t 值,***(**)表示在1%(5%)水平上显著。

对于第二条影响途径的一个疑问是,进口高新技术设备也是中国企业的重要特征。中国"入世"后资本品进口关税也大幅下降,如果不加控制,则同样会导致计量模型出现内生性问题。因此,我们根据 BEC 分类,将定义为资本品的行业剔除。具体地,根据 BEC 分类,41 和521 属于资本品,对应我国工业分类(CIC-2 位)的编号 36 和 37 的行业。① 我们将这两个行业剔除掉,重复前面的主要计量分析,汇报在表7-13 的(4)到(6)列。结果仍然一致,说明中间品而非资本品的关税下降的确对企业的研发起到了显著的推进作用。

---

① 41 包括除了运输设备之外的资本品,对应 HS 2 位的行业是 82,包括核反应器、蒸汽、机械和医疗设备及其零部件,对应到我国工业分类(CIC-2 位)的是编号 36 的产品。BEC 中的 521 包括了运输设备和其零部件,对应 HS 2 位的是编号 86,包括铁路、有轨电车及其轨道相应设备、全部车辆及零部件、交通信号器材,与之对应的是 CIC 2 位的 37 号行业。

最后，企业对研发的投入有两种类型：对已有产品的生产研发和对新产品的开发。根据 Dhingra(2013)，当企业具有规模经济的时候，企业进行生产研发会降低企业的可变成本，提高边际利润。进行新产品研发会增加已有商标下的产品种类，一方面造成企业内部各种产品间的自我蚕食，另一方面使消费者对本企业商标的认知度增加，扩大了消费者对本企业产品的需求。因此当面临贸易自由化的时候，企业对生产研发和新产品研发的决策取决于企业内部产品的替代性和企业之间产品替代性的关系，以及不同企业初始的市场份额等特性。

在之前的分析中，我们使用的被解释变量都是企业的总研发投入。在表7-14 中，我们考察了贸易自由化对企业研发增加的主要来源，是生产研发还是新产品研发。由于我们不知道企业新产品研发的具体数值，我们使用企业的新增出口品产值和新增产品种类作为新产品研发的代理变量。在表7-14 中(1)列使用全部样本，(2)列到(4)列使用匹配样本。结果显示行业中间品关税下降对企业新产品产值的增加有显著的正向影响。表7-14 的(3)列和表7-14 的(4)列中我们对新产品种类进行负二项回归，在控制了年份和企业固定效应之后，发现中间品关税下降减少了企业新产品的种类。这说明中间品贸易自由化减少了企业产品种类，但是增加了每一种产品的产值，也即其对贸易的促进主要是通过集约边际而不是广延边际。

表7-14　贸易自由化与新产品研发

被解释变量 计量方法	新产品产值 （对数）	新产品种类		
	OLS	负二项回归		
	(1)	(2)	(3)	(4)
行业中间品关税	-0.057***	-0.062***	0.079***	0.012**
	(-10.09)	(-6.89)	(22.40)	(2.12)
行业最终品关税	-0.001	-0.001		0.004**
	(-0.63)	(-0.71)		(2.48)
企业生产率(对数)	0.119***	0.253***		0.407***
	(4.04)	(3.15)		(10.83)
企业出口(对数)	0.191***	0.134***		0.263***
	(15.02)	(6.57)		(26.51)
企业规模(对数)	0.309***	0.365***		-0.186***
	(8.12)	(5.97)		(-15.48)

(续表)

被解释变量	新产品产值（对数）		新产品种类	
计量方法	OLS		负二项回归	
	(1)	(2)	(3)	(4)
企业利润(对数)	0.135***	0.127***		0.075***
	(12.18)	(6.93)		(11.01)
加权的世界GDP(对数)				0.331***
				(61.09)
年份固定效应	是	是	是	是
企业固定效应	是	是	是	是
样本	合并前样本	合并后样本		
观察值数目	16 003	7 496	52 640	27 913

注：括号内为稳健 t 值，***(**)表示在1%(5%)水平上显著。

由于中间品关税下降减少了企业的新产品种类，而又增加了企业总的研发投入，可以推测中间品贸易自由化促进了企业的生产研发，降低了企业生产的边际成本，增加了企业产值。造成这个现象的原因一方面是企业进口外国核心产品的成本下降，使得企业可以更便宜地模仿外国技术，因此促进了企业的生产研发；另一方面进行新产品研发需要更高的技术水平，并且很难通过模仿已有技术实现。因此，相对于发达国家，中国在开发新产品方面不具备比较优势，而在进行生产研发方面具备比较优势。总之，从上述回归中可以推测出中间品贸易自由化主要促进了企业的生产研发而不是新产品研发。

第五节 小　　结

本章以中国加入 WTO 为契机，利用中国企业生产和出口数据，研究了中间品贸易自由化对企业研发的影响。由于加工贸易企业进口关税始终为零，我们使用加工贸易企业作为对照组，控制了"入世"后的政策和其他类型的贸易自由化的影响之后，发现中间品贸易自由化增加了企业的研发投入，对不同的对照组分类和计量方法稳健。同时我们发现企业研发的增加主要来自对于已有生产技术的改进，而不是研究新产品。这与中国企业在模拟已有技术上更具有比较优势的观察一致。

本章对中国现实经济具有鲜明的政策意义,随着中国加入 WTO 关税进一步减免,中间品贸易自由化提高了企业的研发水平,有利于加快产品更新换代和企业转型升级,促进企业由低端加工的出口模式向高端自主研发的模式转变。随着改革开放的深化,我国正在上海自贸区和天津滨海新区等地进行贸易便利化的进一步试点,这将进一步带动企业研发和产业结构升级,对促进经济可持续发展起到推动作用。

第八章 贸易自由化与进口中间品质量升级[①]

本章通过使用2000—2005年我国高度细化的海关全样本进口数据,探讨了贸易自由化对于进口中间产品的质量的提升作用。为了准确地将质量从进口品价格信息中分离出来,我们运用了Khandelwal(2010)的模型估计了来自203个国家的3 714种进口中间品的质量。由于中间品质量的提升可能受到最终产品关税减免的影响,我们运用倍差法,选择受到关税免除保护的加工贸易为对照组。结果发现,相对于加工贸易,贸易自由化显著地提升了一般贸易中进口中间品质量。

第一节 引 言

本章研究了贸易自由化对进口中间品质量的提升作用。在过去的十几年间,我国贸易开放的进程大大加快了。我国在2001年年底加入世界贸易组织(WTO),承诺减免进口关税。2001—2006年,我国的平均进口关税从16.4%下降到了9.2%。在此期间,中国也跃居世界第二大贸易体。在2013年,我国更是成立了上海自由贸易试验区,推动了新一轮的贸易改革。那么,贸易开放能给我国的经济增长,特别是制造业的质量升级带来哪些收益?贸易自由化除了给我国带来贸易量的大幅提升,是否给我国贸易和经济带来的"质"的飞跃?

经典的贸易与增长的模型预测,自由贸易通过为发展中国家提供新的、质量更高的中间投入品来促进经济增长。在Grossman and Helpman(1991)提出的质量梯度模型中,发达国家利用本国在创新技术上的比较优势开发出新一代的产品,而发展中国家的企业则通过模仿新产品的设计和生产工艺来实现增长。这些模仿过程正是通过进口新的、质量更高的中间品来实现。如果我们发现,中国这样的发展中国家在贸易自由化之后确实进口了质量更高

[①] 本章是我与马里兰大学的李乐融博士合作的成果,初稿发表在《经济学(季刊)》上。

的中间品,这正印证了贸易自由化促使中国制造业进行质量升级,从而促进经济增长的猜想。进一步地,质量更高的中间品提升了我国国内消费品和出口产品的质量,这使我国在全球价值链上,从一个生产低端廉价产品的国家,走向一个生产高质量、高技术含量产品的制造业大国。

近年来,经济学者大量研究了贸易自由化对于企业生产率(TFP)的影响(如 Amiti-Konings,2007;Topalova-Khandelwal,2011;Yu,2015)。过去的研究主要集中在最终产品关税下降对企业生产率的影响。理论和实证结果表明,最终产品关税下降带来的进口竞争和新的出口机会通过优胜劣汰使得全行业的生产率得到普遍的提升。近年来,经济学者在考虑贸易开放深化的影响时,不仅仅关心最终产品关税减免对于企业生产率的影响,他们更关心中间品关税下降的影响。由于中间品关税下降会使得进口厂商得以选择种类更多以及质量更高的中间投入品,这同样使得国内的企业全要素生产率得到提高。

大量的实证研究也印证了这一观点,中间投入品的关税下降使得制造业企业的生产率大大提升。这些研究包括 Amiti and Konings(2007)率先对印度尼西亚企业的研究,Goldberg et al. (2010)对印度企业的研究以及 Yu(2015)对中国制造业企业的研究。那么,更进一步地,贸易自由化,特别是中间投入品关税下降是通过哪些渠道或者机制使得生产率得到提高?Goldberg et al. (2009)强调了中间品关税下降使得国内厂商可以选择更多、更便宜的进口中间品,从而为厂商节约成本,带来了生产率的提高。Amiti and Konings(2007)指出,除了更多种类的中间品,国内厂商也可能通过进口质量更高的中间品来获得生产率的提高。本章通过对中国贸易自由化过程的实证检验,试图印证企业生产率提高的第二个渠道,即进口中间品质量的提高。

在贸易自由化的背景下,随着贸易成本的下降,进口中间品的质量会如何变化呢?首先,在供给方面,在进口关税下降之前,只有那些生产率最高的企业才能克服出口的固定成本,但在贸易自由化之后,贸易成本降低,更多生产率更低的企业能出口到中国。它们出口的中间品质量也可能更低。

在需求方面,随着我国进口中间品的关税的下降,进口最终品的关税也下降了。国内的厂商在国内市场面临着更加激烈的市场竞争。在激烈的市场竞争中进行质量升级可以为企业带来新的利润空间。在实证上,Bustos(2011)发现国内市场的竞争压力使得国内的厂商投资于技术并带来质量升级。在这样的情况下,我国国内的厂商也可能进口质量更高的产品。此外,贸易自由化同样引起进口中间品关税下降,这使得国内厂商进口中间品的价格更低,高质量的进口中间品相对低质量的国内中间品价格更低。相对价格的下降会进一步提升对高质量中间品的进口需求。

本章运用 2000—2005 年我国高度细化的进口数据,探讨了贸易自由化,特别是加入 WTO 带来的关税减免对于进口中间品质量的影响。为了准确地将质量从进口品价格信息中分离出来,我们运用了 Khandelwal(2010)的模型估计了来自 203 个国家的 3 714 种进口中间品的质量。在控制了关税的内生性后,我们发现,进口中间品关税的下降显著提升了一般贸易中的进口中间品的质量。进一步地,由于中间品质量的提升可能受到最终产品关税减免的影响,我们选择受到关税减免保护的加工贸易为对照组,运用倍差法(Difference-in-Difference),结果进一步印证了,相对于加工贸易,一般贸易的进口中间品质量在关税减免之后得到了显著的提升。

本章为准确地衡量我国贸易自由化,特别是关税减免对于进口中间品质量的影响,避免实证的估计误差,主要做了三方面的工作:(1) 使用最为细化的海关进口数据作为样本;(2) 运用 Khandelwal(2010)的方法,在 HS 8 位编码产品层面上估计出各国出口到我国的中间品质量;(3) 在用回归估计出中间品关税减免对进口中间品质量的影响后,采用倍差法进一步估计出整体关税减免(中间品和最终品)对于中间品质量的影响。

首先,本章与一系列贸易自由化和生产率的研究密不可分。Amiti-Konings(2007)利用印度尼西亚的数据,发现进口中间品关税下降 10% 会给那些进口中间品的企业带来 12% 的生产率提升,这种由于中间品关税下降带来的提升是最终产品关税的两倍。Laszlo et al. (2005)利用匈牙利的数据有了相似的发现,进口中间品关税下降会使得企业的生产率提升约 12%。更重要的是,Yu(2015)利用中国的规模以上工业企业数据,发现对整个样本来说,中间品关税 10% 的下降会带来企业生产率 10% 的提升,对非加工贸易企业来说,这一提升更加明显。这印证了贸易自由化特别是中间品关税下降促进企业生产率提升的事实也发生在中国。进一步地,近期文献讨论了造成这一效应的机制。Goldberg et al. (2009)发现,更低的中间品关税贡献了印度国内 31% 的新产品,而这个效应在很大程度上归因于更多种类的进口中间投入品。我们的研究则提供了使得生产率提高的另一个渠道的证据,即更高质量的中间品。

由于我们研究的对象是产品的质量,对进口中间品质量进行准确度量有着非常重要的意义。传统上,经济学家用单位价值(unit value)作为产品质量的近似指标,但这个指标精确度有待商榷。近期的一系列研究试图找到一个更准确的度量质量的指标。Hallak-Schott(2010)提出了一种方法,估计了 1989—2003 年,世界上几大出口国的出口产品质量。其中的经济学理论是,如果我们控制了出口价格,那么那些拥有贸易盈余的国家出口的产品(相对于有贸易赤字的国家的产品)具有更高的质量。他们发现,发达国家往往出口质量更高的产品,而单位价值并不是一个很好的度量质量的指标。进一步地,Khandelwal(2010)提出了一种方法,利用了价格和数量的信息,在最细分的产品层面估计了进口到美国的产品质量。如果一个产品在控制了价格之后仍然有较高的市场份额,那么它被认为有更高的质量。结果发现,对于同质性的产品来说("较短质量梯度"),价格并不是度量质量的很好的指标。

国内较早的文献也通常将单位价格作为产品质量的近似指标,如施炳展(2010)发现,随着我国出口量的大幅增长,出口产品的价格并未出现相应的增长,这说明我国出口品的质量提升有限。刘伟丽(2012)运用了Khandelwal的模型,估计了2000—2008年我国进出口品的质量,并将中国产品的质量梯度与美国产品进行了比较研究,但其着眼点在产品的质量梯度并不在产品质量本身。施炳展(2013)在一文中通过"回归反推法",运用了与Khandelwal(2010)相似的逻辑,结合企业出口产量和价格的信息,估计了中国企业出口品的质量。而本章是第一篇在贸易自由化的背景下估计进口中间品质量,考察贸易自由化对进口质量的影响的文章。

相比其他方法,Khandelwal(2010)的模型有如下优点:第一,Khandelwal(2010)的方法在产品和来源国双重层面上估计产品的质量,而其他方法,比如Hallak and Schott(2010)只能在国家层面,不能在细分产品层面估计质量;第二,Khandelwal(2010)的方法来自产业组织中经典的估计需求与供给函数的结构模型,而其他模型均为约化式回归;第三,Khandelwal(2010)的方法由于利用了价格和销量的信息,最适用于研究进口产品的质量,而其他模型多用于估计某个国家平均出口品的质量。在本章中,我们采用了Khandelwal(2010)的方法测量进口到中国的中间品(HS 8位制编码)的质量。

第二节 数 据

为了度量中间品质量以及探讨进口关税下降的影响,我们使用两套数据:中国进口关税数据和中国海关贸易数据。

中国进口关税数据可以直接从WTO官方网站下载,可得的进口关税数据是在6位制编码(HS 6)产品层面上的。可以看到自我国在1992年宣布建立社会主义市场经济,当时我国未加权的平均关税为42.9%。在WTO乌拉圭回合后不久,为了争取早日加入WTO,我国将关税水平从1994年的35%削减到1997年的17%左右。而在1998—2000年期间,进口关税几乎没有变化。在"入世"前夕,我国将关税从 16.4% 下调至 15.3%。在 2001 年 12 月加入 WTO 之后,当年的平均关税为 14.6%。2002 年平均关税继续下调至 11.5%,此后关税逐年下降,分别为 2003 年 10.5%、2004 年 9.6%、2005 年 9.2%。2005 年后平均关税基本保持平稳。

中国 2000—2005 年细分的进口数据从中国海关处可得。对每一笔进口,这个数据库记录三种信息:(1) 基本的贸易信息:总价值、数量、进口或出口、贸易单位,以及单位价值;(2) 贸易方式如进口国、进口模式(加工贸易或一般贸易)、运输方式(海运、陆运或空运);(3) 进口企业的信息。为了处理方便,我们首先将月度的数据加总到年度层面。

由于进口贸易数据中不仅包含了中间品,也包括了最终产品。我们根据广义经济分类法(broader economic categories,BEC)2002 版本中定义的中间品,将最终产品和中间品从贸易数据中分离。最后得到的进口中间品分为工业原材料、半成品和机械零部件三个部分。表 8-1 汇报了在我们的样本期间内三种进口中间品的数量。

表 8-1　2000—2005 年间进口中间品数量(对数值)

	2000	2001	2002	2003	2004	2005
原材料(21)	23.41	23.93	23.69	24.02	24.24	24.53
半成品(22)	25.27	25.50	25.54	25.77	25.76	25.80
零部件(42&53)	25.40	25.48	25.79	26.08	26.33	26.59

资料来源:中国海关数据库。

第三节　质 量 估 计

一、质量估计模型

由于我们无法直接观察到产品的质量,经济学家往往用单位价值(unit value)来作为产品质量的近似指标。但是,单位价值往往会因受到其他原因的影响而波动。比如,两个国家拥有不同的制造成本(劳动力工资),它们可能会为同样质量的产品制定不同的价格。如果在进口国的消费者偏好一些产品的特殊性质(如款式、剪裁),那么即使是成本高的产品在进口国仍有生存的空间。

在 Khandelwal(2010)的模型中,质量被定义为任何能够增加消费者平均效用的有形或者无形的特征。模型背后的直觉在于,两国国家出口相同价格的同类产品,但在进口国拥有不同的市场份额,那么这两个来自不同国家的产品必定拥有不同的质量。显然地,市场份额越大的产品拥有更高的质量。换句话说,如果一种产品在跟同类产品的竞争中,能够提升自己的价格而又不损失其市场份额,这种产品的质量一定得到了提升。

在我们的贸易数据中,我们无法观测到进口产品,尤其是进口中间品的产品特质。于是,我们估计出的质量将代表所有的能够增加消费者平均效用的特质。根据中国进口数据的结构,我们定义从 c 国进口的产品 h(8 位制编码) 为一种中间品 ch。进一步地,我们根据国民经济行业分类标准(GB/T4754-2002),将每一个制造业行业(CIC 2)定义为一个市场,所有的来自不同国家的 8 位制中间品 ch 在市场中竞争。① 同一个 8 位制编码的产品具有相似的特征,所以它们同属于一个类别(nest)。

根据 Berry(1994)关于异质产品的 nested logit 模型,Khandelwal(2010)成功将此模型应用到面板进口数据中。于是,我们沿用 Kandelwal(2010)的模型,估计如下方程:

$$\log(s_{cht}) = \lambda_{1,ch} + \lambda_{2,t} + \alpha\log(p_{cht}) + \sigma\log(ns_{cht}) + \lambda_{3,cht} \quad (8\text{-}1)$$

由于从同一个国家进口的同一种产品在一般贸易和加工贸易中也有可能拥有不同的质量,我们分别对一般进口和加工进口进行估计。② 其中,s_{cht} 是指中间品 ch 的市场份额,定义为 $\dfrac{q_{cht}}{market_{it}}$;$q_{cht}$ 是中间品 ch 在 t 年的进口数量;而 $market_{it}$ 是整个行业 i 的市场规模。为了得到行业层面的市场规模,我们用行业层面的进口数量除以行业层面的进口渗透率,即 $market_{it} = \dfrac{\sum_{ch \in cic_i} q_{cht}}{impen_{it}}$③。$ns_{cht}$ 为该中间品在同一产品类别 h(HS 8 位制编码)中的进口份额,定义为 $\dfrac{q_{cht}}{\sum_{ch \in h} q_{cht}}$。如果同一种产品类别中更多中间品 ch 出口到中国,即使质量不变,它们的市场份额也会变小,加入同一类别的进口份额控制了这种因素带来的总体市场份额变小。p_{cht} 是中间品 ch 在 t 年的单位价值。最后,我

---

① 我们将 6 位数编码(HS 6)的产品与制造业行业(CIC 2)对应起来。
② 在一般进口中,中间品价格为其到岸价格(c.i.f.);在加工进口中,由于进口中间品免关税,其到岸价格等于其离岸价格。
③ 其中,进口渗透率数据来自余淼杰的《中国的贸易自由化与制造业企业生产率:来自企业层面的实证分析》,发表在《经济研究》2010 年第 12 期,第 97—110 页。

们控制了中间品 ch 和年份 t 的固定效应,即 $\lambda_{1,ch}$ 和 $\lambda_{2,t}$。[①]

利用估计方程(8-1)所得的系数,我们定义中间品的质量为:

$$\hat{\lambda}_{cht} = \hat{\lambda}_{1,ch} + \hat{\lambda}_{2,t} + \hat{\lambda}_{3,cht} \tag{8-2}$$

也就是说,我们将两个估计出来的固定效应和残差项之和定义为中间品的质量。其中的含义在于,我们将市场份额中不能被价格和进口份额解释的部分定义为产品的质量。

(一) 质量估计结果

我们分别对中国 27 个制造业行业(代码:13—40)估计方程(8-1)。在估计之前,我们首先对贸易数据进行了必要的处理。首先,由于进口数据有很多噪音,我们去掉了那些进口数量为 1 的中间品;其次,对每个行业的市场份额和单位价格进行了 5% 水平上的缩尾,以保证我们的回归结果不受极端值的影响。表 8-2 提供了质量估计中的关键变量的统计性描述。

表 8-2　质量估计中关键变量的统计性描述

变量	均值	标准差
一般贸易		
市场份额	0.000101	0.00256
单位价值(美元)	16.28	15.64
组内份额	0.0755	0.1710
加工贸易		
市场份额	0.000125	0.00220
单位价值(美元)	11.59	19.69
组内份额	0.0728	0.1659

资料来源:作者自己计算。

对每一个行业,我们分别对一般贸易和加工贸易估计质量,表 8-3 汇报了质量估计中的各个系数。除了价格系数为正的烟草制造业(代码为 16),所有的价格系数和组内份额系数都显著。烟草行业之所以不显著,可能是由于烟草行业中主要是国有企业,存在大量的保护性补贴以及要素禀赋错配。由于市场份额和价格变量都是对数值,价格的系数可以认为反映了价格弹性,我们估计的价格弹性的均值为 -0.19,中位数为 -0.16。

[①] 在 Khandelwal(2010) 的模型设定中,加入了人口以控制无法观测到的产品种类。原因在于,像中国这样的出口大国可能出口更多种类的产品,但进口数据可能将这些更细分的种类记录为同一种类更多的进口。这样可能带来估计的偏误,但如果不考虑来自中国的进口,这种偏误可以忽略不计。

表 8-3 质量估计中的系数

工业(编码)	一般贸易		加工贸易	
	价格 ($\hat{\alpha}$)	组内份额 ($\hat{\sigma}$)	价格 ($\hat{\alpha}$)	组内份额 ($\hat{\sigma}$)
农副食品加工业(13)	-0.40	0.77	-0.12	0.80
食品制造业(14)	-0.24	0.80	-0.22	0.79
饮料制造业(15)	-0.26	0.83	-0.38	0.74
烟草制品业(16)	0.05	0.87	-0.49	0.77
纺织业(17)	-0.22	0.76	-0.09	0.89
纺织服装、鞋帽制造业(18)	-0.08	0.88	-0.19	0.77
皮革、皮毛、羽毛(绒)及制品业(19)	-0.09	0.87	-0.14	0.82
木材加工及木、竹、藤、棕制品业(20)	-0.21	0.79	-0.16	0.81
家具制造业(21)	-0.07	0.91	-0.11	0.84
造纸及纸制品业(22)	-0.21	0.86	-0.09	0.90
印刷业和记录媒介的复制(23)	-0.06	0.89	-0.06	0.92
文教体育用品制造业(24)	-0.21	0.79	-0.27	0.73
石油加工、炼焦及核燃料加工业(25)	-0.71	0.65	-0.52	0.76
化学原料及化学制品制造业(26)	-0.26	0.79	-0.13	0.85
医药制造业(27)	-0.16	0.85	-0.16	0.79
化学纤维制造业(28)	-0.31	0.81	-0.11	0.88
橡胶制品业(29)	-0.14	0.86	-0.09	0.87
塑料制品业(30)	-0.11	0.89	-0.05	0.92
非金属矿物制品业(31)	-0.17	0.84	-0.13	0.84
黑色金属冶炼及压延加工业(32)	-0.25	0.79	-0.12	0.86
有色金属冶炼及压延加工业(33)	-0.21	0.81	-0.09	0.88
金属制品业(34)	-0.14	0.85	-0.10	0.87
通用设备制造业(35)	-0.12	0.83	-0.18	0.77
专用设备制造业(36)	-0.14	0.78	-0.13	0.77
交通运输设备制造业(37)	-0.23	0.82	-0.36	0.75
电气机械及器材制造业(39)	-0.16	0.86	-0.23	0.79
通信、计算机及其他电子设备制造业(40)	-0.18	0.82	-0.28	0.74

资料来源:作者自己计算。

在垂直的产品市场,Bresnahan(1993)发现,所有消费者都认同价格,这就相当于认同对产品质量的排序,所以价格是质量的有效指标。但如果产品拥有很多水平方向上的特质(如款式、颜色等),价格和质量之间的对应就不那么明显了。下面的回归探讨了不同质量阶梯的产品价格和质量之间的对应关系。在 Khandelwal(2010) 的模型中,质量梯度(quality ladder)被定义为同一产品中最高质量与最低质量之差,衡量了产品的异质性。由于质量梯度是产品本身的特性,与国家无关,我们采用了 Khandelwal(2010) 对于质量阶梯的度量。① 由此,我们估计了下面的方程:

$$\log(p_{cht}) = \alpha_h + \alpha_t + \beta_1 \hat{\lambda}_{cht} + \beta_2 \hat{\lambda}_{cht} \times \log(\text{Ladder}_h) + \varepsilon_{cht} \quad (8\text{-}3)$$

其中,$\hat{\lambda}_{cht}$ 是我们用式(8-2)估计得到的产品质量水平,α_h 和 α_t 分别表示产品和年份的固定效应。在表8-4中,交互项前的系数 β_2 为正且显著,说明了质量梯度越长,质量到价格的对应更加明显。但当质量梯度变短,也就是说在同质性的产品市场,价格并不是质量的很好的度量指标。

表 8-4 价格与质量的关系

	总进口 (1)	一般贸易 (2)	加工贸易 (3)
质量	-0.268***	-0.277***	-0.273***
	(-112.40)	(-83.68)	(-81.60)
质量×质量梯度	0.0174***	0.0118***	0.0212***
	(-15.18)	(-7.41)	(-13.18)
产品固定效应	是	是	是
年份固定效应	是	是	是
样本数	375 383	183 978	191 405
R^2	0.353	0.367	0.352

注:括号中为按企业水平调整后的稳健性 t 值,*(**)表明显著性水平为 10%(5%)。

第四节 实证策略及主要结果

一、基准回归

通过式(8-2)得到每种中间品的估算质量后,我们来考察贸易自由化(表现为关税减免)对产品质量的影响。具体地,考虑以下回归:

$$\lambda_{cht} = \alpha_h + \alpha_t + \beta_1 \tau_{ht} + \beta_2 X_{cht} + \varepsilon_{cht} \quad (8\text{-}4)$$

---

① 进一步地,Khandelwal(2010) 在文章中说明,质量梯度很难随时间而改变。在他所测量的质量梯度中,产品期初和期末的质量梯度的相关性为 0.7。

其中，λ_{cht}代表中间品质量，而τ_{ht}代表在6位制编码(HS 6)的产品进口关税。α_h和α_t分别控制了2位制编码(HS 2)的产品固定效应和年份的固定效应。由于进口的中间品在国内市场上与企业可选的其他国内中间品构成竞争，行业特质也会影响进口中间品的质量，因此我们在X_{cht}中包括了一系列产品所属行业的特质，包括行业总雇佣人数和行业生产率。由于加工贸易本身是免进口关税的，我们的回归只针对一般贸易中的进口中间品。

表8-5的(1)、(2)列汇报了最小二乘法的结果。从(1)列我们可以看到，进口中间品关税的下降使得一般贸易中的进口中间品的质量显著提高，估计的系数为-0.029且在常规的统计水平上显著。在(2)列中我们控制了产品所属行业层面的特性，关税对质量的提升作用依然稳健。我们可以看到，那些行业规模较大(雇用人数多)、生产率较高的行业对应的进口产品质量也更高。一般来说，行业规模较大、生产率较高的行业是我国具有比较优势的行业，那么此行业生产的产品也具有较高的"性价比"，那么国内厂商在进行中间品的选择时，会优先选择国内的产品。在这种情况下，如果从国外进口，那么进口产品的质量也会越高。

表8-5 基准回归结果

因变量:中间品质量	最小二乘法		工具变量法	
	(1)	(2)	(3)	(4)
进口关税	-0.049***	-0.051***	-0.057***	-0.058***
	(-45.52)	(-46.74)	(-42.83)	(-44.08)
行业雇佣人数		0.496***		0.471***
		(64.42)		(57.56)
行业平均生产率		0.401***		0.395***
		(21.95)		(20.27)
产品固定效应	是	是	是	是
年份固定效应	是	是	是	是
第一阶段F统计量			40 169	40 284
样本数	234 735	231 057	201 381	198 230
R^2	0.164	0.186	0.169	0.185

注：括号中为按企业水平调整后的稳健性t值；*(**)表明显著性水平为10%(5%)；雇用人数、生产率(TFP)均为行业层面数据，TFP的估计采用了Olley-Pakes(1996)的方法。数据来自国家统计局"规模以上工业企业"数据在行业层面加总或平均。

产品的进口关税并非外生给定的,而是受到一些产品特质的影响。产品质量较差的行业可能会将低质量归因于进口中间品关税过高,从而迫使政府降低该行业的关税。如此,这些关税降低幅度很大的行业可能进口中间品质量并没有太大的提升,这将低估进口关税对中间品质量的提升作用。工具变量估计(Ⅳ)是处理这类问题里较为有效的一种方法。在这里,我们用上一年的关税作为本年关税的工具变量。直观上来看,由于关税政策存在时序相关,上一年的关税跟本年的关税相关度很高($corr=0.95$)。而企业在进口本年的中间品时,会根据本年的进口关税决定进口的质量,所以上一年的关税与本年的进口中间品质量关系不大($corr=-0.10$)。

表8-5的(3)、(4)列汇报了工具变量法回归的结果。可以看到,在控制了关税的内生性后,关税对质量的提升作用仍然显著。与最小二乘法的结果相比,进口关税减免对质量的提升作用更加明显,这跟我们预测的系数变动方向一致。此外,表8-5还报告了第一阶段回归的 F 统计量,所有的统计量都显著大于10,说明我们有效地避免了弱工具变量的问题。[1]

二、产品层面(HS 8)质量变化

进一步地,Trefler(2004)提出了一种有效解决关税内生性的方法。他首先选择关税变动之前的时期作为对照,对回归方程取两次差分,然后用期初的行业特质作为工具变量。由于已经取过两次差分,残差不可能与期初的水平值相关;再者,期初的行业特质决定了期初的关税水平从而决定了此后的关税变化。

我们采用这种方法再对基准回归做两阶段工具变量回归。注意,如果我们继续用中间品品种 ch 作为观察单位,在两次差分之后,我们只剩下了在期初(2000年)、期中(2001年)和期末(2005年)三个时期都持续存在的中间品,这将大大减少观察值;另外,这些存续的中间品也很难代表整个样本,因为关税下降不仅仅使得厂商从同一国家进口质量更高的中间品,他们也会从其他国家进口高质量的中间品。为了解决这个问题,我们使用8位制编码(HS 8)的产品(无论来自哪个国家)作为观察单位,考察在产品层面上的质量升级。

由于我们的数据是2000—2005年的,选择2000年和2001年作为前WTO时期。具体来说,用 $\Delta\lambda_{h0}$ 代表在加入 WTO 之前质量的平均变化,用

---

[1] Staiger-Stock(1997)认为在2SLS回归中,若一阶段的 F 统计量大于10,则有效地避免了弱工具变量的问题。

$\Delta\lambda_{h1}$ 代表在加入 WTO 之后质量的平均变化,这意味着:

$$\Delta\lambda_{h0} = (\lambda_h^{2001} - \lambda_h^{2000})/(2001-2000)$$
$$\Delta\lambda_{h1} = (\lambda_h^{2005} - \lambda_h^{2001})/(2005-2001)$$

相应地,我们分别定义 $\Delta\tau_{h0}$ 和 $\Delta\tau_{h1}$ 为加入 WTO 之前和加入 WTO 之后进口关税的平均变化。由于我们关心关税的下降对质量提升的影响,估计下面回归:

$$(\Delta\lambda_{h1} - \Delta\lambda_{h0}) = \beta_1(\Delta\tau_{h1} - \Delta\tau_{h0}) + \beta_2 X_h^{2000} + \varepsilon_h \quad (8\text{-}5)$$

其中,被解释变量和主要解释变量都是加入 WTO 前后的差分。由于关税变化的内生性,最合适作为关税变化的工具变量的是在 2000 年时行业层面的水平值。由此,我们选择 2000 年行业的总雇佣人数作为关税变化的工具变量。由于关税可能保护那些就业人数较多的行业,故行业的总雇佣人数与关税变化相关。此外,我们将 2000 年的关税水平作为另一个工具变量,因为期初的关税水平与其后的关税变化也紧密相关。

表 8-6 报告了产品层面工具变量回归的结果。由于观察单位是 8 位制编码的存续产品,我们的样本数明显地减少了,分别报告对一般贸易和加工贸易的影响。从(1)、(2)列可以看出,关税减免显著地提升了一般贸易中进口中间品的质量。在(3)、(4)列中,关税减免对加工贸易中的进口中间品质量的影响并不显著。这可能是由于加工贸易从一开始就是免除进口关税的,因此关税的下降对其质量的提升作用微乎其微。这也为我们后面使用倍差法提供了实证基础。

表 8-6 8 位制(HS 8)产品层面工具变量法结果

因变量:质量变化差	一般贸易		加工贸易	
	(1)	(2)	(3)	(4)
关税变化差	−0.417***	−0.354**	−0.098	−0.033
	(−2.58)	(−2.23)	(−1.07)	(−0.36)
质量梯度		0.026		0.061**
		(0.62)		(2.15)
初期质量		0.054**		0.053***
		(2.39)		(4.35)
一阶段 F 统计量	9.00	25.82	10.82	19.92
样本量	2 611	1 999	2 607	1 997

注:括号中为按企业水平调整后的稳健性 t 值,*(**)表明显著性水平为 10%(5%)。

三、倍差法回归

进口的中间品可能加工为不同的产成品,产成品的关税下降也可能引起本行业进口中间品的质量提高。例如,国内汽车生产厂商在面临汽车进口关税减免时,国内市场更加激烈的竞争会使得国内汽车厂商进口质量更高的轮胎。而我们在回归中很难控制产成品的关税,因为轮胎除了加工为汽车,可能还加工为其他产品。这使得我们之前的回归很难完全估计出整体关税减免(包括中间品和最终产品关税下降)对中间品质量提升的影响。

加工贸易的存在为我们考察贸易自由化对于进口中间品质量的影响提供了一个自然的随机实验。作为中国贸易最显著的特征,加工贸易是指国内的厂商从国外进口原材料,经过本地的加工,再将产成品出口到国外的过程。在2000—2005年,中国总贸易量的76%的构成是加工贸易。表8-7说明了2000—2005年中国的进口构成。

表8-7 2000—2005年间进口构成

	2000	2001	2002	2003	2004	2005
加工进口量(千万美元)	6 409	7 556	8 622	12 879	18 670	21 850
加工进口份额(%)	78.0	74.6	76.7	75.8	76.7	77.2
一般进口量(千万美元)	1 810	2 570	2 620	4 100	5 680	6 450
一般进口份额(%)	22.0	25.4	23.3	24.2	23.3	22.8
总进口量(千万美元)	8 219	10 126	11 242	16 979	24 350	28 300

资料来源:中国海关数据库。

最重要的是,加工贸易在中国受到关税豁免的政策优惠,正因如此,贸易自由化带来的进口关税(包括中间品关税和产成品关税)下降对加工贸易没有影响,进一步地,加工贸易中进口中间品质量也不应该受到影响。之前的回归结果也印证了在产品层面上,进口关税对加工贸易中进口中间品的质量的影响是不显著的。因此,我们利用这一特征,将总的进口分为一般贸易和加工贸易,并选择一般贸易为实验组,而加工贸易为控制组。

在运用双重差分的方法之前,我们需要验证,在除关税影响外,一般贸易和加工贸易的差距是否随时间不变?一般贸易的产成品销往国内,而加工贸易的产成品销往国外,那么在样本期间国内国外市场经济环境的不同,可能会造成两者之间的差异发生变化。但国内厂商对一般贸易或加工贸易的选择是内生的,如果国外市场竞争加剧,国内厂商可能会转为一般贸易,主攻国内市场。那么,一般贸易和加工贸易的构成就会发生变化。但是在短期来看,我们可以认为加工贸易和一般贸易之间的差距是稳定的。另外,在我们的样本期间,除了关税政策,没有其他政策仅仅影响加工贸易或者一般贸易。那么,我们就可以利用加工贸易和一般贸易在关税变化前后的差距的变化来估计出进口关税的影响。

具体来说,我们比较在中国加入 WTO 前后一般贸易相对于加工贸易的进口中间品质量变化。我们估计以下方程:

$$\lambda_{cht} = \alpha_{ht} + \beta_1 \text{Treatment}_s \times \text{Post}_t + \beta_2 \text{Treatment}_s + \delta X_{cht} + \varepsilon_{cht} \quad (8\text{-}6)$$

其中,λ_{cht} 代表中间品 ch 在 t 年的质量;Treatment_s 是一个哑变量,如果中间品进口属于一般贸易,取值为 1;如果属于加工贸易,取值为 0。Post_t 也是一个哑变量,当中国 2001 年加入 WTO 之后,取值为 1。X_{cht} 是一系列控制变量,包括产品行业层面的总雇佣人数和生产率。

表 8-8 汇报了估计方程(8-6)的结果。表 8-8 中(1)列的交互项系数显著大于 0,表明在加入 WTO 之后,一般贸易的进口中间品质量相对于加工贸易显著提高了。一般贸易的哑变量前的系数也显著为正,表明一般贸易的进口中间品质量普遍较高。表 8-8 中(2)列控制了 HS 2 位制的产品固定效应,也就是说,我们的比较是基于同一个产品类型的,交互项的系数仍然显著为正。表 8-8 中(3)列加入了一系列产品层面的控制变量,这并没有显著地影响回归结果。不过,由于被解释变量之间可能存在着显著的时序相关性,表 8-8 中(1)—(3)列的标准差可能存在着偏差。为解决这一计量上的问题,我们仿照 Betrand-Duflo(2004),在表 8-8 中(4)列将加入 WTO 前后的时期平均分为两期,再用倍差法估计,得到的结果仍然是稳健的。

表 8-8 双重差分结果

	(1)	(2)	(3)	(4)
一般贸易	0.088***	0.109***	0.135***	0.122***
	(5.74)	(7.68)	(9.46)	(6.10)
一般贸易(加入 WTO 后)	0.223***	0.234***	0.228***	0.228***
	(17.18)	(19.5)	(18.94)	(14.59)
总雇佣人数		0.459***		
		(83.46)		
行业生产率		0.146***		
		(11.66)		
产品固定效应	否	是	是	是
年份固定效应	是	是	是	是
样本数	521 801	521 801	514 137	232 882
R^2	0.008	0.160	0.172	0.161

注:括号中为按企业水平调整后的稳健性 t 值,*(**)表明显著性水平为 10%(5%)。

第五节 稳健性检验

我们的进口中间品由原材料、半成品和零部件组成,那么关税减免是否对三类中间品的质量有着不同的影响? 表 8-9 汇报了在一般贸易中的关税减免对三类中间品质量的影响。其中,进口关税减免显著提升了进口半成品和零部件的质量,对进口机械零部件的质量提升效应特别明显。而进口关税减免对原材料质量的影响为正,其中的原因可能是原材料的价格和质量更多地由关税以外的成本因素决定。

表 8-9 关税减免对三类进口中间品质量的影响

	(1) 原材料	(2) 半成品	(3) 零部件
进口关税	0.173***	-0.022***	-0.085***
	(17.87)	(-16.90)	(-39.49)
产品固定效应	是	是	是
年份固定效应	是	是	是
样本数	4 231	170 036	60 468
R^2	0.57	0.14	0.21

注:括号中为按企业水平调整后的稳健性 t 值,*(**)表明显著性水平为 10%(5%)。其中中间品的分类根据 Broad Economic Categories(BEC)。

在 Khandelwal(2010)的模型中,质量梯度(Quality Ladder)代表着产品的异质性程度,质量梯度较短的产品是相对同质性的产品,而质量梯度较长的产品是相对异质性的产品。那么关税的下降对于不同质量阶梯的产品来说,影响是否不同呢? 我们将一般贸易中的产品按照其质量阶梯分为四等分,然后对每一等分做基准回归。表 8-10 报告了回归的结果,可以看到,关税对前 25% 和后 25% 质量阶梯的产品影响最大,也就是说,关税减免对同质性最强的产品和异质性最强的产品质量的提升作用最为明显。这可能是由于同质性较强的产品一般为原材料,而针对原材料的进口关税减免幅度较小,从而造成系数较高。而(2)、(3)、(4)列的回归结果则表明,产品的异质性越高,关税减免对质量提升的效果越明显。

表 8-10　关税减免对于不同异质性产品的影响

因变量:中间品质量	质量梯度			
	第一分位数	第二分位数	第三分位数	第四分位数
进口关税	-0.084***	-0.007*	-0.024***	-0.036***
	(-26.44)	(-2.55)	(-9.04)	(-14.81)
产品固定效应	是	是	是	是
年份固定效应	是	是	是	是
样本数	42 718	42 286	38 631	42 865
R^2	0.207	0.249	0.211	0.222

注:括号中为按企业水平调整后的稳健性 t 值,*(**)表明显著性水平为10%(5%)。

最后,我们利用分位数回归考察关税减免对于不同质量的产品的不同影响。表 8-11 报告了分位数回归的结果。随着产品质量的提高,关税减免对其的影响更加明显,这反映在不断提高的系数上。

表 8-11　分位数回归结果

因变量:中间品质量	分位数回归				
	0.15	0.25	0.50	0.75	0.85
进口关税	-0.041***	-0.043***	-0.049***	-0.058***	-0.061***
	(-23.89)	(-31.29)	(-39.84)	(-42.06)	(-41.53)
产品固定效应	是	是	是	是	是
年份固定效应	是	是	是	是	是
样本数	234 735	234 735	234 735	234 735	234 735

注:0.15、0.25、0.50、0.75、0.85 分别表示在此分位数上的回归,括号中为按企业水平调整后的稳健性 t 值,*(**)表明显著性水平为10%(5%)。

第六节　结　　论

在本章中,我们估计了我国贸易自由化,特别是关税减免对进口中间品质量的影响。首先,我们参考了国际文献中最新的估计质量的计量方法,较为准确地估计了在 2000—2005 年,来自 203 个国家的 3 714 种进口中间品的质量。在解决了进口关税的内生性后,我们发现中间品关税下降显著地提高了一般贸易中进口中间品的质量。

进一步地,由于产成品的进口关税下降会加剧国内市场的竞争,可能会促使国内厂商进口质量更高的中间品。我们不可能在不控制产成品关税的情况下,准确地估计出进口品关税对于质量的影响。再者,我们在讨论贸易自由化对进口中间品质量的影响时,应该同时考虑中间品关税和产成品的进口关税。加工贸易的产成品由于不在国内市场上销售,产成品关税下降对其影响微乎其微,所以我们采用倍差法,估计出贸易自由化(包括中间品和产成品的进口关税减免)对进口中间品质量的提升作用。

我们的研究价值主要体现在以下三个方面:第一,较为准确地在产品细分层面上估算出其他国家出口到我国的中间品质量;第二,在实证方面,证明了关税减免有利于提高进口中间品质量;第三,帮助我们更加深入地理解中国经济发展中制造业产品质量升级的问题。

第三部分

第九章　贸易自由化与中国劳动需求弹性[①]

第九章和第十章重在讨论贸易自由化对中国劳动市场的影响。第九章先从微观的层面进行研究，主要探讨贸易自由化对中国需求弹性的影响。本章采用中国制造业企业1998—2007年的微观面板数据，研究贸易自由化对企业劳动需求弹性的影响。我们将中国加入世界贸易组织视为一次自然实验，以加工进口企业为"控制组"，以一般进口企业为"处理组"，采用倍差法和固定效应模型进行回归分析。结果显示，贸易自由化通过提高资本品和中间产品的可获得性，显著提高了劳动需求弹性。进口关税下降越多，企业的劳动需求弹性提高也越多。

第一节　引　　言

从20世纪90年代开始，我国为加入世界贸易组织(WTO)，积极推进贸易自由化进程，大幅度削减关税和非关税贸易壁垒。我国的未加权平均关税从1992年建立社会主义市场经济时的42.9%，下降到2003年的11%，进出口额、FDI金额等贸易指标也呈指数趋势增长。然而与此同时，我国的劳动收入在国民收入分配中的比重不断下降，劳动收入份额在1995—2004年降低了10.73个百分点(白重恩和钱震杰，2009)。这引起了经济学家的广泛关注和忧虑，因为它可能与我国日益严重的个人收入差距扩大问题密切相关(Daudey and Garcia-Penalosa, 2007；李稻葵等，2009)。国外大量的研究发现，贸易自由化会提高劳动需求弹性，而更大的劳动需求弹性会弱化劳动者的谈判地位，让劳动者承担更多由负面市场冲击带来的成本(Rodrik, 1997)。我国的贸易自由化和劳动收入份额下降同时发生，是否是因为劳动需求弹性发生变化所导致？贸易自由化如何影响我国的劳动需求弹性？这是值得深思的问题。

[①] 本章是我与梁中华博士合作的成果，初稿发表在2014年的《南方经济》上，有删改。

本章使用我国制造业企业层面1998—2007年的面板数据,研究贸易自由化对企业劳动需求弹性的影响。我们将制造业企业分为加工进口企业和一般进口企业。自1988年以来,我国政府对加工进口贸易一直实行减免关税的优惠政策,加工进口企业面临的关税水平在加入WTO前后基本不变,一般进口企业面临的关税水平大幅下降。我们使用倍差法(Difference-in-Difference)进行回归分析,发现贸易自由化显著提高了企业的劳动需求弹性,与加工进口企业相比,一般进口企业的劳动需求弹性在加入WTO后显著提高了0.068。进口关税下降幅度越大,企业劳动需求弹性提高得越多。本章对已有文献主要有两方面贡献。第一,本章是第一篇以企业层面数据研究贸易自由化对中国劳动需求弹性影响问题的文章。现有的文献计算劳动需求弹性时并没有建立供给和需求的联立方程组,而是使用劳动雇佣数量对工资水平直接回归,这种单一方程的估算方法建立在劳动供给弹性无限大的假设之上。Hamermesh(1993)和Mahomedy(2013)均指出,只有在使用更微观的数据时,这一假设才是成立的,因此国外的相关研究已经细化到企业层面。我国研究贸易自由化对劳动需求弹性影响的文献均是使用行业层面的数据(周申,2006;盛斌和牛蕊,2009;盛斌和马涛,2008),劳动供给无限弹性的假设很难成立。本章使用企业层面的微观数据分析这一问题,估计出的结果更加稳健,因为单个企业面临的劳动供给可以认为是无限弹性的。第二,影响劳动需求的因素有很多,即便包含再多的控制变量,之前的研究也总是受到内生性问题的困扰。本章使用倍差法和固定效应模型进行研究,以加工进口企业这一"控制组"作对照,检验一般进口企业劳动需求弹性的相对变化。只要影响劳动需求弹性的因素对"控制组"和"处理组"的影响是对称的,使用倍差法得到的实证结果就是稳健的,这样不仅减少了需要控制的变量个数,而且能很好地解决回归的内生性问题(Angrist-Pischke,2008)。

第二节 文献回顾

Allen(1938)和Hamermesh(1993)在假定完全竞争市场和生产函数规模报酬不变的基础上,得出了劳动需求弹性η_{LL}的表达式:

$$\eta_{LL} = -[1-s]\sigma - s\eta$$

其中,s为劳动收入占销售收入的比重,σ为固定产出情况下劳动力与其他生产要素之间的替代弹性,η为企业生产的产品的需求弹性,且s、σ和η均为正值。劳动需求弹性可以分解为两部分,即$[1-s]\sigma$(替代效应)和$s\eta$(规模效应)。替代效应是指保持恒定产出条件下工资上涨导致的劳动和其他生产要素之间的替代性,它主要受到工会和要素市场刚性程度的影响。当工资上涨时,企业会减少对劳动的供给,增加价格水平较低生产要素的使用。替代效应的大小主要决定于劳动收入份额的大小,如果劳动收入占销售收入的比重大,要素间的替代弹性会较少地传递给劳动需求弹性。规模效应反映了产品市场的变化对要素市场的影响。当工资水平提高时,完全竞争性的企业会提高产品价格,如果产品的需求弹性更大,产品价格提高导致的需求减少也更严重,劳动雇佣数量下降更多。市场竞争程度是影响产品需求弹性的主要因素,因此市场竞争程度的变化会导致劳动需求弹性变化。

贸易自由化也是通过规模效应和替代效应这两条渠道影响劳动需求弹性的。首先,大多数的贸易理论(如新古典贸易理论和新贸易理论)均认为贸易自由化会提高一个国家产品市场的竞争程度,使得消费者更容易找到产品的替代品,从而提高产品的需求弹性(Slaughter,1997)。因此,贸易自由化可以通过规模效应提高劳动需求弹性。其次,贸易自由化提高了资本品和中间产品的可获得性,可以直接通过替代效应提高劳动需求弹性。资本品和中间产品的贸易自由化也有助于提高企业的技术水平(Amiti and Konings,2007;Kasahara and Rodrigue,2008;Topalova and Khandelwal,2011),Marshall et al.(1976)指出,随着技术水平的提高,生产要素之间的替代弹性也会提高,从而增大劳动需求弹性。总结来看,贸易自由化会通过规模效应和替代效应提高劳动需求弹性。

大量的研究从实证角度探索贸易自由化对劳动需求弹性的影响,但并没有得出一致的结论。Slaughter(1997)使用美国行业层面的数据系统考察这一问题,发现贸易自由化提高了企业对工人的需求弹性。之后的研究使用其他国家的数据得出了类似的结论,如法国(Jean,2000)、俄罗斯(Akhmedov et al.,2005)、印度(Hasan et al.,2007)、英国(Mirza and Pisu,2009)等。然而也有研究发现贸易自由化对劳动需求弹性的影响不确定甚至没有影响,如南非(Mahomedy,2013)、韩国(Mitra and Shin,2012)、巴基斯坦(Akhter and Ali,2007)、乌拉圭(Cassoni and Allen,2004)、突尼斯(Haouas and Yagoubi,2004;Mouelhia and Ghazalib,2013)、土耳其(Krishna et al.,2001)等。我们认为结果差异的主要原因有两个:第一,研究中衡量贸易自由化的指标不同,贸易自由化是通过影响多种微观因素起作用的,不同的指标只是衡量了不同微观因素所发挥的作用;第二,使用的数据不同。多数研究使用的是行业层面的数据,不仅无法满足劳动供给无限弹性的假设,还可能存在内生性的问题。

以我国为对象的相关研究并不多,周申(2006)使用我国34个工业行业

1993—2002年的面板数据,估计了贸易自由化对我国工业部门劳动需求弹性的影响,发现贸易自由化同时通过替代效应和产出效应两条途径影响我国工业劳动的需求弹性,但是替代效应作用明显强于产出效应。盛斌和马涛(2008)、盛斌和牛蕊(2009)同样使用工业部门行业层面数据发现中间产品的出口对中国劳动力的需求有显著的拉动效应。不同的行业对劳动者知识技能、身体素质等方面的要求不尽相同,劳动力在行业层面转移的成本远远高于在企业层面转移的成本,在面临"用工荒"的背景下,我国工业部门行业层面的劳动供给弹性不可能是无限大的,因此有必要使用企业层面的数据来研究这一问题。

本章使用我国制造业企业层面的微观数据考察这一问题。我们将重点关注贸易自由化通过替代效应对劳动需求弹性的影响。我国加入WTO后,进口关税不断降低,资本品和中间产品的可获得性提高,企业在生产要素选择方面更加灵活,很可能提高劳动需求弹性。此外,资本品和中间产品的进口也有助于提高我国企业的技术水平(余淼杰,2010;刘瑞翔和姜彩楼,2010),生产要素之间的替代弹性也可能会提高。总之,我们预期贸易自由化通过替代效应会提高劳动需求弹性。

第三节 模型和数据

一、模型

我们将中国加入WTO视为一次自然实验,使用倍差法进行回归分析。我国制造业企业可分为两大类:加工进口企业和一般进口企业。加工进口企业是从事加工贸易进口的企业,即企业从国外进口原料、材料或零件,利用本国的廉价劳动力和土地,加工成成品后复出口的企业。加工贸易有16种之多,最重要的有两类,即来料加工贸易和进料加工贸易。自1988年起,我国海关就对加工进口企业进口原材料实行保税政策,即免收关税,而且对加工贸易中外商提供的不作价进口设备也全部免收关税。对一般进口企业进口则不减免关税(特殊情况除外)。中国加入WTO以后,一般进口企业面临的进口关税迅速下降,加工进口企业由于一直享受保税政策面临的进口关税几乎无变化(见图9-1)。这就为我们提供了一个"自然实验",加工进口企业可以被看作"控制组",一般进口企业可以被看作"处理组",采用倍差法,我们可以分析贸易自由化对我国制造业进口企业产生的影响。

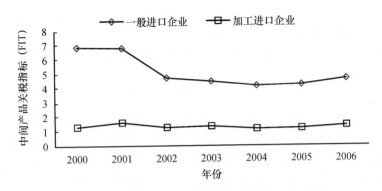

图 9-1 我国制造业进口企业面临的中间产品关税指标
注:本指标是按照田巍和余淼杰(2013)的方法计算得出,详见下文。

为检验贸易自由化对劳动需求弹性的影响,我们首先用雇佣人数对工资进行回归,以得到劳动需求弹性的表达式。建立多期倍差法回归方程如下:

$$\ln(L_{ft}) = \beta_0 + \beta_1 \ln(w_{ft}) + \beta_2 \text{treatment}_f \times \ln(w_{ft}) + \beta_3 \text{post}_t \times \ln(w_{ft}) \\ + \beta_4 \text{post}_t \times \text{treatment}_f \times \ln(w_{ft}) + X_{ft} + M_{ft} + \alpha_f + \lambda_t + \varepsilon_{ft}$$

(9-1)

其中,因变量 $\ln(L_{ft})$ 表示企业 f 在 t 年雇佣员工人数的自然对数,我们假设劳动供给是完美弹性的①,所以雇佣人数就代表了企业的劳动需求数量。$\ln(w_{ft})$ 为企业 f 在 t 年支付给员工的平均工资。treatment_f 标示了企业 f 是否属于"处理组"的企业,即一般进口企业。只要企业在 2001 年前(包含 2001 年)从事过加工贸易,我们就认为该企业在进口方面具有关税优势,将其视为加工进口企业,$\text{treatment}_f = 0$,否则,$\text{treatment}_f = 1$。post_t 为标示企业所处的年份 t 在 2001 年前后的哑变量。之所以选择 2001 年为分界点,是因为我国在 2001 年 12 月加入 WTO,且在此之后,一般进口企业面临的关税水平出现明显的下调(Brandt et al., 2012)。若年份 t 在 2001 年之前(含 2001 年),则 $\text{post}_t = 0$,否则 $\text{post}_t = 1$。本章重点考察替代效应对劳动需求弹性的影响,我们控制了与规模效应相关的变量 X_{ft},参照之前的研究,X_{ft} 可以是固定资产的自然对数($\ln(k_{ft})$),也可以是产出的自然对数($\ln(y_{ft})$)。M_{ft} 为企业层面的其他控制变量,包括企业的年龄、全要素生产率的自然对数、所有权归属(国有和集体、港澳台、外资、其他)等。α_f 是企业固定效应,用以控制企

---

① 国内外考察贸易自由化对劳动需求弹性影响的研究均建立在这一假设基础上,这主要是因为反映劳动力市场供给行为的数据难以得到,无法建立供给和需求的联立方程。Hamermesh(1993)和 Mahomedy(2013)均指出,在使用更微观的数据时,这一假设是成立的。本章使用的是企业层面的数据,符合这一标准,单个企业面临的劳动供给弹性可以认为是完美的。

业层面不随时间变化的变量对劳动需求的影响。λ_t 是年份固定效应,剔除时间趋势对结果的影响。ε_{it} 为误差项。

利用方程(9-1),我们可以得出企业劳动需求弹性的表达式:

$$\frac{\ln(L_{ft})}{\ln(w_{ft})} = \beta_1 + \beta_2 \text{treatment}_f + \beta_3 \text{post}_t + \beta_4 \text{post}_t \times \text{treatment}_f \quad (9\text{-}2)$$

其中,β_2 衡量了一般进口企业与加工进口企业的劳动需求弹性差异,β_3 衡量了两类企业的劳动需求弹性在中国加入 WTO 后的平均变化。β_4 则是我们所关心的回归系数,它衡量了中国加入 WTO 前后两类企业劳动需求弹性变化幅度的差异。若 $\beta_4 < 0$,相比加工进口企业,一般进口企业的劳动需求弹性上升提高,贸易自由化提高了劳动需求弹性。① 若 $\beta_4 > 0$,相比加工进口企业,一般进口企业的劳动需求弹性下降降低,贸易自由化降低了劳动需求弹性。

此外,我们在计算回归系数的标准误差时,以企业为聚类标准,既考虑了异方差问题,又考虑了序列相关的问题,使用"三明治"形式的方差矩阵调整标准误差。

二、数据

本章使用的数据有两个来源:第一个是国家统计局对规模以上企业的年度调查数据,我国制造业中的全部国有企业、年销售额在 500 万元人民币以上的非国有企业被收集进这个数据库,变量包括企业的基本信息和三大会计报表中的财务信息。第二个数据来源是中国海关总署提供的企业贸易数据。该数据库覆盖了各贸易企业产品目录下的各种信息,包括产品的贸易价格、贸易额和统一编码 8 位码的产品价值。海关数据中有一个变量专门汇报企业的进口行为是属于一般进口贸易还是属于加工进口贸易,我们可以用其判断一个企业是否加工进口企业。

将企业生产数据和产品贸易数据合并会面临一定的技术困难。虽然这两个数据集内都有企业标识编号,但两组数据的编码系统却完全不同。贸易数据库中的企业编号是 10 位的,企业数据库编号则为 9 位,难以将它们统一起来并加以分析。为解决这一问题,本章采用了田巍和余淼杰(2013)的做法,通过邮政编码和电话号码的后七位数字识别企业。

在合并后的数据里,我们发现企业层面的数据有一些异常值,这可能是因为统计失误,也可能是因为企业太小没有独立的会计核算人员。为了减小异常值对研究结果的影响,我们仿照 Feenstra et al.(2013)的做法,剔除了以

---

① 估算出的劳动需求弹性是负值,所以系数为负时表明劳动需求弹性增大。

下几种类型的观测数据:(1)就业人数少于8人的企业;(2)总收入、就业人数、总资产、固定资产、流动资产、工业总产值、中间产品价值、本年应付工资总额中至少一项为负或为缺省值的企业;(3)流动资产超过总资产、总固定资产超过总资产、固定资产净值超过总资产的企业;(4)增加值和销售额的比率小于0或大于1的企业。经过剔除以后,总共剩余1 953 478个观测样本。主要变量描述性统计结果如表9-1所示。

表9-1 主要变量描述性统计结果

变量	均值	标准差	最小值	最大值
$\ln(w)$	2.31	0.75	-7.82	11.23
Post	0.73	0.45	0	1
$\ln(L)$	4.80	1.12	2.14	13.25
$\ln(k)$	8.42	1.72	0	18.87
$\ln(y)$	9.98	1.36	0	19.04
treatment	0.94	0.24	0	1

注:描述性统计量的计算是基于1998—2007年的非平衡面板数据。

我们按照企业类别将数据分组,使用雇佣人数的自然对数对平均工资的自然对数进行回归,获得了加工进口企业和一般进口企业的劳动需求弹性随时间的变化情况(见图9-2)。总体来看,我国制造业企业面临的劳动需求弹性是降低的。在中国加入WTO之前,加工进口企业的劳动需求弹性高于一般进口企业,但二者之间的差距逐渐缩小。中国加入WTO后,一般进口企业的劳动需求弹性超过了加工进口企业。这一变化趋势可以用替代效应来解释,"入世"前,加工进口企业一直享受进口方面的关税优势,可以获得国外先进的资本品、中间产品,劳动需求弹性较高。"入世"后,一般进口企业可获得的资本品和中间产品逐渐增多,劳动需求弹性赶上甚至超过了加工进口企业。从图9-2可以看出,贸易自由化提高了劳动需求弹性。

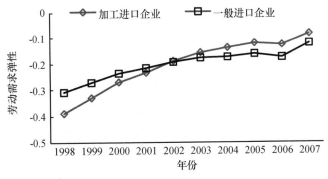

图9-2 我国制造业企业的劳动需求弹性变化情况

第四节 实 证 结 果

一、多期倍差法

为了更细致地检验贸易自由化对劳动需求弹性的影响,我们使用多期倍差法进行回归分析。表9-2中(1)、(3)、(5)列未控制企业层面的固定效应,(2)、(4)、(6)列控制了企业层面的固定效应。结果显示,企业层面的劳动需求弹性总体趋势是降低的,在这个过程中,贸易自由化对劳动需求弹性有显著的正向影响。与加工进口企业相比,一般进口企业的劳动需求弹性在加入WTO后显著提高了0.065。[①] 将回归方程中加入固定资产或产出以控制规模效应后,结果几乎无变化。中国加入WTO后,企业能够以更低的成本获得中间产品、资本、技术,在雇用劳动力方面更加灵活,劳动需求弹性提高。

表9-2 贸易自由化对劳动需求弹性影响回归分析结果(多期倍差法)

	(1)	(2)	(3)	(4)	(5)	(6)
$\ln(w)$	0.206***	-0.268***	-0.112***	-0.276***	-0.175***	-0.245***
	(35.03)	(-42.36)	(-23.91)	(-45.24)	(-47.23)	(-48.51)
treatment × $\ln(w)$	-0.284***	0.021***	-0.129***	0.015**	-0.085***	0.009*
	(-55.64)	(3.33)	(-31.79)	(2.46)	(-26.66)	(1.83)
post × $\ln(w)$	0.005	0.150***	0.046***	0.147***	-0.019***	0.088***
	(0.78)	(51.51)	(10.87)	(53.84)	(-5.95)	(38.72)
post × treatment × $\ln(w)$	-0.018***	-0.065***	-0.049***	-0.068***	-0.044***	-0.055***
	(-3.96)	(-27.33)	(-14.72)	(-31.01)	(-17.23)	(-32.58)
$\ln(k)$			0.402***	0.174***		
			(348.78)	(164.21)		
$\ln(y)$					0.804***	0.629***
					(495.61)	(154.87)
年份固定效应	是	是	是	是	是	是
企业固定效应	否	是	否	是	否	是
样本数	1 823 673	1 823 673	1 823 673	1 823 673	1 823 673	1 823 673
R^2	0.109	0.073	0.451	0.145	0.638	0.393

注:*** $p<0.01$,** $p<0.05$,* $p<0.1$。圆括号内为回归系数的 t 检验统计量,且经过企业层面的聚类标准误差修正。

[①] 劳动需求弹性本身为负值,回归系数为负,表明劳动需求弹性绝对值增大。

二、两期倍差法

Bertrand et al. (2004)指出多期倍差法具有序列相关性问题,高估了交互项回归系数的显著性。为解决这一问题,我们建立两期倍差法模型进行回归分析。我们依旧将整个样本期间(1998—2007 年)划分为加入 WTO 前(1998—2001 年)和加入 WTO 后(2002—2007 年)两个阶段。对于加入 WTO 前的样本,将方程(9-1)中每个企业的因变量和自变量取算术平均值。对于加入 WTO 后的样本,采取同样的操作。最终获得的样本是一个平衡面板数据,每个企业只有两期的观测值。我们建立两期倍差法回归方程为:

$$\ln(L_{ft}) = \beta_0 + \beta_1 \ln(w_{ft}) + \beta_2 \text{treatment}_f \times \ln(w_{ft}) \\ + \beta_3 \text{post}_t \times \ln(w_{ft}) + \beta_4 \text{post}_t \times \text{treatment}_f \times \ln(w_{ft}) \\ + X_{ft} + M_{ft} + \alpha_f + \lambda_t + \varepsilon_{ft}. \tag{9-3}$$

其中,post_t 是时间哑变量,表明企业所处的时期是否在中国加入 WTO 后。其他变量是方程(9-1)中对应变量的算术平均值。表 9-3 展示了回归的结果,和多期倍差法的结论保持一致,贸易自由化通过替代效应对劳动需求弹性的正向影响依然非常显著。

表 9-3 贸易自由化对劳动需求弹性影响回归分析结果(两期倍差法)

	(1)	(2)	(3)	(4)	(5)	(6)
$\ln(w)$	0.141***	−0.190***	−0.192***	−0.235***	−0.264***	−0.267***
	(22.69)	(−11.28)	(−37.78)	(−14.35)	(−63.98)	(−19.59)
$\text{treatment} \times \ln(w)$	−0.266***	−0.055***	−0.108***	−0.038**	−0.083***	−0.016
	(−55.49)	(−3.17)	(−27.68)	(−2.25)	(−27.47)	(−1.11)
$\text{post} \times \ln(w)$	0.153***	0.194***	0.140***	0.174***	0.053***	0.102***
	(21.15)	(48.80)	(32.23)	(46.62)	(14.30)	(31.90)
$\text{post} \times \text{treatment} \times \ln(w)$	0.010**	−0.053***	−0.048***	−0.057***	−0.033***	−0.042***
	(2.50)	(−16.66)	(−19.09)	(−19.50)	(−17.96)	(−17.73)
$\ln(k)$			0.435***	0.245***		
			(285.32)	(97.94)		
$\ln(y)$					0.819***	0.645***
					(312.92)	(77.06)
时间固定效应	是	是	是	是	是	是
企业固定效应	否	是	否	是	否	是
样本数	257 818	257 818	257 818	257 818	257 818	257 818
R^2	0.118	0.078	0.501	0.212	0.673	0.473

注:*** $p<0.01$,** $p<0.05$,* $p<0.1$。圆括号内为回归系数的 t 检验统计量,且经过企业层面的聚类标准误差修正。

(三)"处理强度"倍差法

如果贸易自由化通过关税下调影响了劳动需求弹性,那么关税水平下调幅度不同,企业的劳动需求弹性变化也会不同。参照田巍和余淼杰(2013),我们构造了企业层面的中间产品进口关税指标(FIT),计算公式如下:

$$\text{FIT}_{ft} = \sum_{k \in \Theta_{ft}} \frac{m_{ft}^k}{\sum_{k \in \Theta_{ft}} m_{ft}^k} \tau_t^k \qquad (9-4)$$

其中,m_{ft}^k 是企业 f 在 t 年对产品 k 的进口额,τ_t^k 是产品 k 在 t 年的从价关税,Θ_{ft} 是企业 f 在 t 年进口的产品集合。因为来料加工进口完全免税,所以不出现在式(9-4)中。该式度量的是所有进口产品的平均关税,每个产品 k 的关税前乘以的是其进口在所有进口中间品中所占的比重,作为这种产品的关税的加权项。

由于 FIT 值缺失较多,本章按照 HS 2 位码行业分类,分别取加工进口企业和一般进口企业 FIT 的算术平均值,得出每个行业中的两类企业在加入 WTO 前后面临的平均中间产品进口关税水平。最后,用加入 WTO 前的关税水平减去加入 WTO 后的关税水平,得到关税下降的幅度,作为"处理强度"的衡量值。① 我们建立两期倍差法回归方程为:

$$\begin{aligned}\ln(L_{ft}) = {} & \beta_0 + \beta_1 \ln(w_{ft}) + \beta_2 \text{trt\_intensity}_f \times \ln(w_{ft}) \\ & + \beta_3 \text{post}_t \times \ln(w_{ft}) + \beta_4 \text{post}_t \times \text{trt\_intensity}_f \\ & \times \ln(w_{ft}) + X_{ft} + M_{ft} + \alpha_f + \lambda_t + \varepsilon_{ft}. \end{aligned} \qquad (9-5)$$

其中,trt_intensity_f 为企业 f 面临的"处理强度"。其他变量和方程(9-3)相同。回归结果如表9-4所示,中国加入 WTO 后,关税水平下降越多,企业的劳动需求弹性相对提高幅度也越大,这与我们前面的结果是一致的。

表9-4 贸易自由化对劳动需求弹性影响回归分析结果(处理强度)

	(1)	(2)	(3)	(4)	(5)	(6)
$\ln(w)$	−0.062***	−0.261***	−0.275***	−0.287***	−0.257***	−0.273***
	(−11.75)	(−51.87)	(−65.19)	(−58.86)	(−71.27)	(−57.93)
intensity × $\ln(w)$	−0.004***	0.006***	−0.002***	0.005***	−0.023***	−0.004***
	(−6.13)	(7.27)	(−3.73)	(7.01)	(−55.12)	(−5.89)
post × $\ln(w)$	0.170***	0.171***	0.112***	0.149***	0.024***	0.080***
	(26.68)	(52.71)	(25.58)	(48.29)	(6.09)	(28.16)
post × intensity × $\ln(w)$	−0.002***	−0.006***	−0.003***	−0.006***	0.002***	−0.002***
	(−3.86)	(−16.99)	(−6.73)	(−19.12)	(7.54)	(−9.31)

---

① 由于中国加入 WTO 后,进口关税水平是下降的,因此"处理强度"均为正值。

(续表)

	(1)	(2)	(3)	(4)	(5)	(6)
ln(k)			0.441***	0.241***		
			(285.80)	(93.79)		
ln(y)					0.846***	0.643***
					(297.33)	(73.27)
时间固定效应	是	是	是	是	是	是
企业固定效应	否	是	否	是	否	是
样本数	250 413	250 413	250 413	250 413	250 413	250 413
R^2	0.092	0.074	0.493	0.205	0.679	0.466

注：*** $p<0.01$，** $p<0.05$，* $p<0.1$。圆括号内为回归系数的 t 检验统计量，且经过企业层面的聚类标准误差修正。

第五节 结 论

贸易自由化通过影响企业的生产决策，会对劳动力市场产生深刻的影响。我国的贸易自由化进程和劳动收入份额降低发生在同一时期，劳动者的谈判地位是否在贸易改革的过程中被弱化？在中国个人收入差距悬殊的背景下讨论这一问题很有意义。本章使用我国制造业企业层面1998—2007年的面板数据，研究贸易自由化对企业劳动需求弹性的影响。我们将中国加入WTO视为一次自然实验，以加工进口企业为"控制组"，以一般进口企业为"处理组"，使用倍差法和固定效应模型进行回归分析。结果显示，贸易自由化通过提高资本品和中间产品的可获得性，显著提高了企业的劳动需求弹性。与加工进口企业相比，一般进口企业的劳动需求弹性在WTO后显著提高了0.065。进口关税下降幅度越大，企业劳动需求弹性提高得越多。

贸易自由化之所以提高了企业的劳动需求弹性，与我国的劳动力成本上升是分不开的。近些年来，随着农村剩余劳动力的减少，制造业企业的用工成本迅速提高。贸易自由化降低了企业引进机器设备和中间产品的成本，提高了企业在要素选择上的灵活性，在劳动力成本上升的背景下，企业会采用更省劳力的机器设备和中间产品，导致劳动需求弹性提高。我国制造业的劳动力以非技术工人为主，其可替代性高，如果企业的劳动需求弹性过大，很可能损害非技术工人的利益，拉大个人收入差距。在当前产业和技术升级势在必行的背景下，国家应该对非技术工人提供更多的技能培训机会，一方面补充我国稀缺的技术工人，另一方面也有助于实现社会的公平。

第十章　贸易自由化与中国劳动收入份额[①]

我国的劳动收入占国民总收入的份额自1995年不断下降,深入而广泛的贸易自由化也发生在这一时期。本章采用中国制造业贸易企业1998—2007年的微观面板数据,研究贸易自由化对企业层面劳动收入份额的影响。我们将2002年因中国加入WTO后关税的迅速下调视为一次自然实验,用倍差法进行实证回归。实证结果显示,在劳动力成本不断上升的背景下,中国的贸易自由化过程通过降低资本成本、中间投入品价格和劳动替代型技术成本,显著降低了企业层面的劳动收入份额。企业面临的关税水平下降幅度越大,其劳动收入份额减少越多。在考虑了序列相关性、同趋势假设和非关税贸易壁垒的稳健性检验后,实证结果依然显著。

第一节　引　　言

自1995年以来,我国的劳动收入在国民收入分配中的比重不断下降。根据白重恩和钱震杰(2009a)的测算,劳动收入份额在1978—1995年的十多年间基本保持不变,而在1995—2004年降低了10.73个百分点,在剔除了统计核算方法变化的影响后,1995—2003年仍然降低了5.48个百分点。这一问题引起了经济学家的广泛关注和忧虑,因为它与我国日益严重的个人收入差距扩大问题密切相关。Daudey and Garcia-Penalosa(2007)指出要素分配份额是个人收入分配格局的根本决定因素,他们使用跨国面板数据发现,劳动收入份额高的国家,其个人收入的基尼系数较低,而且劳动收入份额的上升可以显著降低基尼系数。李稻葵等(2009)也认为初次分配在很大程度上决定了一个社会最终收入分配的基本格局。在一个经济体中,如果大部分的经济活动所产生的收入由资本所有者获得,这难免导致社会最终分配的不均;相反,如果初次分配中大部分的收入由劳动者所有,或者由自营者(自我雇佣者)获得,这样的经济体其基尼系数就不会太高。收入分配格局又会影响

[①] 本章是我与梁中华博士合作的成果,初稿发表在2013年的《管理世界》上,有删改。

到我国内需,当前中国的出口又面临很大困难,内外需的不足将严重拖累中国经济发展的步伐。因此,研究我国劳动收入份额下降的原因非常关键。

无独有偶的是,劳动收入份额急剧下降的时间也正是中国融入全球化速度最快的时期。从20世纪90年代开始,中国为了加入WTO,大幅度削减关税和非关税贸易壁垒。我国的未加权平均关税从1992年建立社会主义市场经济时的42.9%,下降到2003年的11%。进出口额、FDI金额等贸易指标呈指数趋势增长,到2013年上半年,中国对外贸易额已经超过美国,有望成为世界第一大对外贸易国。劳动收入份额下降和贸易自由化进程同时发生是偶然的吗?全球化和贸易自由化对中国影响的深入性和广泛性,促使我们思考二者之间的内在联系。

本章使用中国制造业贸易企业层面1998—2007年的面板数据,研究贸易自由化对企业劳动收入份额的影响。之所以选择制造业企业的数据,是因为根据白重恩和钱震杰(2009a)的计算,各部门的劳动收入份额变化中,工业部门的贡献最大,为1.65个百分点。而张杰等(2012)的测算也显示,制造业劳动收入份额在1999—2007年下降幅度达到10个百分点。我们将从事贸易进口的企业分为加工进口企业和一般进口企业。我国政府对加工进口贸易一直实行减免关税的优惠政策,加工进口企业面临的关税水平在加入WTO前后基本不变,一般进口企业面临的关税水平大幅下降。加工进口企业可以被视为"控制组",一般进口企业可以被视为"处理组"。在样本期间(1998—2007年)内,进口关税水平在2002年出现了一次较大幅度的下调,我们可以将这次下调视为一次"自然实验",使用倍差法(Difference-in-Difference)进行回归分析。实证结果显示,在制造业企业面临的劳动成本上升的背景下,贸易自由化通过提高资本、中间投入品和劳动替代型技术的可获得性,降低了一般进口企业的劳动收入份额。企业面临的关税水平下降幅度越大,其劳动收入份额减少越多。在考虑了序列相关性、同趋势假设和非关税贸易壁垒的稳健性检验后,实证结果依然显著。

本章对已有文献主要有两方面贡献。第一,已有文献关于贸易自由化对劳动收入份额的研究主要使用国家级、省级、行业级别的宏观数据。这种做法虽然有利于探究产业结构变化、经济发展水平等宏观因素对劳动收入份额的影响,但无法探究微观层面上贸易自由化如何影响企业的最优生产决策。宏观层面劳动收入份额是企业层面的劳动收入份额的加权平均,劳动收入份额最终决定于企业层面的微观因素。因此,有必要从企业层面探究贸易自由化如何影响劳动收入份额。本章首次使用中国制造业贸易企业的数据分析这一问题。第二,影响宏观层面劳动收入份额的因素很多,即便包含再多的控制变量,之前的研究也总是受到内生性问题的困扰。本章使用倍差法进行研究,有"控制组"作对照,可以减少需要考虑的变量个数,因而能很好地控制回归的内生性问题(Angrist-Pischke,2008)。

第二节 我国的贸易自由化进程

改革开放三十多年来我国经历了深刻的贸易自由化。这直接导致我国由一个几乎完全孤立的经济体变成世界最大的开放经济体之一。我国的开放率(即进出口总值除以GDP)从20世纪70年代早期的大约10%跃至2008年的73%。如余淼杰(2010)指出的,我国贸易自由化可总结为三波进程:第一波是政府在80年代初设立出口加工区来推动自由贸易,这主要是通过设立四个经济特区以允许出口加工的原料免关税来实现的;第二波是开放两个东部沿海省份(广东和福建),允许外国企业与国内企业签订出口加工合同;第三波则表现为90年代早期出口加工区的猛增浪潮,从而把对外开放政策扩散到其他的东部沿海及中部内陆省份。事实上,到2003年年底,我国已经有超过100个享受各种特别外贸政策的投资区域。

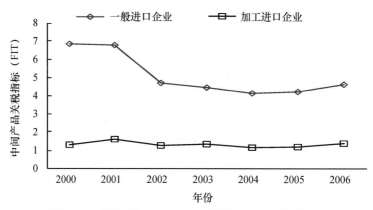

图10-1 我国制造业进口企业面临的中间产品关税指标

在改革开放之前,由于国有外贸企业如同"气囊"一样将我国与世界隔绝,关税并没有扮演重要的角色。到了80年代,我国开始逐步建立一个完整的关税体系。1992年宣布建立社会主义市场经济时,我国的未加权平均关税是42.9%,大致与其他发展中国家的关税水平相当。在WTO乌拉圭回合之后不久,为争取早日进入WTO,政府进行了大幅度的关税削减。平均关税水平从1994年的35%削减到1997年的17%左右,下降幅度达到50%(余淼杰,2009)。此后的1998—2007年,我国的未加权(加权)平均关税并没有下降很多。

除关税以外,我国也使用各种非关税贸易壁垒来保护面临进口竞争的工业。根据联合国贸易和发展会议(UNCTAD)的分类,非关税壁垒包括许多类型的措施,如价格控制措施、数量控制措施、海关费用和税收、财务措施、技术措施、垄断措施以及混合措施。根据 Fujii and Ando(2000)的计算,我国在许多产品上保留着大量的非关税壁垒。例如,1996 年的核心非关税贸易量(NTMs)对木材的比率是 51.9%,化学制品的比率是 55.1%。

同时,为完全融入世界贸易体系,我国在 1986 年申请重新加入关贸总协定(GATT)。经过 15 年的努力,在 2001 年最终加入世界贸易组织从而成为世贸组织的第 143 个成员。尽管如此之长的过程是未始料及的,我国仍然一再推行贸易自由化政策以期早日加入 WTO。

第三节 文 献 回 顾

大量研究试图解释我国劳动收入份额下降的原因,归结起来可以分为两类。一类是从宏观角度入手,这一方面的研究占绝大多数。经济结构的变化是研究者们考察最多的一个因素,该类观点认为宏观层面的劳动收入份额是由经济体中各个部门的劳动收入份额水平加权平均得到的,农业部门劳动收入份额远远高于非农业部门,经济从农业部门向非农业部门的转移是宏观层面劳动收入份额下降的重要原因(白重恩和钱震杰,2009a;白重恩和钱震杰,2010;李稻葵等,2009;罗长远和张军,2009)。其他的宏观因素,如经济发展水平(李稻葵等,2009),从根本上分析也是基于经济结构的变化。

另一类从微观角度入手,探讨在企业层面什么因素导致了劳动收入份额的下降。Bentolila and Saint-Paul(2003)使用新古典的生产函数建立模型,发现在企业层面上,劳动收入份额唯一决定于资本产出比。但当产品或劳动力市场扭曲、资本和中间产品价格变化、资本偏向型的技术进步发生时,劳动收入份额就会偏离均衡水平。例如,白重恩和钱震杰(2009a)沿着这一思路,采用 1998—2005 年工业企业的数据分析了工业部门的情况。他们认为国有企业改革和产品市场垄断程度提高导致了中国工业企业劳动收入份额的下降。罗长远和张军(2009)认为我国地方政府为招商引资展开的竞争弱化了劳动者的谈判地位,外资因中国廉价劳动力和优惠政策吸引的流入动机使劳动收入份额发生下降。

贸易自由化也是通过作用于上述微观和宏观两方面因素来影响劳动收入份额的。目前很少有直接关于贸易影响劳动收入份额的理论研究,实证方面的研究也没有得出一致的结论。白重恩和钱震杰(2009b)以及罗长远和张军(2009)采用省级面板数据发现进出口对劳动收入份额的影响并不显著。姜磊和张媛(2008)利用中国1996—2006年省际数据考察了对外贸易对劳动收入份额的影响,发现出口产生正面影响,进口产生了负面影响。肖文和周明海(2010)利用世界银行企业调查数据,发现出口对劳动收入份额的提升存在显著负效应。白重恩和钱震杰(2010)使用1985—2003年的省级面板数据,又得出了开放程度变化使劳动收入份额上升的结论。得出的结论差别如此之大,我们认为主要原因有两个:第一,研究选择衡量贸易自由化的指标不同,贸易自由化是通过影响多种微观因素起作用的,不同的指标只是衡量了不同微观因素所发挥的作用;第二,研究选择的数据多为宏观层面的,以省级数据为主,影响宏观层面劳动收入份额的因素非常多,关系错综复杂,而且很多因素是不可观测的,内生性问题非常严重。

  本章使用企业层面的微观数据,并且采用倍差法进行回归分析,需要考虑的因素较少,内生性问题可以得到一定控制。我们认为贸易自由化会通过三条途径影响贸易企业的劳动收入份额。第一条是资本成本途径。贸易自由化不仅降低了资本品的进口关税,而且通过加剧资本品市场的竞争带来的国内资本产品价格下降,提高了资本品的可获得性。在劳动力成本节节攀升的情况下,资本对劳动力的相对价格降低。根据Karabarbounis and Neiman(2013)的模型,资本相对成本降低会促使企业使用更多的资本。但贸易自由化通过资本成本影响劳动收入份额的方向不确定。如果资本和劳动的相对替代弹性足够大,资本成本途径会降低劳动收入份额,反之,会提高劳动收入份额。第二条是中间投入品价格途径。贸易自由化降低了中间投入品进口关税,企业可以以更低的成本获得更高质量、更加多样化的中间投入品(田巍和余淼杰,2013a)。和第一条途径类似,Bentolila and Saint-Paul(2003)也提出了中间投入品价格对劳动收入份额有不确定影响,如果中间投入品和劳动之间的替代弹性足够大,中间投入品途径可以降低劳动收入份额,反之,会提高劳动收入份额。第三条是劳动替代型技术进步途径。技术进步可以是生产工序、管理方法上的创新,也可以是由引进的资本、中间投入品带来的生产率的提高(Ethier, 1982; Markusen, 1989; Grossman and Helpman, 1991; Amiti and Konings, 2007; Kasahara and Rodrigue, 2008; Topalova and Khandelwal, 2011;余淼杰,2010)。大量研究证明,劳动力的相对稀缺(或劳动力成本的上升),会刺激企业采用劳动替代型的技术(Hicks, 1932; Habakkuk, 1962; Allen, 2008; Acemoglu, 2010)。在我国劳动力成本不断上升的背景下,贸易自由化降低了技术引进成本,企业采用劳动替代型的技术,从而降低了劳动份额,所以该途径对劳动收入份额有负向的影响。

因此,我们预测贸易自由化通过资本成本途径、中间投入品价格途径对劳动收入份额带来的影响不确定,通过劳动替代型技术途径会降低劳动收入份额。

第四节 模 型

我们将中国从事进口贸易的企业分为两大类:加工进口企业和一般进口企业。加工进口企业是指从国外进口原料、材料或零件,利用本国的廉价劳动力和土地,加工成成品后复出口的企业。加工贸易有 16 种之多,最重要的有两类,即来料加工贸易和进料加工贸易。自 1988 年起,我国海关就对加工进口企业进口原材料实行保税政策,即免收关税,而且对加工贸易中外商提供的不作价进口设备也全部免收关税。对一般进口企业进口则不减免关税(特殊情况除外)。2002 年我国制造业一般进口企业面临的进口关税迅速下降,加工进口企业一直享受保税政策,面临的进口关税几乎无变化,但一般进口企业面临的设备、中间产品进口关税迅速下降。这就为我们提供了一个天然的"自然实验",加工进口企业可以被看作"控制组",一般进口企业可以被看作"处理组",采用倍差法,我们可以分析贸易自由化对我国制造业进口企业产生的影响。

在回归模型中,我们控制了企业层面的全要素生产率(TFP)和 HS 2 位码行业层面的全要素生产率。在估计企业层面 TFP 时,为处理由普通最小二乘法所产生的同步偏差和样本选择偏差问题,本章采用了 Olley-Pakes (1996)的半参数估计方法。我们还参考 Brandt et al. (2012)构建的产出和投入平减指数,获得工业增加值、资本、投资、中间产品的实际值以估计 TFP。行业层面 TFP 由企业层面的 TFP 取算术平均得到。

我们先衡量贸易自由化对劳动收入份额总体的影响,建立多期倍差法回归方程为:

$$\text{laborshare}_{ft} = \beta_1 \text{post}_t \times \text{treatment}_f + \alpha_f + \lambda_t + v_{fjt} + \varepsilon_{ft} \quad (10\text{-}1)$$

其中,因变量 laborshare_{ft} 表示企业 f 在 t 年的劳动收入份额,我们用劳动收入占企业增加值的比重来衡量,其中劳动收入包括企业支付的员工工资、劳动与失业保险费、养老保险和医疗保险费、住房公积金和住房补贴、其他应付福利费用。post_t 为标示企业所处的年份 t 在 2002 年前后的哑变量。之所以选择 2002 年,是因为我国在 2001 年 12 月加入 WTO,而正如数据所示,在 2002 年进口关税出现一次明显的下调。若年份 t 在 2002 年之前(含 2002 年),则 $post_t = 0$,否则 $post_t = 1$。$treatment_f$ 为标示企业 f 是否属于"处理组"的企业,即一般进口企业。只要企业在 2002 年前从事过加工贸易,我们就认为该企业在进口关税上具有优势,将其视为加工进口企业,$treatment_f = 0$,否则,$treatment_f = 1$。α_f 是企业固定效应,控制企业层面不随时间变化的变量对劳动收入份额的影响。λ_t 是年份固定效应,剔除时间趋势对结果的影响。我们还控制了成本价成比、规模、年龄等企业层面的变量和总出口额、国内销售额、平均全要素生产率等 HS 2 位码行业层面的变量(v_{ft})。ε_{it} 为误差项。

本章使用的是面板数据,在考虑了企业固定效应的情况下,就无须考察企业层面或行业层面不随时间变化的变量对结果的影响,所以我们没有像之前的研究那样考察企业的类别、所在地区、行业等变量。在方程(10-1)中,β_1 是我们所关心的回归系数,它衡量了中国加入 WTO 前后一般进口企业和加工进口企业劳动收入份额变化的平均差异。若 $\beta_1 > 0$,一般进口企业的劳动收入份额相比加工进口企业提高,贸易自由化提高了劳动收入份额。若 $\beta_1 < 0$,一般进口企业的劳动收入份额相比加工进口企业降低,贸易自由化降低了劳动收入份额。

为了验证贸易自由化对劳动收入份额影响的三个渠道——资本成本、中间投入品价格和劳动替代型技术进步,我们在回归模型中加入这三个渠道的代理变量——劳均固定资产净额、劳均中间投入品和企业层面 TFP,建立多期倍差法回归模型为:

$$\begin{aligned} laborshare_{ft} = & \beta_1 post_t \times treatment_f + \beta_2 \ln(\text{fix\_assets}_{ft}/L_{ft}) \\ & + \beta_3 \ln(\text{inputs}_{ft}/L_{ft}) + \beta_4 \ln(\text{tfp}_{ft}) \\ & + \alpha_f + \lambda_t + v_{ft} + \varepsilon_{ft} \end{aligned} \quad (10\text{-}2)$$

其中,$\ln(\text{fix\_assets}_{ft}/L_{ft})$ 是劳均固定资产的自然对数,可以衡量贸易自由化通过降低资本成本对劳动收入份额的影响;$\ln(\text{inputs}_{ft}/L_{ft})$ 是劳均中间投入品的自然对数,衡量中间投入品价格渠道的影响;$\ln(\text{tfp}_{ft})$ 是企业层面 TFP 的自然对数,可以检验技术进步是否具有劳动替代效应。其他变量的定义和方程(10-1)相同。如果贸易自由化通过这三条途径影响了劳动收入份额,β_1 应该在统计上不显著或者绝对值变小。正如前面的分析,我们预测 β_2 和 β_3 的符号可正可负,β_4 的符号应该为负。

根据 Bertrand et al. (2004)的研究,多期倍差法存在序列相关性问题,夸大了交互项回归系数的显著性。为解决这一问题,我们建立两期倍差法模型,将整个样本期间 1998—2007 年划分为加入 WTO 前(1998—2002 年)

和加入WTO后(2003—2007年)两个阶段,仅保留在两个期间均存在的企业样本。对于加入WTO前的样本,我们对每个企业的因变量和自变量取算术平均值。对于加入WTO后的样本,采取同样的操作。最终获得的样本是一个平衡面板数据,每个企业只有两期的观测值。类似方程(10-1)和方程(10-2),建立两期倍差法回归方程为:

$$\text{laborshare}_{ft} = \beta_1 \text{post}_t \times \text{treatment}_f + \beta_5 \text{post}_t + \alpha_f + v_{ft} + \varepsilon_{ft} \quad (10\text{-}3)$$

$$\text{laborshare}_{ft} = \beta_1 \text{post}_t \times \text{treatment}_f + \beta_5 \text{post}_t + \beta_2 \ln(\text{fix\_assets}_{ft}/L_{ft})$$
$$+ \beta_3 \ln(\text{inputs}_{ft}/L_{ft}) + \beta_4 \ln(\text{tfp}_{ft}) + \alpha_f + v_{ft} + \varepsilon_{ft} \quad (10\text{-}4)$$

其中,post_t是时间哑变量,表明企业所处的时期是加入WTO前还是加入WTO后。其他变量的解释类似方程(10-1)和方程(10-2)。

如果贸易自由化通过关税下调影响了劳动收入份额,那么关税水平下调幅度不同,企业的劳动收入份额变化也会不同。参照田巍和余淼杰(2013a),我们构造了企业层面的中间产品进口关税指标(FIT),计算公式为:

$$\text{FIT}_{ft} = \sum_{k \in \Theta_{ft}} \frac{m_{ft}^k}{\sum_{k \in \Theta_{ft}} m_{ft}^k} \tau_t^k \quad (10\text{-}5)$$

其中,m_{ft}^k是企业f在t年对产品k的进口额,τ_t^k是产品k在t年的从价关税,Θ_{ft}是企业f在t年进口的产品集合。因为来料加工进口完全免税,所以不出现在式(10-5)中。该式度量的是所有进口产品的平均关税,每个产品k的关税前乘以的是其进口在所有进口中间品中所占的比重,作为这种产品的关税的加权项。

利用FIT,我们可以计算不同企业面临的"处理强度",即关税变化水平。由于FIT值缺失较多,本章按照HS 2位码行业分类,分别取加工进口企业和一般进口企业FIT的算术平均值,得出每个行业中的两类企业在加入WTO前后面临的平均中间投入品关税水平。最后,用加入WTO后的关税水平减去加入WTO前的关税水平,得到"处理强度"的衡量值。我们建立两期倍差法回归方程为:

$$\text{laborshare}_{ft} = \beta_1 \text{post}_t \times \text{trt\_intensity}_f + \beta_6 \text{trt\_intensity}_f$$
$$+ \beta_5 \text{post}_t + \alpha_f + v_{ft} + \varepsilon_{ft} \quad (10\text{-}6)$$

$$\text{laborshare}_{ft} = \beta_1 \text{post}_t \times \text{trt\_intensity}_f + \beta_6 \text{trt\_intensity}_f + \beta_5 \text{post}_t$$
$$+ \beta_2 \ln(\text{fix\_assets}_{ft}/L_{ft}) + \beta_3 \ln(\text{inputs}_{ft}/L_{ft})$$
$$+ \beta_4 \ln(\text{tfp}_{ft}) + \alpha_f + v_{ft} + \varepsilon_{ft} \quad (10\text{-}7)$$

其中,trt_intensity_f为企业f面临的"处理强度"。其他变量与方程(10-3)和方程(10-4)相同。

第五节 数 据

本章使用的数据有两个来源。第一个是国家统计局对规模以上企业的年度调查数据,我国制造业中的全部国有企业、年销售额在 500 万元人民币以上的非国有企业被收集进这个数据库,变量包括企业的基本信息和三大会计报表中的财务信息。利用这一数据,我们可以计算 1998—2007 年的劳动收入份额、TFP、成本加成比率等企业层面的指标和总出口、国内总销售收入、平均 TFP 等行业层面的指标。第二个数据来源是中国海关总署提供的各企业每一笔贸易交易数据。该数据库覆盖了各贸易企业产品目录下的各种信息,包括产品的贸易价格、贸易额和统一编码 8 位码的产品价值。产品层面海关数据有一个变量专门汇报企业进出口的产品是属于一般进口还是加工进口,所以我们可以用其判断企业是否加工进口企业。

将企业生产数据和产品贸易数据合并会面临一定的技术困难。虽然这两个数据集内都有相同企业标识编号,但两组数据的编码系统却完全不同。贸易数据库中的企业编号是 10 位的,企业数据库编号则为 9 位,难以将它们统一起来并加以分析。为解决这一问题,本章采用了另外两个变量来标示每个企业:邮政编码和电话号码的后七位。这是因为每个企业都会属于某个邮政区域,而且有自己独享并唯一的电话号码。具体合并过程请参考田巍和余淼杰(2013b)。在合并的过程中,我们剔除了不能识别邮政编码和电话号码的以下几类企业:(1) 没有邮政编码或电话号码的企业;(2) 邮政编码无效(即邮政编码数值小于 100000)的企业;(3) 七位电话号码无效(即号码数字小于 1000000)的企业。将两个数据集合并以后,为了适应我们的研究方法,我们仅保留了只从事一般进口和加工进口的企业。

在合并后的数据里,我们发现企业层面的数据有一些异常值,这可能是因为统计失误,也可能是因为企业太小没有独立的会计核算人员。为了减小异常值对研究结果的影响,我们仿照 Feenstra et al. (2013)的做法,剔除了以下几种类型的观测数据:(1) 就业人数少于 8 人的企业;(2) 总收入、就业人数、总资产、固定资产、流动资产、工业总产值、中间产品价值、本年应付工资总额中至少一项为负或为缺省值的企业;(3) 流动资产超过总资产、总固定资产超过总资产、固定资产净值超过总资产的企业;(4) 增加值和销售额的比率小于 0 或大于 1 的企业;(5) 劳动收入份额小于 0 或大于 1 的企业;(6) 考察期间内仅有一年数据的企业。经过剔除以后,总共剩余 179 102 个观测样本。样本分布情况和主要变量描述性统计结果分别如表 10-1 和表

10-2 所示。

表 10-1　回归样本按年份和贸易类型分布情况

年份	企业类别		合计
	加工进口	一般进口	
1998	4 734	5 297	10 031
1999	5 656	6 231	11 887
2000	6 641	7 709	14 350
2001	8 202	10 879	19 081
2002	9 247	13 038	22 285
2003	9 348	13 040	22 388
2004	8 639	11 999	20 638
2005	8 619	11 575	20 194
2006	8 339	11 343	19 682
2007	7 791	10 775	18 566
合计	77 216	101 886	179 102

表 10-2　主要变量描述性统计

变量	均值	标准差
劳动收入份额	0.364	0.232
$post_t$	0.566	0.495
$treatment_f$	0.568	0.495
ln(劳均固定资产)	3.739	1.311
ln(劳均中间投入品)	5.038	1.034
ln(TFP)	1.545	0.279
成本价成比	1.047	0.783
企业规模	5.509	1.141
企业年龄	10.681	10.572
ln(行业出口额)	20.107	0.863
ln(行业国内销售)	20.563	0.943
ln(行业 TFP)	1.560	0.205

注：描述性统计量的计算是基于 1998—2007 年的非平衡面板数据。$post_t$ 表示企业所处年份是否在 2002 年之后的哑变量。$treatment_f$ 表示企业是否属于"处理组"（一般进口企业）的哑变量。参照白重恩和钱震杰（2010），成本价成比由销售收入除以销售成本得到。企业规模由雇员人数的自然对数代理。

我们用企业层面劳动总成本除以劳动雇佣人数计算每个企业的单位用工成本。如图 10-2 所示，1998—2007 年，我国贸易企业面临的劳动力成本呈指数趋势上升，尤其是中国加入 WTO 以后，上升的趋势更为明显。虽然两类企业面临的单位劳动成本不同,但二者的差距却没有明显变化,变化趋势相同,说明这种差异是由两类企业的固定因素导致。推动劳动成本上涨最主要的因素是劳动力生活资料价格上涨、教育住房成本的攀升和人口年龄结构的变化。

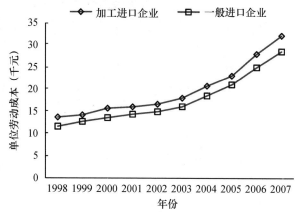

图 10-2　我国制造业进口企业面临的单位劳动成本

图 10-3 展示了两类企业劳动收入份额随时间变化情况。在中国加入 WTO 前,加工进口企业和一般进口企业的劳动收入份额变化趋势相同,加入 WTO 后,加工进口企业劳动收入份额不断提高,但一般进口企业的劳动收入份额依旧平稳。尽管两类企业面临的单位劳动成本一直在攀升,与"控制组"相比,"处理组"的劳动收入份额降低了。所以贸易自由化对我国制造业企业劳动收入份额有负向的影响。

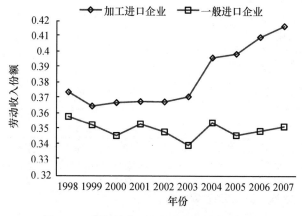

图 10-3　我国制造业进口企业劳动收入份额

为了探究影响劳动收入份额的因素,我们研究了两类企业的劳均固定资产、劳均中间投入品、TFP 的变化。图 10-4 和图 10-5 分别展示了劳均固定资产和劳均中间投入品的自然对数变化。在加入 WTO 前，加工进口企业享受关税优惠政策，而且有些国外关联企业甚至会提供设备、中间投入品等生产资料，它们比一般进口企业有更多的固定资产和中间投入品。但加入 WTO 后，关税水平降低，固定资产和中间投入品的可获得性提高，一般进口企业的固定资产和中间投入品逐渐增多，甚至超过了加工进口企业。尤其是在劳动成本不断攀升的情况下，一般进口企业更愿意利用机器设备、中间投入品替代劳动，这可能是导致劳动收入份额降低的原因。

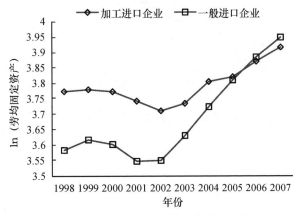

图 10-4　我国制造业进口企业劳均固定资产

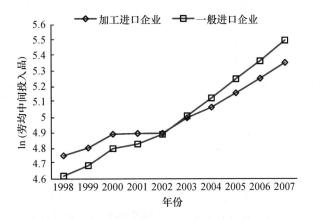

图 10-5　我国制造业进口企业劳均中间投入品

图 10-6 展示了两类企业 TFP 的变化趋势。技术进步可以是直接的生产方式、管理流程上的创新，也可以是含有更高技术的机器设备、中间投入品的引进。在 2002 年前，加工进口企业在技术获得上具有优势，TFP 高于一般进

口企业。二者之间的差距保持在稳定水平,说明差距由固定因素引起。2002年后,一般进口企业获得技术更加容易,所以 TFP 也赶上了加工进口企业。劳动收入份额的降低,有可能是由技术替代导致的。

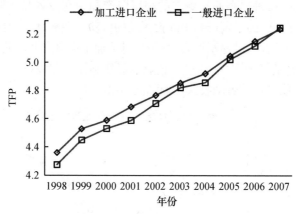

图 10-6 我国制造业进口企业 TFP

第六节 实证结果

一、多期倍差法

为了更细致地检验贸易自由化对劳动收入份额的影响,我们使用多期倍差法进行回归分析。表 10-3 中(1)、(2)、(3)、(4)列汇报方程(10-1)的回归结果,检验贸易自由化对劳动收入份额的整体影响。(5)、(6)、(7)、(8)列展示方程(10-2)的回归结果,检验贸易自由化是否通过我们提出的三条途径影响了劳动收入份额。考虑到公司进入和退出对结果的影响,我们不仅使用非平衡面板数据,还剔除新进入或已退出的公司,使用平衡面板数据进行分析。

结果显示,贸易自由化对劳动收入份额有显著的负向影响,与加工进口企业相比,一般进口企业的劳动收入份额在加入 WTO 后显著降低了 3.2%。考虑了三条途径代理变量后,倍差法交互项前的系数依然显著,这可能因为三个代理变量不能够完全反映固定资本、中间投入品、技术对劳动份额的影响。这并不会影响检验结论,因为交互项系数绝对值减小,显著性降低了,这说明贸易自由化确实通过这三条途径降低了劳动收入份额。而且三条途径对劳动收入份额都有显著的负向影响,固定资产和中间投入品的成本降低,企业采用更多的固定资产和中间投入品替代劳动,导致劳动收入份额下降。这也说明我国的固定资本、中间产品与劳动之间的替代弹性并不像之前的研

表 10-3　贸易自由化对劳动收入份额影响回归分析结果（多期倍差法）

因变量：劳动收入份额	方程 (10-1)				方程 (10-2)			
	非平衡面板		平衡面板		非平衡面板		平衡面板	
	(1)	(2)	(3)	(4)	(5)	(6)	(7)	(8)
$post_t \times treatment_f$	-0.028*** (-11.5)	-0.032*** (-14.2)	-0.032*** (-7.84)	-0.033*** (-8.06)	-0.010*** (-4.91)	-0.017*** (-8.80)	-0.013*** (-3.91)	-0.016*** (-4.77)
$treatment_f$	0.0002 (0.098)		0.006 (1.36)		-0.025*** (-12.7)		-0.024*** (-6.67)	
ln(劳均固定资产)					-0.020*** (-29.2)	-0.017*** (-18.8)	-0.015*** (-9.49)	-0.018*** (-9.73)
ln(劳均中间投入品)					-0.064*** (-47.3)	-0.046*** (-29.9)	-0.062*** (-20.7)	-0.051*** (-15.4)
ln(TFP)					-0.415*** (-43.4)	-0.375*** (-36.6)	-0.379*** (-16.0)	-0.351*** (-13.4)
年份固定效应	是	是	是	是	是	是	是	是
企业固定效应	否	是	否	是	否	是	否	是
样本数	178 868	178 868	45 448	45 448	178 868	178 868	45 448	45 448
R^2	0.09	0.02	0.11	0.05	0.38	0.18	0.39	0.22

注：*** $p<0.01$，** $p<0.05$，* $p<0.1$。$post_t$ 表示企业所处年份是否在 2002 年之后的哑变量。$treatment_f$ 表示企业是否属于"处理组"（一般进口企业）的哑变量。如果考虑了企业固定效应，回归方程中无须加入 $treatment_f$；否则，回归方程应该加入 $treatment_f$。表中所有回归均考虑了成本加成比、企业规模、年龄等企业层面的控制变量和行业层面的控制变量。国内总销售额、平均 TFP 等行业层面的控制变量。

究发现的那样小。在劳动力成本上升的情况下,企业引进了劳动替代型的技术。我们使用平衡面板数据和非平衡面板数据得到的结果相同,这说明企业的进入和退出对结论没有影响。

二、两期倍差法

为了控制序列相关性对结果的影响,我们使用方程(10-3)和方程(10-4)进行两期倍差法回归。最终样本仅保留了在加入 WTO 前和加入 WTO 后均存在的企业,是一个平衡面板数据。表 10-4 展示了回归的结果,和多期倍差法的结论保持一致。贸易自由化对劳动收入份额的负向影响依然非常显著。考虑了三条途径的影响后,倍差法交互项系数绝对值变小,显著性降低,三条途径对劳动收入份额均有负向影响。贸易自由化通过资本成本、中间产品价格和劳动替代型的技术显著降低了劳动收入份额。

表 10-4　贸易自由化对劳动收入份额影响回归分析结果(两期倍差法)

因变量: 劳动收入份额	方程(10-3)		方程(10-4)	
	(1)	(2)	(3)	(4)
$post_t \times treatment_f$	-0.029***	-0.030***	-0.012***	-0.015***
	(-12.0)	(-12.6)	(-5.91)	(-7.12)
$treatment_f$	-0.002		-0.023***	
	(-0.72)		(-11.1)	
$post_t$	0.022***	0.026***	0.068***	0.068***
	(11.8)	(12.4)	(39.7)	(33.6)
ln(劳均固定资产)			-0.022***	-0.023***
			(-25.5)	(-14.3)
ln(劳均中间投入品)			-0.064***	-0.060***
			(-39.5)	(-24.0)
ln(TFP)			-0.462***	-0.376***
			(-42.7)	(-32.7)
年份固定效应	是	是	是	是
企业固定效应	否	是	否	是
样本数	49 794	49 794	49 794	49 794
R^2	0.12	0.02	0.47	0.25

注: *** $p<0.01$, ** $p<0.05$, * $p<0.1$。$post_t$ 表示企业所处年份是否在 2002 年之后的哑变量。$treatment_f$ 表示企业是否属于"处理组"(一般进口企业)的哑变量。如果考虑了企业固定效应,回归方程中无须加入 $treatment_f$;否则,回归方程应该加入 $treatment_f$。表中所有回归均考虑了成本加成比、企业规模、年龄等企业层面的控制变量和行业总出口额、国内总销售额、平均 TFP 等行业层面的控制变量。

三、"处理强度"倍差法

如果贸易自由化通过关税下调影响了劳动收入份额,那么关税水平下调幅度不同,企业的劳动收入份额变化也会不同。我们使用方程(10-6)和方程(10-7)分别回归,回归结果如表10-5 所示。关税下降水平和劳动收入份额显著正相关,说明进口关税下降越多的企业,受到影响越大,劳动份额下降越多。三条传导途径的回归结果也很显著,贸易自由化降低了劳动收入份额。

表10-5 贸易自由化对劳动收入份额影响回归分析结果(FIT)

因变量: 劳动收入份额	方程(10-6)		方程(10-7)	
	(1)	(2)	(3)	(4)
$post_t \times treatment_f$	0.008***	0.008***	0.005***	0.005***
	(8.12)	(8.39)	(5.98)	(5.52)
$treatment_f$	−0.002*		0.003***	
	(−1.86)		(3.33)	
$post_t$	0.014***	0.017***	0.065***	0.064***
	(8.05)	(8.79)	(41.5)	(33.9)
ln(劳均固定资产)			−0.021***	−0.023***
			(−24.3)	(−14.0)
ln(劳均中间投入品)			−0.063***	−0.060***
			(−38.4)	(−24.1)
ln(TFP)			−0.462***	−0.375***
			(−42.6)	(−32.4)
年份固定效应	是	是	是	是
企业固定效应	否	是	否	是
样本数	47 913	47 913	47 913	47 913
R^2	0.12	0.02	0.46	0.25

注:*** $p<0.01$,** $p<0.05$,* $p<0.1$。$post_t$ 表示企业所处年份是否在2002年之后的哑变量。$treatment_f$ 是衡量企业受到的"处理强度"(由于关税降低,因此为负),即中国加入WTO前后面临进口关税的变化量。如果考虑了企业固定效应,回归方程中无须加入 $treatment_f$;否则,回归方程应该加入 $treatment_f$。表中所有回归均考虑了成本加成比、企业规模、年龄等企业层面的控制变量和行业总出口额、国内总销售额、平均TFP等行业层面的控制变量。

四、传导途径检验

我们使用方程(10-1)中定义的多期倍差法模型,检验在贸易自由化前后劳均固定资产、劳均中间投入品和TFP是否发生了如图10-4、图10-5、图10-6的变化,表10-6、表10-7、表10-8展示了回归的主要结果。一般进口企业和加工进口企业确实发生了非对称变化。与加工进口企业相比,一般进口企业的劳均固定资产、劳均中间投入品和 TFP 显著提高,这三个因素是贸易自由化最容易影响到企业层面劳动份额的渠道。因此,我们可以认为贸易自由化通过资本成本、中间投入品价格和劳动替代型的技术,侵蚀了劳动份额。

表 10-6 贸易自由化对企业固定资产影响回归分析结果(多期倍差法)

因变量: ln(劳均固定资产)	方程(10-1)			
	非平衡面板		平衡面板	
	(1)	(2)	(3)	(4)
$post_t \times treatment_f$	0.156***	0.191***	0.167***	0.155***
	(12.9)	(19.8)	(8.18)	(8.15)
$treatment_f$	-0.365***		-0.418***	
	(-22.1)		(-12.9)	
年份固定效应	是	是	是	是
企业固定效应	否	是	否	是
样本数	178 868	178 868	45 448	45 448
R^2	0.15	0.15	0.16	0.16

注:*** $p<0.01$,** $p<0.05$,* $p<0.1$。$post_t$ 表示企业所处年份是否在 2002 年之后的哑变量。$treatment_f$ 表示企业是否属于"处理组"(一般进口企业)的哑变量。如果考虑了企业固定效应,回归方程中无须加入 $treatment_f$;否则,回归方程应该加入 $treatment_f$。表中所有回归均考虑了成本加成比、企业规模、年龄等企业层面的控制变量和行业层面的控制变量。

表 10-7 贸易自由化对企业中间投入品影响回归分析结果(多期倍差法)

因变量: ln(劳均中间投入品)	方程(10-1)			
	非平衡面板		平衡面板	
	(1)	(2)	(3)	(4)
$post_t \times treatment_f$	0.132***	0.132***	0.148***	0.141***
	(13.8)	(16.1)	(8.87)	(8.70)
$treatment_f$	-0.189***		-0.259***	
	(-15.7)		(-10.5)	
年份固定效应	是	是	是	是
企业固定效应	否	是	否	是
样本数	178 868	178 868	45 448	45 448
R^2	0.18	0.25	0.19	0.35

注:*** $p<0.01$,** $p<0.05$,* $p<0.1$。$post_t$ 表示企业所处年份是否在 2002 年之后的哑变量。$treatment_f$ 表示企业是否属于"处理组"(一般进口企业)的哑变量。如果考虑了企业固定效应,回归方程中无须加入 $treatment_f$;否则,回归方程应该加入 $treatment_f$。表中所有回归均考虑了成本加成比、企业规模、年龄等企业层面的控制变量和行业总出口额、国内总销售额、平均 TFP 等行业层面的控制变量。

表 10-8 贸易自由化对企业 TFP 影响回归分析结果(多期倍差法)

因变量：TFP	方程(10-1)			
	非平衡面板		平衡面板	
	(1)	(2)	(3)	(4)
$post_t \times treatment_f$	0.073***	0.063***	0.089***	0.081***
	(6.82)	(6.38)	(4.42)	(4.17)
$treatment_f$	−0.069***		−0.114***	
	(−6.54)		(−5.51)	
年份固定效应	是	是	是	是
企业固定效应	否	是	否	是
样本数	144 219	144 219	37 564	37 564
R^2	0.51	0.33	0.57	0.43

注：*** $p<0.01$，** $p<0.05$，* $p<0.1$。$post_t$ 表示企业所处年份是否处在 2002 年之后的哑变量。$treatment_f$ 表示企业是否属于"处理组"（一般进口企业）的哑变量。如果考虑了企业固定效应，回归方程中无须加入 $treatment_f$；否则，回归方程应该加入 $treatment_f$。表中所有回归均考虑了成本加成比、企业规模、年龄等企业层面的控制变量和行业总出口额、国内总销售额、平均 TFP 等行业层面的控制变量。

第七节 稳健性检验

虽然倍差法在很大程度上解决了内生性问题，但是它依然建立在一系列假设的基础之上。为了保证结果的稳定性和可信性，我们做了两方面的稳健型检验。

一、同趋势假设检验

倍差法最重要的假设是同趋势假设，即在没有外在"实验处理"的情况下，"控制组"和"处理组"的结果变量应该沿着同样的趋势发展。只有满足同趋势假设，两组样本之间的变量才具有可比性。为了检验这一假设，我们选取了中国关税大幅度下调前四年的样本——1998—2001 年的观测，分别以 1999 年、2000 年、2001 年为分界点（分界点包含在后一时间段内）做倍差法回归。我们发现倍差法交互项前面的系数并不显著（见表 10-9)，即加工进口企业和一般进口企业的劳动收入份额满足同趋势假设，在没有外来因素干扰的情况下，两类企业劳动收入份额之间的差距应该保持在固定值。

表 10-9 同趋势假设稳健性检验结果

因变量: 劳动收入份额	分界年份		
	1999 年	2000 年	2001 年
$post_t \times treatment_f$	−0.001	−0.004	0.0004
	(−0.33)	(−1.32)	(−0.13)
$treatment_f$	−0.016***	−0.014***	−0.017***
	(−3.39)	(−3.65)	(−5.08)
年份固定效应	是	是	是
企业固定效应	否	否	否
样本数	77 634	77 634	77 634
R^2	0.002	0.002	0.002

注:*** $p<0.01$,** $p<0.05$,* $p<0.1$。$post_t$ 表示企业所处年份是否在分界年份之后的哑变量。$treatment_f$ 表示企业是否属于"处理组"(一般进口企业)的哑变量。表中回归均没有考虑企业层面的控制变量和行业层面的控制变量。因为即使不加入这些变量的情况下,倍差法交互项前面的系数就已经很不显著了。

二、非关税壁垒

贸易自由化不仅包括关税的下降,还包括非关税贸易壁垒的减少,中国加入 WTO 时就做出承诺,将在 2005 年前取消制造业进口产品的所有非关税贸易壁垒。所以非关税贸易壁垒的减少发生在 2001—2005 年,如果不考虑这一因素,就会面临"多重处理"的问题,非关税贸易壁垒有可能在 2002 年后对两类企业产生非对称的影响。此外,为了验证贸易自由化对劳动收入份额的影响是通过关税的降低,而不是非关税贸易壁垒的减少,我们也要考虑非关税贸易壁垒。但非关税贸易壁垒的衡量标准并不统一,争议也很大,我们只能间接地考虑非关税贸易壁垒。在所有行业中,纺织业减少的非关税贸易壁垒是最多的,而且纺织业进口企业占样本总数的 11.24%,可能对回归结果产生较大的影响。我们剔除所有纺织业企业的观测值进行回归,发现结果依然稳健(见表 10-10)。

表 10-10 非关税贸易壁垒稳健性检验结果

因变量：劳动收入份额	方程(10-1)				方程(10-2)			
	非平衡面板		平衡面板		非平衡面板		平衡面板	
	(1)	(2)	(3)	(4)	(5)	(6)	(7)	(8)
post$_t$ × treatment$_f$	-0.026***	-0.031***	-0.028***	-0.029***	-0.010***	-0.017***	-0.012***	-0.014***
	(-10.4)	(-12.9)	(-6.33)	(-6.45)	(-4.84)	(-8.14)	(-3.13)	(-3.80)
treatment$_f$	0.001		0.002		-0.024***		-0.027***	
	(0.27)		(0.48)		(-11.4)		(-7.04)	
ln(劳均固定资产)					-0.019***	-0.017***	-0.012***	-0.017***
					(-25.9)	(-17.2)	(-7.52)	(-8.89)
ln(劳均中间投入品)					-0.065***	-0.046***	-0.064***	-0.052***
					(-47.0)	(-28.8)	(-20.7)	(-15.1)
ln(TFP)					-0.396***	-0.358***	-0.355***	-0.329***
					(-41.8)	(-35.2)	(-15.1)	(-12.7)
年份固定效应	是	是	是	是	是	是	是	是
企业固定效应	否	是	否	是	否	是	否	是
样本数	159 418	159 418	39 456	39 456	159 418	159 418	39 456	39 456
R^2	0.09	0.02	0.12	0.05	0.38	0.17	0.4	0.21

注：*** $p<0.01$，** $p<0.05$，* $p<0.1$。post$_t$ 表示企业所处年份是否处在 2002 年之后的哑变量。treatment$_f$ 表示企业是否属于"处理组"（一般进口企业）的哑变量。如果考虑了企业固定效应，回归方程中无须加入 treatment$_f$；否则，回归方程应该加入 treatment$_f$。考虑了成本加成比、企业规模、年龄等企业层面的控制变量和行业总出口额、国内总销售额、平均 TFP 等行业均表中所有回归均表层面的控制变量。

第八节 结 论

在中国贫富差距问题日益严重的环境下,研究劳动收入份额降低的原因非常重要。劳动收入份额自 1995 年以后不断降低,这与国有企业改革、产业结构转型、三大产业的部门转移是密不可分的。但同时中国贸易自由化的过程也是发生在 20 世纪 90 年代后半叶,劳动收入份额的降低和贸易自由化的进程在时间上惊人的一致。本章使用中国制造业贸易企业层面的数据,通过倍差法进行实证回归。结果显示,在劳动力成本不断上升的背景下,贸易自由化通过降低资本成本、中间投入品价格和劳动替代型技术引进成本,显著降低了企业层面的劳动收入份额。企业面临的关税水平下降幅度越大,其劳动收入份额下降越多。在考虑了序列相关性、同趋势假设和非关税贸易壁垒的稳健性检验后,实证结果依然显著。

对中国来说,企业资本化程度提高、中间产品使用增多、劳动替代型技术进步带来的劳动收入份额降低的问题越来越严重,但影响不完全是负面的。因为这些变化的背后是我国不断加速的产业升级,其结果是对低技能工人的需求降低,但是对高技能工人的需求提高。从长远来看,这是经济发展进步的表现。就我国目前的情况来看,低技能工人的数量远远超过了高技能工人。对工人的培训是一个耗时长、花费大的过程,但由于工人在企业间流动性较大,单个企业对工人培训的动机不足。所以,对于政府部门来说,应该提供更多的培训服务平台,帮助低技能工人向高技能工人转变。

第十一章　中国的劳动力、人口和出口导向的增长模式[①]

本章指出,中国当前出口导向的增长模式是由中国当前人口特征和低城市化水平所决定的必然选择。低人口抚养比和低城市化率共同造成大量的劳动力供给和工资收入缓慢增长,这两种因素又进一步导致了资本的快速积累和制造业的飞速发展。然而这两种因素也决定了较小的国内市场,因此市场出清的唯一途径就是出口。

自第二次世界大战以来,发展中国家一直在奋力追赶发达国家。起初它们大多是采取进口替代战略,对进口产品征收高关税和非关税壁垒等,用贸易保护政策保护并发展本国幼小产业,但结果却不太令人满意。基于此,大多数发展中国家转而采取实施出口导向的工业化发展战略,即发挥其比较优势向发达国家出口劳动密集型制造业产品。事实上,以中国和亚洲"四小龙"为代表的一些发展中经济因此取得了显著的经济增长。

过去的三十多年里,由于采用了出口导向战略,中国经历了令人瞩目的经济增长。如今中国已成为仅次于美国和日本的第三大经济体。根据购买力平价计算,中国事实上拥有比日本更高的GDP值,位列世界第二。在20世纪的最后25年中,中国的年均经济增长率都保持在10%左右。尽管"中国奇迹"如今看来已毋庸置疑,但是仍然存留了一个问题:到底是什么力量推动了出口导向型工业化在中国的卓越表现呢?

在本章中我们指出,中国的出口导向型增长模式是植根于中国独特的人口结构和人口特点:(1) 大量的农村劳动力;(2) 较低的城市化水平;(3) 较低的人口抚养比。这三大基本特征使得中国的出口导向型工业化成为一种自然的经济选择。换言之,出口导向型增长模式是一种"自我选择"行为。

其经济学的内在逻辑如下:中国囤积的大量农村劳动力使得劳动力收入的增长缓慢而且有限,加之城市化水平较低,中国不得不面临较小的国内市场,而在很大程度上依赖国际市场。另外,低水平的人口抚养比造成了中国

[①] 本章是与姚洋教授合作的成果,初稿发表在《金融研究》2009年1月,有删改。

不平衡的经济结构:总投资扮演着比总消费更为重要的角色。因此,中国不得不将大量商品远销海外以解决过剩的国内供给。

第一节 剩余劳动力、城市化和人口转型

一、中国的剩余劳动力

截至 2007 年年底,中国 13 亿人口中有 7.27 亿人居住在乡村,占总人口的 55.1%。与此形成鲜明对比的是,2007 年中国的农业产出只有 28 090 亿元,仅占 GDP 总值的 11%。由此我们不禁会问:中国农村是否存在剩余劳动力?

鉴于上面给出的事实,这个问题看上去似乎很显然。然而,该问题本身绝非无关痛痒,因为它与发展经济学中的一个经典论争息息相关:中国已经渡过刘易斯拐点了吗?

根据刘易斯(Lewis,1955)的说法,发展中国家的工业工资将会在农村剩余劳动力供给逐渐耗尽后开始快速增长。以他名字命名的"刘易斯拐点"(Lewisian turning point)在中国工资率不断增长的背景下广泛流传。一些学者(如 Garnaut and Huang,2006;蔡昉,2008)认为中国已经渡过了刘易斯拐点,但是这个问题仍不能盖棺定论。

按照定义,如果一个农业经济减少部分劳动力不会影响其产出,那么就存在剩余劳动力。考虑一个包括农业和工业两个生产部门的经济,其人口规模为 L,可被分配到两个生产部门中。如图 11-1 所示,农业产出 Q 由一个短期生产函数 $F(l)$ 表示,其中 l 是劳动投入。如果农业部门中的劳动力供给超过了分割点 L_1(L_1 也被认为是短缺点),那么劳动力的边际产值就会变为 0。也就是说,此时存在剩余劳动力。在一个运转正常的劳动力市场的均衡中,实际工资等于劳动的边际产出。然而,对于存在剩余劳动力的经济,劳动的边际产出为 0,因此不能成为工资率。于是,每一位工人得到制度工资 w_s,可以理解为是被农业规范所制度化的、以维持工人基本生计的工资水平。刘易斯拐点,即图 11-1 中的 L_2,被定义为当农业劳动的边际产出等于 w_s 时的点。当农业雇用了多于 L_2 的劳动力时,农业劳动的边际产出小于 w_s,因此工业就可以按固定不变的工资率 w_s 来雇用尽可能多的工人。这就是所谓的无限劳动供给。当工业中雇用的劳动力超过了拐点,农业的边际产出就会大于 w_s,工业则不得不面对一条向上倾斜的供给曲线。隐含之义即当经济体超过了刘易斯拐点后,该国就必然面临不断上涨的劳动成本。

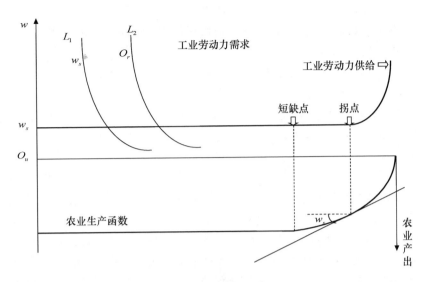

图 11-1　刘易斯拐点

以中国来看,诚然底层工人的工资水平在过去几年中有所增长。然而,工资增长并不一定意味着中国已经经过的刘易斯拐点。还有很多其他因素可以解释中国近期的工资增长。首先,真实工资的增长可能是由于农村收入增长所致,在图 11-1 中表现为 w_s 的增长。即工业的劳动力供给曲线在不影响拐点的情况下向上平移。由图 11-2 可知,中国的平均农村人均净收入从 2003 年的 2 622 元上涨至 2007 年的 4 140 元,相当于以 2007 年

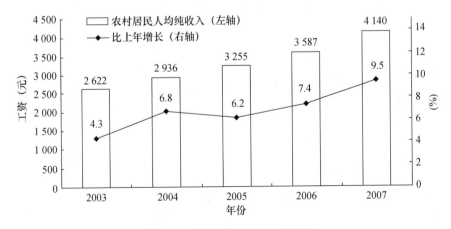

图 11-2　农村人均净收入及其增长

资料来源:《中国统计年鉴》(多个年份)。

人民币对美元汇率中间价 6.83 计算的 616 美元。不仅如此,最近几年人均收入的增长速度同样越来越快,增长率从 2003 年的 4.3% 已增至 2007 年的 9.5%。

其次,工资增长也可能是经济周期繁荣阶段的一种现象,此时需求曲线右移与供给曲线在后者的上升部分相交。但是,这种需求冲击很可能是暂时的,正如时下金融危机大批农村进城务工人员返乡。类似状况在 1998 年的亚洲金融危机时也曾发生过,当时四分之一的移民工人失去了工作。

最后,正如上面提到的,农村仍然有大量的劳动力。面对占总人口 55% 和产出占国内生产总值的 11% 的惊人对比,如果我们不把它解读为一种过剩劳动力的例证,恐怕难再找出更加合理的解释。

为了进一步阐明,我们利用各省的数据对中国近十年来农村进城务工人员的供给和需求进行了模拟。图 11-3 显示了所选年份的几条曲线。这几年里中国都没有超过刘易斯拐点,因为供给曲线和需求曲线总是在平坦的部分相交。

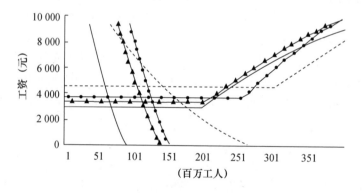

图 11-3　模拟农村进城务工人员需求和供给曲线

注:图中曲线是作者计算出的模拟结果。——、—▲—、—●—和----分别表示模拟的 1998 年、2002 年、2005 年和 2007 年的供给和需求曲线。

二、人口流动和城市化

城乡分割已经成为中国经济最重要的现象之一。1958 年中国建立了一种非常严格的居住登记制度,这就是众所周知的"户口"制度。它是中国计划经济时代(1949—1992 年)政府优先发展重工业战略的一种内在要求。为了保障重工业充足的资本积累,政府不得不依靠"剪刀差"向农民索取,通过降低农产品价格、抬高工业制成品价格,政府得以从农民手中榨取农业剩余(林毅夫和余淼杰,2009)。但是为了使"剪刀差"发挥作用,政府就必须限制从农村向城市的人口流动。

自从经济改革以来,伴随着三次城乡移民浪潮,"户口"政策已经在很大程度上被放开。第一次浪潮是20世纪80年代初期的小城镇城市化战略。只要农村居民能够在城镇和小城市中找到工作或购买住房,他们就可以得到那里的"户口"。第二波浪潮开始于80年代后期。由于出口导向发展战略的实施,尤以广东省为例的诸多沿海城市表现出对额外的劳动力供给的巨大需求。于是,大量的人口流动产生并侵蚀"户口"制度。第三次也是最大的一次浪潮开始于90年代。如图11-4所示,1993年农村移民的数量达到6 000万人左右,仅十年后又翻了一番。

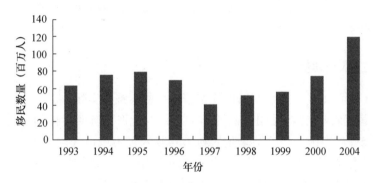

图11-4　中国的人口流动(1993—2004年)

资料来源:历年《中国统计年鉴》。

目前,原先持有农村户口的居民可以通过多种途径获得正式的城市居住权。第一,大学毕业生可以得到城市"户口";第二,城市扩建将周边地区纳入城区范围,其居民将由农村户口转为城市户口;第三,达到一定级别的退伍军人可得到城市工作;第四,较富裕的人可以通过以较高价格购买"户口"或在城市中投资新生意以取得城市"户口"(Naughton,2006)。

除了大规模的人口流动外,和其他国家相比中国的城市化进程还滞后于其收入水平。图11-5绘出了2003年不同国家的城市人口比例和人均GDP(美元,不变购买力平价计算)的非线性关系。我们可以看到,中国是低于一般水平的。

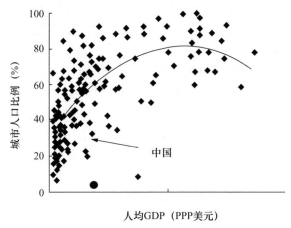

图 11-5 世界人均 GDP 和城市化水平(2003 年)

资料来源:《世界发展指标(2006)》。

三、人口转型

我们可以用一个简单的计算(尽管有一些不符合实际)来阐明此点。目前,中国的农业 GDP 占 GDP 总值的 11%。与此形成鲜明对比的是,农村却拥有 55% 的中国人口。结果是农村人均收入仅为城市人均收入的三分之一。那么,如果城乡收入差距维持 3:1 的比例,所有农村居民只从事农业生产,中国的城市化比率又将如何呢? 假设农村和城市的人口比例为 x,那么我们可以得到方程 $(11/89)/x = 1/3$,从中可以得出 x 等于 0.37 或 27/73。也就是说,如果所有农村居民只从事农业,并保持他们与城市居民的收入差距不变的话,中国的城市化速率将不再是 45%,而是 73%。而事实上农村人口的确拥有非农业收入。因此,这一估值可以被认为是中国城市化速率的上界。

不仅是结构性的转变,人口转型也是解释中国为何会选择出口导向的发展战略的重要原因。为了理解这一点,我们先来将英国和中国的人口转型做一个比较。

作为最早的工业化国家,1688 年光荣革命后,英国就于 18 世纪中叶开始了工业革命。由图 11-6 可以看出,英国的人口转型在 1750—1980 年经历了三个不同的阶段。在这两百年间,英国的死亡率保持着下降的趋势,只有 20 世纪前 10 年和 40 年代例外:英国的死亡率在两次世界大战期间都有增长。从出生率来看,我们可以把整个英国历史划分为三个阶段。第一阶段是 1750—1790 年。出生率由 35% 上升至 40% 左右,但由于死亡率也很高,因此人口自然增长缓慢。第二阶段是1790—1929年。出生率在该阶段前期增长,但随后持续下降超过一百年,并于1910年因第一次世界大战而达到最低点。但是死亡率却下降得更快。因此,人口迅速增长,尤其是在该阶段的早期。这段时间英国享受到了大量的人口红利。第三阶段是1929—1980年。这一阶段以低出生率、低死亡率和低自然增长率为特征。

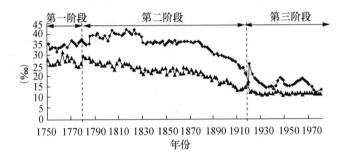

图11-6　英国人口转型(1750—1980年)

资料来源:Maddison(2001)。

图11-7显示的是1950—1981年中国的数据。这里提供了三条曲线分别表示出生率、自然增长率和死亡率。20世纪50年代中国的出生率下降,并于1960年因"三年困难时期"(1959—1962年)而达到最低水平。相反,中国的死亡率却在该时期达到了25‰的最高点。从1979年起中国开始推行计划生育政策,结果出生率再次呈现下降趋势。而最有趣的发现是,作为出生率和死亡率之差的自然增长率却在自1966年开始的"文化大革命"以来几乎保持固定而没有发生变化。除了困难时期,我们并没有观察到与英国的第一

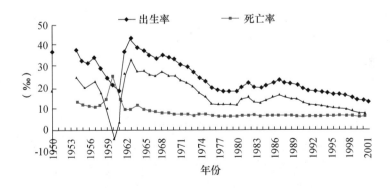

图11-7　中国人口转型(1950—2001年)

资料来源:《中国统计年鉴(2008)》。

阶段相应的情况。大体上,中国多处于第二阶段,目前这一阶段也接近尾声。和第二阶段长达140年的英国相比,中国的第二阶段由于计划生育被大大压缩了。

然而,计划生育带来了中国人口抚养比的快速下降。人口抚养比是指年龄在16岁以下和64岁以上的人口与年龄在此之间的人口的比率。根据《中国统计年鉴(2008)》,中国的人口抚养比在2007年仅为0.4,不仅低于东亚国家的平均水平,还绝对是世界最低水平之一。在考察了工作人口与被抚养人口的比例(即人口抚养比的倒数)后,这一结论不言自明。如图11-8所示,平均看来东亚国家目前拥有最高的工作比率,之后依次为欧洲、美国、南亚和撒哈拉以南非洲国家。换言之,东亚国家拥有世界最低的人口抚养比。不过该指标从未低于0.4。实际上,其劳动适龄人口比(working age ratio)从1990年起对的增长的驱动力很大程度上与中国相同。

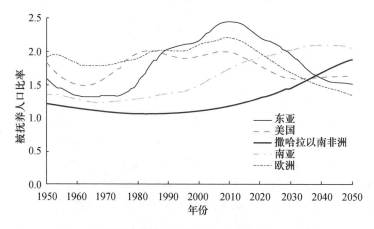

图 11-8　世界范围的劳动适龄人口与被抚养人口比率

资料来源:Bloom et al. (2007)。

中国的低人口抚养比对于经济增长有着多重的潜在影响。首先,由于低人口抚养比,中国得以拥有极为庞大的劳动力供给;其次,人口抚养比越低,储蓄就越高,因而消费就更少;最后,低人口抚养比还会使投资比率更高、资本积累更快。总之,低人口抚养比可以说是自1978年经济改革后中国经济高速增长的重要驱动力。

人口红利,一般用来描述由于人口抚养比下降所造成的经济增长率的上升。之前的研究如 Bloom and Williamson(1998)曾指出,人口红利可以解释四分之一到五分之二的东亚奇迹以及17%的中国增长。

中国令人瞩目的人口红利到底能持续多久呢? 毋庸置疑,随着人口老龄化人口抚养比势必会上升。2007年,中国64岁以上的人口达到1.11亿人,占13亿人总人口的9%左右。最近一份官方预测显示这一数字将于2015年达到2亿人左右,而在2044年60岁以上的人口将达到4亿人。与此形成鲜明对比的是,中国的储蓄率可能不会迅速下降。2008年中国的全国储蓄率为50.3%。①因此,没有理由相信如此之高的储蓄率会在近期内迅速下降。这一结论也得到了来自日本和韩国的证据支持,两国也都曾出现过人口转型与经济增长之间的时滞。

综上所述,人口是决定中国增长模式和增长轨迹的根本动力。中国的确压缩了其人口转型的第二阶段,也因此其经济增长走上了不同寻常的道路。此外,大量的农村人口也预示着中国仍将在相当长的一段时间内保持"低成本"的经济增长。

第二节 人口和中国的经济模式

受到中国人口转型的推动,中国经济有两大特点。第一,其出口导向的工业化的选择是市场推动的和自我选择的。低抚养比和大量的农村人口造成了中国较小的国内市场。因此,过度供给的制造业产品必须出口国外。在中国加入WTO以后,这一进程不断加速,并充分地整合到世界经济体系中。图11-9中1950—2007年中国进出口的数据清晰地表明了这一点。

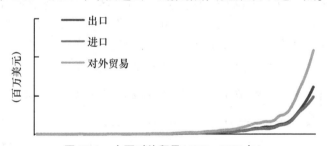

图11-9 中国对外贸易(1950—2007年)

资料来源:Tong(2008)。

除了出口以外,中国的人口转型还意味着较大比重的投资和较小比重的消费。投资的快速增长源于企业利润的快速积累,而后者又是低工资水平的结果。中国全部国有企业和年销售额在500万元以上的非国有企业的平均利润率自1998年以来显著地快速增长。如图11-10所示,一些关键的会计

---

① 中华人民共和国国家统计局官方网站:www.stat.gov.cn。

指标,如利润总额与权益比就从1998年的5%增至2006年的约14%。

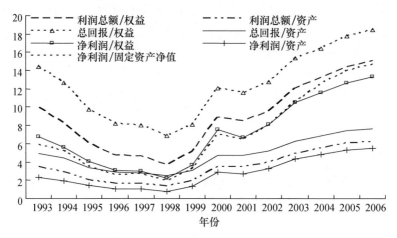

图 11-10　中国企业利润率

资料来源:中国经济研究中心研究课题组(2007)。

另一方面,近年来劳动收入在国民收入内的比重日益下降。尤其如图 11-11 所示,该比重由 2000 年 60% 左右下降到 2007 年的 46.3%。如果考察自 1978 年以来更长的一段时期,我们会发现这一趋势是非常明显的。白重恩和钱震杰(2009)认为官方数据存在一定问题,并重新计算了劳动收入比重,其结论显示在图 11-12 中。即使根据他们调整过的数字,中国的劳动收入占 GDP 的比重仍然在 1995—2004 年间下降了 5 个百分点。劳动收入的比重下降意味着伴随着中国 GDP 的不断增长,人们却变得越来越"穷"了。这就解释了中国为什么会具有一个较"小"的国内市场了。

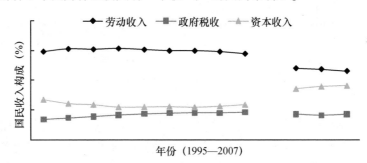

图 11-11　中国 GDP 构成

注:数据来自多个年份的《中国统计年鉴》。由于没有相关报告,因此 2004 年的数据缺失。

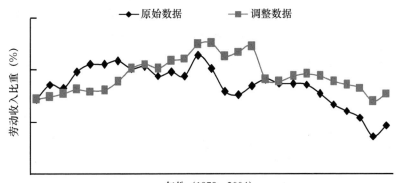

图 11-12 劳动收入占中国 GDP 比重

资料来源:白重恩和钱震杰(2009)。

与此相对的是,企业和政府却变得相对富有。资本收益的比重从 2000 年的 22.2% 上升至 2007 年的 36.5%。这些资本收益绝大多数来自企业利润。另外,政府收入的比重在 20 世纪 90 年代也有所上升,但在 21 世纪初保持稳定。由于存在这种劳动收入和企业政府收入之间的不对称,近期中国储蓄的增长基本得益于企业和政府。这在图 11-13 中得到清楚的展现,它显示了商业银行中的储蓄组成。

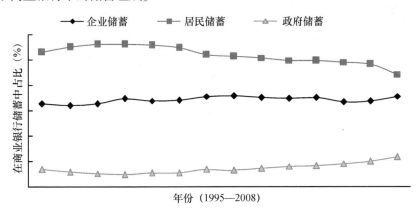

图 11-13 商业银行中的储蓄组成

资料来源:历年《中国统计年鉴》。

与之一致的是,消费在 GDP 中的比重在下降,而资本形成和净出口的比重却在上升(见图 11-14)。在 20 世纪 80 年代初期消费的比重就开始下降,但近几年下降速度显著加快。在 2000—2007 年,该比重下降了超过 10 个百分点,以至于仅占 GDP 支出的 48%。与此同时,资本形成和净出口却分别达到了 GDP 的 43%和 9%。

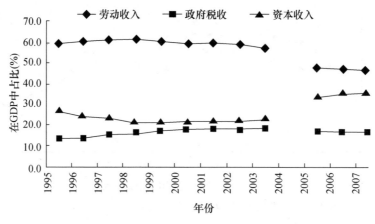

图 11-14 中国 GDP 收入组成

资料来源:历年《中国统计年鉴》。

为了探究人口抚养比、储蓄和投资之间的互动关系,我们提供一组第二次世界大战以来中国和印度的对比。正如表 11-1 中所示,中国和印度在 20 世纪 60 年代具有相似的人口抚养比。然而 40 年之后,如今中国的人口抚养比比印度低很多。由此表可到的重要信息是,随着人口抚养比的下降,两国的储蓄率都有所上升。虽然中国这些年的储蓄率都比印度要高,但是其差距基本保持在 13 个百分点不变。这就意味着随着人口抚养比的下降,印度的储蓄率比中国增长得更快。

表 11-1 中国和印度的比较 单位:%

	20 世纪 60 年代	20 世纪 70 年代	20 世纪 80 年代	20 世纪 90 年代	2000—2005 年
印度					
人口抚养比	77.8	76.8	71.7	67.0	61.8
储蓄	13.0	18.0	19.9	23.8	26.3
投资	15.1	18.1	21.8	25.2	26.0
中国					
人口抚养比	79.0	74.8	57.4	48.1	43.6
储蓄	25.6	34.7	35.4	38.5	39.8
投资	26.1	34.8	34.8	40.6	42.2

资料来源:Ahya et al.(2006)。

这个故事的另一面就是,随着人口抚养比的下降,消费在 GDP 中的比重也在下降。图 11-15 分别绘出了中国和印度两国中,消费占 GDP 的百分比与人口抚养比的关系。其结果是惊人的。尽管在中国,当人口抚养比下降至 65% 以下(约在 20 世纪 80 年代初)之后消费比重就已经下降得很快,但是印度的消费比重随着下降的人口抚养比下降得更快。

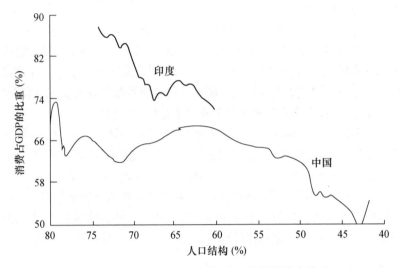

图 11-15　消费占 GDP 比重与人口结构的演变关系

资料来源:Ahya et al.(2006)。

上述比较告诉我们两点:第一,中国的模式不是唯一的,它符合关于人口和经济结构的关系的理论;第二,一般关于中国和印度的比较具有误导性。两国所采取的看似不同的模式实际上只是同一发展轨迹的不同阶段而已。

第三节　结　论

本章通过经验资料论证了出口导向的增长模式是中国必然的选择,因为中国经济具有两条重要特征:低人口抚养比(相应的是高人口红利)和低城市化水平。我们比较了中国和印度,并揭示了两国采取的看似不同的增长模式实际上是由人口决定的同一增长路径的不同阶段。认识到这一点对于中国和包括印度在内的其他发展中国家的政策制定有很重要的意义。

对于中国,出口导向的增长模式是以积累大量未尽利用的储蓄为代价的,迅速增长的外汇储备就是明证。但是通过缩减出口以调节中国收支平衡的做法是错误的,出口是中国充分发挥人力资源方面比较优势的最优选择。

促进国内消费是正确的,但在短期内是难以实现的。这是因为相对较小的国内市场是由人口和城市化等长期因素所决定的。为了提高国内消费,中国必须采取相关的结构性调整,其中加快城市化步伐是重要一环。

城市化的加速将会带来巨大效益。事实表明一个城市居民的平均消费是农村居民的 2.57 倍,如果城市化水平升至 73%(在前文假设计算得出),那么国民消费将会增加

$$(27\% + 73\% \times 2.57)/(55\% + 45\% \times 2.57) - 1 = 25.8\%$$

并且是在城市和农村居民收入都没有增长的情况下。如此一来,消费占 GDP 的比重将会由目前的 49% 上升至 61%,接近发达国家水平。注意这一计算仅仅考虑了消费的直接影响。城市化还会导致服务业的扩张,而这又会反过来促进消费,因为服务业比制造业带来更高的劳动收入。

对于其他发展中国家,中国的经验表明,发挥一国的比较优势(常在于劳动密集型产业)可以推动经济的快速增长。中国的模式并不是唯一的,而是基于中国人口特点的自然选择。其他发展中国家并不一定要跟随中国的模式,但它们要探索符合自身的物质禀赋和劳动禀赋的比较优势模式。这点对于印度尤其重要。作为一个与中国具有相似人口特点的国家,印度的最优选择是发展制造业。与之相伴的则是不可避免的出口导向型的发展战略。

第十二章 人口结构与国际贸易[①]

既然人口结构对理解当代中国经济发展至关重要,那作为人口结构的核心变量——人口抚养比的变动又是如何影响国际贸易的呢?这是本章的研究主题。

人口结构是否会影响国际贸易?我们发现:一方面,高劳动人口比例会使出口国产出增加,从而增加出口;另一方面,高劳动人口比例也会给进口国带来更多的劳动收入,从而增加进口。利用 176 个国家 1970—2006 年的大样本面板数据,并控制多边阻力等因素,在引入劳动人口比之后,对贸易引力方程的回归分析支持了这一理论预测:贸易国的劳动人口比例上升会增加双边贸易流。出口国(进口国)平均劳动人口比上升 1%,出口(进口)会上升至少 3%(2%)。这一发现对于理解人口大国(如中印)或贸易大国(如中美)的贸易具有重要的理论和现实意义。

第一节 引 言

本章研究人口结构转型对国际贸易的影响。过去的文献虽有研究人口转型及其对经济增长的影响,也有一部分文献探讨国际贸易如何促进经济增长的。但是,鲜有研究关注人口转型与国际贸易之间的直接关联。

图 12-1 显示了全球 1970—2006 年的进口增长和劳动人口比的变化情况。进口的单位为百万美元,劳动人口比定义为劳动人口(16—65 岁人口)占总人口的比例。[②] 为方便对比,两者都取了对数。就进口而言,平均的对数进口额由 1970 年的 6.17 上升到了 2006 年的 8.13。这意味着,2006 年的双边贸易已达 1970 年的两倍以上。与此同时,参与贸易国家的劳动人口比

[①] 本章是与北京大学国家发展研究院的姚洋教授、对外经济贸易大学的田巍老师、美国伯克利加州大学的周翳博士合作的成果,初稿发表在《经济研究》2013 年 11 月,并获得第 18 届全国安子介国际贸易研究奖。

[②] 另一种比较通行的定义劳动人口比的方法是劳动人口/被抚养人口(即 16 岁以下和 65 岁以上的人口),这和我们的定义之间存在一一对应关系。

也从1970年的56%上升至2006年的68%。这就引出一个问题:伴随着抚养比下降而来的人口红利是否增加了国家之间的贸易?

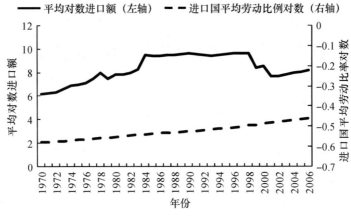

图12-1 世界进口和进口国劳动人口比(1970—2006年)
资料来源:UN Comtrade数据库。

先前的研究已经发现,GDP增长、运输成本下降和贸易自由化三个因素会显著地推动国际贸易(Baier and Bergstrand, 2001)。一国的人口结构变化类似于其GDP规模的改变。从出口国的角度来看,较高的劳动人口比意味着这个国家有着相对丰裕的劳动力禀赋,进而带来较高的产出,以致出口更多。从进口国的角度来看,较高的劳动人口比会给进口国带来更多的劳动收入,在给定其他条件不变的情况下,进口国有能力进口更多的商品。

本章通过使用一个加入劳动人口比的改进版引力方程来检验贸易伙伴的人口转型对于双边贸易的影响。我们的理论模型有两方面的创新。首先,我们区分了总人口和劳动人口。这个区分是很必要的,因为对于一个国家而言,总人口规模与总消费(需求)直接相关,劳动力规模则与总产出(供给)直接相关。在此基础上,我们推导出了包含劳动人口比的引力方程。基于Krugman(1979)、Anderson and van Wincoop(2003)的工作,我们又进一步用劳动收入代替经济规模(GDP),并进一步将劳动收入分解为劳动力及其工资。这样就可以清楚地研究贸易参与国的人口红利对其贸易量的影响了。其次,我们也把传统的基于国家层面的引力模型拓展到行业层面,以便更好地与我们所用的大型面板数据相互印证。

利用改进的引力方程,我们使用176个IMF成员1970—2006年的大样本面板数据估计了劳动人口比对于双边贸易的影响。通过控制潜在的"多边阻力"等因素,并对比稳健性检验,回归分析发现,较低的抚养比显著地促进了双边贸易。具体地,出口国的平均劳动年龄人口比上升1%会推动出口增加至少3%;同时,进口国的平均劳动人口比上升1%会推动进口增长至少2%。最后,我们还考察了劳动人口比对于不同收入水平国家的异质性影响,进行了行业层面上的回归,并按每个不同年代平均做了分段估计。

本章拓展了我们对人口结构和贸易关系的理解。先前的研究如Leff(1969)、Bloom et al.(2002)、Bloom and Sachs(1998)、Bloom and Williamson(1998)主要研究了人口结构对经济增长的关系。Leff(1969)是讨论人口红利对于储蓄率影响的开创性文献;Higgins(1998)则考虑了储蓄率与经常账户盈余之间的动态关联,并进一步检验了人口结构对于一个国家经常账户头寸的影响。此后,研究的重点转到从国际比较的视角关注人口结构如何影响经济增长的方面。例如,Bloom and Williamson(1998)发现人口转型在始于20世纪70年代的"东亚奇迹"中扮演着至关重要的角色,具体地说,东亚国家的经济增长有超过三分之一应当归功于其人口红利。形成鲜明对比的是,非洲国家的经济失败很大程度上是由于人口转型滞后(Bloom et al.,2002;Bloom and Sachs,1998)。尽管关于贸易和经济增长的关系已在内生增长理论文献有了深入的研究(Grossman-Helpman,1991;Feenstra,2003),但很少有研究探讨人口结构和国际贸易的直接关联(姚洋和余淼杰,2009)。据我们所知,本章是构建一般均衡理论模型去研究人口转型如何影响国际贸易的首篇论文。

第二节 理 论 模 型

在本节中,我们从两方面拓展了Anderson and van Wincoop(2003)的国家间双边贸易的引力方程模型。第一,我们把人口抚养比引入到引力方程;第二,更重要的是,我们把经典的国家间双边引力模型拓展到行业层面。

如Yu(2010)所用的方法,每个国家生产特定的产品种类。我们用h表示产品,k表示行业,i表示出口国,j表示进口国。每个出口国$i=1,\cdots,I$有K个行业。行业$k \in K$生产M_k^i种产品。那么,进口国代表性消费者具有以下的不变替代弹性效用函数:

$$U = \int_{i=1}^{I}\int_{k=1}^{K}\int_{h=1}^{M_k^i}(C_{i,j,k}^h)^\rho \mathrm{d}h\mathrm{d}k\mathrm{d}i, \quad \rho > 0 \qquad (12\text{-}1)$$

其中,$C_{i,j,k}^h$是进口国j对于由i国k行业生产的产品h的消费。两个产品之间的替代弹性σ可以表示为$\sigma = 1/(1-\rho)$。为简化模型,如Anderson and van Wincoop(2003),假设出口国i同一行业内的所有产品价格一致,那么,同

一行业内所有产品的产出也一致。则效用函数(12-1)可变为:

$$U = \int_{i=1}^{I} \int_{k=1}^{K} M_k^i (C_{i,j,k})^\rho \mathrm{d}k\mathrm{d}i \qquad (12\text{-}2)$$

进口国 j 的代表性家户在给定下面预算约束的情形下来最大化其效用函数(12-2)。

$$Y^j = \int_{i=1}^{I} \int_{k=1}^{K} M_k^i p_{i,j,k} C_{i,us,k} \mathrm{d}k\mathrm{d}i \qquad (12\text{-}3)$$

其中 Y^j 是 j 国的 GDP。求解可得每种商品的需求:

$$C_{i,j,k} = \cdot (p_{i,j,k}/P_{j,k})^{\frac{1}{\rho-1}} (Y^j/P_j) \qquad (12\text{-}4)$$

其中 j 国的加总价格指数被定义为 $P^j \equiv \left[\int_{i=1}^{I} \int_{k=1}^{K} M_k^i (p_{i,j,k})^{\frac{\rho}{\rho-1}} \mathrm{d}k\mathrm{d}i \right]^{\frac{\rho-1}{\rho}}$。进而 j 国从 i 国 k 行业进口的产品总值为:

$$X_{j,k}^i \equiv \int_{h=1}^{M_k^i} p_{i,j,k}^h C_{i,j,k}^h \mathrm{d}h = M_k^i p_{i,j,k} C_{i,j,k} \qquad (12\text{-}5)$$

其中,第一个等式是由对于出口价值的定义所得,第二个等式则是基于不同种类产品间价格相等得到的。

如 Samuelson(1952)指出的,"冰山"运输成本如同给到岸价格 $p_{i,j,k}$(包含关税、保险和运费)和离岸价格 $p_{i,k}$ 之间加了一个楔子。因此,我们按照 Eaton and Kortum(2002)的做法,使用地理距离 (d_{ij}) 来代理运输成本,则有:$p_{i,j,k} = d_{i,j} p_{i,k}$,把它插入到式(12-5)中,可得到 k 行业中从 i 国到 j 国的出口值:

$$X_{j,k}^i = M_k^i Y^j (d_{i,j} p_{i,k}/P_{j,k})^{\frac{\rho}{1-\rho}} \qquad (12\text{-}6)$$

现在考察供给面。如同 Krugman(1979),假设每种产品只需要劳动来生产,同时生产具有规模报酬递增性质。具体地,以 l_k^i 代表 i 国 k 行业中代表性企业的劳动投入,它包括一个固定成本 κ_k^i 和一个可变成本 $\varphi_k^i y_k^i$,其中 φ_k^i 是常边际成本,y_k^i 是产出量,

$$l_k^i = \kappa_k^i + \varphi_k^i y_k^i \qquad (12\text{-}7)$$

市场结构为垄断竞争,其均衡意味着代表性企业要满足两个条件。首先,代表性企业的边际收益等于边际成本。因为对于如式(12-1)的 CES 需求函数,其需求弹性会等于替代弹性 σ,则可得第一个均衡条件:$\rho p_k^i = \varphi_k^i w^i$,其中 w^i 为 i 国的工资。

其次,由于企业可以自由进入,i 国代表性企业获得零利润。从 $\pi_k^i = p_k^i y_k^i - w^i (\kappa_k^i + \varphi_k^i y_k^i)$ 的利润方程可得到 i 国 k 行业的均衡产出水平 $\bar{y}_k^i = \dfrac{\rho \kappa_k^i}{(1-\rho)\varphi_k^i}$。注意 i 国的 GDP 是 $Y^i = M_k^i p_{ik} \bar{y}_k^i / s_{ik}$,其中 s_{ik} 是 k 行业在 i 国的产

出占比。则行业面的双边贸易方程为：

$$X_{j,k}^i = \frac{s_k^i Y^i Y^j}{p_{ik} \bar{y}_k^i} (d_{i,j} p_{ik}/P_{j,k})^{\frac{\rho}{1-\rho}} \qquad (12\text{-}8)$$

在模型中，GDP 只包含劳动收入：$Y^n = w_n L_n$，$\forall n = i,j$，其中 L 是劳动力数量。定义一国的劳动人口比为 $\lambda_n = L^n/N^n$，其中 N^n 是 n 国的总人口。则从式(12-8)可得 k 行业的双边贸易方程：

$$X_{j,k}^i = \frac{s_k^i w^i N^i w^j N^j \lambda_i \lambda_j}{p_{ik} \bar{y}_k^i} (d_{i,j} p_{i,k}/P_{j,k})^{\frac{\rho}{1-\rho}} \qquad (12\text{-}9)$$

可见，行业层面的双边贸易除了取决于贸易参与国的工资、总人口数、出口国的行业产出份额、出口国的代表性企业固定生产成本和各种价格指数之外，还依赖于劳动人口比：出口国的出口不仅和本国的劳动人口比成正比，而且也与进口国的劳动人口比成正比。就出口国而言，较高的劳动人口比提高产品供给，因此出口增加；就进口国而言，较高的劳动人口比提高收入，因此增加进口。

为估计引力方程(12-9)，我们对之两侧都取对数，得到：

$$\ln X_{jk}^i = \ln w^i + \ln w^j + \ln N^i + \ln N^j + \ln \lambda^i + \ln \lambda^j + \frac{\rho}{1-\rho} \ln d_{ij}$$
$$+ \left[\ln s_k^i - + \frac{1}{1-\rho} \ln p_{ik} + \frac{\rho}{1-\rho} \ln P_{jk} \right] \qquad (12\text{-}10)$$

在上式中，出口国的代表性企业产出（$\ln \bar{y}_k^i$）和行业产出占比（$\ln s_k^i$）都是无法观测到的。此外，出口国和进口国的行业价格指数数据也不可得。所以，我们按照 Feenstra(2002) 的做法将式(12-10)中方括号内各项都放入到残差项中，则有

$$\ln X_{jk}^i = \beta_0 + \beta_1 \ln w^i + \beta_2 \ln w^j + \beta_3 \ln N^i + \beta_4 \ln N^j + \beta_5 \ln \lambda^i$$
$$+ \beta_6 \ln \lambda^j + \beta_7 \ln d_{ij} + \varepsilon_{ijt} \qquad (12\text{-}11)$$

第三节 计量检验

一、数据

本章数据涵盖 1970—2006 年全球 176 个国家(地区)。名义直接进口数据从如下两个来源收集而得：2002 年之前的数据来自 Feenstra et al. (2005) 编制的 NBER-UN 贸易数据，而 2002 年之后的数据则直接来自 UN Comtrade。由于所有的名义数据均以美元计价，我们采取和 Rose(2004) 同样的方法将它们按照美国 CPI(1995 年 = 100) 进行了平减，以获取真实值。与人口总量

和劳动人口比相关的信息来自世界银行提供的世界发展指数(WDI, 2010),贸易参与国之间的地理距离则取自 Rose(2004)。由于没有行业层面的数据,我们不得不在式(12-14)的估计式中把行业价格都归于误差项内了,但我们按照 Baier and Bergstrand(2001)的做法,在回归中控制贸易国的消费价格指数(CPI)。价格指数也是从 WDI(2010)获得的,1995 年为基准年。工资数据同样也来自 WDI(2010),由一个国家的雇员薪酬和奖金除以该国的劳动人口得到。在估计行业层面贸易时,我们还使用了 OECD 的一个子样本进行回归。美国劳工统计局提供了经济合作与发展组织(OECD)成员 SITC 4 位数行业的工资数据,使用这些工资数据可以使我们更好地控制行业的异质性。但这些数据只能覆盖 1983—2003 年的时期。表 12-1 列出各主要变量的描述统计。

表 12-1 主要变量描述统计

变量	均值	标准差
双边贸易值的对数	7.90	3.46
进口国劳动人口比	58.9	6.53
出口国劳动人口比	59.0	6.52
地理距离	8.15	0.81
出口国工资的对数	14.1	2.37
进口国工资的对数	14.0	2.36
出口国 CPI	29.3	252
进口国 CPI	28.5	249

注:进口国和出口国的劳动人口比的均值和方差不同是因为进口国不一定同时是出口国,反之亦然。因此两者的统计特征并不完全相同。

二、基准回归

我们首先使用国家层面的贸易数据估计式(12-14),检验劳动人口比对于双边贸易的总体效应。表 12-2 给出基准回归结果。回归(1)、(2)为 OLS 估计,其中(2)比较完整地控制了经典重力方程中的大部分变量,因为文章后面的回归多是国家对的固定效应回归,因此诸如地理距离、是否具有相同语言、相同边界、殖民地关系等变量就被自动去掉。回归(3)、(4)为固定效应(FE)回归,回归(5)考虑了零出口问题。主要控制变量的符号都符合预期,和以往的研究发现一致,不再赘述。① OLS 回归的结果显示,出口国劳动人口比每增加1%,该国出口增加7.16%;而进口国劳动人口比每增加1%,则出口国的出口增加5.92%。回归(2)的固定效应回归控制了进口国和出口国的配对固定效应和年度固定效应,其结果显示,出口国的劳动人口比的效果略有增加,而进口国的劳动人口比的效果降低很多。

"多边阻力"是指在理论模型中,如式(12-5)所示,价格指数同时受所有国家影响,而只控制了进口国和出口国两个国家会造成偏误。如 Anderson and van Wincoop(2003)所强调的,控制住"多边阻力"是精确估计引力方程的关键。在 Baldwin and Taglioni(2006)中,通过多加入 $2 \times N \times T$ 个国家虚拟变量和时间虚拟变量的交互项控制多边阻力,其中 N 是国家数,T 是年份数。这些虚拟变量包含了 $N \times T$ 个出口国家×年份对和 $N \times T$ 个进口国家×年份对。但是因为控制国家×年份的固定效应之后,本章的主要变量劳动人口比的对数会被自动去掉,我们退而求其次,分别控制了进口国、出口国和年份的固定效应,且根据 Baldwin and Taglioni(2006)的研究,两者的结果是相近的,加入这些虚拟变量使得我们可以控制由其他贸易参与国家带来的变动,从而缓解多边阻力效应,表12-2 的回归(4)报告了结果。回归(4)对不可观测因素的控制最为严格,因此其结果显示出口国和进口国劳动人口比的影响都有所下降。可以发现,即便按照这组结果,出口国的劳动人口比上升1%的幅度,其出口也上升2.97%,而进口国的劳动人口比上升1%,出口国对其出口也上升2%。以中国为例,2010年的劳动人口比例是0.72,若其上升一个百分点到0.73,在其他变量不变的条件下,那么中国的出口将增加约4.1%,进口将增加约2.8%,无论以何种标准度量,这都是很大的效应。

如 Silva and Tenreyro(2006)、Helpman et al.(2008)的研究所指出的,一个可能给对数线性化形式的引力方程带来估计偏差的源泉是零贸易问题:由于在估计时需要对双边贸易量取对数,所有贸易量为零的样本都不得不被删除掉。Silva and Tenreyro(2006)指出,截断的泊松拟似然(Poisson pseudo-maximum likelihood, PPML)方法会是处理零贸易量问题的一个合理手段。我们因此直接使用双边贸易量作为应变量进行了 PPML 估计。如表12-2 的回归(4)所示,在控制了年份特征效应后,PPML 的估计结果与回归(2)的结果类似。除此以外,Helpman et al.(2008)在 Heckman 两步法的基础上同时处理了企业异质性造成的偏误,这部分分析结果将在下面的部分具体讨论。

---

① 我们也尝试加入其他控制变量,如土地边界、岛屿数目、WTO 会员、自由贸易协定(FTA)、货币联盟以及普遍优惠制等其他区域性贸易协议,但没有发现主要结论有显著的变化。为节省篇幅,我们不加以汇报。

表 12-2　国家层面基准估计(1970—2006 年)

	OLS		FE		PPML
	(1)	(2)	(3)	(4)	(5)
出口国劳动人口比的对数	7.16**	7.52***	7.01***	2.97***	5.61***
	(86.50)	(90.56)	(23.11)	(11.61)	(0.00)
进口国劳动人口比的对数	5.92**	6.24***	1.95***	2.00***	5.81***
	(81.46)	(86.54)	(3.24)	(8.77)	(0.00)
地理距离的对数	−1.02**	−0.87***		−1.46***	−0.64***
	(−131.90)	(−99.24)		(−186.41)	(0.00)
出口国的工资的对数	0.36**	0.34***	0.26***	0.11***	0.32***
	(104.68)	(100.59)	(25.74)	(17.12)	(0.00)
进口国的工资的对数	0.32**	0.31***	0.11***	0.12***	0.39***
	(96.05)	(92.37)	(7.64)	(18.47)	(0.00)
出口国总人口的对数	1.00**	0.98***	1.03***	−0.22***	0.84***
	(235.71)	(232.38)	(72.86)	(−2.78)	(0.00)
进口国总人口的对数	0.88**	0.86***	0.32*	0.08	0.88***
	(205.54)	(203.08)	(1.72)	(1.09)	(0.00)
出口国 CPI 的对数	0.11**	0.11***	−0.12***	−0.00	−0.20***
	(19.99)	(20.25)	(−8.02)	(−0.75)	(0.00)
进口国 CPI 的对数	0.08**	0.07***	−0.03**	−0.04***	−0.10***
	(13.82)	(13.75)	(−2.22)	(−6.01)	(0.00)
是否有共同语言		0.54***			
		(29.72)			
是否有共同边界		0.73***			
		(19.09)			
是否曾有殖民关系		1.75***			
		(58.48)			
是否签有相同区域贸易协定		1.58***			
		(51.59)			
观测值数	107 346	107 346	124 126	107 346	107 346
国家对固定效应	否	否	是	否	否
年份固定效应	否	否	是	是	是
进口国固定效应	否	否	否	是	否
出口国固定效应	否	否	否	是	否
R^2	0.53	0.39	0.73	0.74	0.82

注:除了最后一列外,括号内的数字为 t 值,最后一列括号内为 p 值。***(**)分别表示在1%(5%)的水平上显著。

三、行业层面的估计

为考虑行业的异质性,我们对式(12-14)进行了行业层面的回归。我们将 UN Comtrade 数据库中的 SITC 4 位数的贸易数据加总到 SITC 1 位数行业。表 12-3 的(1)至(4)列显示了和表 12-2 类似的四个回归的结果。与表 12-2 回归不同的是,FE 和 PPML 回归增加了行业固定效应,以便控制不可观察的行业特征。表中的结果显示,劳动人口比的系数和表 12-2 显示的系数没有质的差别。

表 12-3 行业层面的估计(1970—2006 年)

	OLS	FE	PPML		HMR
	(1)	(2)	(3)	(4)	(5)
出口国劳动人口比的对数	5.27**	3.56***	4.35**	2.34**	5.77***
	(86.93)	(10.05)	(0.00)	(0.00)	(5.57)
进口国劳动人口比的对数	5.14**	2.47***	3.20**	3.98**	5.78**
	(104.90)	(4.64)	(0.00)	(0.00)	(2.37)
地理距离的对数	−0.80**		−0.89**	−0.88**	0.25
	(−152.10)		(−0.00)	(−0.00)	(0.86)
出口国工资的对数	0.21**	0.23***	0.41**	0.18**	0.14***
	(85.10)	(25.90)	(0.00)	(0.00)	(3.30)
进口国工资的对数	0.16**	0.07***	0.51**	0.16**	−0.17
	(70.09)	(5.02)	(0.00)	(0.00)	(−0.82)
出口国总人口的对数	0.68**	0.75***	0.87**	0.79**	0.47***
	(213.90)	(44.21)	(0.00)	(0.00)	(8.37)
进口国总人口的对数	0.61**	−0.15	0.93**	0.85**	0.55***
	(199.10)	(−1.05)	(0.00)	(0.00)	(3.75)
出口国 CPI 的对数	−0.07**	−0.06***	−0.07**	−0.08**	0.04
	(−19.00)	(−4.60)	(−0.00)	(−0.00)	(0.73)
进口国 CPI 的对数	−0.12**	−0.03**	−0.02**	−0.09**	−0.41***
	(−31.18)	(−2.28)	(−0.00)	(−0.00)	(−2.90)
逆向米勒比率					−15.40
					(−1.23)
逆出口概率					−13.21
					(−1.23)

(续表)

	OLS	FE	PPML		HMR
	(1)	(2)	(3)	(4)	(5)
逆出口概率平方					0.21
					(1.24)
逆出口概率立方					0.01
					(1.26)
观测值总数	493 921	493 921	493 921	470 033	130 818
国家对固定效应	否	是	否	否	否
年份固定效应	否	是	是	是	是
行业固定效应	否	是	否	是	是
R^2	0.23	0.38	0.89	0.78	0.30

注：除了最后一列外，括号内的数字为 t 值，(3)、(4) 列括号内为 p 值。*** (**) 分别表示在 1%(5%) 的水平上显著。(5) 列根据 HMR(2008)，选取两国是否具有共同宗教信仰作为第一阶段的外生变量，第二阶段回归中比传统 Heckman 估计多了由企业异质性造成的偏误纠正项，用出口概率的潜在变量（逆出口概率）估计值的多项式形式拟合作为该项的近似估计。

使用 PPML 方法处理零贸易问题的一个通病是回归的 t 值通常都会很大，因此为更细致地处理零贸易带来的偏误，我们在(5)列严格按照 Helpman et al.(2008) 的办法进行了重力方程版本的 Heckman 两步法回归，第一阶段回归与传统的 Heckman 两步法一致，需要一个只出现在第一阶段的外生的解释变量，即该变量只影响企业是否出口，不影响企业的出口额度。我们也和他们同样使用两国是否具有相同的宗教背景作为此外生变量。在第二阶段回归中，相对于传统的 Heckman 两步法，Helpman et al.(2008) 证明了由于企业的生产率异质性导致的企业出口概率不同，会对传统 Heckman 估计的结果带来偏误，因此在第二阶段中需要增多一项此偏误的修正。我们使用 Helpman et al.(2008) 建议的一种方法，用逆出口概率的拟合值的多项式作为该修正项的近似估计，再进行 OLS 估计。回归结果显示进出口国的劳动人口比例仍然显著地促进了两国的贸易。

在表 12-3 的估计中，工资数据来自 WDI 数据库，是用一国雇员的薪酬和奖金除以该国工作人口来进行衡量的。使用这一工资数据的优点是，它能覆盖更长的时段和更多的国家。但是，这些数据是国家层面上高度加总的。在现实生活中，各个行业的工资存在很大的差别。为此，我们使用美国劳工统计局(BLS)提供的 OECD 成员行业层面的工资替代国家层面的工资，对 OECD 样本再次进行行业层面的回归，结果列于表 12-4 中。总的来说，它们与之前的发现没有质的变化。

表12-4 OECD样本的行业层面回归(1983—2003年)

	OLS	FE		PPML
	(1)	(2)	(3)	(4)
出口国劳动人口比的对数	5.90***	2.14**	11.46***	13.03***
	(13.13)	(2.39)	(5.45)	(0.00)
进口国劳动人口比的对数	6.27***	2.94***	9.08***	14.19***
	(18.25)	(2.62)	(5.05)	(0.00)
地理距离的对数	−0.78***		−1.18***	−1.15***
	(−24.65)		(−39.38)	(−0.00)
出口国行业工资的对数	0.17***	0.57***	0.23***	0.24***
	(5.90)	(7.62)	(4.04)	(0.00)
进口国行业工资的对数	0.14***	0.16**	0.12**	0.22***
	(5.39)	(2.28)	(2.36)	(0.00)
出口国总人口的对数	0.48***	0.32***	1.12**	0.57***
	(26.64)	(6.08)	(2.03)	(0.00)
进口国总人口的对数	0.43***	−0.06	0.64	0.55***
	(28.38)	(−1.30)	(1.24)	(0.00)
出口国CPI的对数	−0.10***	−0.02	−0.02	0.23***
	(−3.92)	(−0.40)	(−0.72)	(0.00)
进口国CPI的对数	−0.05**	0.02	0.05	0.22***
	(−2.18)	(0.39)	(1.48)	(0.00)
观测值总数	7 210	10 502	7 124	7 124
国家对固定效应	否	是	否	否
行业固定效应	否	是	是	是
年份固定效应	否	是	是	是
出口国固定效应	否	否	是	否
进口国固定效应	否	否	是	否
拟 R^2	0.26	0.09	0.54	0.62

注:除了最后一列外,括号内的数字为 t 值,最后一列括号内为 p 值。***(**)分别表示在1%(5%)的水平上显著。

四、内生性与工具变量估计

不仅人口结构对贸易会产生影响,同时贸易也会对人口结构产生反向的影响。开放度高的地区人民的思想更加进步,妇女的自我意识、劳动参与率就越高,而生育率就相对越低,这些都会影响到劳动人口的比例。此内生性问题并不严重,为严谨起见,我们在回归中处理由此造成的内生性问题。要找到完美的工具变量并不容易,在表 12-5 中,我们使用婴儿死亡率作为人口结构的工具变量进行分析。一方面婴儿死亡率与贸易的直接关系很微弱(见 Yu,2010),另一方面婴儿死亡率又会直接影响到人口结构,从而影响贸易量。为使这个工具变量更有说服力,我们进行了一系列的检测,我们在各列加入了 Kleibergen-Paap rk Wald F 和 LM 统计量的检验,结果显示拒绝了弱检定和检定不足的可能,说明了婴儿死亡率是一个不错的工具变量。在表 12-5(2) 列中我们进一步控制了年份、行业和国家对固定效应,结果仍然显著并稳健。

表 12-5　工具变量回归,并控制更多因素

	(1)	(2)	(3)	(4)
	IV	IV + FE	IV + FE	IV + FE
出口国劳动人口比的对数	10.47***	10.43***	12.38***	11.77***
	(87.90)	(98.13)	(59.45)	(59.62)
进口国劳动人口比的对数	8.70***	8.26***	7.87***	6.53***
	(84.80)	(90.54)	(44.28)	(39.11)
地理距离的对数	−1.01***	−1.03***	−1.29***	−1.25***
	(−140.03)	(−163.16)	(−109.73)	(−105.44)
出口国行业工资的对数	0.26***	0.29***	0.34***	0.33***
	(70.02)	(90.06)	(58.95)	(56.19)
进口国行业工资的对数	0.19***	0.20***	0.21***	0.22***
	(52.78)	(63.12)	(37.21)	(38.67)
出口国总人口的对数	0.82***	0.89***	1.05***	1.00***
	(176.39)	(222.59)	(147.00)	(138.94)
进口国总人口的对数	0.64***	0.70***	0.69***	0.65***
	(143.60)	(180.10)	(100.96)	(95.32)
出口国 CPI 的对数	0.25***	−0.07***	−0.13***	−0.17***
	(35.84)	(−11.25)	(−8.61)	(−12.02)
进口国 CPI 的对数	0.19***	−0.10***	−0.07***	−0.09***
	(27.43)	(−16.44)	(−5.10)	(−6.33)
出口国资本构成			−0.09***	
			(−46.85)	

（续表）

	(1)	(2)	(3)	(4)
	IV	IV + FE	IV + FE	IV + FE
进口国资本构成			−0.07***	
			(−35.53)	
出口国女性男性劳动参与率比				0.00**
				(2.01)
进口国女性男性劳动参与率比				−0.01***
				(−10.72)
观测值总数	208 971	208 354	75 749	78 222
R^2	0.28	0.47	0.40	0.37
年份固定效应	否	是	是	是
行业固定效应	否	是	是	是

注：括号内的数字为 t 值，***（**）分别表示在1%（5%）的水平上显著。

现实中一个国家不仅使用人口这一种要素投入，资本也是重要的要素之一，因此人口结构的改变可能会引起两种要素使用上的替代，所以在表12-5(3)列中，我们控制了各国的资本构成，在控制了内生性和各种固定效应之后，进出口国的劳动人口比的提高仍显著促进了两国贸易，与前面的结论相同。而两国的资本构成越高，进出口值越低，这是因为当国内投资很高时，企业对国外市场的依赖就相对较小，因此贸易就较低。

人口结构对贸易的影响还与参与劳动的人口性别等其他因素有关，具有同样的劳动人口比例的两个国家，女性参与劳动更多的国家和男性参与更多的国家在经济和贸易结构上必然有着显著不同特征，因此在表12-5(4)列中我们引入了女性与男性的劳动参与率之比这个变量，度量劳动人口的性别因素对贸易的影响。当我们控制了内生性以及各种固定效应之后，我们发现进出口国的劳动人口比的提高仍显著促进了两国贸易，与前面的结论是相同的。出口国的女性劳动参与率相对男性越高，出口量越大，进口国的女性劳动参与率相对男性越高，进口量越小。一个可能的原因是女性劳动参与率越高的国家，女性权益组织的力量越大，这些组织会游说政府保护女性劳工集中的行业，从而减少了这些行业的进口，增加了出口。不过，对这问题更深入的研究已超出本章的范畴，但可以作为后续的一个可能研究课题。

第四节 两个"巨人"的人口转型与出口增长

中国和印度,这两个人口数量之和超过 23 亿人的"巨人",在过去十年中取得了让人赞叹的经济表现:中国的 GDP 年增长率超过了 10%,而印度也达到了 6% 以上。除了 GDP 规模的扩张之外,这两个国家也更多地参与到经济全球化的进程中,从贫困封闭的发展中国家成功转变成为在世界贸易中扮演着重要角色的新兴市场国家。Bloom et al. (2010) 评价了中印的经济增长,他们认为健康状况改善和人口抚养比下降是其中极为重要的因素。那么,在过去三十多年中,中印两国的人口结构变化和与它们的贸易增长之间有什么关联呢?

中国和印度都是从 20 世纪中期开始经历典型的人口转型——从高生育率、高死亡率和低预期寿命向低生育率、低死亡率和高预期寿命转变(见图 12-2 和图 12-3)。在 1950 年的时候,中国的生育率和死亡率大体还和印度相当,但之后它们以比印度更快的速度持续下降。同时,中国从 70 年代初期就开始逐步推行的人口控制政策也加快了这一过程。如果将生育率和死亡率在一个较低的水平重新达到均衡作为人口转型结束的标志的话,那么中国的这一轮人口转型大概在未来 20 年里到达尾声。相比之下,印度的人口转型则要平缓得多,预计将持续超过一个世纪。

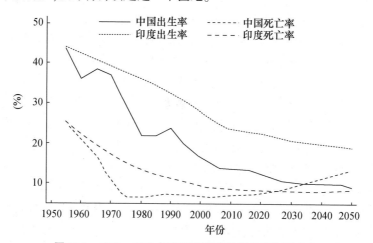

图 12-2 1950—2050 年中国和印度的出生率和死亡率

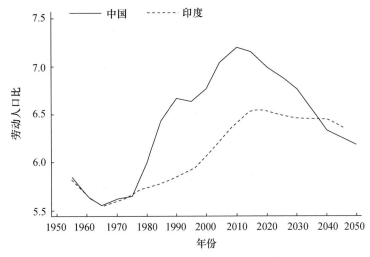

图 12-3　1950—2050 年中国和印度劳动年龄人口比

资料来源：UN Database。

如此剧烈的人口转型，也意味着中国会更大强度地享受"人口红利"带来的经济收益，同时也将比印度更早地进入老龄化。从图 12-3 我们可以清楚地看到，中国劳动年龄人口比在 20 世纪 70 年代之前尚与印度相近，但之后以明显更快的速度持续下降。① 例如，中国的劳动年龄人口比从 1975 年的 0.56 上升到了 2010 年的 0.72，而同期印度则从 0.57 上升至 0.64。中国的劳动年龄人口比都会在 2010 年前后到达最高点。相应地，中国的老龄化也会比印度更迅速。大概从 2035 年开始，相对印度来说，中国将不再有人口年龄结构上的优势，而是开始处于劣势。

本章关心的一个问题是在扣除了其他因素之后，人口转型变化对于中印两国的出口贡献有多大。为了回答这个问题，我们把中国和印度过去 30 年的人口结构做一个互换，然后比较中国、印度的实际出口量和两种虚拟情况下两国的出口量，一种情况假设中国自 1980 年以来经历了印度的人口转型轨迹，另一种情况假设印度在同一时期经历了中国的人口转型轨迹。我们使用表 12-2 中基准国家层面估计在加入年份、出口国和进口国固定效应的方法下得到的参数（$\beta_5 = 2.97$）作为计算依据。

---

① 人口抚养比是被抚养人口（低于 16 岁和高于 65 岁的人口）与劳动人口（16—65 岁人口）的比值，和劳动人口比呈反向关系。

从图 12-4 我们可以发现,假设做了这样的互换之后,中国的出口总值将下降超过 30%,相对应地,印度的出口总值则会上升超过 30%。这意味着,中印两国在出口上的相对差异(两国出口额的比值)将会减少近 50%。一方面,这说明人口年龄结构变化是解释中印出口增长差异的重要因素;另一方面,这也预示着将更持续地享受人口红利,同时更晚地面临人口老龄化问题的印度,在未来数十年中将会在世界经济中扮演更为重要的角色。

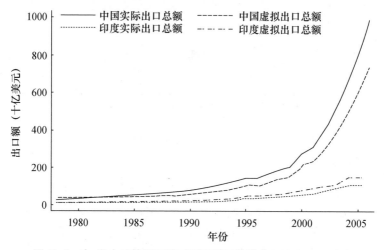

图 12-4　中、印人口转型互换对两国出口的影响(1980—2006 年)

与欧洲不同的是,由于外国移民总体相对年轻,以及国内部分族裔生育率相对较高,美国在过去几十年中人口年龄结构比较稳定。在 1980—2006 年,美国的劳动人口比几乎没有明显变化,仅从 66.1% 上升至 67.2%。换句话说,来自人口年龄结构的变化对于美国贸易增长贡献微弱。但是如果对中美两国的人口变迁进行互换的话,那么美国的出口总额将上升超过 70%,而相应地,中国的出口将下降超过 40%。这意味着,人口结构这一因素对于中美两国在世界经济中的相对位置变化有着不可忽视的影响力。

第五节　结　　论

本章讨论了贸易国的人口结构对国际贸易的影响。我们通过一个修改版的引力方程论证了人口抚养比是双边贸易增长的重要推动力。一个有较低的抚养比或者较高的劳动人口比的出口国与它的贸易伙伴相比,会有更丰裕的劳动力,从而可以生产和出口更多的产品。对于进口国而言,一个有着更多劳动禀赋的国家会获得更多的劳动收入,因而有能力进口更多。

为更清楚地刻画这一理论,我们通过加入人口抚养比到模型中,扩展了源于 Anderson and van Wincoop(2003)的一般均衡引力方程。在以引力方程为理论基础的引导下,我们可以使用大样本面板数据将人口抚养比(或者说,劳动人口比)对于双边贸易的效应估计出来。我们发现稳健的证据表明,贸易伙伴的低人口抚养比会导致高贸易量,这与我们的理论预测相吻合。即使在控制了可能存在的内生性以及双边贸易引力方程估计中的多边阻力并允许不同的计量设定的情况下,这一发现仍然稳健。

我们的这篇文章有着丰富的政策含义。许多正在享受高速经济增长的新兴国家,例如中国和其他东亚国家,很大程度上都采用了"出口拉动"的经济战略,按照它们的比较优势去重点发展劳动密集型行业。这篇文章中,我们强调人口转型是解释这些国家选择外向型发展战略的一个重要原因:它们有着大量剩余劳动力的共同人口特征,这使得在劳动密集部门出现了国内过度供给。从这一点来看,如林毅夫(2007)一直强调的,"出口导向"的发展战略被这些经济表现强劲的国家采用,是符合这些国家的比较优势的。也如姚洋和余淼杰(2009)指出的,中国采用"出口导向"的发展战略是一个内生的、自我选择的过程。

最后,我们的模型也可从下列几方面来拓展。其一是将动态的框架引入到模型中来。由于我们的模型是基于前人引力模型的框架,它本质上是静态的。因此,引入动态结构的拓展将会是未来研究的一个方向。其二则是偏离国际贸易中引力方程研究的经典假设,在模型中允许贸易失衡,这将使之更接近现实。所有这些都是我们未来研究的可能方向。

第十三章　对外改革,对内开放,促进产业升级[①]

21世纪以来,中国的工业实现了行业内和行业间的产业升级。大部分企业的生产率明显提高,出口的产品专业化、差异化更加明显。这一经济现象可以有多种解释,但比较优势和规模经济递增无疑是最主要的两股动力。

要保证中国在21世纪的第二个十年内继续实现产业升级,提升企业生产率,需要转换改革开放的思路,由"对内改革,对外开放"转为"对外改革,对内开放"。对外改革主要出口目的国家,加强主要的自贸区建设;对内则开放国内各要素市场和产品市场,深化经济改革,实现产业提升。

中国经济在过去三十多年保持了世界瞩目的增长速度。21世纪以来其年均经济增长速度超过10%,按照当前美元价格计算,中国已成为仅次于美国的第二大经济体。2013年,中国的国内生产总值(美元现价)达到9万亿美元,为美国当年国内生产总值的二分之一强。如果按购买力平价计算,中国可望在2014年超过美国成为世界第一大经济体。[②] 与此同时,2013年中国人均国内生产总值超过6 800美元,这一数字远高于世界银行定义的中等收入发展中国家线(3 946美元)。

此外,第二产业是中国经济极为重要的组成。中国第二产业的规模在2013年达到25万亿元,国民生产总值占比为44%。1997年亚洲金融危机后,第二产业平均年增长率常年维持在13%左右。显然,以制造业为主的第二产业在当今中国经济中扮演着极为重要的角色。中国已成为全球的"加工厂",不过随着中国经济改革进入"深水区",经济结构不断调整,中国工业制造业能否实现转型升级,产业价值链的提升是至关重要的问题。

因此,本章主要研究中国工业制造业的转型升级,即制造业价值链提升的问题。具体地,本章讨论四个方面的问题:第一,产业价值链提升为什么重

[①] 本章是与王宾骆硕士合作的成果,初稿发在《国际经济评论》,有修改。
[②] Feenstra, Robert,《中国有多大?》,《经济学(季刊)》2012年第11卷第3期,第367—382页。

要?第二,改革开放以来,特别是21世纪以来,产业价值链是否有所提升?第三,当前产业升级面临什么挑战,动力是什么?这些动力因素目前面临着怎样的挑战?第四,随着经济改革的进一步深入,如何促进产业升级?

第一节 中国的产业升级的重要性

第二次世界大战后各国经济发展的历史经验表明,对一个发展中国家来说,当其收入由最不发达国家(人均收入低于3 666美元)升到中等收入国家(人均收入为3 666—10 000美元)时,经济很容易从此徘徊不前,人均国民总收入无法继续快速爬升,从而无法顺利迈进高收入国家行列——这就是所谓的"中等收入国家陷阱"。阿根廷、巴西、马来西亚、墨西哥和南非等国都陷入这一困境。同时,也有一些中等收入国家成功地避开了这一陷阱,步入高收入国家的行列。比如日本和新加坡在1987年步入高收入国家的行列,而韩国则于2001年实现了这一目标。[①]

为什么这些国家会掉进"中等收入国家陷阱"呢?通常来说,发展中国家人口或自然资源丰富。它们根据本身的要素禀赋,发挥比较优势,生产并出口劳动力密集型或资源密集型产品,要把人均收入从低收入水平提升到中等收入水平,是相对比较容易的。但是,随着GDP增长,工资相对上升,同时,伴随经济增长,人口增长率降低,老龄化渐现,致使人口红利逐渐消失,劳动力密集型产品的比较优势进一步下降。再者,自然资源随着经济的发展日益稀缺,"资源粗放式"的增长方式难以为继。

那么,如何才能克服"中等收入国家陷阱"呢?经济学界在这点上有一共识,就是提高企业生产率,促进企业绩效提高,实现具有比较优势的产业的升级。判断产业是否升级的指标有多个,但对中国而言,出口产品的复杂度是一个比较理想的国际比较窗口。如果一国的出口产品的"出口复杂度"高于其他国家,则该国掉入"中等收入国家陷阱"的可能性比较低。因此,本章运用罗德里克提出的"出口复杂度"(EXPY)指标[②]计算了各国在2008年的

[①] http://data.worldbank.org/about/country-classi.cations/a-short-history
[②] Rodrik, Dani, "What's so Special About China's Exports?", *China & World Economy*, 2008, 14(5), pp.1—19.的

"出口复杂度"①。所谓出口产品复杂度,就是指一国所有出口行业收入的加权平均值。一国出口产品复杂度越高,它生产的产品就越尖端,技术含量就越高,也就越容易实现产品价值链的提升。

图 13-1 列出了掉入"中等收入陷阱"的几个经济体(阿根廷、巴西、马来西亚、墨西哥和南非)以及成功跳出"中等收入陷阱"的另外几个经济体(日本、中国香港、韩国和新加坡)。然后再用中国的出口复杂度与它们进行比较。可以看出:(1) 除了马来西亚之外,其他经济体在近10年内的出口复杂度呈上升趋势;(2) 未摆脱困境的"中等收入陷阱"比成功摆脱"中等收入陷阱"的经济体出口复杂度水平要低;(3) 中国的出口复杂度水平比未摆脱"中等收入陷阱"的经济体要高,和成功的中等收入经济体相近,甚至更高。前

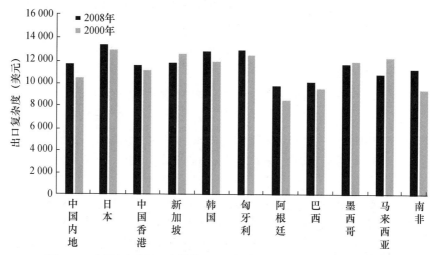

图 13-1 中国与经历了"中等收入陷阱"的经济体出口复杂度水平比较

---

① 为了衡量中国出口的复杂度,本章使用了 Hausmann 和 Hidalgo 研究中使用的方法,也即构建一个指标,将一国人均 GDP 包含在出口指标中。这可以通过两个步骤来实现。第一步是构建一个包含人均 GDP 平均值的指数(PRODY),用每个行业的比较优势程度来作为权重。

$$\text{PRODY}_j = \sum_c \frac{(\text{EX}_{jc}/\text{EX}_c)}{\sum_c (\text{EX}_{jc}/\text{EX}_c)} Y_c$$

。式中分子中的 $\text{EX}_{jc}/\text{EX}_c$ 是国 c 国内行业 j 的出口额与出口总额的比例,分母 $\sum_c (\text{EX}_{jc}/\text{EX}_c)$ 是将世界上所有国家的出口比例进行加总。Y_c 是 c 国的人均 GDP 值。换言之,PRODY 指标可理解为行业的生产率水平指标。因此,PRODY 指数可以用来避免因国家收入水平变动而导致的行业扭曲。为了更明白地说明这一点,下文构建了表明收入(生产率)水平的 EXPY 指数,用来衡量某国的一篮子出口品的情况:$\text{EXPY}_c = \sum_j \left(\frac{\text{EX}_{jc}}{\text{EX}_c} \right) \text{PRODY}_j$。其中,EXPY 指标是 c 国国内所有行业的 PRODY 指标的加权平均数。

面两点的比较更在一定程度上说明产品出口复杂度越高,陷入"中等收入陷阱"的概率越低。第三点发现启发了作者关注以下问题:改革开放以来,特别是21世纪以来,中国的产业价值链有没有升级?

第二节　中国产业价值链升级的经验事实

本节探索21世纪以来中国产业价值链升级的经验事实。把研究的时间维度集中在21世纪,主要基于两点考虑:其一,东南亚金融危机之后,中国经济特别是中国工业制造业的出口部门和非出口部门在21世纪保持着高速的发展,这提供了绝佳的研究样本;其二,21世纪后微观数据更为丰富,可从企业微观层面来分析中国工业制造业的发展。①

下文将首先分析制造业由劳动力密集型产品向资本密集型产品甚至高科技产品的变革。价值链的升级可以从以下两个方面看出:行业间的生产"宽度"和行业内部的生产"深度"。然后,从生产深度和中间产品投入来研究加工贸易在中国制造业出口中的作用。最后,根据企业层面的微观数据,采用可靠的计量经济学方法来测算中国企业的全要素生产率。以上分析结果均证明中国正在经历着制造业价值链的升级。

一、中国产业结构的变化

中国目前是全球最大的出口国,对外贸易是了解中国产业结构变化的理想窗口。首先考察各行业之间外贸的变化。

改革开放之初,农产品出口占中国出口总额的35%,而工业制品出口占65%,工业制品进口则占进口总额的65%。当今,中国的贸易模式发生了巨大的改变。到2007年时,工业制品占出口总额的96%,其中重工业出口占86%。其中,高资本密集度产品出口又占了73%。同时,工业制品进口则占进口总额的77%,而机械制品和运输设备的进口占其中的44%。

21世纪以来,中国出口与GDP之比在35%左右,出口占第一、第二产业产值的60%。为了解中国如何实现制造业的价值链升级,本章集中考察了劳动力密集型和资本密集型工业的出口比例(即某一行业的出口量与所有行业总出口量之比)。电器行业在1998年时有最高的行业出口比例

---

① 在1998年之后,国家统计局开始提供含有所有国有企业和年营业额超过500万元的非国有企业的年度会计报表。

(23.7%),其次是纺织业(22%)。鉴于中国是个劳动力资源丰裕的国家,因此中国有如此巨大的纺织业出口是再正常不过的。经典的赫克歇尔-俄林模型预测劳动力资源丰富的国家(如中国)会出口劳动力密集型产品如纺织品,而进口资本密集型产品如机械制品。但奇怪的是,中国却存在着大量的机械产品出口。进入21世纪之后,这个现象愈发明显。2008年时电器设备的出口比例上升至42.7%,与此同时,纺织业的出口比例下降到了12.6%。

更有意思的是,中国出口的高新技术产品占有明显份额。高科技产品的大量出口成为中国价值链升级的重要特征。中国出口的高科技产品占制造业出口总额的30%,这一比例甚至高于美国。中国的高科技出口产品中大部分是计算机和通信产品,占2009年中国的高科技出口总额的74.2%。其他重要的技术产品包括电子产品(占高新技术产品出口总额的13.3%)、光电技术(5.9%)和生科技术(3.2%)。

为什么像中国这样的中等收入国家能够有大量的高新技术产品出口?一个重要的原因是中国加工贸易的快速发展。加工贸易是发展中国家(尤其是在中国、墨西哥和越南)很普遍的一种贸易模式。国内企业从国外进口原材料和中间产品,利用国内的加工技术进行加工,然后向国外出口最终产品。为了鼓励加工贸易,政府通常为待加工的中间产品提供关税免征、减征、退税等优惠政策。

从以下两个角度检查加工贸易的发展情况。首先,到底是哪些行业用了较多的进口中间品呢?本章发现,机械部门和非金属矿业部门使用了大量的进口中间产品(比例分别为30%和17%),而纺织业只使用了12%的进口中间产品。这与直觉相符:机械行业大量使用了从日本和韩国进口的零部件和原材料。

其次,哪些从事加工贸易的行业产品的附加值较高呢?图13-2按照产品的"生产深度"(即产品附加值除以产值)对所有的制造业进行排序。可以看出,矿业的附加值较高而电子设备的附加值较低。以苹果公司的iPod为例。中国生产的一台iPod的出口值是209美元,但在中国实现的产品附加值只有9美元。不过,这也就引出相应的一个问题,为什么有些产业能够实现较高的产品附加值提升呢?

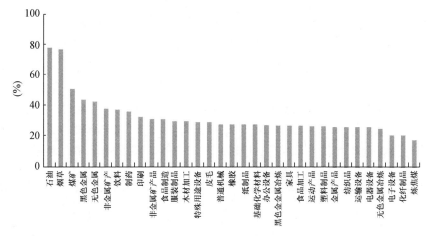

图 13-2　中国制造业产品的"生产深度"(附加值与产出之比)

资料来源:历年《中国统计年鉴》。

二、中国工业企业生产率的增长

不同的产业附加值实现之所以大小不同,最主要的原因就是企业的生产率高低不同。如诺贝尔经济学奖得主克鲁格曼指出的:"生产率不是全部,但在长期中近乎一切!"高生产率的企业能够以较低的成本实现较高的利润,从而推动了整个行业利润率的上升,并实现产品升级换代,产业价值链得以提升。他认为,大部分亚洲国家的经济增长靠的只是要素投入的增加,并没有实现全要素生产率的提高,所以才会在东南亚金融危机时遭到重创。那么,中国工业企业目前的生产率水平如何?生产率是否逐年上升?

目前,学术界衡量生产率通常有两种方式:劳动生产率和全要素生产率。劳动生产率即是企业产品附加值除以工人数,它的优点是计算方便,但缺点是过于简单,无从衡量资本和中间产品的贡献,因此,比较可靠的是用全要素生产率来衡量企业的生产率,它的衡量通常是用观察到的产出和最小二乘(OLS)估计值之间的差距。本章因此用了国家统计局收集的大中型"规模以上"企业样本来衡量中国企业的生产率。①

---

① 全要素生产率通常是用观察到的产出和最小二乘(OLS)估计值之间的差距。然而这种方法通常存在联立因果偏差和样本选择偏差。所以本章采用了 Olley-Pakes 方法(表 13-1 中称为"OP")来克服这两个问题(Olley, Steven and Ariel Pakes, "The Dynamics of Productivity in the Telecommunications Equipment Industry", *Econometrica*, 64(6), 1996, pp. 1263—1297),详见余淼杰:《中国的贸易自由化与制造业企业生产率:来自企业层面的实证分析》,《经济研究》,2010 年第 12 期,第 97—110 页。

表 13-1 列出本章估算的中国各个工业制造业的劳动力、资本弹性系数，据此可计算企业的生产率(结果列在最后两列)。从中可见，各个产业的全要素生产率均较高，通过计算各年的增长率，Brandt et al. (2012) 根据中国企业的生产数据发现，在 1998—2006 年期间，使用总生产函数计算的生产率的年均增长率为 2.7%。① 本章发现，如采用附加值来计算，平均而言，21 世纪以来中国规模以上工业企业的全要素生产率的年增长率为 7.5% 左右——中国企业的生产率有较大的增长！这既解释了为什么中国能够实现产业价值链升级，同时也解释了为什么中国宏观经济能够保持 8% 左右的年增速。

表 13-1 中国规模以上工业企业的全要素生产率(2000—2007 年)

中国行业分类代码(2 位码)	劳动力		资本		全要素生产率 (OLS)	全要素生产率 (OP)
	OLS	OP	OLS	OP		
食品加工(13)	0.510	0.443	0.262	0.323	4.338	4.120
食品制造业(14)	0.487	0.423	0.285	0.424	4.033	3.166
饮料制造业(15)	0.522	0.453	0.305	0.037	3.806	7.210
纺织业(17)	0.490	0.439	0.255	0.199	4.110	4.832
服装、鞋、帽制造业(18)	0.485	0.508	0.238	0.339	4.230	3.322
皮毛制造业(19)	0.482	0.494	0.274	0.364	4.086	3.295
木材加工及制造,竹、藤、棕、草制品(20)	0.491	0.439	0.250	0.410	4.295	3.362
家具制造业(21)	0.551	0.569	0.212	0.400	4.268	2.705
造纸及纸制品业(22)	0.556	0.500	0.271	0.249	3.728	4.174
印刷业(23)	0.504	0.472	0.284	0.031	3.774	6.066
文体教育类(24)	0.509	0.505	0.218	0.139	4.235	4.876
石油加工、炼焦及燃料(25)	0.372	0.268	0.421	0.478	3.383	3.345
化学原料制造(26)	0.395	0.329	0.340	0.248	4.124	5.196
医药制造业(27)	0.505	0.503	0.313	0.481	3.928	2.404
化纤制造业(28)	0.494	0.341	0.336	0.510	3.590	2.713
橡胶制品业(29)	0.420	0.374	0.335	0.414	3.884	3.452
塑料制品业(30)	0.435	0.434	0.298	0.561	4.110	2.067
非金属矿物制造业(31)	0.383	0.303	0.296	0.296	4.412	4.796

---

① Brandt, Loren, Johannes Van Biesebroeck, Yifan Zhang, "Creative Accounting or Creative Destruction? Firm-Level Productivity Growth in Chinese Manufacturing", *Journal of Development Economics*, 2012 (97), pp. 339—351.

(续表)

中国行业 分类代码(2位码)	劳动力		资本		全要素 生产率	全要素 生产率
	OLS	OP	OLS	OP	(OLS)	(OP)
黑色金属冶炼及冲压(32)	0.548	0.476	0.332	0.512	3.617	2.385
有色金属的冶炼及冲压(33)	0.482	0.377	0.293	0.411	4.173	3.655
金属制品制造业(34)	0.469	0.408	0.304	0.448	3.932	3.052
通用设备制造业(35)	0.485	0.388	0.291	0.269	3.989	4.611
专用设备制造业(36)	0.483	0.426	0.270	0.050	4.231	6.325
交通运输设备制造业(37)	0.538	0.435	0.322	0.293	3.545	4.300
所有行业	0.455	0.407	311	0.283	3.752	4.267

注：受篇幅所限没列出标准误差，有兴趣的读者可以联系作者索要。

第三节　中国进一步产业升级面临的挑战

上面大量的经验和典型事实已证明：在21世纪的第一个十年中，中国的确经历了产业升级和价值链提升。更进一步地，作者想理解为什么会出现这种情况。有两种理论可以解释中国的产业升级：比较优势和规模经济递增。首先，改革开放之初，中国具有丰富的劳动力资源，企业可以支付相对较低的工资。[①] 给定其他因素不变，企业可以获得更多的利润，因此企业能够有充分的资金进行产业升级。[②] 在改革前20年中，中国出口的大部分产品是服装和纺织品等劳动密集型产品。这正是与赫克歇尔-俄林模型的预测是一致的。一个劳动力丰富的国家理应出口劳动密集型产品，以充分利用其比较优势。目前，中国加工贸易之所以能占外贸的"半壁江山"，也正是利用了中国低价的劳动力优势。

进入21世纪之后，特别是2001年加入世界贸易组织(WTO)以后，中国产业能够升级，价值链得以提升的主要原因在于市场规模的不断扩大。正如克鲁格曼所强调的：比较优势不是各国贸易唯一的原因，规模经济是另一种贸易收益的来源。国家可以通过市场规模的扩大而从贸易中获得收益。事实上，中国的市场规模不仅在国际上不断扩张，国内市场也在21世纪蓬勃发展。例如，到2009年年底，中国已实现近1500万台(辆)的汽车销售量，超过

[①] 林毅夫：《自生能力、经济发展与转型：理论与实证》，北京大学出版社，2004。
[②] 姚洋、余淼杰：《中国的劳动力、人口和出口导向的增长模式》，《金融研究》，2009年第9期，第97—110页。

美国成为世界上最大的汽车市场。

那么,中国在劳动力密集型产业中的比较优势在21世纪的第二个十年中还能不能存在呢?同样,加入WTO后得到的市场扩大效应会不会继续自动地发挥它的作用呢?或者说,中国较大的出口市场规模能不能继续得到保证呢?如果这两个问题得不到正面的回答,那下一个十年产业的升级,企业生产率的提升就得不到有效的保证。

先来考察一下中国国内的经济结构变化。进入21世纪的第二个十年,中国沿海地区的企业工资成本大幅上升,并由此逐渐辐射到中部内陆省份。同时,中国人口老龄化现象逐渐明显,人口抚养比上升速度较快。[①]虽然学术界对中国目前是否已达到"刘易斯拐点"的看法并不一致,但对工资成本的上升却无异议。虽然中国的平均工资水平相对于欧美等发达国家还比较低,但同越南等东南亚国家比却相对较高。由于这些东南亚国家出口也多为劳动力密集型产品,因此中国工资水平的相对上升就削弱了中国在劳动力密集型产品上的国家竞争优势。同时,由于中国在土地、资本等要素市场上也存在着一定程度的扭曲,这就会更进一步影响到中国劳动力密集型产品比较优势的实现。

再来考察一下中国面临的国际环境变化。受2008年以来国际金融危机的影响,中国目前所面临的国际经济贸易形势相较21世纪的第一个十年已发生了深刻的变化。主要变化有三:第一,传统的主要出口国经济乏力。一直以来,欧美日都是中国产品的主要出口国,但欧盟各国受严重的债务危机影响,经济复苏缓慢,平均GDP增长速度只能徘徊在0.7%—1.5%。日本在2011年遭受地震、海啸、核辐射三重天灾人祸后,短时期内经济难以复苏。作为全球最大经济体,美国的失业率更是一直居高不下,持续稳定在8%左右,近期虽因美国政府采取"制造业回流"等多项刺激政策,经济停止滑坡但依然增长乏力。

第二,在21世纪的第二个十年中,中国同发达国家(包括出口产品相似的其他发展中国家)将会有更多局部贸易摩擦。有学者预测,发达国家的经济增长在第二个十年将停滞不前,长期的低增长将成为发达国家的"新常态"。为保护本国就业,发达国家必将会设置更高的贸易壁垒。作为全球最大的商品出口国,中国同这些国家的贸易摩擦势不可免。比如,近期由于中美存在巨额的双边贸易逆差(2011年中美贸易逆差近2 200亿美元),美国势

[①] 姚洋、余淼杰:《中国的劳动力、人口和出口导向的增长模式》,《金融研究》,2009年第9期,第97—110页。

必对中国采取一系列贸易保护政策,主要是针对某些行业的反补贴、反倾销的"双反"措施,以保存本土同类产品的国内市场。哪些行业会首当其冲呢？主要是在一些两国间竞争力势均力敌的产业,或者说,是两国比较优势都不明显的制造业,如汽车零部件、光伏产业、铜版印刷纸等。

第三,为了促进美国的出口,2011年年底,美国总统奥巴马高调力推目前已有9个成员国的跨太平洋伙伴关系协议(TPP),强调将建成高水准的自由贸易区(FTA),十年内实现区内农业、制造业、服务业的所有商品零关税,并涉及市场透明、金融监管等领域。TPP生效后,美国会从越南等东盟国家直接进口纺织类等劳动力密集型产品,原因很简单,虽然中国的同类劳动力密集型产品比东盟各国成本相对较低,但因为TPP作为一个自由贸易区,区内贸易关税为零,美国转而从东盟各国进口,将会使中国同类产品在出口中处于不利地位。所以中国对美国的出口会受到负面的冲击。以上这三个方面都说明了中国面临的出口国际市场在21世纪的第二个十年并不乐观。

第四节 进一步产业升级的对策:对外改革,对内开放

要保证中国能进一步顺利的产业升级,笔者以为在接下来的十年中,应该对改革开放三十多年以来的政策方向进行调整,赋予改革开放的国策新的内涵,重点方向是"对外改革,对内开放"。

对外改革并非是停止开放,而是强调改革对外开放的方式和内容,以适应不断变化的国际经济格局。

对外改革的首要任务是转变主要出口目的国。欧美市场一直是中国贸易的主要伙伴,消化了中国出口产品的大部分。过度依赖主要的贸易伙伴可能带来系统性的风险,当这些经济体不景气时,大幅度减少进口中国产品,将导致中国出口行业波动加剧。改革的方向应当是更加关注一些新兴工业化国家和市场潜力巨大的发展中国家,如俄罗斯、巴西、印度、澳大利亚、南非等。俄罗斯于2011年正式加入WTO后,必然会放开一系列的产品市场,同时进口关税也必将大幅度下降,给中国产品进入俄罗斯市场提供了绝佳的机会。通过发展新的贸易伙伴、提高发展中国家在中国外贸中的比重,可以有效地分散世界经济的系统性风险,减少中国出口部门的波动,为出口行业提供更为有利的发展条件,使其能够提升生产率,推动产业升级。

对外改革的第二项任务是做实东盟10+3自由贸易区。目前东盟10+1(中国)已有一定基础,但还要加强国际合作,加快制度建设把中国—东盟自贸区做实。当前,东盟国家对中国出口比较容易,而中国对东盟国家

的出口增速缓慢,原因在于东盟并没有对中国产品实行零关税,而中国对东盟93%—97%的产品都实行了零关税。双方制度化建设的不对等使得中国当前从自贸区中的获益还不是很大。更重要的是,要大力推进"中日韩自贸区"的建设。因为日韩是中国最重要的贸易中间品进口国,最主要的出口目的地之一,所以,"中日韩自贸区"对促进中国的外贸发展起着举足轻重的作用。中日韩三国是一衣带水的邻邦,也都是世界经济中的重要力量,自由贸易区的建立对三国的经济发展都具有十分重要的意义。目前日本朝野有识之士都已认识到建立"中日韩自贸区"对日本经济的正面促进作用。而当前世界经济形势不景气,各方合作意愿加强,正是推进自贸区建设的大好时机。

对外改革的第三项任务是调整加工贸易方式。首先要减少来料加工比例,增加进料加工比重。而在进料加工中,促进加工贸易企业的转型升级不应成为一句空话。中国的加工贸易促进了就业,但问题是最终出口品附加值太低。加工贸易转型升级是提高出口品附加值的唯一方法。而如何转型升级呢?则重在研发投入。研发可以分为两类,一种是对传统工序的优化和创新,另一种则是生产全新的产品。研发重点应放在第一类。改进传统工序可以有效地降低成本,增加企业利润;同时中国科技水平同发达国家还有一定的差距,对现有技术的改造、再吸收是更符合中国比较优势的战略。

同样,对内开放不是说要止步改革,而是说改革应当更加关注开放国内市场。通过开放产品和要素市场,充分发挥市场的积极作用,释放经济发展潜力,实现产业升级。

对内开放的首要任务是减少国内各地区间贸易壁垒,降低地区贸易成本。中国幅员辽阔,各地区发展程度差异还很大。如果能够发挥各地区的比较优势,实现"腾笼换鸟"的产业政策,将为中国经济内生性增长提供强大的动力。但是目前各地区的行政机关仍然思想僵化,地方保护主义盛行,巧立名目地设置各种显性和隐性的地区壁垒,使得地区间贸易难度甚至要大于对外贸易。这严重制约了各地区的协同发展,也阻碍了各地区的产业升级。

对内开放的第二项任务是逐步开放要素市场。要素市场的有效运行是经济发展的基础性环节,直接影响着生产的效率。相较产品市场而言,中国要素市场的准入门槛还很高,行政指令色彩比较浓重,这制约了资源的有效配置。新一届政府上台后,强调深化改革,要让市场在资源配置中发挥决定性作用。具体而言,就是要逐步降低能源、电力、金融等行业的进入门槛,让民营资本发挥更重要的作用,加强竞争、提升效率。同时,劳动力作为中国最重要的生产要素,改革户籍制度、放开二胎政策是开放劳动力要素市场的题中应有之义,因为改革户籍制度能够促进劳动力要素的自由流动,实现最优就业结构;放开二胎政策则能有效应对老龄化渐现、人口红利耗散的现实问题。这两项政策,对于劳动力密集行业具有比较优势的中国有极为重要的意义。

对内开放的第三项任务是进一步开放产品市场。中国的产品市场上已经基本实现了市场化定价,行政指令的成分已经很小。但是生产企业的税负还是很重,此外还有花样繁多的行政事业收费,这使得产品价格过高,而且压缩了企业的利润空间,不利于企业的长期发展。为了维持企业活力,实现产业的不断升级,需要减轻企业负担。不仅要进行结构性的减税,减少行政收费项目,减轻企业的负担,还要加快推进营业税改革等税制改革措施以减少重复征税、双重价格扭曲的低效率问题。

第五节 小 结

改革开放使中国成为中等收入发展中国家。作为当今带动世界经济增长的重要引擎,中国实现了工业行业内部和行业之间的产业升级。中国企业的生产率也得到大幅提高,出口更多复杂的、差异化明显的产品,甚至还包括加工贸易模式生产的高科技产品。即使在扣除加工贸易的因素后,中国的产业结构依然在三十多年中有明显的升级换代。比较优势和规模经济递增是中国产业不断升级的主要动力。

21世纪以来,国际经济格局发生了深刻的变化,中国产业升级所倚赖的两股动力(比较优势和规模经济递增)不断弱化。为保证产业升级得以继续,企业生产率继续提升,应该赋予改革开放政策以新的时代内涵,由"对内改革,对外开放"向"对外改革,对内开放"转变。对外改革,开发新的贸易伙伴,降低对少数几个发达国家的贸易依存以分散系统化风险,同时加快建设同周边国家的自由贸易区,调整加工贸易模式。对内开放,破除各地区的贸易壁垒,放开各要素市场,进一步开放产品市场。通过"对外改革、对内开放"政策,为产业升级提供源源不断的动力。

附　　录

第三章

附表 3-A1　数据来源

变量	定义、测量及其数据来源
1990 年之前的数据	
各国行业产量份额数据	来自 Mayer and Zignago(2005)
关税数据	来自 Feenstra et al. (2001) NBER 工作稿第 9387 号
农业土地面积	为可耕种土地面积与土地份额之乘积。该数据可参见世界发展指标(2002)
非居住性建设投资	数据可参见 Penn World Table (5.6)
生产性耐用品投资	数据可参见 Penn World Table (5.6)
高教育水平劳动者	教育数据可参见 Barro-Lee (1993)，劳动力数据源于世界发展指标(2003)
中等教育水平劳动者	同上
低教育水平劳动者	同上
1990 年之后的数据	
非关税壁垒	UNCTAD 多年的贸易分析和信息系统(TRAINS)所提供的国际标准产业分类(ISIC, 1968 年第二次修订版)
资本禀赋	为固定资本支出比率与 GDP 之乘积，该数据可参见世界发展指标(2002)
劳动力	直接用以衡量 1990 年以后的劳动禀赋，因数据缺失，这些国家教育水平的度量从略，数据可参见世界发展指标(2002)

式(3-4)的推导证明

证明：从式(3-3)有：

$$\ln G(P,V,t) = \gamma_{00} + \beta \cdot t + \sum_{i=1}^{N} \gamma_{0i} \ln p_i + \sum_{k=1}^{M} \delta_{0k} \ln \nu_k$$
$$+ \frac{1}{2}\phi \cdot t^2 + \frac{1}{2}\sum_{i=1}^{N}\sum_{j=1}^{N} \gamma_{ij} \ln p_i \ln p_j$$
$$+ \frac{1}{2}\sum_{k=1}^{M}\sum_{i=1}^{M} \delta_{kl} \ln \nu_k \ln \nu_l + \sum_{i=1}^{N} \phi_{it}(\ln p_i)t$$
$$+ \sum_{k=1}^{M} \phi_{kt}(\ln \nu_k)t + \sum_{i=1}^{N}\sum_{k=1}^{M} \phi_{ik} \ln p_i \ln \nu_k$$

左右两边对 $\ln p_i$ 求偏导，对式(3-3)左边求导则有：

$$\partial \ln G/\partial \ln p_i = \partial G/G \cdot p_i/\partial p_i = p_i y_i/G \equiv s_i \quad (3\text{-}A1)$$

上面第二个等式的推导运用了包络引理(Envelope theorem)；第三个等式为定义。

现记式(3-3)右边为 RHS，对其求偏导，得：

$$\frac{\partial \text{RHS}}{\partial \ln p_i} = \frac{\partial}{\partial \ln p_i}\Big[\sum_{i=1}^{N} \gamma_{0i}\ln p_i + \frac{1}{2}\sum_{i=1}^{N}\sum_{j=1}^{N}\gamma_{ij}\ln p_i \ln p_j$$
$$+ \sum_{i=1}^{N}\phi_{it}(\ln p_i)t + \sum_{i=1}^{N}\sum_{k=1}^{M}\phi_{ik}\ln p_i \ln \nu_k\Big]$$
$$= \gamma_{0i} + \frac{\partial}{\partial \ln p_i}\Big[\frac{1}{2}\sum_{i=1}^{N}\ln p_i \sum_{j=1}^{N}\gamma_{ij}\ln p_j + t\sum_{i=1}^{N}\phi_{it}(\ln p_i)$$
$$+ \sum_{i=1}^{N}\ln p_i \sum_{k=1}^{M}\phi_{ik}\ln \nu_k\Big]$$
$$= \gamma_{0i} + \frac{1}{2}\times 2 \times \sum_{j=1}^{N}\gamma_{ij}\ln p_j + t\phi_{it} + \sum_{k=1}^{M}\phi_{ik}\ln \nu_k \quad (3\text{-}A2)$$

在第一个等式我们略去与 $\ln p_i$ 无关的各项。在等二个等式中，我们对各加项作调整，在这里用到了文中所提到的对称性假设，$\gamma_{ij} = \gamma_{ji}$，$\forall i,j$ 和 $\delta_{kl} = \delta_{lk}$，对第二个等式直接求偏导可得第三等式。联立式(3-A1)和式(3-A2)可得文中式(3-4)：

$$s_i = \gamma_{oi} + \sum_{j=1}^{N}\gamma_{ij}\ln p_j + \sum_{k=1}^{M}\phi_{ik}\ln \nu_k + \phi_{it}t, \quad \forall i = 1,\cdots,N$$

第四章

附表 4-A1 合并前后的统计量：企业数目

年份个数	贸易数据		生产数据		合并数据			
	产品	企业	原始数据企业	筛选数据企业	原始数据企业	筛选数据企业	原始数据企业	筛选数据企业
	(1)	(2)	(3)	(4)	(5)	(6)	(7)	(8)
2000	10 586 696	80 232	162 883	83 628	18 580	12 842	21 665	15 748
2001	12 667 685	87 404	169 031	100 100	21 583	15 645	25 282	19 091
2002	14 032 675	95 579	181 557	110 530	24 696	18 140	29 144	22 291
2003	18 069 404	113 147	196 222	129 508	28 898	21 837	34 386	26 930
2004	21 402 355	134 895	277 004	199 927	44 338	35 007	50 798	40 711
2005	24 889 639	136 604	271 835	198 302	44 387	34 958	50 426	40 387
2006	16 685 377	197 806	301 960	224 854	53 748	42 833	59 133	47 591
所有年份	118 333 831	286 819	615 951	438 165	83 679	69 623	90 558	76 946

注：(1) 列汇报的是年度海关贸易数据中 HS 8 位产品层面的月度观察值，(2) 列汇报的是每年的企业数目，(3) 列汇报的是未经筛选的国家统计局发布的企业生产数据中的企业数目，(4) 列汇报的是按照 GAAP 标准筛选后生产数据中的企业数目，(5) 列汇报的是用原始生产数据与贸易数据，通过企业名称合并的数据中的企业数，(6) 列汇报的是用筛选后的生产数据按企业名称合并后的企业数目，(7) 列是用原始生产数据按企业名称以及邮编电话合并后的企业数目，(8) 列是用筛选的生产数据按企业名称以及邮编电话合并后的企业数目。

附表 4-A2 数据统计（2000—2006 年）

变量	均值	标准差	最小值	最大值
年份	2003	1.85	2000	2006
出口强度	0.488	0.399	0	1
行业最终品关税	11.60	5.23	0	50.5
企业中间品关税	2.32	3.93	0	90
企业外部关税	8.13	19.22	0	4.275
加工贸易指标	0.319	466	0	1
预期加工进口概率	0.449	0.130	0.026	0.826
加工进口比重	0.552	0.474	0	1
生产率对数	1.273	0.350	-1.55	10.41
企业年龄	10.76	10.36	0	57
企业出口品种数目	6.49	9.84	1	527
国有企业	0.020	0.141	0	1
外资企业	0.615	0.486	0	1

第六章

附录6-A1：证明命题1

由于 $\dfrac{dB_r}{d\tau} = -\dfrac{A_r}{S_F^2}\dfrac{dS_F}{d\tau} < 0$，$\forall r = d, x$，以及企业内销的利润函数为 $\pi_d(\varphi) = \dfrac{E_h}{\sigma}(w^{-\beta}\rho\varphi P)^{\sigma-1}(1+B_d^{\theta-1})^{\frac{(1-\beta)(\sigma-1)}{\theta-1}} - f$，因为 $\dfrac{\partial \pi_d(\varphi)}{\partial B_d} > 0$，所以 $\dfrac{d\pi_d(\varphi)}{d\tau} = \dfrac{\partial \pi_d(\varphi)}{\partial B_d}\dfrac{dB_d}{d\tau} < 0$。

类似地，由企业出口的利润函数

$$\pi_x(\varphi) = \dfrac{n\nu^{1-\sigma}}{\sigma}E_f(w^{-\beta}\rho\varphi P)^{\sigma-1}(1+B_x^{\theta-1})^{\frac{(1-\beta)(\sigma-1)}{\theta-1}} - f_x$$

可得 $\dfrac{d\pi_x(\varphi)}{d\tau} = \dfrac{\partial \pi_x(\varphi)}{\partial B_x}\dfrac{dB_x}{d\tau} < 0$。

故企业中间品进口成本下降导致企业利润增加 $\dfrac{d\pi(\varphi)}{d\tau} = \dfrac{d\pi_d(\varphi)}{d\tau} + \dfrac{d\pi_x(\varphi)}{d\tau} < 0$。

附录6-A2：证明命题2

要证明企业中间品进口成本下降导致企业出口强度增加，就是证明 $\dfrac{d(1/\varsigma)}{d\tau} > 0$。

因为 $\dfrac{1}{\zeta} = 1 + \dfrac{E_h}{n\nu^{1-\sigma}E_f}\left(\dfrac{1+B_d^{\theta-1}}{1+B_x^{\theta-1}}\right)^{\frac{(1-\beta)(\sigma-1)}{\theta-1}}$，所以

$$\dfrac{d(1/\varsigma)}{d\tau} = \dfrac{E_h}{n\nu^{1-\sigma}E_f}\dfrac{(1-\beta)(\sigma-1)}{\theta-1}\left(\dfrac{1+B_d^{\theta-1}}{1+B_x^{\theta-1}}\right)^{\frac{(1-\beta)(\sigma-1)}{\theta-1}-1}$$

$$\times \dfrac{(\theta-1)\left((1+B_x^{\theta-1})B_d^{\theta-2}\dfrac{dB_d}{d\tau} - (1+B_d^{\theta-1})B_x^{\theta-2}\dfrac{dB_x}{d\tau}\right)}{(1+B_x^{\theta-1})^2}$$

又因为

$$\dfrac{dB_r}{d\tau} = -\dfrac{A_r}{S_F^2}\dfrac{dS_F}{d\tau} < 0, \forall r = d, x$$

可知 $\dfrac{\mathrm{d}(1/\varsigma)}{\mathrm{d}\tau}>0$ 等价于 $(1+B_x^{\theta-1})B_d^{\theta-2}A_d<(1+B_d^{\theta-1})B_x^{\theta-2}A_x$，即

$$\left(\frac{1+B_d^{\theta-1}}{B_x^{\theta-1}}\right)^{\frac{1}{\theta-1}}>\frac{A_d}{A_x}$$

由 $B_d/B_x=A_d/A_x$，上式可化简为 $A_x>A_d$。命题得证。

参 考 文 献

Acemoglu Daron (2010), "When Does Labor Scarcity Encourage Innovation", *Journal of Political Economy*, 118(6), pp. 1037—1078.

Ackerberg Daniel, Kevin Caves and Garth Frazer (2006), "Structural Identification of Production Functions", *mimeo*, UCLA.

Acharya Amitav (2014), *Constructing A Security Community in Southeast Asia: ASEAN and the Problem of Regional Order*, Routledge.

Ahn, JaeBin, Amit Khandelwal and Shang-Jin Wei (2011), "The Role of Intermediaries in Facilitating Trade", *Journal of International Economics*, 84(1), pp. 73—85.

Acharya Amitav, E. Bessonova, I. Cherkashin, I. Denisova and E. Grishina (2005), "Adjustment Costs of Trade Liberalization: Estimations for the Russian Labor Market", Working Paper.

Akhter, Naseem and Amanat Ali (2007), "Does Trade Liberalization Increase the Labor Demand Elasticities? Evidence from Pakistan", MPRA Paper, p. 3881.

Allen, Robert (2008), *Farm to Factory: A Reinterpretation of the Soviet Industrial Revolution*, Princeton University Press.

Allen, Robert (1938), *Mathematical Analysis for Economists*, London: Macmillan.

Amiti, Mary and Jozef Konings (2007), "Trade Liberalization, Intermediate Inputs, and Productivity: Evidence from Indonesia", *American Economic Review*, 97(5), pp. 1611—1638.

Amsden Alice (1989), *Asia's Next Giant: South Korea and Late Industrialization*, Oxford University Press.

Amit, Mary and Donald Davis (2011), "Trade, Firms, and Wages: Theory and Evidence", *Review of Economic Studies*, 79, pp. 1—36.

Anderson, James and Eric van Wincoop (2003), "Gravity with Gravitas: A Solution to the Border Puzzle", *American Economic Review*, 93(1), pp. 170—192.

Anderson, T. W. (1984), *Introduction to Multivariate Statistical Analysis*, 2nd ed., New York: John Wiley & Sons.

Angrist J. D. and J. S. Pischke (2008), *Mostly Harmless Econometrics: An Empiricist's Companion*, Massachusetts: MIT Press.

Antkiewicz, Agata and John Whalley (2005), "China's New Regional Trade Agreements", *The World Economy*, 28(10).

Aw, Bee Yan, Mark Roberts and Daniel Xu (2011), "R&D Investment, Exporting, and Productivity Dynamics", *American Economic Review*, 101(4), pp. 1312—1344.

Aw, Bee Yan, Mark Roberts and Tor Winston (2007), "Export Market Participation, Investment in R&D and worker Training and the Evolution of Firm Productivity", *The World Economy*, 2007, 30(1), 83—104.

Ahya Cheten, Andy Xie, Stephen Roach, Mihir Sheth and Denise Yam (2006), "India and China: New Tigers of Asia", Mogen Stanley Research Report.

Alcala Francisco and Antonio Ciccone (2004), "Trade and Productivity", *The Quarterly Journal of Economics*, 119, pp. 613—646.

Arkolakis, Costas and Marc-Andreas Muendler (2012), "The Extensive Margin of Exporting Products: A Firm-Level Analysis", NBER Working Paper, No. 16641.

Arellano, Manuel and Stepen Bond (1991), "Some Tests of Specification for Panel Data: Monte Carlo Evidence and an Application to Employment Equations", *Review of Economic Studies*, 58, pp. 277—297.

Balassa, Bela (1979), "The Changing Pattern of Comparative Advantage in Manufactured Goods", *Review of Economics and Statistics*, 61(2).

Ba Alice (2003), "China and ASEAN: Renavigating Relations for A 21st-century Asia", *Asian Survey*, 43(4).

Baier Scott and Bergstrand Jeffrey (2001), "The Growth of World Trade: Tariffs, Transport Costs, and Income Similarity", *Journal of International Economics*, 53, pp. 1—27.

Baldwin, Richard and Daria Taglioni (2006), "Gravity for Dummies and Dummies for Gravity Equations", NBER Working Papers, No. 12516.

Baum, Christopher, Mark Schaffer and Steven Stillman (2007), "Enhanced Routines for Instrumental Variables/GMM Estimation and Testing", Boston College Economic Working Paper, No. 667.

Batra, Raveendra (1984), "Non-traded Goods and the Metzler-Paradox: A Comment", *International Economic Review*, 25(3), pp. 763—767.

Bernard, Andrew and Bradford Jensen (2004), "Why Some Firms Export?", *Review of Economics and Statistics*, 86, pp. 561—569.

Bernard, Andrew, Stephen Redding and Peter Schott (2010), "Multiple-Product Firms and Product Switching", *American Economic Review*, 100(1), pp. 70—97.

Bertrand, Marianne, Esther Duflo and Sendhil Mullainathan (2004), "How Much Should We Trust Differences-in-Differences Estimates?", *Quarterly Journal of Economics*, 119(1), pp. 249—275.

Berry, Steven, Levisnsohn and Pakes, Ariel (1995), "Automobile Prices in Market Equilibrium", *Econometrica*, 63(4), pp. 841—890.

Bernard, Andrew, Bradford Jensen and Peter Schott (2009), *Importers, Exporters, and Multinationals: A Portrait of Firms in the U. S. that Trade Goods*, University of Chicago Press.

Bernard, Andrew and Bradford Jensen (1995), "Exporters, Jobs and Wages in U. S. Manufacturing, 1976—1987", *Brookings Papers on Economic Activity: Microeconomics*, pp. 67—112.

Berry Steven(1994), "Estimating discrete choice models of product differentiation", *The Rand Journal of Economics*, 25(2), pp. 242—261.

Bentolila Samuel and Gilles Saint-Paul (2003), "Explaining Movements in the Labor Share?", *The B. E. Journal of Macroeconomics*, 0(1), p. 9.

Bernard, Andrew, Jonathan Eaton, Brad Jensen and Sameul Kortum (2003), "Plants and Productivity in International Trade", *American Economic Review*, 93(5), pp. 1628—1690.

Bertrand Marianne, Esther Duflo and Sendhil Mullainathan (2004), "How Much Should We Trust Differences-in-Differences Estimates?", *The Quarterly Journal of Economics*, 119(1), pp. 249—275.

Bernard, Andrew, Bradford Jensen, Redding Stephen and Peter Schott (2007), "Firms in International Trade", *Journal of Economic Perspectives*, 21, pp. 105—130.

Bloom, David, David Canning, Linlin Hu, Yuanli Liu, Ajay Mahal and Winnie Yip (2010), "The Contribution of Population Health and Demographic Change to Economic Growth in China and India", *Journal of Comparative Economics*, 38, pp. 17—33.

Bloom, NicholasMirko Draca and John Van Reenen (2011), "Trade Induced Technical Change? The Impact of Chinese Imports on Innovation, IT and Productivity", *CEP Discussion Paper*, No. 1000.

Blundell, R. and S. Bond (1998), "Initial Conditions and Moment Restrictions in Dynamic Panel Data Models", *Journal of Econometrics*, 87, pp. 11—143.

Blomström, Magnus and Ari Kokko (1996), "The Impact of Foreign Investment on Host Countries: A Review of the Empirical Evidence", *Policy Research Working Paper*, No. 1745.

Bloom, David, David Canning and Sevilla, J. (2002), "The Demographic Dividend: A New Perspective on the Economic Consequences of Population Change", *Santa Monica*, MR-1274.

Bloom, David, Canning David, Richard Mansfield and Michael Moore (2007), "Demographic Change, Social Security Systems, and Savings", *Journal of Monetary Economics*, 54(1), pp. 92—114.

Bloom, David and Jeffrey Williamson (1998), "Demographic Transitions and Economic Miracles in Emerging Asia", *World Bank Economic Review*, 12, pp. 419—455.

Bloom, David and Jeffrey Sachs (1998), "Geography, Demography, and Economic Growth in Africa", *Brookings Paper on Economic Activity*, 2, pp. 207—295.

Bonaccorsi, Andrea (1992), "On the Relationship Between Firm Size and Export Intensity", *Journal of International Business Studies*, 23(4), pp. 605—635.

Bosworth, Barry, Ralph Bryant and Gary Burtless (2004), "The impact of Aging on Financial Markets and the Economy: A Survey", *mimeo*.

Bown, Chad and Meredith Crowley (2013), "Self-Enforcing Trade Agreements: Evidence from Time-Varying Trade Policy", *American Economic Review*, 103(2), pp. 1071—1090.

Brooks Eileen (2006), "Why Don't Firms Export More? Product Quality and Colombian Plants", *Journal of Development Economics*, 80(1), pp. 160—178.

Bustos Paula (2011), "Trade Liberalization, Exports and Technology Upgrading: Evidence on the Impact of MERCOSUR on Argentinean Firms", *American Economic Review*, 101(1), pp. 304—340.

Broda, Christian and Weinstein David (2006), "Globalization and the Gains from Variety", *Quarterly Journal of Economics*, 121, pp. 541—585.

Brainard Leal and Thierry Verdier (1997), "The Political Economy of Declining Industries: Senescent Industry Collapse Revisited", *Journal of International Economics*, 42, pp. 221—237.

Brandt, Loren, Johannes Van Biesebroeck and Yifan Zhang (2012), "Creative Accounting or Creative Destruction? Firm-Level Productivity Growth in Chinese Manufacturing", *Journal of Development Economics*, 97, pp. 339—331.

Burgress, David (1976)"Tariffs and Income Distribution: Some Empirical Evidence for the United States", *Journal of Political Economy*, 84(1), pp. 17—45.

Bustos, Paula (2011), "Trade Liberalization, Exports and Technology Upgrading: Evidence on the Impact of MERC0SUR on Argentinean Firms", *American Economic Review*, 101(1), pp. 304—340.

Cai, Hongbin and Qiao Liu (2009), "Does Competition Encourage Unethical Behavior? The Case of Corporate Profit Hiding in China", *Economic Journal*, 119, pp. 764—795.

Cassoni, A., S. Allen and G. Labadie (2004), "Unions and Employment in Uruguay", in *Law and Employment: Lessons from Latin America and the Caribbean*, Cambridge, MA: NBER Books, National Bureau of Economic Research.

Cameron, Colin and Pravin Trivedi (2005), *Microeconometrics: Methods and Applications*, Cambridge University Press.

Chen, Shaohua and Martin Ravallion (2008), "The Developing World is Poorer Than We Thought, But No Less Successful in the Fight against Poverty", *Policy Research Working Paper*, No. 4703.

Chirathivat, Suthiphand (2002), "ASEAN-China Free Trade Area: Background, Implications and Future Development", *Journal of Asian Economics*, 13(5).

Chipman, J. (1990), Metzler's Tariff Paradox and the Transfer problem, in R. D. Cairns and C. Green (eds.), *Economic Theory, Welfare and the State: Essays in Honour of John C. Weldon*, 130—142, London: Macmillan.

Christensen, Laurits, Dale Jorgenson and Lau Lawrence (1973), "Transcendental Logarithmic Production Frontiers", *Review of Economics and Statistics*, 55, 28—45.

Coxhead, Ian, and Sisira Jayasuriya (2010), "China, India and The Commodity Boom: Economic and Environmental Implications for Low-income Countries", *The World Economy*, 33(4).

Coxhead, Ian (2007), "A New Resource Curse? Impacts of China's Boom on Comparative Advantage and Resource Dependence in Southeast Asia", *World Development*, 35(7).

Cragg, J. and S. Donald (1993), "Testing Identifiability and Specification in Instrumental Variables Models", *Econometric Theory*, 9, pp. 222—240.

Dai, Mi and Miaojie Yu (2013), "Firm R&D, Absorptive Capacity, and Learning by Exporting: Firm-Level Evidence from China", *The World Economy*, pp. 1131—1145.

Davis, Donald and Davis Weinstein (1999), "Economic Geography and Regional Production Structure: An Empirical Investigation", *European Economic Review*, 43, pp. 379—407.

Dai, Mi, Madhura Maitra, and Miaojie Yu (2012), "Unexceptional Exporter Performance in China? The Role of Processing Trade", CCER Working Paper, Peking University.

Daudey Emilie and Cecilia Garcia-Penalosa (2007), "The Personal and the Factor Distributions of Income in a Cross-section of Countries?", *The Journal of Development Studies*, 43(5), pp. 812—829.

De Loecker, Jan (2013), "Detecting Learning from Exporting", *American Economic Journal: Microeconomics*, forthcoming.

De Loecker, Jan, Pinelopi Goldberg, Amit Khandelwal and Nina Pavcnik (2012), "Prices, Markups and Trade Reform", NBER Working Paper, No. 17925.

De Loecker, Jan (2011), "Product Differentiation, Multiproduct Firms, and Estimating the Impact of Trade Liberalization on Productivity", *Econometrica*, 79(5), pp. 1407—1451.

De Loecker, Jan and Frederic Warzynski (2012), "Markups and Firm-Level Export Status", *American Economic Review*, 102(6), pp. 2437—2471.

Diewert, E. (1974), "Functional Forms for Revenue and Factor Requirements Functions", *International Economic Review*, 15, pp. 119—130.

Dhingra Swati (2013), "Trading Away Wide Brands for Cheap Brands", *American Economic Review*, 103(6), pp. 2554—2584.

Domar Evsey (1961), "On the Measurement of Technological Change", *Economic Journal*, 71, pp. 709—729.

Eaton, Jonathan, Samuel Kortum and Francis Kramarz (2011), "An Anatoour of International Trade: Evidence from French Firms", *Econometrica*, 79(5), pp. 1453—1498.

Eckle, Carsten and Peter Neary (2010), "Multi-product Firms and Flexible Manufacturing in the Global Economy", *Review of Economic Studies*, 77(1), pp. 188—217.

Endoh, Masahiro and Koichi Hamada (2004), "Preferential Trade Agreements, The Metzler Paradox, and Trade Diversion: An Interpretation of the GATT Article XXIV", Working paper, Yale University.

Endoh, Masahiro and Koichi Hamada (2004), "On the Conditions that Preclude the Existence of the Lerner Paradox and the Metzler Paradox", *Economic Growth Center Discussion Paper*, No. 931, Yale University.

Ethier, Wilfred (1982), "The General Role of Factor Intensity in the Theorems of International Trade", *Economics Letters*, 10(3—4), pp. 337—342.

Feenstra, Robert, Benjamin Mandel, Marshall Reinsdorf and Mathew Slaughter (2012), "Effects of Terms of Trade Gains and Tariff Changes on the Measurement of U. S. Productivity Growth", *American Economic Journal: Economic Policy*, forthcoming.

Feenstra, Robert and Gordon Hanson (2005), "Ownership and Control in Outsourcing to China: Estimating the Property-Rights Theory of the Firm", *Quarterly Journal of Economics*, 120(2), pp. 729—762.

Feenstra, Robert C. (1998), "Integration of Trade and Disintegration of Production in the Global Economy", *Journal of Economic Perspectives*, 12(4).

Felker, Greg (2003), "Southeast Asian Industrialization and the Changing Global Production System", *Third World Quarterly*, 24(2).

Feenstra, Robert, Zhiyuan Li and Miaojie Yu (2013), "Export and Credit Constraints under Incomplete Information: Theory and Empirical Investigation from China", *Review of Economics and Statistics*, forthcoming.

Fernandes Ana (2007), "Trade Policy, Trade Volumes and Plant-Level Productivity in Colombian Manufacturing Industries", *Journal of International Economics*, 71, pp. 52—71.

Foster, Lucia, John Haltiwanger and Chad Syverson (2007), "Reallocation, Firm Turnover, and Efficiency: Selection on Productivity or Profitability?", mimeo, University of Chicago.

Feenstra, Robert C. (1998), "Integration and Disintegration in the Global Economy", *Journal of Economic Perspective*, 12, pp. 31—50.

Feenstra, Robert C. (1994), "New Product Varieties and the Measurement of International Prices", *American Economic Review*, 84(1), pp. 157—177.

Feenstra, Robert C. (2003), *Advanced International Trade: Theory and Evidence*, Princeton University Press.

Feenstra, Robert, Zhiyuan Li and Miaojie Yu (2014), "Exports and Credit Constraints Under Private Information: Theory and Application to China", *Review of Economics and Statistics*, 96(4), pp. 729—744.

Feenstra, Robert, Robert Lipsey, Haiyan Deng, Alyson Ma and Hengyong Mo (2005), "World Trade Flow: 1962—2000", NBER Working Papers, No. 11040.

Feenstra, Robert and H. Kee (2004), "Export Variety and Country Productivity", NBER Working Paper, No. 10830.

Feenstra, Robert and Hong Ma (2008), *Optimal Choice of Product Scope for Multiproduct Firms Under Monopolistic Competition*, The Organization of Firms in a Global Economy, Harvard University Press, Cambridge.

Feenstra, Robert, Hong Ma, Peter Neary and Prasada Rao (2011), "How Big is China? And Other Puzzles in the Measurement of Real GDP", mimeo, University of California, Davis.

Feenstra, Robert, John Romalis and Peter Schott (2001), "U.S. Imports, Exports, and Tariff Data, 1989—2001", NBER Working Paper, No. 9387.

Feng, Ling, Zhiyuan Li, and Doborah Swensen (2012), "The Connection between Imported Intermediate Inputs and Exports: Evidence from Chinese Firms", mimeo, University of California, Davis.

Fujii Takamune and Mitsuyo Ando (2000), "Quantifying the Economic Impact of Removing Non-Tariff Measures: Tariff Equivalent Approach", mimeo.

Gaunaut Ross (2010), "Macroeconomic Implications of the Turning Point", *China Economic Journal*, 3(2), pp. 181—190.

Garnaut Ross and Yiping Huang (2006), "The Turning Point in China's Economic Development", in Ross Garnaut and Ligang Song (eds.), *The Turning Point in China's Economic Development*, Canberra: Asia Pacific Press.

Gereffi, Gary (1999), "International Trade and Industrial Upgrading in the Apparel Commodity Chain", *Journal of International Economics*, 48(1).

Ge, Ying, Huiwen Lai, and Susan Chun Zhu (2011), "Intermediates Imports and Gains from Trade Liberalization", mimeo, Michigan State University.

Goldberg, Pinelopi, Amit Khandelwal, Nina Pavcnik and Petia Topalova (2010), "Imported Intermediate Inputs and Domestic Product Growth: Evidence from India", *Quarterly Journal of Economics*, 125(4), pp. 1727—1767.

Goldberg, Pinelopi, Amit Khandelwal, Nina Pavcnik and Petia Topalova (2010), "Multi-Product Firms and Product Turnover in the Developing World: Evidence From India", *Review of Economics and Statistics*, 92(4), pp. 1042—1049.

Goldberg, Pinelopi and Nina Pavcnik (2007), "Distributional Effects of Globalization in Developing Countries", *Journal of Economic Literature*, 45(1), pp. 39—82.

Grossman, Gene and Elhanan Helpman (1994), "Protection for Sales", *American Economic Review*, 84(4), pp. 833—850.

Grossman Gene and Elhanan Helpman (1991), "Trade, knowledge spillovers, and growth?", *European Economic Review*, 35(2—3), pp. 517—526.

Griffith, Rachel, Stephen Redding, and Johan Van Reenan (2004), "Mapping the Two Faces of R&D: Productivity Growth in a Panel of OECD Industries", *Review of Economics and Statistics*, 2004, 86(4), pp. 883—895.

Grossman, Gene and Elhanan Helpman (1991), *Innovation and Growth in the Global Economy*, Cambridge: MIT Press.

Grossman, Gene and Elhanan Helpman (1991), "Quality Ladders in the Theory of Growth", *The Review of Economic Studies*, 58 (1), pp. 43—61.

Greenaway, David, Aruneema Mahabir and Chris Milner (2008), "Has China Displaced Other Asian Countries' Exports?", *China Economic Review*, 19(2).

Helpern, Laszlo, Miklos Koren and Adam Szeidl (2011), "Imported Inputs and Productivity", mimeo, University of California, Berkeley.

Hamermesh, Daniel (1993), *Labor Demand*, Princeton, NJ: Princeton University Press.

Haouas, Iiham and Mahmoud Yagoubi (2004), "Trade Liberalization and Labor-Demand Elasticities: Empirical Evidence from Tunisia", *IZA Discussion Paper*, No. 1084.

Harrison, Ann (1994), "Productivity, Imperfect Competition and Trade Reform", *Journal of International Economics*, 36, pp. 53—73.

Hallak, Juan Carlos and Schott Peter (2007), "Estimating Cross-Country Differences in Product Quality", Mimeo, Yale University.

Habakkuk, John (1962), *American and British Technology in the Nineteenth Century: Search for Labor Saving Inventions*, Cambridge University Press.

Hallak, Juan Carlos (2006), "Product Quality and the Direction of Trade", *Journal of International Economics*, 68(1), pp. 238—265.

Harrigan, Juan Carlos (1997), "Technology, Factor Supplies, and International Specialization: Estimating the Neoclassical Model", *American Economic Review*, 87(4), pp. 475—494.

Hasan, Rana, Devashish Mitra and K. Ramaswamy (2007), "Trade Reforms, Labor Regulations, and Labor-Demand Elasticities: Empirical Evidence from India", *The Review of Economics and Statistics*, 89(3), pp. 466—481.

Helpern, Laszlo, Miklos Koren, and Adam Szeidl (2010), "Imported Inputs and Productivity", University of California, Berkeley, Mimeo.

Heckman, James (1979), "Sample Selection Bias as a Specification Error", *Econometrica*, 47(1), pp. 153—161.

Heckman, James and Edward Vytlacil (1998), "Instrumental Variables Methods for the Correlated Random Coefficient Model: Estimating the Average Rates of Return to Schooling when the Return is Correlated with Schooling", *Journal of Human Resources*, 33(4), pp. 974—987.

Helpman, Elhanan, Marc Melitz and Yona Rubinstein (2008), "Estimating Trade Flows: Trading Partners and Trading Volumes", *Quarterly Journal of Economics*, CXXIII, pp. 441—487.

Higgins, Matthew (1998), "Demography, National Savings, and International Capital Flows", *International Economic Review*, 39, pp. 343—369.

Hiratsuka, Daisuke (2013), "ERIA Perspectives on the WTO Ministerial and Asian Integration: A View from Japan. in Fukunaga, Y., J. Riady, and P. Sauvé (eds.), The Road to Bali: ERIA Perspectives on the WTO Ministerial and Asian Integration", ERIA Research Project Report, Jakarta: ERIA, UPH and WTI.

Hirschman, Albert (1958), *The Strategy of Economic Development*, Yale University Press.

Hicks, John (1932), *The Theory of Wages*, London: Macmillan Press.

Horn, Henrik, Harald Lang and Stefan Lundgren (1995), "Managerial Effort Incentives, X-inefficiency and International Trade", *European Economic Review*, 39(1), pp. 117—138.

Hsieh, Chang-Tai and Peter Klenow (2009), "Misallocation and Manufacturing TFP in China and India", *Quarterly Journal of Economics*, 124(4), pp. 1403—1448.

Hulten, Charles (1978), "Growth Accounting with Intermediate Inputs", *Review of Economic Studies*, 45(3), pp. 511—518.

Hu, Albert, Gary Jefferson and Qian Jinchang (2005), "R&D and Technology Transfer: Firm-Level Evidence from Chinese Industry", *Review of Economics and Statistics*, 87(4), pp. 780—786.

Hummels, David and Peter Klenow (2005), "The Variety and Quality of a Nation's Exports", *American Economic Review*, 95, pp. 704—723.

Iacovone, Leonardo, Ferdinand Rauch and Alan Winters (2013), "Trade as an Engine of Creative Inflationary Pressure, and Industry Dynamics in Europe", *European Economic Review*, 59, pp. 141—166.

Imbens, Guido (2004), "Nonparametric Estimation of Average Treatment Effects Under Exogene-ity: A Review", *Review of Economics and Statistics*, 86(1), pp. 4—29.

Jean, Sebastien (2000), "The Effect of International Trade on Labour Demand Elasticities: Intersectoral Matters", *Review of International Economics*, 8(3), pp. 504—516.

Ju, Jiandong (2003), "Oligopolistic Competition, Technology Innovation, and Multiproduct Firms", *Review of International Economics*, 11(2), pp. 346—359.

Karabarbounis, L. and B. Neiman (2013), "The Global Decline of the Labor Share", NBER Working Paper, No. 19136, June.

Kasahara, Hiroyuki and Joel Rodrigue (2008), "Does the Use of Imported Intermediates Increase Productivity? Plant-level Evidence?", *Journal of Development Economics*, 87(1), pp. 106—118.

Keller Wolfgang and Stephen Yeaple (2009), "Multinational Enterprises, International Trade, and Productivity Growth: Firm-Level Evidence from the United States", *Review of Economics and Statistics*, 91(4), pp. 821—831.

Khandelwal, Amit (2010), "The Long and Short Quality Ladders", *Review of Economic Studies*, 77, pp. 1450—1476.

Kim, Linsu, and Richard R. Nelson (2000), *Technology, Learning and Innovation: Experiences of Newly Industrializing Economies*, Cambridge: Cambridge University Press.

Kleibergen, Frank and Richard Paap (2006), "Generalized Reduced Rank Tests Using the Singular Value Decomposition", *Journal of Econometrics*, 133(1), pp. 97—126.

Kohli, Ulrich (1991), *Technology, Duality, and Foreign Trade: The GNP Function Ap-*

proach to Modeling Imports and Exports, Ann Arbor: University of Michigan Press; and London: Harvester Wheatsheaf.

Koopman, Robert, Zhi Wang and Shang-Jin Wei (2014), "Tracing Value-added and Double Counting in Gross Exports", *American Economic Review*, 104(2).

Koopman, R., Z. Wang and S. Wei (2013), "Tracing Value-added and Double Counting in Gross Exports", *American Economic Review*, forthcoming.

Koener, Roger and Gilbert Bassett (1978), "Regression Quantiles", *Econometrica*, 46, pp. 107—112.

Kohli, Ulrich (1990a), "Price and Quantities Elasticities in Foreign Trade", *Economic Letters*, 33, pp. 277—281.

Krishna, P., D. Mitra and S. Chinoy (2001), "Trade Liberalization and Labor Demand Elasticities: Evidence from Turkey", *Journal of International Economics*, 55 (2), pp. 391—409.

Krugman, Paul (1980), "Scale Economies, Product Differentiation, and the Pattern of Trade", *The American Economic Review*, 70, pp. 950—959.

Krugman, Paul (1979), "Increasing Returns, Monopolistic Competition, and International Trade", *Journal of International Economics*, 9, pp. 469—479.

Krugman, Paul and Maurice Obsfeld (2008), *International Economics: Theory and Policy*, 7th edition, Pearson and Addison Welsey.

Krishna, Pravin and Devashish Mitra (1999), "Trade Liberalization, Market Discipline and Productivity Growth: New Evidence from India", *Journal of Development Economics*, 56 (2), pp. 447—462.

Kugler Maurice and Verhoogen Eric (2009), "Plants and imported Inputs: New Facts and an Interpretation", *American Economic Review*, Papers and Proceedings, 99, pp. 501—507.

Kugler Maurice and Verhoogen Eric (2012), "Prices, Plant Size, and Product Quality", *Review of Economic Studies*.

Laird, S and Alexander Yeats (1990), *Quantitative Methods for Trade-Barrier Analysis*, Macmillan Press Ltd. p. 307.

Lall, Sanjaya, and Manuel Albaladejo (2004), "China's Competitive Performance: A Threat to East Asian Manufactured Exports?", *World Development*, 32(9).

Levinsohn, James and Amil Petrin (2003), "Estimating Production Functions Using Inputs to Control for Unobservable", *Review of Economic Studies*, 70(2), pp. 317—341.

Leff, Nathaniel (1969), "Dependency Rates and Saving Rates", *American Economic Review*, 59(5), pp. 886—896.

Lewis, William Arthur (1955), *The Theory of Economic Growth*, London: Homewood Press.

Lee, Jong-Wha and Innwon Park (2005), "Free Trade Areas in East Asia: Discriminatory or Non-discriminatory?", *The World Economy*, 28(1).

Lee, Jong-Wha and Kwanho Shin (2006), "Does Regionalism Lead to More Global Trade Integration in East Asia?", *North American Journal of Economics and Finance*, 17(3).

Leong, Ho-Khai and Samuel C. Y. Ku (2005), "China and Southeast Asia: Global Changes and Regional Challenges", *Institute of Southeast Asian Studies*.

Levinsohn, James (1993), "Testing the Imports-as-Market-Discipline Hypothesis", *Journal of International Economics*, 35(1), pp. 1—22.

Learmer, Edward (1984), *Sources of International Comparative Advantage: Theory and Evidence*, Cambridge, MA: MIT Press.

Lileeva, Alla, and Daniel Trefler (2010), "Improved Access to Foreign Markets Raises Plant-Level Productivity for Some Plants", *Quarterly Journal of Economics*, 125 (3), pp. 1051—1099.

Lin, Justin, Yifu (1990), "Collectivization and China's Agricultural Crisis in 1959—1961", *Journal of Political Economy*, 98(6), pp. 1228—1252.

Lin, Justin, Yifu (2003), "Development Strategy, Viability and Economic Convergence", *Economic Development and Cultural Change*, 53(2), pp. 277—308.

Lin, Justin, Yifu (2009), *Economic Development and Transition: Thought, Strategy, and Viability*, Cambridge: Cambridge University Press.

Lin, Justin, Yifu (2010), "The China Miracle Demystified", *Econometrica*, forthcoming.

Lin, Justin, Yifu (2011), "New Structural Economics: A Framework for Rethinking Development", *World Bank Economic Observer*, 26(2), pp. 193—221.

Lin, Justin, Yifu and Celestin Monga (2011), "Growth Identification and Facilitation: The Role of the State in the Dynamics of Structural Change", *Development Policy Review*, 29(3), pp. 254—290.

Lu, Jiangyong, Yi Lu and Zhigang Tao (2010), "Exporting Behavior of Foreign Affiliates: Theory and Evidence", *Journal of International Economics*, 81(2), pp. 197—205.

Lu, Dan (2011), "Exceptional Exporter Performance? Evidence from Chinese Manufacturing Firms", mimeo, University of Chicago.

Lu, Jiangyong, Yi Lu and Zhigang Tao (2010), "Exporting Behavior of Foreign Affiliates: Theory and Evidence", *Journal of International Economics*, 81(2), pp. 197—205.

Lu, Dan (2011), "Exceptional Exporter Performance? Evidence from Chinese Manufacturing Firms", mimeo, University of Chicago.

Ma Yue, Heiwai Tang and Yifan Zhang (2011), "Factor Intensity, Product Switching, and Pro-ductivity: Evidence from Chinese Exporters", Mimeo, Tufts University.

Ma, Guonan, Robert McCauley and Lillie Lam (2012), "Narrowing China's Current Account Surplus", in Huw McMay and Ligang Song (eds.) *Rebalancing and Sustaining Growth in China*, Australian National University E-press, pp. 65—93.

Maddison, Angus (2002), "The World Economy: A Millennial Perspective", OECD

Development Center Studies.

Manova, Kalina, Shang-jin Wei and Zhiwei Zhang (2009), "Firm Exports and Multinational Activity under Credit Constraints", NBER Working Paper, No. 16905.

Manova, Kalina and Zhihong Yu (2012), "Firms along the Value-Added Chain: Processing Trade in China", Mimeo, Stanford University.

Mayer, T. and S. Zignago (2005), "Market Access in Global and Regional Trade", CEPII Working Paper, No. 2005-02.

Markusen, James R. (1989), "Trade in Producer Services and in Other Specialized Intermediate Inputs?", *American Economic Review*, 79(1), pp. 85—95.

Mahomedy, Abdulkader (2013), "International Trade and Labour Demand Elasticities: Is there Any Empirical Evidence from South Africa", ERSA working paper, No. 348.

Marshall, F., A. Cartter and A. King (1976), *Labor Economics* (3rd ed.), Homewood, Illinois: Richard D., Irwin Inc.

Metzler, Lloyd (1949), "Tariffs, the Terms of Trade, and the Distributions of National Income", *Journal of Political Economy*, 57, 1—29.

Melitz, Marc (2003), "The Impact of Trade on Intra-industry Reallocations and Aggregate Industry Productivity", *Econometrica*, 71(6), pp. 1695—1725.

Metzler, Lloyd (1945), "Stability of Multiple Markets: The Hicks Conditions", *Econometrica*, 13, 277—292.

Mirza, Daniel and Mauro Pisu (2009), "Trade and Labour Demand Elasticity in Imperfect Competition: Theory and Evidence", Leverhulme Center for Research on Globalisation and Economic Policy (GEP), University of Nottingham.

Mitra, Devashish and Jeongeum Shin (2012), "Import Protection, Exports and Labor-demand Elasticities: Evidence from Korea", *International Review of Economics and Finance*, 23(C), pp. 91—109.

Mouelhi, Rim and Monia Ghazalib (2013), "Impact of Trade Reforms in Tunisia on the Elasticity of Labour Demand", *International Economics*, 134, pp. 78—96.

McDonald, Scott, Sherman Robinson and Karen Thierfelder (2008), Asian Growth and Trade Poles: India, China, and East and Southeast Asia", *World Development*, 36(2).

Minabe, Nobuo (1974), "The Stolper-Samuelson Theorem and the Metzler Paradox", *Oxford Economic Papers*, 26(3), 329—333.

Mckay, Lloyd, Lawrence, Denis and Chris Valstuin (1983), "Profit, Output Supply and Input Demand Functions for Multiproduct Firms: The Case of Australian Agriculture", *International Economic Review*, 24, 323—339.

Naughton, Barry (2006), *The Chinese Economy: Transitions and Growth*, Cambridge: The MIT Press.

Nicita Alessandro and Marcelo Olarreaga (2006), "Trade, Production and Protection 1976—2004", *World Bank Economic Review*, 21(1), 165—171.

OECD (2001), "Measuring Productivity: Measurement of Aggregate and Industry-Level Productivity Growth", OECD, Paris, www.oecd.org/std/productivity-stats.

OECD (2010), "Measuring Globalisation: OECD Economic Globalization Indicators", OECD, Paris, www.oecd.org/sti/measuring-globalisation.

Olley, Steven and Ariel Pakes (1996), "The Dynamics of Productivity in the Telecommunications Equipment Industry", *Econometrica*, 64(6), pp. 1263—1297.

Pavcnik, Nina (2002), "Trade Liberalization, Exit, and Productivity Improvements: Evidence from Chilean Plants", *Review of Economic Studies*, 69(1), pp. 245—276.

Park, Albert, Dean Yang, Xinzheng Shi and Y. Jiang (2010), "Exporting and Firm Performance: Chinese Exporters and the Asian Financial Crisis", *Review of Economics and Statistics*, 92, pp. 822—842.

Percival, Bronson (2007), *The Dragon Looks South: China and Southeast Asia in the New Century*, Greenwood Publishing Group.

Qiu, Larry and Miaojie Yu (2014), "Multiproduct Firms, Export Product Scope, and Trade Liberalization: The Role of Managerial Efficiency", mimeo, CCER working paper, Peking University.

Rauch, James (1999), "Networks versus markets in international trade", *Journal of International Economics*, 48, pp. 7—35.

Ravallion, Martin and Shaohua Chen (2004), "China's (uneven) Progress Against Poverty", *World Bank Policy Research Working Paper*, No. 3408.

Ravenhill, John (2006), "Is China An Economic Threat to Southeast Asia?", *Asian Survey*, 46(5).

Rodrik, Dani (2008), "What's so Special about China's Exports?", *China & World Economy*, 14(5), pp. 1—19.

Rose, Andrew K. (2004), "Do We Really Know That the WTO Increases Trade?", *American Economic Review*, 94(1), pp. 98—114.

Rodrik, D. (1997), "Has Globalization Gone too Far", Washington, DC: Institute for International Economics.

Slaughter, M. (1997), "International Trade and Labor Demand Elasticities", NBER Working Paper, No. 6262.

Shafaeddin, S. Mehdi (2004), "Is China's Accession to WTO Threatening Exports of Developing Countries?", *China Economic Review*, 15(2).

Silva, Santos and Silvana Tenreyro (2006), "The Log of Gravity", *The Review of Economics and Statistics*, 88(4), pp. 641—658.

Schor, Adriana (2004), "Heterogenous Productivity Response to Tariff Reduction: Evidence from Brazilian Manufacturing Firms", *Journal of Development Economics*, 75(2), pp. 373—396.

Staiger, Douglas and James H. Stock (1997), "Instrumental Variables Regression with

Weak Instruments", *Econometrica*, 65(3), pp. 557—586.

Topalova, Petia and Amit Khandelwal (2011), "Trade Liberalization and Firm Productivity: The Case of India", *Review of Economics and Statistics*, 93(3), pp. 995—1009.

Tongzon, Jose (2005), "ASEAN-China Free Trade Area: A Bane or Boon for ASEAN Countries?", *The World Economy*, 28(2).

Topalova, P. and A. Khandelwal, (2011), "Trade Liberalization and Firm Productivity: The Case of India", *Review of Economics and Statistics*, 9, pp. 995—1009.

Trefler, Daniel (2004), "The Long and Short of the Canada-U. S. Free Trade Agreement", *American Economics Review*, 94(3), pp. 870—895.

Trefler, Daniel (1993b), "Trade Liberalization and the Theory of Endogenous Protection: An Econometric Study of U. S. Import Policy", *Journal of Political Economy*, 101, pp. 138—160.

Topalova, Petia and Amit Khandelwal (2011), "Trade Liberalization and Firm Productivity: The Case of India", *Review of Economics and Statistics*, 93(3), pp. 995—1009.

Veronika M. and I. Eremenko (2003), "Measurement of Non-Tariff Barriers: the Case of Ukraine", the 5th Annual Conference of the European Trade Study Group.

Verhoogen, Eric (2008), "Trade, Quality Upgrading, and Wage Inequality in the Mexican Manufacturing Sector", *The Quarterly Journal of Economics*, pp. 489—530.

Wang, Zheng and Zhihong Yu (2012), "Trading Partners, Traded Products, and Firm Performances of China's Exporters and Importer: Does Processing Trade Make a Difference?", *The World Economy*, 35(12), pp. 1795—1824.

Weiss, John, and Shanwen Gao (2004), "Export Competition between China and ASEAN Countries in US and Japanese Markets during the Second Half of 1990s", *China Economic Quarterly*, 3(3).

Wooldridge, Jeffrey (2008), "Instrumental Variables Estimation of the Average Treatment Effect in the Correlated Random Coefficient Model", Tom Fomby, R. Carter Hill, Daniel L. Millimet, Jeffrey.

Wong, John, and Sarah Chan (2003), "China-ASEAN Free Trade Agreement: Shaping Future Economic Relations", *Asian Survey*, 43(3).

Yang, Yong and Sushanta Mallick (2010), "Export Premium, Self-selection and Learning-by-Exporting: Evidence from Chinese Matched Firms", *The World Economy*, 33, pp. 1218—1240.

Yeaple, Stephen (2005), "A Simple Model of Firm Heterogeneity, International Trade, and Wages", *Journal of International Economics*, 65(1), pp. 1—20.

Yi, K. (2003), "Can Vertical Specification Explain the Growth of World Trade", *Journal of Political Economy*, 111(1), pp. 52—102.

Yu, Miaojie (2011a), "Moving Up the Value Chain in Manufacturing for China", mimeo, CCER, Peking University, Available at SSRN: http://ssrn.com/abstract=1792582.

Yu, Miaojie (2015), "Processing Trade, Tariff Reductions, and Firm Productivity: Evidence from Chinese Firms", *Economic Journal*, 125 (June), pp. 943—988.

Yu, Miaojie, and Wei Tian (2012), "China's Processing Trade: A Firm-Level Analysis", in Huw McMay and Ligang Song (eds.) *Rebalancing and Sustaining Growth in China*, Australian National University E-press, pp. 111—148.

Yu, Miaojie (2010), "Trade, Democracy, and the Gravity Equation", *Journal of Development Economics*, 91(2), pp. 289—300.

Yu, Miaojie, Guangliang Ye, and Baozhi Qu (2013), "Trade Liberalization, Product Complexity and Productivity Improvement: Evidence from Chinese Firms", *The World Economy*, 36, pp. 912—934.

白重恩、钱震杰(2009a),《国民收入的要素分配:统计数据背后的故事》,《经济研究》第3期。

白重恩、钱震杰(2009b),《我国资本收入份额影响因素及变化原因分析——基于省际面板数据的研究》,《清华大学学报(哲学社会科学版)》第4期。

白重恩、钱震杰(2010),《劳动收入份额的决定因素——来自中国省际面板数据的证据》,《世界经济》第12期。

白重恩、钱震杰(2009),《国民收入的要素分配:统计数据背后的故事》,《经济研究》第3期。

北京大学中国经济研究中心课题组:《中国企业利润率》,CCER工作论文。

蔡昉(2010), "Demographic Transition, Demographic Dividend and Lewis Turning Point in China", *China Economic Journal* 3(2), pp. 107—119.

蔡昉(2008),《刘易斯转折点:中国经济发展新阶段》,社会科学文献出版社。

戴觅、余淼杰(2012),《企业出口前研发投入、出口及生产率进步——来自中国制造业企业的证据》,《经济学(季刊)》第1期,第211—230页。

国家统计局,《中国统计年鉴(2007)》,中国统计出版社。

姜磊、张媛(2008),《对外贸易对劳动分配比例的影响——基于中国省级面板数据的分析》,《国际贸易问题》第10期。

李稻葵、刘霖林、王红领(2009),《GDP中劳动份额演变的U型规律》,《经济研究》第1期。

刘伟丽、陈勇(2012),《中国制造业的产业质量阶梯研究》,《中国工业经济》第11期。

李春顶(2010),《中国企业是否存在"生产率悖论":基于中国制造业企业数据的检验》,《世界经济》第7期。

林毅夫(2012a),《解读中国经济》,北京大学出版社。

林毅夫(2012b),《新结构经济学》,北京大学出版社。

林毅夫(2008),《经济发展与转型》,北京大学出版社。

林毅夫、蔡昉、李周(1994),《中国的奇迹:发展战略与经济改革》,上海三联出版社。

林毅夫、余淼杰(2009),《我国价格剪刀差的政治经济学分析:理论模型与计量实证》,《经济研究》第 1 期,第 42—56 页。

李稻葵、刘霖林、王红领(2009),《GDP 中劳动份额演变的 U 型规律》,《经济研究》第 1 期,第 70—82 页。

刘瑞翔、姜彩楼(2010),《中间产品贸易、不对称溢出与本土企业的技术升级——基于 2002—2007 年行业数据的实证研究》,《南方经济》第 12 期,第 32—42 页。

罗长远、张军(2009),《经济发展中的劳动收入占比:基于中国产业数据的实证研究》,《中国社会科学》第 4 期。

施炳展(2010),《中国出口增长的三元边际》,《经济学(季刊)》第 4 期。

施炳展(2013),《中国企业出口产品质量异质性:测算与事实》,《经济学(季刊)》第 1 期。

盛斌、马涛(2008),《中间产品贸易对中国劳动力需求变化的影响》,《世界经济》第 3 期。

盛斌、牛蕊(2009),《贸易、劳动力需求弹性与就业风险:中国工业的经验研究》,《世界经济》第 6 期。

田巍、余淼杰(2013),《企业出口强度与进口中间品贸易自由化:来自中国企业的实证研究》,《管理世界》第 1 期。

田巍、余淼杰(2013b),《中国企业层面的加工贸易:趋势、特征和生产率》,《中国经济再平衡与可持续增长》,社会科学文献出版社。

佟家栋(2008),《中国外贸和展望》为中国三十年经济发展宁波会议准备的发言稿。

肖文、周明海(2010),《贸易模式转变与劳动收入份额下降》,《浙江大学学报——人文社会科学版》第 5 期。

姚洋、余淼杰(2009),《中国的劳动力、人口和出口导向的增长模式》,《金融研究》第 9 期。

余淼杰(2009),《国际贸易的政治经济学分析:理论模型与计量实证》,北京大学出版社。

余淼杰(2010),《中国的贸易自由化与制造业企业生产率:来自企业层面的实证分析》,《经济研究》第 12 期。

余淼杰(2011),《加工贸易、企业生产率和关税减免——来自中国产品面的证据》,《经济学(季刊)》第 14 期。

余淼杰、田巍(2012),《中国加工贸易:来自企业层面的经验证据》,《中国再平衡与可持续性增长》,社科文献出版社。

余淼杰、田巍(2013),《中国企业层面的加工贸易:趋势、特征与生产率》,载于麦凯、宋立刚编《中国经济再平衡与可持续增长》(论文集),社会科学文献出版社。

余淼杰、梁中华(2014),《贸易自由化与中国劳动收入份额》,《管理世界》第 7 期。

张杰、陈志远、周晓艳(2012),《出口对劳动收入份额抑制效应研究——基于微观视角的经验证据》,《数量经济技术经济研究》第 7 期。

周申(2006),《贸易自由化对中国工业劳动需求弹性影响的经验研究》,《世界经济》第 2 期。

图书在版编目(CIP)数据

贸易开放与中国经济发展/余淼杰著. —北京:北京大学出版社,2016.5
ISBN 978-7-301-27102-5

Ⅰ.①贸… Ⅱ.①余… Ⅲ.①对外贸易—影响—中国经济—经济发展—研究 Ⅳ.①F124

中国版本图书馆 CIP 数据核字(2016)第 099461 号

书　　　名	贸易开放与中国经济发展 Maoyi Kaifang yu Zhongguo Jingji Fazhan
著作责任者	余淼杰　著
责 任 编 辑	赵学秀
标 准 书 号	ISBN 978-7-301-27102-5
出 版 发 行	北京大学出版社
地　　　址	北京市海淀区成府路 205 号　100871
网　　　址	http://www.pup.cn
电 子 信 箱	em@pup.cn　　QQ:552063295
新 浪 微 博	@北京大学出版社　@北京大学出版社经管图书
电　　　话	邮购部 62752015　发行部 62750672　编辑部 62752926
印 刷 者	北京中科印刷有限公司
经 销 者	新华书店 730 毫米×1020 毫米　16 开本　20.5 印张　357 千字 2016 年 5 月第 1 版　2016 年 5 月第 1 次印刷
定　　　价	68.00 元

未经许可,不得以任何方式复制或抄袭本书之部分或全部内容。
版权所有,侵权必究
举报电话: 010-62752024　电子信箱: fd@pup.pku.edu.cn
图书如有印装质量问题,请与出版部联系,电话: 010-62756370